THEOLOGIE
UND
SOZIALE ARBEIT

RAINER KROCKAUER
STEPHANIE BOHLEN
MARKUS LEHNER
(HRSG.)

THEOLOGIE UND SOZIALE ARBEIT

Handbuch für Studium, Weiterbildung und Beruf

Rainer Krockauer
Stephanie Bohlen
Markus Lehner
(Hrsg.)

Kösel

Mix
Produktgruppe aus vorbildlich bewirtschafteten
Wäldern und anderen kontrollierten Herkünften
www.fsc.org Zert.-Nr. GFA-COC-1298
© 1996 Forest Stewardship Council

Verlagsgruppe Random House FSC-DEU-0100
Das für dieses Buch verwendete FSC-zertifizierte Papier
Munken Print liefert Arctic Paper Munkedals AB, Schweden

Copyright © 2006 by Kösel-Verlag, München,
in der Verlagsgruppe Random House GmbH
Umschlag: Kaselow Design, München
Umschlagmotiv: Mauritius/Tomas Adel
Druck und Bindung: Kösel, Krugzell
Printed in Germany
ISBN-10: 3-466-36710-7
ISBN-13: 978-3-466-36710-8

www.koesel.de

INHALT

Vorwort 9

Teil A
ZUGÄNGE UND THESEN ZU EINER THEOLOGIE IN DER SOZIALEN ARBEIT 13

Einführung *(Rainer Krockauer)* 14

1. Soziale Arbeit ohne Theologie? *(Hubert Wiesehöfer)* 16
2. Anfänge einer Theologie für die Soziale Arbeit
   (Barbara Wachinger) 19
3. Theologie im Lernfeld der Sozialen Arbeit *(Stephanie Bohlen)* 23
4. Theologie Sozialer Arbeit *(Rainer Krockauer)* 31

Teil B
THEOLOGISCHE REFLEXIONEN ZU GRUNDERFAHRUNGEN UND THEMEN IN DER SOZIALEN ARBEIT 45

Einführung *(Stephanie Bohlen)* 46

I. Sinnfrage und Transzendenzerfahrung 48

1. »Das Leben hat doch keinen Sinn!« –
   Grenzerfahrungen als Herausforderung christlicher Gottesrede
   in der Sozialen Arbeit *(Andreas Lob-Hüdepohl)* 48
2. »Es muss doch etwas Höheres geben« –
   Transzendenzerfahrungen und Soziale Arbeit *(Michael N. Ebertz)* ... 58
3. »Warum muss ich so leiden?« –
   Für eine »sym-pathische« Soziale Arbeit *(Ernst Engelke)* 68
4. »Mit dem Tod ist alles aus« –
   Spirituelle Impulse für eine persönliche Grundhaltung gegenüber
   dem Tod *(Werner Müller-Geib)* 78

II. Sehnsucht nach Gemeinschaft 87

1. »Gnadenlos billig« –
   Sünde als Lieblosigkeit *(Reiner Marquard)* 87
2. »Wenn jeder an sich selber denkt, ist an alle gedacht« –
   Identität und Gemeinschaft *(Ulrich Kuhnke)* 96
3. »Kann man sich darauf noch verlassen?« –
   Das Wagnis der Ehe *(Hans-Günter Gruber)* 105
4. »Hört mir denn keiner zu?« –
   Aufmerksame Präsenz als Zentrum einer spirituell
   sensiblen Sozialen Arbeit *(Andrea Tafferner)* 116

III. Ansprüche organisationalen Handelns 125

1. »Den Ersten beißen die Hunde« –
   Von der Verantwortung für Menschen und Organisationen *(Ralf Evers)* 125
2. »Familienmitglied« versus »Routinenerfüller« –
   Zur Frage nach der Rolle von Professionellen in sozialen
   Organisationen *(Norbert Schuster)* 134

Teil C
THEOLOGISCHE PERSPEKTIVEN IN STUDIENBEREICHEN UND ARBEITSFELDERN DER SOZIALEN ARBEIT 145

Einführung *(Markus Lehner)* 146

I. Jugend- und Familienhilfe........................ 147

1. Leben und Engagement:
   Theologische Perspektiven in der Jugendarbeit *(Hans Hobelsberger)* 147
2. Zuwendung und Orientierung:
   Theologische Perspektiven in der Heimerziehung *(Joachim Windolph)* 155
3. Hoffnung und Ohnmacht:
   Theologische Perspektiven in der Frauen- und Mädchen-
   sozialarbeit *(Hildegard Wustmans)* 164
4. Liebe und Funktionalität:
   Theologische Perspektiven in der Familienhilfe *(Elisabeth Jünemann)* 171

II. Gesundheits-, Behinderten- und Altenhilfe 180

1. Befreiung und Therapie:
   Theologische Perspektiven in der Suchtkrankenhilfe *(Horst Seibert)* 180
2. Gerechtigkeit und Parteilichkeit:
   Theologische Perspektiven in der Pflege *(Erika Heusler)* 188
3. Gottebenbildlichkeit und Kompetenz:
   Theologische Perspektiven in der Behindertenhilfe *(Ulf Liedke)* . . . 195
4. Sinngebung und Lebensqualität:
   Theologische Perspektiven in der Altenhilfe *(Peter Orth)* 203

III. Spezifische soziale Dienste 212

1. Umkehr und Resozialisierung:
   Theologische Perspektiven in der Straffälligenhilfe
   (Hermann Deisenberger) 212
2. Gastfreundschaft und Integration:
   Theologische Perspektiven in der Migrationsarbeit
   (Albert-Peter Rethmann) 220
3. Anwaltschaft und Solidarität:
   Theologische Perspektiven in der betrieblichen Sozialarbeit
   (Manfred Körber) 228
4. Menschenwürde und Grundrechte:
   Theologische Perspektiven in der Wohnungslosenarbeit
   (Ulrich Thien) 235

IV. Gemeinde- und Gemeinwesenarbeit 243

1. Gemeinschaft und Teilhabe:
   Theologische Perspektiven in der Sozialen Arbeit in Kirchen-
   gemeinden *(Ulfrid Kleinert)* 243
2. Nächstenliebe und Empowerment:
   Theologische Perspektiven in der Gemeinwesenarbeit
   (Bernhard Vondrasek) 251

Teil D
AUSSICHTEN UND ERINNERUNGEN EINER THEOLOGIE SOZIALER ARBEIT 259

Einführung *(Rainer Krockauer)* 260

I. Impulse einer Theologie Sozialer Arbeit für Gesellschaft und Kirche 263

1. Parteinahme für eine Solidarität mit den Armen: Impulse einer Theologie Sozialer Arbeit für die Gesellschaft *(Andreas Lienkamp)* 263
2. Wegbegleitung der Integration von Sozialer Arbeit und Pastoral: Impulse einer Theologie Sozialer Arbeit für die katholische Kirche *(Martin Lechner)* 274
3. Brückenbau für eine diakonische Kirche: Impulse einer Theologie Sozialer Arbeit für die evangelische Kirche *(Arnd Götzelmann)* 282

II. Erinnerungen an Pioniere kirchlicher Sozialgeschichte ... 291

1. Sozialreform als Diakonie: Erinnerung an Theodor Lohmann *(Renate Zitt)* 291
2. Sozialarbeit als Diakonie: Erinnerung an Hannes Kramer *(Michael Manderscheid)* 297

III. Konturen einer Theologie Sozialer Arbeit 302

1. Im Mittelpunkt der Mensch *(Stephanie Bohlen)* 302
2. Orte einer Theologie Sozialer Arbeit *(Markus Lehner)* 310
3. Diakonische Spiritualität: Brennpunkt einer Theologie Sozialer Arbeit *(Rainer Krockauer)* 319

ANHANG 331

Literaturverzeichnis 332

Autorenverzeichnis 362

Vorwort

Die Geschichte der Professionalisierung der Sozialen Arbeit, und damit der Sozialarbeit und Sozialpädagogik, ist eng mit der ihrer wissenschaftlichen Fundierung verbunden. Zusammen mit einer sich etablierenden Wissenschaftsdisziplin der Sozialen Arbeit bzw. einer Sozialarbeitswissenschaft tragen mehrere Disziplinen zur Begründung von Theorie und Praxis Sozialer Arbeit bei. Dazu zählt neben der Soziologie, Psychologie oder etwa der Rechtswissenschaft auch die Theologie.
In den Fachbereichen des Sozialwesens von Fachhochschulen in kirchlicher Trägerschaft hat die Theologie als eine Disziplin der Sozialen Arbeit einen festen Platz. Ihr Anspruch, einen eigenständigen Beitrag zur wissenschaftlichen Reflexion Sozialer Arbeit und zur Vermittlung professioneller Handlungskompetenzen zu leisten, wird dort durch theologisches Personal und einschlägige Lehrveranstaltungen und Forschungsprojekte abgedeckt. Dass ansonsten die theologische Reflexion in Theorie und Praxis Sozialer Arbeit eine insgesamt eher marginale Rolle spielt, hat verschiedene Gründe. Einer davon ist die Tatsache, dass ihr Platz im Kanon der Bezugsdisziplinen an den staatlichen Fachhochschulen unbesetzt bleibt. Theologie ist hier im wortwörtlichen Sinne ein unbeschriebenes Blatt. Hinzu kommt, dass auch die universitäre Theologie nur äußerst begrenztes Interesse an einer theologischen Reflexion Sozialer Arbeit zeigt. Bestenfalls sieht sie diese Aufgabe an die wenigen verstreuten universitären Einrichtungen für Caritas- und Diakoniewissenschaft delegiert.
Dieses Schattendasein der Theologie steht in einer auffälligen Spannung zur Bedeutung christlicher Traditionen in der Geschichte der Sozialen Arbeit. Denn basale Begründungs- und Motivationsmuster Sozialer Arbeit haben unzweifelhaft ihre Wurzeln im Christentum, kirchliche Institutionen sind auch in unseren Tagen immer noch zentrale Akteure im Prozess der Bearbeitung sozialer Probleme. Gerade dort, in deren Berufs- und Alltagspraxis, wächst der Bedarf an theologischer Reflexion. Im Kontext der wachsenden gesellschaftlichen Komplexität, des tief greifenden Umbruchs im Sozialstaat und einer fortschreitenden Ökonomisierung des Sozialen ist nämlich die Theologie – und dies nicht nur als theologische Ethik oder Anthropologie – herausgefordert, einen substanziellen Beitrag zum Verständnis und zur Lösung sozialer Probleme und damit zur Weiterentwicklung der Sozialen Arbeit zu leisten.

Das vorliegende *Handbuch* versucht sich dieser Herausforderung zu stellen. Die insgesamt 34 Autoren, großteils selbst als Theologinnen und Theologen an Fachhochschulen für Soziale Arbeit tätig, nehmen aus ihrer persönlichen Erfahrung und ihrer fachlichen Reflexion heraus zu einem breiten Spektrum von Fragen und Themen Stellung: zu existenziellen Erfahrungen von Akteuren im Feld Sozialer Arbeit, zu theologischen Perspektiven in unterschiedlichen Arbeitsfeldern, aber auch zu notwendigen Impulsen für Gesellschaft, Kirche und Soziale Arbeit. Es war Absicht der Herausgeber, möglichst viele und infolgedessen kurze Beiträge von in der Sozialen Arbeit Lehrenden aufzunehmen, um dadurch die Breite einer Theologie in der Sozialen Arbeit zum Ausdruck bringen zu können. Damit wird zugleich auch eine bunte Vielfalt und Heterogenität unterschiedlicher theologischer Zugänge zur Sozialen Arbeit offenbar. Diese sind bedingt durch die unterschiedlichen theologischen Herkunftsdisziplinen der Autoren (etwa in der Praktischen oder Systematischen Theologie) und durch den unterschiedlichen konfessionellen und auch regionalen Kontext ihres Denkens und Wirkens. Zusammengehalten wird dieser »bunte Strauß« theologischer Zugänge jedoch durch den gemeinsamen Bezug zur Sozialen Arbeit als Studium, Wissenschaft und Berufspraxis.

Die Beiträge des Buches verstehen sich als Basisimpulse für eine theologisch reflektierte Soziale Arbeit und sollen exemplarisch aufzeigen, was Theologie als Wissenschaft (in) der Sozialen Arbeit zu leisten vermag. Die Fragestellungen und Themen der Sozialen Arbeit bilden dabei den Ausgangspunkt theologischer Reflexion, nicht etwa vorgefertigte Systematiken und Lehrmeinungen der theologischen Fachdisziplinen. Der Vermittlungs- und Übersetzungsprozess von Fragen und Themen der Sozialen Arbeit wirkt dabei sowohl in die Theologie wie in die Soziale Arbeit zurück. In der Sozialen Arbeit soll die Relevanz theologischen Denkens deutlich werden. In der Theologie wiederum soll die Bedeutung einer Reflexion sozialer Probleme und ihrer Lösungswege herausgestellt und begründet werden. Eine solche *Theologie Sozialer Arbeit* kann sich dann nicht darauf beschränken, ein spezifisches Anwendungswissen für die Praxis Sozialer Arbeit zu erarbeiten. Leitend ist vielmehr das Bild einer doppelten »Stafetten-Übergabe«: Durch die doppelte Schnittstelle der Theologie Sozialer Arbeit sowohl (als Bezugsdisziplin) zur Sozialen Arbeit als auch zur universitären Theologie vermag sie in beide Bereiche hinein eine Stafette zu übergeben – in der Hoffnung, dass diese dort aufgegriffen und weiter bearbeitet wird. Der lebendige Dialog und Diskurs mit den Vertretern der anderen Fachdisziplinen und Praxisfelder in der Sozialen Arbeit und der mit den Vertretern der universitären Theologie und der kirchlichen Praxis ist damit konstitutiv für eine solche kontextuell verankerte Theologie.

Das Buch verfolgt nicht die Absicht, in umfassender und abschließender Systematik alle Bereiche Sozialer Arbeit theologisch reflektieren zu wollen. Theologie in der Sozialen Arbeit besitzt notwendigerweise exemplarischen und experimentellen Charakter – gerade deshalb, weil es auch für das Bezugsfeld der Sozialen Arbeit keine allgemein anerkannte und abschließende Definition gibt. Mit seinen grundlegenden theologischen Beiträgen zu Themen und Praxisfeldern der Sozialen Arbeit versucht das Buch einen Leitfaden für deren theologische Reflexion zu bieten. Es versteht sich als vielfältig verwendbares Arbeitsbuch für den unmittelbaren Lehr- und Lernbetrieb, aber auch für das Selbststudium der in der Sozialen Arbeit beruflich Tätigen.

Für ein solches Handbuch des Faches Theologie gibt es einen unübersehbaren Bedarf, und zwar nicht nur im Studium der Sozialen Arbeit (Sozialarbeit/Sozialpädagogik), sondern vor allem auch in den vielfältigen postgradualen (Master-)Studiengängen (z.B. Sozialmanagement) und schließlich auch in der Berufs- und Weiterbildungspraxis der Sozialen Arbeit. Es ist zu hoffen, dass es nicht nur an konfessionellen Fachhochschulen und in den sozialen Einrichtungen in kirchlicher Trägerschaft auf reges Interesse stößt, zumal auch und gerade außerhalb kirchlicher Einzugsbereiche die von der Theologie vertretenen Themen in der Sozialen Arbeit (vor allem bezogen auf Fragen der Ethik, Anthropologie und Spiritualität) mehr und mehr an Bedeutung gewinnen.

Zielgruppen sind Studierende und Lehrende in den Fachbereichen des Sozialwesens, in den caritas- und diakoniewissenschaftlichen Aufbaustudiengängen Theologischer Fakultäten sowie Lehrende und Kursteilnehmer und Kursteilnehmerinnen an konfessionellen Fortbildungsakademien der Wohlfahrtsverbände. Darüber hinaus will dieses Handbuch all jene Menschen in Sozialberufen erreichen, die sich mit den Potenzialen einer auf Theorie und Praxis Sozialer Arbeit bezogenen Theologie auseinander setzen wollen.

Im Text wird – durchaus bewusst – zwischen den unterschiedlichen Bezeichnungen »Theologie in der Sozialen Arbeit«, »Theologie im Kontext Sozialer Arbeit«, »Theologie der Sozialen Arbeit« bzw. »Theologie Sozialer Arbeit« variiert. Die im Titel gewählte Formulierung »Theologie und Soziale Arbeit« bringt zum Ausdruck, dass es nicht um den Import theologischer Konzepte in die Soziale Arbeit, sondern um eine wechselseitige Begegnung geht. Das Theologieinteresse, die Theologiefähigkeit und schließlich die ureigene Theologie der Berufsrollenträger der Sozialen Arbeit steht dabei im Mittelpunkt des Interesses.

Der Aufbau des Buches folgt seinem Anliegen. Es eröffnet in *Teil A* zunächst durch zwei persönliche Reflexionen Zugänge zum Beziehungs- und Begegnungsverhältnis von Theologie und Sozialer Arbeit. Dem schließen sich hinführende Thesen zum Wechselverhältnis von Theologie und Sozialer Arbeit an. Danach folgen in

Teil B theologische Reflexionen zu exemplarisch ausgewählten Grunderfahrungen und Themen in der Sozialen Arbeit. Dem schließt sich in *Teil C* die Entwicklung theologischer Perspektiven in den klassischen Studienbereichen und Arbeitsfeldern der Sozialen Arbeit an. Im letzten *Teil D* finden sich dann zugespitzte Impulse einer Theologie Sozialer Arbeit für Gesellschaft und Kirchen. Ehe von Seiten der Herausgeber abschließend Konturen einer Theologie Sozialer Arbeit aufzuzeigen versucht werden, soll die Erinnerung an zwei ausgewählte Pioniere für die in der kirchlichen Sozialgeschichte verborgenen theologierelevanten Potenziale sensibilisieren.

Aachen – Freiburg – Linz, im August 2005   Die Herausgeber

Teil A

ZUGÄNGE UND THESEN ZU EINER THEOLOGIE IN DER SOZIALEN ARBEIT

Einführung

Rainer Krockauer

Soziale Arbeit umfasst die Studiengänge und Berufe (bzw. Berufsfelder) der Sozialarbeit und Sozialpädagogik, die – geschichtlich gesehen – unterschiedlichen Ausbildungstraditionen entstammen. Während sich die der Sozialarbeit im vergangenen Jahrhundert aus der Tradition der Wohlfahrtspflege bzw. Fürsorge herausentwickelt hat, entstammt die Sozialpädagogik im Wesentlichen der Ausbildung zur Jugendleiterin mit dem Arbeitsfeld Kindergarten bzw. Hort. In den letzten beiden Jahrzehnten haben sich in Theorie und Praxis von beiden immer mehr Gemeinsamkeiten entwickelt, sodass das heutige Studium am Fachbereich Sozialwesen von Fachhochschulen (und zum Teil von Universitäten) zunehmend als integrierter Studiengang ›Soziale Arbeit‹ angeboten wird, deren Absolventinnen und Absolventen als Diplom-Sozialarbeiter(-innen) bzw. Diplom-Sozialpädagogen(-innen) in die Berufspraxis drängen. Im Zuge der gegenwärtigen Umstellung auf Bachelor- und Master-Abschlüsse an Universitäten und Fachhochschulen in Deutschland erfährt auch dieses Studium gegenwärtig eine einschneidende Neuorientierung.

Soziale Arbeit definiert sich vor diesem Hintergrund in dreifacher Hinsicht: Als *Ausbildung* lehrt sie »das reflexive und tätige Antworten auf soziale Probleme« (Engelke 2003, 27); als *Wissenschaft* erforscht sie diese mit wissenschaftlichen Erkenntnis- und Forschungsmethoden; als *Praxis* arbeitet sie mit spezifischen professionellen Handlungsmethoden an deren Bewältigung und Lösung. Ihr Gesamtarbeitsfeld wird herkömmlich in die drei Felder Jugend- und Familienhilfe, Gesundheits-, Behinderten- und Altenhilfe und Soziale Dienste gegliedert. Darunter fallen beispielsweise Familien- und Altenarbeit (bzw. -bildung), Krankenhaussozialdienst oder Hilfe für Arbeitslose, Ausländer- und Aussiedlerberatung, Behinderten-, Wohnungslosen- oder Suchtkrankenhilfe. Die Ziele (wie etwa Hilfe zur Selbsthilfe von Menschen oder Interessensvertretung und Parteinahme für Unterprivilegierte) korrespondieren mit den dafür notwendigen Methoden und Arbeitsformen (Einzelfallhilfe, Beratung, Familientherapie, Soziale Gruppenarbeit, Gemeinwesen- und Stadtteilarbeit oder Methodik und Didaktik der Bildungsarbeit).

Nur an Hochschulen in konfessioneller Trägerschaft gehört Theologie zum verbindlichen Fächerkanon verschiedener Sozial- und Humanwissenschaften, deren jeweilige Inhalte und Methoden zur Gesamtausbildung beitragen. Von ihren historischen Wurzeln her hat sich die Theologie im Kontext der in den Zwanzigerjahren des letzten Jahrhunderts entstandenen Sozialen Frauenschulen zunächst als Soziale Ethik, Theologische Anthropologie, Caritaslehre oder Religionspädagogik konstituiert und dann im Laufe der letzten achtzig Jahre an den 1971 entstehenden Fachhochschulstandorten jeweils unterschiedlich ausgeprägt. Heute steht im Zuge einer wissenschaftstheoretischen Neubestimmung der Sozialen Arbeit, gerade vor dem Hintergrund der Umstellung auf Bachelor- und Master-Abschlüsse, auch die der Theologie an.

Zugänge und Thesen zu einer Theologie in der Sozialen Arbeit sind vor diesem Hintergrund von unterschiedlichen Orten her und mit jeweils spezifischen Perspektiven möglich. Andere in der Ausbildung *lehrende Human- und Sozialwissenschaften* etwa fragen nach ihrem verbindenden, aber auch unterscheidenden Beitrag für die Soziale Arbeit. Die *theologischen Fachdisziplinen* an Universitäten wiederum fragen nach ihrem Profil als eine in einem fremden Fachbereich angesiedelte und damit weit ausgelagerte elementarisierte und kontextualisierte Form einer Sozialethik, Pastoral- und Caritastheologie oder einer Religionsphilosophie. Für kirchliche Träger sozialcaritativer Einrichtungen wiederum erscheint sie als eine zwingende Notwendigkeit zur inhaltlichen Begründung der eigenen Wertorientierung. Im Bereich der *Fort- und Weiterbildung* von Sozialberufen wiederum wird vermehrt und interessiert nach ihren Beiträgen zur Spiritualität von Sozialberufen oder zur ethischen Auseinandersetzung mit aktuellen Fragen des Sozialstaates gesucht.

Dabei folgen die meisten der in der Sozialen Arbeit lehrenden Theologinnen und Theologen in der Regel zunächst den Prämissen und Leitlinien ihrer sehr unterschiedlichen Herkunftsdisziplinen und versuchen diese in den Kontext der Sozialen Arbeit zu übersetzen und dort zur Geltung zu bringen. Wenngleich es erste Ergebnissicherungen gibt, die das Profil beispielsweise einer Praktischen Theologie im Kontext Sozialer Arbeit (vgl. etwa Lechner 2000) oder einer Ethik der Sozialen Arbeit (vgl. etwa Gruber 2005) aufscheinen lassen, so fehlen doch bisher darüber hinaus die gemeinsamen Versuche nicht nur zur Weiterentwicklung der Herkunftsdisziplin im Kontext Sozialer Arbeit, sondern auch und gerade zur Entwicklung einer eigenständigen, von den unterschiedlichen Herkunftsdisziplinen her genährten und begründeten Theologie Sozialer Arbeit. Das vorliegende Buch zielt in diese Richtung.

Die in Teil A folgenden Statements und Thesen besitzen diesbezüglich einen diagnostisch-aufhellenden Charakter und versuchen Ausgangspunkt und Entwicklungsweg einer Theologie in der Sozialen Arbeit anzudeuten, befindet sich doch – man kann es nicht oft genug betonen – die wissenschaftliche und wissenschaftstheoretische Diskussion im Grunde noch in den Kinderschuhen und hat gerade erst begonnen. Was braucht die Soziale Arbeit von der Theologie? Welches Bild von Theologie setzt diese voraus? Und: Welche Rolle und Bedeutung gewinnt Theologie für die Soziale Arbeit? Hubert Wiesehöfer (vgl. 1) und Barbara Wachinger (vgl. 2), seit Gründung der Fachhochschulen mit der Beziehungs- und Begegnungsgeschichte von Theologie und Sozialer Arbeit vertraut, lassen in ihren Statements den Prozess eines mühevollen Zueinanderfindens von beiden entdecken. Aus der Sicht des Sozialarbeiters Wiesehöfer erscheint Theologie in der Sozialen Arbeit zwar notwendig, aber doch bezüglich ihrer Ausrichtung als fragwürdig. Aus der Sicht der Theologieprofessorin Wachinger wiederum war und ist der Auftrag zur Kontextualisierung einer Theologie in der Sozialen Arbeit mit vielen Mühen und experimentellen Anläufen verbunden. Dem schließen sich die Thesenreihen von Stephanie Bohlen (vgl. 3) und Rainer Krockauer (vgl. 4) an, die von zwei Zugängen her das gegenseitige Lern- und Begegnungsfeld von Theologie und Sozialer Arbeit zu erschließen versuchen. Theologie begibt sich am Ort der Sozialen Arbeit in deren Lernfeld und in einen damit verbundenen Veränderungsprozess. Soziale Arbeit wiederum wird gut daran tun, das Lernfeld der Theologie nicht außen vor zu lassen, damit an ihrem Ort eine Theologie Sozialer Arbeit entstehen kann.

1. Soziale Arbeit ohne Theologie?
Ein Statement

Hubert Wiesehöfer

Die Frage nach dem Verhältnis zwischen Sozialer Arbeit und Theologie hat für mich zunehmend an Bedeutung gewonnen, auch wenn sie nicht einfach zu beantworten ist. Beide Disziplinen kamen bisher nur schwer zueinander: Sozialarbeiter brauchten keine Theologie, so meinten sie in der Regel, und Theologen kamen ganz gut ohne Sozialarbeit aus. Das ändert sich allerdings in dem Maße, wie sich die Theologie auf ihre diakonische Dimension besann und sich gleichzeitig die Überzeugung durchsetzte, dass Kooperation und Vernetzung unter den verschiedenen Fachdisziplinen unverzichtbar sind – angesichts der Komplexität der Probleme und Fragen, die die Menschen bedrängen. Ganzheitliche Hilfe ist gefragt, und die kann nicht von einer Berufsgruppe allein geleistet werden.

Von einer Theologie an Fachhochschulen bekam ich erst spät etwas mit. Bis in die Neunzigerjahre hinein schenkte ich ihr keine Aufmerksamkeit. Vielmehr unterstellte ich eine Art Religionsunterricht, der den persönlichen Glauben unterstützen sollte. Ich nahm nicht wahr, dass an den Fachhochschulen die relevanten Themen der Sozialarbeit (z.B. das Feld der Gemeinwesenarbeit) theologisch reflektiert werden. Hinzu kam, dass mir selbst lange Zeit unklar blieb, was Soziale Arbeit von der Theologie erwarten kann. So habe ich die Bedeutung der Theologie als Lehrangebot lange nicht erkannt. Ich war sicher, meine christliche Überzeugung und meinen Glauben als Grundlage, Hilfe und Motivation für die Soziale Arbeit zu brauchen, aber nicht die Theologie. Heute weiß ich, dass die Theologie mir helfen kann, Soziale Arbeit auf dem Hintergrund meiner Spiritualität bzw. meines Glaubens neu zu definieren. Darüber hinaus gibt es zweifelsohne einen Bedarf, z.B. Soziale Arbeit in kirchlicher Trägerschaft auf deren Verknüpfung etwa mit der Gemeindetheologie hin zu reflektieren.

Theologie in meinem ehemaligen beruflichen Arbeitsfeld der Gemeindecaritas und damit in der Praxis eines großen Wohlfahrtsverbandes war lange Zeit Aufgabe prominenter, aber letztlich weniger Universitätstheologen, die sich verdientermaßen auch für die organisierte Diakonie stark machten und deren »Theologiebedarf« mit ihren je eigenen Konzepten vertraten. Das dürfte für den evangelischen Bereich ähnlich gewesen sein.
Theologie in der Berufspraxis war aber auch mit ganz konkreten Personen in der Sozialen Arbeit selbst verbunden, beispielsweise in meinem ehemaligen Arbeitsfeld mit Menschen wie Hannes Kramer (vgl. D, II.2), der als Sozialarbeiter und Diakon sehr frühzeitig für die Verknüpfung von Sozialer Arbeit und Theologie eintrat. Bei ihm wurde mir beispielsweise deutlich: Erst ist der Glaube da und von dort her rührt die Suche nach dem Verstehen des Glaubens, z.B. mithilfe der Bibel oder durch ihr Menschenbild und Schöpfungsverständnis.
Mit Hannes Kramer verband mich die Entwicklung des Konzeptes einer lebensweltorientierten Sozialarbeit in Kirchengemeinden (vgl. Wiesehöfer 1989). Ich vertrat dabei die Anliegen der Sozialarbeit, er vor allem die der Theologie. Wir stellten – immer wieder überrascht – viel Übereinstimmung fest. Die Sozialarbeit sieht beispielsweise den Klienten nicht (mehr) als Objekt der Hilfe, sondern als Partner mit seinen eigenen Kompetenzen. Empowerment und Ressourcenorientierung heißen die Stichworte. Einzelhilfe ist nicht mehr personenfixiert, sondern sieht das gesamte Feld, den sozialen, ökonomischen, kulturellen, religiösen bzw. infrastrukturellen Kontext. Hannes Kramer, vom Zweiten Vatikanischen Konzil (1962–1965) geprägt, wies damals auf vergleichbare Entwicklungen in der Pastoraltheologie hin, vor allem auf ein neues Gemeindeverständnis. Er verglich unser Aufeinanderzugehen mit dem Bau eines Tunnels von beiden Seiten eines Berges. Das Verbindende werde, so meinte er, dann sichtbar, wenn die beiden Bautrupps aufeinander stoßen und sehen, dass sie gemeinsam etwas Neues geschaffen haben, und dass ihnen der »Durchbruch« zueinander gelungen ist.

Geprägt und zum Nachdenken gebracht hat mich auch Louis Lowy (1920–1991), der nicht verstehen konnte, dass wir in der kirchlichen Arbeit nach dem unterscheidend Christlichen der Sozialarbeit suchten, statt das Gemeinsame und Verbindende herauszustellen. Es gäbe nur eine gute oder schlechte Sozialarbeit, keine explizit christliche, meinte er. Einen ähnlichen Gedanken fand ich damals zeitgleich bei Karl Rahner wieder, der in einem Vortrag das Bild des Fahrkartenverkaufs verwendete, und daran die Frage anschloss, was daran christlich sein könnte. Natürlich gibt es keinen christlichen Fahrkartenverkauf; aber anlässlich des Verkaufs einer Fahrkarte, so Rahner damals, kann der Schaffner seine Christlichkeit, seinen Glauben offenbar machen (vgl. auch Rahner 1967a). Heute weiß ich, dass es in der Sozialen Arbeit nicht nur auf die persönliche Motivation ankommt, die die Soziale Arbeit prägt und qualifiziert. Es gibt auch einen expliziten Bedarf an Theologie, z.B. im Blick auf Inhalte, Ziele und auch Formen der Sozialen Arbeit.

Aber Theologie dürfte, so vermute ich, darüber hinaus noch mehr zu bieten haben. Sie kann inhaltliche Bezüge herstellen (z.B. in meinem konfessionellen Kontext zur Volk-Gottes-Theologie des Zweiten Vatikanischen Konzils) und etwa das Menschenbild im lebensweltlichen Ansatz der Sozialarbeit aus ihrem spezifischen Blickwinkel heraus begründen. Theologie hilft auch Bezüge neu zu sehen, sodass z.B. die Solidarität der Kirchengemeinden mit den Armen und Benachteiligten in der Gesellschaft geweckt und gestärkt wird. Eine besondere Bedeutung der Theologie liegt meines Erachtens darin, ihre prophetischen Inhalte bzw. ihr Verständnis von Prophetie in die Soziale Arbeit und in die Gesellschaft einzubringen. Denn diese hat nicht nur eine Reparaturbedeutung, sondern hat auch eine präventive Dimension. Denn Sozialarbeit muss eine Vision vom Reich Gottes haben.

Theologie und Soziale Arbeit können voneinander viel lernen. Theologinnen und Theologen wird am Ort der Sozialen Arbeit deutlich: Der Mensch und sein Heilwerden stehen wirklich im Mittelpunkt; und zwar der ganze Mensch in all seinen Bezügen und nicht nur in seiner spirituellen Dimension. Und: Theologinnen und Theologen können lernen, am Ort der Sozialarbeit pragmatisch und zufrieden auf kleine Schritte zu schauen und müssen keine Totalidentifikationen verlangen. Sie lernen eine einfache und verständliche Sprache zu sprechen. Und da sie der Sozialarbeit viel geben können, sollten sie auch selbstbewusst den Dialog mit der Sozialen Arbeit in Gang bringen, aber nicht im Sinne einer Belehrung! Ein selbstbewusstes Auftreten um des gemeinsamen Zieles willen ist gefragt: das Heilwerden des Menschen. Ich wünsche mir, dass Sozialarbeiterinnen und Sozialarbeiter die Bedeutung der Theologie erkennen, auf sie zugehen und von ihr zu lernen bereit sind.

2. Anfänge einer Theologie für die Soziale Arbeit
Ein Statement

Barbara Wachinger

Herkunft und Voraussetzungen

Im Gründungsjahr der Fachhochschulen (1971), vor mehr als dreißig Jahren, wurde ich beauftragt, Theologie für Studierende der Sozialarbeit/Sozialpädagogik zu lehren. Studiert hatte ich mein Lehrgebiet in Freiburg und München (1957 bis 1963) und 1968 im Fach Moraltheologie promoviert (vgl. Jendrosch 1971). Meine Motivation, Theologie zu studieren, war, rückblickend gesehen, komplex: ich wollte genau wissen, warum meine ganze Schulzeit in der DDR hindurch alles, was mit Religion, Christentum und Kirche zu tun hatte, auch von mir sonst hoch geschätzten Lehrern diffamiert, herabgesetzt oder lächerlich gemacht wurde. Hinzu kam ein Hunger nach geistiger, nicht nur ideologischer Auseinandersetzung und der leidenschaftliche Wunsch, die orientierende und befreiende Erfahrung des christlichen Glaubens in einem totalitären Staat gründlich zu reflektieren, den Glauben zu denken und weiterzugeben.

Die Fragen, die mich persönlich umtrieben, die mit den Erschütterungen von Krieg, Flucht, Nachkriegszeit und Krankheit verbundenen Fragen, – ich bin Jahrgang 1937 – aus denen heraus ich mich für ein Theologiestudium entschieden hatte, kamen in der Theologie, die ich zu Studienbeginn 1957 kennen lernte, nicht vor. Unmerklich für mich selber, steckte ich diese Fragen nach und nach weg, als wohl zu »privat«, nicht »verallgemeinerungsfähig«, ein Kriterium für wissenschaftliche Dignität, wie ich inzwischen gelernt hatte. Noch galten für die Theologie zu dieser Zeit Indexvorschriften, die historisch-kritische Exegese war keineswegs selbstverständlich, der patriarchale Charakter der Theologie war mir noch verborgen, höchstens an der Schwelle des Bewusstwerdens. Hinzu kam eine neuscholastische Konklusionstheologie, systematisch, trocken und uninspiriert, wie mir schien.

Erst Karl Rahner, der durch Tiefe beeindruckte, intellektuell herausforderte, Fragen kirchlicher Praxis und Spiritualität reflektierte und vor allem den Kontakt zur religiösen Erfahrung spürbar bewahrte, wies mir einen neuen Weg. Im Vorfeld und Gefolge des Zweiten Vatikanischen Konzils kam in der Theologie viel in Bewegung. Andere neue Theologien, die »Gott-ist-tot-Theologie«, die Politische Theologie und die Befreiungstheologie, die Theologie Dorothee Sölles u.a. verwirrten und faszinierten zugleich. Das Wissen über den Wandel von Theologie, beeinflusst durch Zeitgeist, historische und kulturelle Kontexte, das Nach- und Nebeneinander von Theologien, das Studium von Dogmen- und Kirchengeschichte relativierten die anfänglich als »ewige«, unveränderliche Wahrheit hingenommene kirchliche Lehre.

Was ich als Mangel erfahren hatte, zunächst eher unauffällig, fassbar nur als diffuses Unbehagen, wurde später nach und nach für mich als Lehrende zur Inspiration. In den Suchbewegungen eigenen Lehrens nach 1971 entdeckte ich das Ernstnehmen des Subjekts, unverzichtbar für theologisches Nachdenken, das »Ich«-Sagen, die theologische Relevanz von Biografie, Identität, Lebenskontexten (es war die Zeit von Selbsterfahrung und Gruppendynamik), von Zeitgeschichte und Gender-Differenz. Erst sehr viel später wurden diese Themen »theologiefähig«.

Auch die »Adressaten«, die Studierenden, hatten in kürzester Zeit weitreichende Entwicklungen zu verdauen: an der Höheren Fachschule, die noch »Fürsorgerinnen« ausbildete (bis 1971), gab es den konventionellen Religionsunterricht: man lebte gemeinschaftlich in Wohnheimen, mit einer religiösen Infrastruktur, z.B. mit der täglichen Messfeier. Die Motivation für eine Ausbildung zur Fürsorgerin war häufig religiös begründet gewesen, zumindest aber war »Helfenwollen« eine Triebfeder. Anders die neu gegründeten Fachhochschulen, auch die in kirchlicher Trägerschaft: offen für Studierende aller Couleur, nicht nur für katholisch oder christlich orientierte. Das Jahr 1968 mit seinen Protesten, Aufbrüchen und Initiativen lag noch nicht lange zurück. Die Studierenden waren anders als die Fürsorgerinnen alten Schlages: keine unbefragte Katholizität mehr, viel kritisches Nachfragen, viel In-Frage-Stellen.

Lehr- und Lernerfahrungen

Gute Sozialarbeit fängt da an, wo der Klient steht; warum sollte das nicht auch für die theologische Vermittlung gelten?! Als Konturen meiner Theologie vom Ort der Sozialarbeit aus erkenne ich rückblickend:

- Ich versuchte, an der Situation, die beide Seiten prägte, Studierende und mich, anzusetzen. Hatte ich selber noch den Weg einer deduktiven Theologie erfahren, eine Theologie, die von gegebenen Sätzen ausging und diese dann »zementierte«, so versuchte ich den induktiven Weg, das heißt, fremde und eigene Erfahrung ernst zu nehmen, Kontexte individuellen und gesellschaftlichen Lebens mit Theologie und kirchlicher Lehre und Praxis ins Gespräch zu bringen.

- Der Rückgriff auf den klassischen Fächerkanon der Theologie, also ein »Mini-Theologie-Studium«, war nicht gefragt. Was mir als Theologin entgegengebracht wurde, war – neben viel Religions- und Kirchenkritik aus der Aufbruchsstimmung der Siebzigerjahre – die Frage: was »leistet« Theologie eigentlich im Kontext von Sozialarbeit, in Konkurrenz zu Psychologie, Soziologie, Recht etc.? Was ist ihr originärer Beitrag? Hat sie etwas anderes anzubieten als: ein Denken, das an seine Grenzen gerät, und ein Handeln, das nicht mehr weiterweiß, an eine höhere Adresse »abzuliefern«? Der Verdacht lag in der Luft: Theologie ist ein »Orchideen-Fach«, ist Luxus, nicht not-wendig, unbrauchbar für die Praxis, ja sogar gefährlich, weil auf ein Jenseits vertröstend und a-politisch? Hinter solchen kritischen Anfragen stand sehr wohl eine Ahnung oder die Hoffnung, dass Theologie im Chor der anderen Wissenschaften einen unverzichtbaren Part haben könnte.
- Eine weitere Herausforderung für eine neue Theologie war das Ernstnehmen der spezifischen Hochschulsituation, vornehmlich das Gegenüber zu den Humanwissenschaften, insbesondere zu Psychologie und Soziologie, die einen breiten Raum im Studium einnahmen. Von den ersten Kontakten zur Psychologie im eigenen Studium kannte ich bereits das Misstrauen von Theologen, ihre warnenden und gering schätzenden Bemerkungen, besonders der freudschen Psychoanalyse gegenüber. Der an der Fachhochschule nötige Schritt aus einem binnentheologischen Selbstverständnis heraus, in dem Theologie noch »Königin« der Wissenschaften war, erwies sich als ein Schritt aus dem Getto in das Neuland einer heute selbstverständlichen Interdisziplinarität von Forschung und Lehre hinein.
- Das Ernstnehmen der »irdischen« Wirklichkeit, die schrittweise Annäherung über humanwissenschaftliche Einsichten und Erkenntnisse bis zur theologischen Deutung (z.B. von Identität, Gewissen, Beziehung) – das war nicht mehr der »steile« Weg der Schultheologie, sondern das war Befreiung aus einem Denken und Sprechen, das zu klein geworden war. In der Universitätstheologie hatte ich das »weltlich von Gott reden« (noch) nicht gelernt, aber es gab Vorbereitungen darauf, dass nicht immer die explizite Rede von Gott wirklich IHN meint, sondern dass im authentischen Sprechen von dem, »was uns unbedingt angeht« (Paul Tillich), Gottesrede ersteht. Zusammen lernten wir, die Studierenden und ich, dass nicht immer betet, wer mit »lieber Gott« anfängt und mit »Amen« aufhört. Auch der Schrei, die Klage eines Menschen – und sein Lachen – kann Gebet sein. Das war bedeutsam für die Soziale Arbeit! Es war ein Schritt heraus aus einer »Überwelt«, ein Schritt zu auf eine »Theologie von unten«, Theologie zwischen Geschichte und Heilsgeschichte. Von daher war es nicht weit dazu, brennende aktuelle Fragen auch theologisch zu bedenken: Erinnern und Vergessen der Shoah, von Gott reden nach Auschwitz; sehr

früh schon die ökologische Problematik; nach Tschernobyl dann die Frage der Bewahrung der Schöpfung; später die Frage des »Kirchenasyls« und die Fragen, die sich mit der Frauenbewegung an die Theologie stellten.

- Während die gelernte Theologie noch die Gottesbeweise abfragte, Gott in ihrer Sprache zum Objekt machte, hatten mich Martin Buber, Dietrich Bonhoeffer (»Einen Gott, den es gibt, gibt es nicht!«) und Günter Eich (»Von Gott kann man nicht sprechen, wenn man nicht weiß, was Sprache ist«) sensibilisiert, mich in theologischen Zusammenhängen eher an einem nicht-definitorischen, nicht-diskursiven, sondern an einem narrativen, symbolischen Sprechen zu orientieren. Die Einübung in die Unterscheidung literarischer Genera (in der alt- und neutestamentlichen Exegese grundgelegt), unverzichtbar für theologisches Nachdenken, war auch für Studierende der Sozialen Arbeit neu, hilfreich und befreiend. Im Verstehen der Wirklichkeit von Märchen erschloss sich den Studierenden – das gehörte zu *meiner* Propädeutik –, dass Wirklichkeit und Wahrheit auf viele Weisen zur Sprache gebracht werden können.

- Soziale Arbeit erwies sich als ein »Ort«, der das unbefangene, naive Sprechen von Gott, auch das theologische »Bescheidwissen« veränderte: die Präsenz der Abwesenheit Gottes, seine Machtlosigkeit, sein Schweigen, seine dunklen Seiten traten neben – oder an Stelle? – der richtigen, der orthodoxen Sätze. Eine »kenotische« Theologie, die die »memoria passionis« in jedem Leidenden wahr-nimmt und »compassion« (Mitleidenschaft) übt. In diesem Horizont war viel von dem Elend der Welt, mit dem Sozialarbeiter konfrontiert sind, »aufgehoben«, d.h. es konnte begleitet werden, ausgehalten und gedeutet werden, aber es öffneten sich auch Spielräume zum Handeln, Verändern, Räume für Solidarität und Hoffnung.

- Zum Neuen und Anderen meiner Anfänge gehörte auch, dass die Studierenden nicht nur »Adressaten«, sondern Akteure waren. Sie brachten Fragen aus der Praxis mit, die Themenfindung für Seminare bekam dadurch lebendige Impulse, die Konzepte für Lehrveranstaltungen veränderten sich unter dieser Perspektive, wurden vital und existenziell geerdet. Weil die Studierenden immer wieder die Praxis einforderten und viel Kreativität und Engagement einbrachten, veränderte sich auch die Gestaltung der Lehrveranstaltungen, weg von einem frontalen, professoralen Vorlesungsstil, hin zu einer breiten Methodenvielfalt.

- Die Zentrierung auf die Teilnehmerinnen und Teilnehmer war der eine Brennpunkt der Ellipse, der andere war das Thema mit der (mehr oder weniger geglückten) Rückbindung an die Praxis Sozialer Arbeit – ein labiles, immer wieder zu balancierendes Gleichgewicht! Als Kompass bewährte sich zusammenfassend zum einen die Orientierung an der Erfahrung und den Lebenskontexten der Studierenden, der Klienten und meiner eigenen Person; zum anderen die Orientierung am Gespräch mit den Humanwissenschaften, das »weltliche« Reden von Gott, dazu die Übersetzung der mythologischen und symbolischen Redeweise der großen religiösen Überlieferungen bzw. das Verstehen mythologischer Sprache. Unverzichtbar war die Orientierung an den Essentials biblischer Theologie und die These von der »Autorität der Leidenden« (J. B. Metz), die eher Orthopraxie als Orthodoxie fordert; später – nicht zu vergessen – die Frauen- bzw. Gender-Perspektive.

In diesem Horizont versuchte ich, eine Theologie für die Soziale Arbeit zu vermitteln – eine erfahrungsbezogene, subjektorientierte, eine »befragte«, in Frage gestellte und in Frage stellende Theologie, eine »Theologie von unten«, die lebensweltbezogen (kontextuell) auf das Wesentliche zu reduzieren versucht. Eine solche *kenotische* Theologie (vgl. Phil 2,1–11) hat in meinen Augen das inkarnatorische Verständnis christlichen Denkens sehr ernst genommen: die Menschwerdung, Verleiblichung des WORTES im Stall, im Flüchtlingslager, im Obdachlosenheim, im Gefängnis, im Frauenhaus ...

Beide, Theologie und Soziale Arbeit und ihre Begegnung, unterliegen einem Prozess der Verwissenschaftlichung, der gleichzeitig ein Prozess unaufhaltsamen Vergessens ist. Was in meiner Erinnerung noch gegenwärtige Vergangenheit ist, wird in der nächsten Generation zur reinen Vergangenheit, aus lebendiger Erfahrung wird nüchterne, farblose Objektivität, vergessen scheinen die Höhen und Tiefen des Weges. Anfänge einer Theologie für die Soziale Arbeit: kein Haus, um sich darin einzurichten, erst recht keine Kathedrale, sondern ein Weg, auch ein Exodus und neues Land.

3. Theologie im Lernfeld der Sozialen Arbeit

Sechs Thesen

Stephanie Bohlen

These 1: Der Status der Theologie in Studiengängen der Sozialen Arbeit kann als problematisch gelten.

Theologie und Soziale Arbeit: das Thema des Handbuches vereint, was unterschiedlicher kaum sein könnte. Seit der Gründung der Universitäten im 13. Jahrhundert hat die Theologie dort ihren Ort unter den Disziplinen, in denen Antworten auf die fundamentalen Fragen des Menschen erarbeitet werden. Dabei war ihr Status als Wissenschaft (vgl. Seckler 1991; Wiedenhofer 1999), die zu Recht an den Universitäten verortet ist (vgl. Beinert 1999), bis in unsere Zeit unstrittig. Der Begriff der Sozialen Arbeit dagegen verweist auf eine Tätigkeit, eine Praxis. Und obwohl die Studiengänge, in denen die Ausbildung zum Sozialarbeiter oder zur Sozialpädagogin erfolgt, seit der Gründung der Fachhochschulen dort verortet sind, kann noch als strittig gelten, ob der Praxis der Sozialen Arbeit eine eigenständige wissenschaftliche Disziplin zuzuordnen ist. Fordern die einen die Etablierung einer solchen Disziplin, die Sozialarbeitswissenschaft (vgl. Engelke 1993; Puhl 1996; Mühlum 2004 u.a.), stellen andere ihren Sinn in Frage und plädieren stattdessen für die Arbeit an einer Sozialarbeitslehre als Basis der Fachhochschulausbildung (vgl. Sidler 2004). Einig ist man sich jedoch darüber, dass es Aufgabe der Sozialarbeitswissenschaft oder auch -lehre sein wird, die Forschungen unterschiedlicher Bezugswissenschaften auf die Praxis der Sozialen Arbeit zu fokussieren. Kommt in dem Kontext dann die Sprache auf die Bezugsdisziplinen der Sozialen Arbeit, wird die Theologie nur selten thematisiert. Wo das doch der Fall ist, wird zwar ihr Status als Wissenschaft nicht bestritten, ihre Bedeutung für die Soziale Arbeit aber als nur bedingt angesehen (vgl. Engelke 2003, 342f.).

Das ist keinesfalls selbstverständlich. Nach Albert Mühlum kann die Aufgabe der Sozialen Arbeit mit dem Begriff des Helfens benannt werden, wobei er eine Bestimmung dessen, was unter Hilfe zu verstehen ist, einfordert (vgl. Mühlum 2001). Sie kann unter anderem im Rückgriff auf problemsoziologische Ansätze geschehen, die dem Begriff des Helfens den der Lösung sozialer Probleme an die Seite stellen. Lange Zeit waren es vor allem religiöse Motive, die Menschen dazu bewegten, sich anderen helfend, also menschliche Probleme bearbeitend, zuzuwenden. Doch mit dem Prozess der Professionalisierung der Sozialen Arbeit kamen die religiösen Beweggründe des Helfens in den Verdacht, effektivem Arbeiten eher im Wege zu sein (vgl. Staub-Bernasconi 1995, 45f.). Um der Effektivität willen glaubte man auf Rationalität setzen zu müssen, religiöse Beweggründe aber wurden – unreflektiert – mit irrationalen Motiven in eins gesetzt. Das hatte zur Folge, dass nun zwar psychologisches, soziologisches und ökonomisches Wissen, methodisches Können und politisches Interesse als Fundamente für die Professionalität eines Sozialarbeiters oder einer Sozialpädagogin galten, die Bedeutung der religiösen Motivation aber kaum noch anerkannt wurde. Entsprechend wurde auch dem Fach »Theologie«, in dem unter anderem eine (kritische) Reflexion religiöser Motive ihren Ort hätte, kaum noch Bedeutung zugesprochen. Auch Studierende der Sozialen Arbeit fragen an, ob die Theologie für die Praxis, um die es in ihrem Studium geht, überhaupt von Relevanz ist. Und ihr Verdacht, Theologie könne bedeutungslos sein, wird dadurch befördert, dass diese an staatlichen Fachhochschulen des Sozialwesens nicht als Bezugsdisziplin Sozialer Arbeit etabliert ist.

Der problematische Status der Theologie als einer Bezugsdisziplin der Sozialen Arbeit fordert Theologen und Theologinnen dazu heraus, nachzuweisen, dass die Theologie von Relevanz für die Praxis der Sozialen Arbeit ist. Darum wird es in dem vorliegenden Buch gehen. Die Aufgabe dieser Thesen, die unter dem Gedanken der »Theologie im Lernfeld der Sozialen Arbeit« mitgeteilt werden, ist eine andere. Mit ihnen soll die Frage aufgeworfen werden, ob sich die Theologie dort, wo sie sich nicht als Universitätsdisziplin, sondern als Fach eines Fachhochschulstudiengangs, als Bezugsdisziplin Sozialer Arbeit etabliert, verändert. Sollte das der Fall sein, wird sich dann die Frage nach dem spezifischen Profil einer Theologie Sozialer Arbeit stellen.

These 2: Soziale Arbeit ist zu verstehen als Kontext, der Theologen und Theologinnen zum Lernen herausfordert.

Von ihrem eigenen Selbstverständnis her kann die Theologie nicht tun, als ginge sie der Verdacht, sie habe nichts Bedeutendes zur Sozialen Arbeit zu sagen, nichts an. Sie muss bestrebt sein, solches zu sagen, was für die Menschen und für die Gesellschaft, in der sie leben, relevant ist. Denn sonst gibt sie sich selbst auf. Folglich sollte die Theologie dort, wo Studierende sie in Frage stellen, reagieren. Sie sollte sich der Herausforderung stellen und sie kann das nur tun, indem sie willens ist zu lernen.

Was kann es für die Theologie bedeuten, sich als eine *lernende* Disziplin zu verstehen? Um darauf eine Antwort zu geben, ist davon auszugehen, dass der Irrelevanzverdacht, mit dem die Theologie an Fachhochschulen zuzeiten konfrontiert wird, darin ein Korrelat hat, dass die Bedeutung der Religion für unsere Gesellschaft überhaupt problematisch geworden ist. Das bedeutet nicht, dass es in unserer Gesellschaft keine religiösen Menschen gäbe, aber für den öffentlichen Diskurs, in dem es um die Entscheidungen geht, die für die Gesellschaft als ganze bedeutend sind, hat sie kaum noch eine orientierende Funktion.

Die Frage nach den Gründen, die den Bedeutungsverlust, den die Religion in Bezug auf den öffentlichen Diskurs erfahren hat, erklären, ist durch den Verweis auf die Geschichte der Modernisierung zu beantworten. Für unsere moderne Gesellschaft war der Prozess der Säkularisierung konstitutiv. In dem Begriff der Säkularisierung kommt zur Sprache, dass sich die Gesellschaft in unterschiedliche Sphären differenziert hat. Fundamental für die moderne Gesellschaft sind die Unterscheidung von Privatsphäre und Öffentlichkeit einerseits und die Zuordnung der Religion zur Sphäre des Privaten andererseits. In Bezug auf die Fragen, die nur im öffentlichen Diskurs beantwortet werden können, folgt daraus, dass sie nicht einfach durch den Verweis auf die Orientierungen, die sich aus der Religion ergeben, beantwortet werden können, gelten sie doch als Privatsache. Darum kann man sie aus dem öffentlichen Diskurs ausklammern. Derart wird Religion in der Öffentlichkeit »ortlos«. Und es ist zu verstehen, dass dort, wo es keinen öffentlichen Ort gibt, wo über religiöse Erfahrungen gesprochen wird, dann auch die Theologie mit der Zeit zu einer Fremd-sprache wird, die als unverständlich gilt (vgl. Eid 1999).

Die Theologie hat auf den Säkularisierungsprozess produktiv geantwortet, indem sie sich die Übersetzung ihres Sprechens von Gott in die Sprache unserer Zeit eigens zur Aufgabe gemacht hat. Dabei ist deutlich geworden, dass die Übersetzungsarbeit nicht ohne Folgen für das Sprechen von Gott selbst ist. Theologie verändert sich, indem sie sich verständlich machen will, und zwar in Korrelation zu dem Kontext, in dem sie ihr Sprechen verortet. »Lernen« bedeutet also für die Theologie *Kontextualisierung* (vgl. Lechner 2000, 227ff.). Es bedeutet, sich selbst zu verändern im Vorgang der Übersetzung ihres Sprechens in eine Sprache, die vor einer säkularen Öffentlichkeit – denn als solche ist die Hochschulöffentlichkeit auch an kirchlichen Fachhochschulen dort anzusehen, wo sie die Theologie der Irrelevanz verdächtigt – Bestand haben kann. Welches Konzept sollte eine Theologie haben, die an einer Fachhochschule des Sozialwesens von den Studierenden verstanden wird? Welche Themen sind zu behandeln, um deutlich zu machen, dass Religion bedeutend ist, und zwar nicht nur für die Sphäre des Privaten, sondern auch für die Öffentlichkeit, in der sich die Studierenden bewegen werden, sofern sie einmal als Sozialarbeiter oder Sozialpädagoginnen tätig sein wollen?

These 3: Theologie im Lernfeld der Sozialen Arbeit ist herausgefordert, sich im Diskurs mit den Humanwissenschaften als Glaubenswissenschaft zu profilieren.

Wenden wir uns in einem ersten Schritt der formalen Konzeption einer Theologie der Sozialen Arbeit zu, um in einem zweiten Schritt auf mögliche Kernthemen zu sprechen zu kommen.

Auch für die Theologie, die sich im Kontext Sozialer Arbeit verorten will, wird zu fordern sein, dass sie dem Anspruch auf Wissenschaftlichkeit gerecht werden sollte. Zwar wird man nicht in Abrede stellen können, dass die Theologie auch die Aufgabe hat, die Persönlichkeitsbildung von Studierenden der Sozialen Arbeit durch die Vermittlung eines kritisch reflektierten Wertbewusstseins zu fördern und ihnen eine eigene »Spiritualität« mit auf den Weg zu geben. Persönlichkeitsbildung darf aber die auf wissenschaftliche Forschung gegründete Arbeit an religiösen Fragen nicht ersetzen. Dafür spricht einerseits das Selbstverständnis der Theologie als einer Glaubens*wissenschaft*, das nicht aufgegeben werden kann, ohne die Theologie selbst aufzugeben, und andererseits die Tatsache, dass das Fach »Theologie« an Fachhochschulen als Teil eines *wissenschaftlichen* Diskurses etabliert ist.

Dass sich die Theologie überhaupt als Wissenschaft, die dem Diskurs mit den anderen Wissenschaften nicht aus dem Weg gehen muss, etablieren konnte, hat seinen Grund in einer religiösen Erfahrung. Es handelt sich um die Erfahrung, dass der Glaube den Glaubenden von sich aus dazu herausfordert, sich mittels der Vernunft verständlich zu machen, was er denn glaubt. Und dort, wo Glauben und Vernunft als vereinbar angesehen werden, kann sich dann auch die wissenschaftliche Beschäftigung mit dem Glauben ergeben. Lange Zeit bestritt keiner den Status der Theologie als einer Wissenschaft, die nach der Wahrheit fragt und das, was wahr ist, auch sichtbar macht. Doch auf die Spaltung der einen Kirche in unterschiedliche Glaubensgemeinschaften, die alle einen Anspruch auf die Wahrheit vertreten, konnte das Denken kaum anders reagieren als mit der Forderung, nach der Wahrheit künftig nur noch mit den Mitteln der Vernunft zu fragen. Dadurch kam es zu einer Entgegensetzung von Glauben und Vernunft, Theologie und Wissenschaft, die sich mit der oben angesprochenen Differenzierung der Gesellschaft in eine Sphäre des Privaten und einer der Öffentlichkeit verband. Seit der Zeit gilt als wahr und folglich auch öffentlich bedeutsam, was mittels der Wissenschaften, insbesondere der empirischen Wissenschaften, ans Licht gebracht werden kann. Dass Studierende zwar die Theologie als irrelevant verdächtigen, die Bedeutung der empirischen Wissenschaften für die Praxis der Sozialen Arbeit für sie aber außer Frage steht, hat darin seine geschichtlichen Wurzeln.
Es gab Zeiten, in denen die Theologie auf die Fragen, die von den empirischen Wissenschaften aufgeworfen wurden, durch unterschiedliche Strategien der Immunisierung reagierte. Solchen Strategien ist eine deutliche Absage zu erteilen, befördern sie doch am Ende nur die Ausklammerung der Theologie aus dem öffentlichen Diskurs einer Gesellschaft, die dort, wo es darum geht, Entscheidungen zu treffen und zu begründen, auf die empirischen Wissenschaften setzt. Theologie wird in unserer modernen Gesellschaft nur dann eine Zukunft haben, wenn sie ihre Anschlussfähigkeit an die empirische Forschung nachweist.
Im Studium der Sozialen Arbeit hat die Theologie nur als Bezugswissenschaft einen berechtigten Status. Als solche erfährt sie sich – auch unter struktureller Perspektive – in den Diskurs mit den anderen Bezugswissenschaften der Sozialen Arbeit versetzt, eine Immunisierung würde nicht nur die Aufgabe des Diskurses durch die Theologie, sondern die Aufgabe ihrer selbst als Bezugswissenschaft oder konstitutiver Teil der Sozialarbeitswissenschaft bedeuten. Theologie wird als Fach im Studiengang der Sozialen Arbeit nur dort auch künftig verortet sein, wo sie es vermag, sich in dem Diskurs der Bezugswissenschaften selbst als ein möglicher

Zugang zu wahrer Erkenntnis zu erweisen, der einerseits den Status einer anschlussfähigen Wissenschaft für sich beanspruchen kann, und deren Erkenntnisse andererseits nicht auf die einer anderen Wissenschaft zu reduzieren sind.

These 4: **Theologie im Lernfeld der Sozialen Arbeit ist herausgefordert, der Reduktion des Wissenschaftsbegriffs auf empirische Forschung zu widersprechen.**

Muss die Theologie einerseits ihre Anschlussfähigkeit in Bezug auf empirische Forschung unter Beweis stellen, hat sie andererseits aber auch das Recht, die Verengung des Wissenschaftsbegriffs auf den der empirischen Forschung zu kritisieren. Zwar wird man der empirischen Forschung ihre Bedeutung für unser Verständnis der Welt nicht absprechen können. Denn wer die Welt verstehen will, muss sie differenziert erfassen. Das ist Sache der empirischen Forschung. Von daher ist zu verstehen, dass die Theologie aus der vom Zweiten Vatikanischen Konzil ausgesprochenen Aufforderung, »die Welt, in der wir leben, [...] zu erfassen und zu verstehen« (Pastoralkonstitution 1966, Nr. 4), gefolgert hat, dass sie in ihrem Sprechen von einer differenzierten Betrachtung der Welt ausgehen sollte, zu der uns die empirische Forschung, die auch in der Theologie ihren Ort haben muss, befähigt. Doch wer die Welt verstehen will, muss die Fakten deuten. Und das gilt sowohl für den Sozialarbeiter (vgl. Mühlum 1996, 29f.) als auch für den Theologen.

Die Deutung der Welt, deren Ausarbeitung das Zweite Vatikanische Konzil den Theologen und Theologinnen zur Aufgabe gemacht hat, soll geschehen unter einer bestimmten Perspektive, jener Perspektive, die sich »im Lichte des Evangeliums« (Pastoralkonstitution 1966, Nr. 4) erschließt. In Bezug darauf dürften aber alle Theologen und Theologinnen, die an Fachhochschulen des Sozialwesens dozieren, die Erfahrung teilen, dass es für Studierende ein Problem sein kann, die theologische Perspektive zur Deutung von Welt überhaupt als eine mögliche Perspektive anzusehen. Sie müssen lernen, sich auch einmal auf den Standpunkt derer zu stellen, die die Welt »im Lichte des Evangeliums« gesehen haben und sehen. Und man wird davon ausgehen können, dass Studierende dadurch, dass sie solches lernen, in ihrer Kompetenz zur Deutung von Welt gefördert werden, selbst für den Fall, dass sie die theologische Perspektive nie ihre eigene nennen würden.

Damit ist implizit noch einmal gesagt, dass die Aufgabe, die das Fach »Theologie« an einer Fachhochschule des Sozialwesens hat, weder auf die der Vermittlung einer Spiritualität der Sozialen Arbeit noch auf Persönlichkeitsbildung zu reduzieren ist. Seine Aufgabe ist es, eine den Studierenden fremde und sie befremdende

Perspektive zur Deutung der Welt, nämlich jene Perspektive, die sich vom Evangelium her erschließt, als eine mögliche Sicht auf die Fakten zu thematisieren und dadurch die Deutungskompetenz zu fördern, die unstrittig eine der im Studium zu vermittelnden Kernkompetenzen ist.

These 5: Theologie im Lernfeld der Sozialen Arbeit ist herausgefordert, sich dessen bewusst zu werden, dass die Perspektive, in der sie das empirisch Erforschbare deutet, nicht selbstverständlich ist.

Doch nicht nur die Studierenden lernen dadurch, dass sie mit dem »Licht des Evangeliums« konfrontiert werden. Man wird auch davon ausgehen können, dass eine Theologie, die durch die Fragen der Studierenden mit der Nicht-Selbstverständlichkeit ihrer eigenen Perspektive konfrontiert wird, lernen wird, in dem Bewusstsein dessen zu arbeiten, dass das »Licht des Evangeliums« nur dann in seiner Lebensbedeutsamkeit aufleuchtet, wenn es bezogen auf das, was durch empirische Forschung erfasst wird, thematisiert wird.

These 6: Theologie ist durch das Lernfeld der Sozialen Arbeit herausgefordert, ihr Sprechen auf den Anbruch des Gottesreiches in Leben und Sterben Jesu Christi zu konzentrieren.

Wer nach den Kernthemen einer Theologie der Sozialen Arbeit fragt, muss in seinem Fragen voraussetzen, dass aus der Forderung der Kontextualisierung der Theologie folgt, dass auch die Themen der Theologie, die an Fachhochschulen des Sozialwesens ihren Ort haben, durch den Kontext der Sozialen Arbeit bestimmt sind. Er muss infolgedessen für eine Bestimmung der Kernthemen einer Theologie aufgeschlossen sein, die nicht vom Evangelium selbst ausgeht, sondern von dem Kontext theologischen Sprechens. Diese Aufgeschlossenheit voraussetzend, geht es nun um Kernthemen einer Theologie der Sozialen Arbeit.
Fragt man Studierende der Sozialen Arbeit nach den Motiven, die entscheidend waren für ihren Schritt an die Fachhochschule, verweisen sie unter anderem auf Erfahrungen mit Menschen, deren Probleme sie betroffen gemacht haben. Betroffenheit, welcher der Wille, anderen zu helfen, korreliert, ist nicht nur einer der Beweggründe zum Studium der Sozialen Arbeit. Es ist der primäre Beweggrund. Und es sind daher auch die Probleme der Menschen, die dann im Studium reflektiert werden, ehe danach gefragt wird, was es denn bedeutet, helfend (Probleme bearbeitend) tätig zu werden. Wo die Bearbeitung von Problemen im Fokus steht,

muss es aber mit Notwendigkeit auch um jene Grundhaltung gehen, die eine Zuwendung zu denen, denen man nur helfend gerecht werden kann, ermöglicht: die Haltung der Solidarität.

Von daher begründet sich das Interesse, das – meinen Erfahrungen als Dozentin zufolge – Studierende der Sozialen Arbeit am Evangelium haben. Es ist das Interesse an dem, dessen Leben von Solidarität mit denen bestimmt war, denen sich sonst keiner zuwandte, sprach man sich damals doch von den Problemen der anderen dadurch frei, dass man sie als selbst verschuldet deutete. Ausgehend von dem Interesse am Leben Jesu kann dann in einem zweiten Schritt ein Verständnis dafür erarbeitet werden, dass die Haltung der Solidarität, die für Jesu Leben bestimmend war, im Grunde genommen nur verständlich wird, sofern man sie als Engagement für das Reich Gottes deutet. In dem Kontext ist unter Rückgriff auf die prophetischen Schriften des Alten Testamentes davon zu erzählen, welche Hoffnung sich für Jesus mit dem Reich Gottes verband. Es ist die Hoffnung auf ein Leben unter dem Gesetz Gottes, in dem allen – auch denen, die ausgegrenzt werden – Gerechtigkeit widerfahren wird. Die Reich-Gottes-Botschaft der alttestamentlichen Propheten, in deren Licht Jesus sein Leben gelebt hat, als eine Botschaft für die Soziale Arbeit zu thematisieren, wird eine der fundamentalen Aufgaben einer Theologie an Fachhochschulen des Sozialwesens sein (vgl. Lob-Hüdepohl 2003c). Denn von ihr her leuchtet die Möglichkeit einer anderen Welt auf, jener Welt, in der es nicht darum geht, Ausgrenzung nur zu rechtfertigen, sondern darum, auch denen gerecht zu werden, die auf Hilfe angewiesen sind. Und mit dieser Möglichkeit erschließt sich eine mögliche Perspektive der Veränderung auch unserer Welt, ohne die Soziale Arbeit sich letztlich auf die Reproduktion des gesellschaftlichen Systems begrenzen würde.

Der Theologie in der Sozialen Arbeit wäre dann die Ausarbeitung eines dritten Erzählschrittes aufgegeben. In ihm wäre zu thematisieren, dass die gelebte Solidarität Jesu, die auch der Tod nicht in Frage stellen konnte, als Anbruch des Reiches Gottes erfahren und gedeutet werden konnte. Über die Erschließung einer möglichen Perspektive der Veränderung unserer Welt hinaus, müssen Theologen und Theologinnen an Fachhochschulen es sich mithin zur Aufgabe machen, auch von dem Glauben daran zu sprechen, dass der »rettende Ausgang aus einem als heillos erfahrenen Leben« (Habermas 2004, 4; vgl. Habermas 1991, 135f.) für uns durch Jesus zu einer Möglichkeit geworden ist, die kein »Hirngespinst«, sondern eine auf uns zukommende erlösende Realität ist.

Wo die Theologie unter den Fächern, die als Bezugswissenschaften der Sozialen Arbeit fungieren, keinen Ort hat, ist auch kein Platz für das Sprechen von Rettung, Heil und Erlösung. Und wo der Begriff der Erlösung aus der Sprache ausgeklammert wird, verliert der Mensch das Bewusstsein für seine Erlösungsbedürftigkeit und am Ende auch die Sensibilität für »unheiles« Leben. Theologie wird also zur

Bezugswissenschaft der Sozialen Arbeit, wo sie Studierende dafür sensibilisiert, dass unsere Gesellschaft noch keine heile ist. Und ihre Stimme wird im Diskurs aller Bezugswissenschaften dadurch unverzichtbar, dass sie die Hoffnung auf den rettenden Ausgang aus den Unheilsstrukturen dadurch als begründet deutet, dass sie von dem erzählt, in dessen Leben und Sterben das Reich Gottes angebrochen ist.

LESEHINWEISE

Krockauer, Rainer, Soziale Arbeit als theologiegenerativer Ort. In: Pastoraltheologische Informationen 18 (1998) 69–80. (Krockauer 1998)

Lechner, Martin, Theologie in der Sozialen Arbeit. Begründung und Konzeption einer Theologie an Fachhochschulen für Soziale Arbeit (Benediktbeurer Studien, Bd. 8). München 2000. (Lechner 2000)

4. Theologie Sozialer Arbeit

Zehn Thesen

Rainer Krockauer

These 1: Niemand kommt an der Sozialen Arbeit vorbei.

»Soziale Arbeit hat für die Bevölkerung in Deutschland eine überragende Bedeutung.« (Engelke 2003, 24) Nicht nur ihre Tätigkeitsfelder und Dienstleistungen, sondern auch die damit verbundenen Berufe des Sozialarbeiters oder der Sozialpädagogin sind allgemein bekannt und geschätzt. Eine Fülle unterschiedlichster Organisationen und Organisationsformen lokalisieren sie im Alltag der Menschen, von den großen Wohlfahrtsverbänden bis zu den Hilfswerken, von den Heimen über die Kliniken zu den ambulanten Einrichtungen, von Beratungsstellen bis zu Selbsthilfeinitiativen. Soziale Arbeit in kirchlicher Trägerschaft macht einen bedeutenden Anteil davon aus. Allein die aktuelle Zentralstatistik des Deutschen Caritasverbandes, der die meisten der katholischen Organisationen vertritt, verweist zum 1.1.2003 auf 499.313 hauptamtliche Mitarbeiterinnen und Mitarbeiter in 25.460 Einrichtungen (vgl. www.caritas.de). Eine ähnliche Größenordnung findet man im Bereich der evangelischen Kirche. Die sozialcaritativen Einrichtungen der beiden Kirchen liegen damit, was ihre bezahlten Mitarbeiter betrifft, deutlich vor den weltweit agierenden Unternehmen Post, Daimler-

Chrysler, Volkswagen oder Siemens. In der Tat: Soziale Arbeit ist ein unübersehbarer Bestandteil im gesellschaftlichen und kirchlichen Gefüge.

Diese breite institutionelle Verankerung ist die notwendige Folge einer modernen ausdifferenzierten Gesellschaft, deren hoher Organisationsgrad geradezu eines ihrer zentralen Charakteristika darstellt und deren relevante Aufgaben von traditionellen Organisationen und neuen Organisationsformen bearbeitet werden. Mit einer fortschreitenden Dynamik der Ausdifferenzierung und Spezialisierung von Organisationen ist deren reflexive Wahrnehmung und Begleitung jeder (sozial-)wissenschaftlichen Disziplin aufgetragen, vor allem was eine Wertschätzung der Subjekte Sozialer Arbeit und ihrer institutionellen Bezüge betrifft. Dies gilt auch und gerade für die Theologie – besonders aber für Theologie im Kontext Sozialer Arbeit (vgl. Heller/Krobath 2003).

These 2: Soziale Arbeit vermag heute ganz gut ohne Theologie auszukommen.

Der Alltag der Sozialen Arbeit vermag ganz gut ohne theologische Reflexionen und Interventionen auszukommen. Ein mehr und mehr betriebswirtschaftlich dominierter bzw. an professionellen Standards ausgerichteter Alltag von Mitarbeitern und Leitungskräften lässt dafür nicht nur wenig Zeit, sondern lässt auch, zum Teil sehr kritisch, nach einer gerade mit diesem Alltag kompatiblen Theologie fragen. Rolf Zerfaß hat im Rückblick auf sein jahrelanges Bemühen um eine diesbezügliche Theologie drei immer wiederkehrende Einstellungen beschrieben: Angst vor der Theologie, eine »sträfliche Vertrauensseligkeit gegenüber der Theologie« (Zerfaß 1996, 9) und schließlich Verachtung ihr gegenüber. Sie sind mit drei Verdachtsmomenten verknüpft, die sich von unterschiedlichen Seiten her artikulieren und einer identitätsstiftenden Bedeutung von Theologie für die Soziale Arbeit im Wege stehen können.

Mit der Angst vor der Theologie verknüpft sich der Kolonialisierungsverdacht, der Verdacht, theologisch »missioniert« oder überwältigt zu werden, den Studierende wie Berufstätige immer wieder äußern. Theologie wird dann allzu schnell als verlängerter Arm des Trägers oder der Kirche und einer der Sozialen Arbeit fremden Begrifflichkeit gesehen (vgl. Zerfaß 1992, 30). Mit der Vertrauensseligkeit gegenüber der Theologie wiederum verknüpft sich der Harmlosigkeitsverdacht. Theologie werde bedeutungslos, wenn sie sich wie eine »Präambel-Theologie« (Wollasch 2001, 293) damit begnüge, für den Alltag lediglich theologische Begriffe und sozialethische Prinzipien aufzulisten und so *jenseits* der konkreten Organisationsprozesse eine nur wenig aufschlussreiche Deutung Sozialer Arbeit zu entwerfen. Mit der Verachtung verbindet sich schließlich der so genannte

Unbrauchbarkeitsverdacht der Theologie gegenüber. Sie sei – von außenstehenden Zielen ferngeleitet – von den modernen Human- und Sozialwissenschaften überholt worden und könne daher nichts Essenzielles mehr im interdisziplinären Diskurs beitragen.

Es mag auf der Ebene der Einzelerfahrungen mit Theologinnen und Theologen oder mit Kirche nachvollziehbare Gründe für diese Einstellungen geben, »gleichwohl sind sie allesamt einem konstruktiven Dialog nicht förderlich« (Zerfaß 1996, 9). Denn auf dem Spiel steht Verständigung statt Entfremdung zwischen Theologie und Sozialer Arbeit, gefordert ist eine Vermittlung und Vernetzung theologischer Gedanken und Prinzipien mit denen der Sozialen Arbeit und mit ihren Arbeitsfeldern. Es geht folglich um Begegnung und wechselseitigen Austausch. »Theologie und Soziale Arbeit können voneinander viel lernen« (Wiesehöfer, A.1).

These 3: Es gab und gibt eine unerhörte Theologie in der Sozialen Arbeit.

Theologie (z.B. Ethik oder Caritastheologie) zählte von Anfang an zum selbstverständlichen Bestandteil des Fächerkanons in der Ausbildung. Für Alice Salomon beispielsweise, die 1908 in Berlin die erste überkonfessionelle Soziale Frauenschule gründete, gehörten »Ethik und Religion«, wie auch für die damaligen Leiterinnen der verschiedenen konfessionellen Frauenschulen, »unbedingt zu einer wissenschaftlichen Wohlfahrtspflege hinzu« (Engelke 1993, 209). Von Anfang an wusste Theologie den genannten Verdachtsmomenten durch eine Kontextualisierung von Inhalten und Methoden zu begegnen. Über viele Jahrzehnte hinweg ist die Vermittlung theologischer Inhalte im Blick auf eine nicht-theologische Hörerschaft und im unmittelbaren Gespräch mit Fachkollegen, die jeweils von unterschiedlichen Positionen auf denselben Praxispunkt Bezug nehmen mussten, gewagt worden. Die »religiöse Bildung« in Form von theologisch-anthropologischen, religionspädagogischen oder auch caritaswissenschaftlichen Lehrangeboten war in den ersten Lehrplänen sogar einer von insgesamt vier Ausbildungspfeilern konfessioneller Frauenschulen.

Aber eine den Austausch mit der Sozialen Arbeit suchende Theologie gab und gibt es auch, seit es konkrete Sozialarbeit gibt. Es sind vor allem jene Pioniere kirchlicher sozialer Einrichtungen, in deren Schriften sich kontextuelle Reflexionen über einen am Ort von bedrängten, verarmten und Schutz suchenden Kindern, Frauen und Männern relevant werdenden Glauben finden lassen (vgl. z.B. Neuhaus 2000). Diese Glaubensreflexion ist hier als ein Moment einer solidarischen Praxis zu entdecken, das Soziale Arbeit motiviert und vitalisiert, sich dabei oft so sehr in die Fragen der Sozialen Arbeit hineinbegibt, dass ihre theologische Ausdrücklichkeit eine eher hintergründige und implizite Rolle zu spielen scheint. Durch die in den Augen dieser Pioniere selbstverständliche Einheit von Spiritualität und Sozialer Arbeit ergibt sich auch eine fast selbstverständliche Theologie, verstanden als Nachdenken und Bewusstsein über eine glaubende und gläubige Präsenz – im Alltag der Sozialen Arbeit.

Zu Zeiten, da die Theologie vorwiegend dort zu Wort kommt, »wo die Leute von der Straße nicht hingehen« (Delbrêl 2004a, 56), experimentieren Menschen wie beispielsweise Madeleine Delbrêl mit einer von anderen unerhörten Theologie und rückten deren Grenzlinie weit in die Welt der Sozialen Arbeit hinein. Die Weite der Welt ist der Ort ihrer Theologie und der damit verbundene Glaube, »dass diese Welt, auf die uns Gott gesetzt hat, für uns der Ort der Heiligkeit ist« (Delbrêl 2002, 33). Sicherlich: Ihre Theologie ist als Weggenossin Sozialer Arbeit immer ein zweiter Akt. »Das Erste ist die Verpflichtung zu Liebe und Dienst. Theologie kommt *erst danach* und ist ein zweiter Akt« (Gutiérrez 1984, 17). Delbrêls Theologie ist reflexive Antwort auf bzw. die Suche nach der Erfahrung, die sie so bezeichnet: »Überall, wo die Liebe Eingang findet, verwandelt sie unser Leben in Brennstoff« (Delbrêl 2004b, 59).

Dass mehr als ein halbes Jahrhundert später Theologie in der Sozialen Arbeit unbrauchbar, belanglos, ja ortlos erscheinen mag, hängt an vielen Faktoren. Zu berücksichtigen ist sicherlich der religionssoziologische Prozess, der die Rolle der Kirchen und mit ihnen der Theologie grundlegend verändert hat. Verbunden mit einem – systemtheoretisch gesprochen – gesamtgesellschaftlichen Ausdifferenzierungsprozess hat sich damit auch die Art des Helfens grundlegend gewandelt. Soziale Arbeit wird heute nicht mehr über persönliche Betroffenheit und barmherziges Zuwenden, sondern durch organisierte und hochspezialisierte Hilfesysteme bewerkstelligt. Die Liebe zu den Notleidenden ist in diesem Kontext nicht mehr »Sache des Herzens, der Moral oder der Gegenseitigkeit, sondern eine Frage der methodischen Schulung« (Luhmann 1973, 34; vgl. dazu Lechner 2004, 21f.) und damit eine rechtlich abgesicherte, fachlich kompetente und zeitlich begrenzte Dienstleistung. Die motivationale und spirituelle Grundlage scheint auf den ersten Blick in den Hintergrund getreten, der Theologie der traditionelle Boden ein für alle Mal entzogen.

These 4: Soziale Arbeit kennt theologiegenerative Lernsituationen.

Ausbildung, Wissenschaft und Praxis Sozialer Arbeit kennen theologiegenerative Lernsituationen, in denen auch theologische Inhalte und Methoden neu thematisiert werden. Schon allein die Tatsache, dass Soziale Arbeit der einzige Beruf ist, »der seine Verpflichtung zur Solidarität mit den Leidenden in und an der Gesellschaft als auch in und an ihrer Kultur nicht aufgeben kann, ohne seinen Berufsinhalt aufzugeben« (Staub-Bernasconi 1991, 3) findet in der Theologie des Zweiten Vatikanischen Konzils Widerhall, der es »um die Rettung der menschlichen Person, ... um den rechten Aufbau der menschlichen Gesellschaft« (Pastoralkonstitution 1966, Nr. 3) geht. Gerade dieses Spezifikum, der für die Soziale Arbeit konstitutive Bezug zur Wirklichkeit von Leidenden und Marginalisierten, provoziert und generiert theologische Reflexion und lässt nach einer Vermittlung religiös begründeter Hoffnung und nach einer glaubwürdigen »Gottesrede« Ausschau halten.

Eine Theologie ist angefragt und herausgefordert, die sich von ihren Inhalten und Methoden her der Wirklichkeit marginalisierter und leidender Menschen zu stellen vermag. Noch mehr: Der permanente Bezug zu deren Lebenswirklichkeit forciert sogar den Entstehungsprozess einer ganz bestimmten diakonischen Theologie, die aus den Fragen, Klagen und Botschaften der Armen und Marginalisierten herauswächst. Eine solche Theologie in der Sozialen Arbeit wird eine *maieutische* Zielausrichtung einzunehmen haben. Sie hat sich dabei in die theoretischen und praktischen Prozesse Sozialer Arbeit hineinzubegeben, um darin »Hebammendienste« zu leisten, eine implizite anthropologische, ethische oder spirituelle Dimension explizit sichtbar zu machen und so die theologische Qualität und Dignität der Sozialen Arbeit zu würdigen (vgl. Krockauer 2000a, 63).

Der konstitutive Bezug zur Wirklichkeit von Leidenden und Marginalisierten verändert die Theologie *und* die Soziale Arbeit: Theologinnen und Theologen lernen, ihre Theologie in der Sozialen Arbeit zu kontextualisieren (vgl. Bohlen, A.3) und die »Schätze« der Theologie (die Bibel und ihre biblischen Figuren und Geschichten oder auch lehramtliche Texte) zu den Fragen Sozialer Arbeit in Beziehung zu setzen. Zugleich eröffnet sich für die Soziale Arbeit das Lernfeld, ihre Fragen in der Theologie und ihren Texten und Denkprinzipien zu kontextualisieren. Angesichts eines neu aufgebrochenen Sinn- und Deutebedarfs eines zusehends unter Leistungs- und Ökonomisierungsdruck stehenden Studien- und Berufsalltags Sozialer Arbeit dürfte der Anschluss an spirituelle Traditionen, ethische Grundprinzipien oder auch anthropologische Basiskategorien der Theologie ein nicht unbedeutendes Lernfeld für die Soziale Arbeit eröffnen.

These 5: Anknüpfungspunkte für theologische Reflexion bilden aktuelle Selbstvergewisserungsprozesse – nicht nur kirchlicher Sozialer Arbeit.

Zwei kairologische Anknüpfungspunkte stellen sich gegenwärtig einer Theologie im Kontext Sozialer Arbeit. Sie ist erstens darauf bezogen, das spezifische Profil Sozialer Arbeit in kirchlicher Trägerschaft auszulegen. Denn als Teil der Kirche kann sie sich den Anfragen, Ansprüchen und Aporien ihrer institutionalisierten Diakonie nicht entziehen. Diese überragt zwar einerseits »alle anderen Aktivitäten der Kirche quantitativ bei weitem« (Starnitzke 1996, 15), deren Vorzeichen verändern sich aber angesichts drastischer Sparzwänge, der Umstellung von Finanzierungs- und Trägersystemen oder der Schaffung neuer Rechtsformen grundlegend und aktualisieren immer mehr die Frage, wie im Veränderungsgeschehen das ureigene kirchliche Selbstverständnis zum Tragen kommen kann. Gerade vor diesem Hintergrund wird die Verbindung von Theologie und Sozialer Arbeit neu belebt und thematisiert.

Schon im Studium ist gefordert, Hilfen bei der Identifizierung von Studierenden mit einem später möglichen kirchlichen Dienst anzubieten und nicht erst später im Rahmen von Fort- und Weiterbildungsmaßnahmen nachzuholen. Es liegt dabei gerade an der Theologie, Denk- und Handlungsperspektiven zu vermitteln, die eine christlich motivierte Soziale Arbeit anregen und eine positive Identifizierung mit der Diakonie von Kirche ermöglichen.

Theologie in der Sozialen Arbeit will aber nicht nur die Vermittlung eines christlichen und kirchenbezogenen Glaubens ermöglichen, sie will daneben auch »eine konstitutive, gleichwohl oftmals vergessene und vernachlässigte Tiefendimension professioneller Sozialer Arbeit« (ARKF 2005, 1) reflektieren: »die Dimension solcher sozial-anthropologischer wie normativer ›Hintergrundgewissheiten‹, die im Vollzug personennaher sozialer Professionen einschließlich ihrer institutionellen Organisationsformen unweigerlich wirksam werden, sich nicht zuletzt aus religiösen Quellen (›Ressourcen‹) speisen und in der Vielfalt europäischer Kultur niedergeschlagen haben« (ebd.). Die Erinnerung an diese Hintergrundgewissheiten kann einer sich nachhaltig und rasant verändernden Sozialen Arbeit wichtige Perspektiven für die Besinnung auf das eigene professionelle Selbstverständnis eröffnen.

So wird beispielsweise nicht nur die nachhaltige Prägung des zentral-europäischen Sozialstaatsmodells durch Prinzipien der kirchlichen Soziallehren und des damit verbundenen sozialen Katholizismus bzw. Protestantismus als »Hintergrundgewissheit« bewusst gemacht werden können (vgl. Gabriel 2003). In Zeichen schwindender Sinn-Gewissheiten wird auch grundsätzlich die Verbindung von Religion und Sozialer Arbeit neu belebt und nach Hilfestellungen zur Aneignung einer religiös ausgerichteten Identität von Helfern und Klienten gefragt, die ein spirituell verankertes Leben, aber auch ein Leben nach christlichen und kirchlichen Wertüberzeugungen in der säkularen Welt neu verstehen lassen. Theologische Plausibilisierungen erscheinen umso gefragter, als der konstitutive Bezug zur Wirklichkeit komplexer sozialer Problem- und Notlagen einen immensen Bedarf an Kontingenzbewältigung mit sich bringt. Erfahrungen mit Leiden und Sterben, Krankheit, Trennung, Versagen, Schuld oder Unrecht rufen tagtäglich nach theoretischer wie praktischer Bewältigung seitens der Klienten. Angesichts der von ihnen aufgeworfenen Fragen ist eine besondere Kenntnis von Lebens- und Trostvorstellungen seitens der Helfer, mehr noch aber auch deren praktische Vermittlung vonnöten, um die betreffenden Menschen dahingehend zu begleiten, die oft erdrückende Wirklichkeit von Schmerz, Versagen oder Tod aus- und durchzuhalten und mit ihr konstruktiv umgehen zu lernen.

These 6: Theologie in der Sozialen Arbeit ist kritische Reflexion befreiender Glaubenspraxis im Kontext sozialprofessionellen Handelns.

In der doppelten Ausrichtung einerseits auf die Propriumssuche und Profilstärkung kirchlicher Sozialer Arbeit, andererseits auf eine Erschließung theologischer Potenziale für die hermeneutisch-sinnverstehende Dimension Sozialer Arbeit allgemein versucht eine christliche Theologie, die Wirklichkeit des Glaubens an Jesus Christus zu vermitteln – eines Glaubens, der, als eine bestimmte Lebenshaltung und Lebenspraxis, kein zusätzlicher Bereich zur menschlichen Wirklichkeit, schon gar kein »Hirngespinst« (Bohlen, A.3, These 6) ist, sondern einen kritischen, integrierenden und motivierenden Bestandteil Sozialer Arbeit darstellt, der die Sach-, Selbst- und Sozialkompetenz in der Sozialen Arbeit in vierfacher Hinsicht qualifizierend prägt.

- *Der Glaube vermittelt ein Motiv, eine zentrale Antriebskraft für Soziale Arbeit:* Er ermöglicht Menschen, »jedem Rede und Antwort zu stehen, der nach der Hoffnung fragt, die euch erfüllt« (1 Petr 3,15). Theologie ersetzt weder den Glauben, noch erzeugt sie ihn, aber sie kann über diese Dimension und ihre Motivkraft in methodisch-wissenschaftlicher Weise nachdenken, einen entsprechenden Wissensschatz eröffnen und mit den Lebenserfahrungen von Menschen kreativ verknüpfen. Dabei bildet der ureigene Wortschatz der Theologie, beispielsweise die Rede von der »Gnade«, vom »personalen Gott«, von der »Sünde«, vom »Reich Gottes« oder von der »Erlösung«, und damit verbunden die jeweilige konfessionelle Tradition, d.h. die Glaubens- und Denkgeschichte des Christentums, einen »Resonanzboden für eigene Erfahrungen und ein kritisches Korrektiv« (G. Fuchs in Streitgespräch 2004, 49) für den Alltag Sozialer Arbeit. Theologie hilft, den Reichtum dieser (auch sprachlichen) Traditionen systematisch für die Gegenwart zu erschließen.
- *Der Glaube begründet ein Menschenbild, ein Leitbild für Soziale Arbeit:* Die Rede vom Menschen als Geschöpf Gottes und von dem in Jesus Mensch gewordenen Gott konstituieren das christliche Menschenbild. Der Mensch erscheint

darin als ein Geschöpf mit einzigartigem Wert und unantastbarer Würde, das mit Vernunft und Freiheit ausgestattet, zur Verantwortung und Gemeinschaft berufen, zur Schuld wie zur Transzendenz fähig ist. Eine theologische Anthropologie unterstützt und untermauert professionelle Soziale Arbeit, deren Ziel die Menschwerdung jedes einzelnen Menschen darstellt und folglich eigenverantwortliches Leben, besonders von Menschen in sozialen Problemlagen, unterstützen und fördern will. Sie unterstützt und untermauert folglich auch deren Kritik an Menschen beschädigenden und entwürdigenden Strukturen, sie widersetzt sich mit ihr der wachsenden Kluft der Gesellschaft in Modernisierungsgewinner und –verlierer und einer damit verbundenen ungleichen Verteilung von Lebenschancen. Sicherlich fragt sie auch kritisch aktuelle Ökonomisierungstendenzen selbst an, »die den zutiefst humanisierenden Sinn Sozialer Arbeit, nämlich ihre Orientierung an der Subjektwerdung jedes Einzelnen in seinen sozialen und institutionellen Bezügen aus den Augen geraten lassen, wenn sie diesen Sinn nicht sogar konterkarieren« (ARKF 2005, 3).

■ *Der Glaube begründet eine bestimmte Methodologie, die mit den Methoden der Sozialen Arbeit in vielerlei Hinsicht konvergiert:* Grundeinsichten Sozialer Arbeit, die deren Adressaten nicht (mehr) als Objekt sozialer Hilfe, sondern als Partner mit eigenen Kompetenzen sehen, folglich Empowerment und Ressourcenorientierung fördern, oder die Einzelhilfe nicht mehr allein personenfixiert, sondern im »sozialen, ökonomischen, kulturellen, religiösen bzw. infrastrukturellen Kontext« verstehen (Wiesehöfer, A.1), finden beispielsweise Entsprechungen in vielen biblischen Texten, in denen Jesus selbst bedürftige Menschen als Subjekt ihrer eigenen Lebensgeschichte und ihres eigenen Lebensumfeldes behandelt. In diesen Texten erschließt sich ein biblisches Terrain, in dem »jeder Mensch als körperlich-materiale, seelische, geist- und deshalb sinnfähige und soziale Ganzheit« (Seibert, C, II.1) gesehen wird und sich folglich in der Bibel wie in der Theologie auch Methoden (Wege) des Hilfehandelns erkennen lassen, die in ein heutiges Methodenverständnis integriert werden können.

■ *Der Glaube provoziert zur Wahl bestimmter Optionen und drängt dazu, Prioritäten zu ordnen:* Das Evangelium Jesu Christi, nachzulesen in den Evangelien des Neuen Testamentes, ist der entscheidende theologische Bezugspunkt einer Theologie Sozialer Arbeit. Viele Adressaten des dort erzählten Hilfehandelns Jesu gleichen denen der Sozialen Arbeit heute. Und nicht wenige ihrer Akteure erkennen gerade in den Evangelien in dem sich um Hilfesuchende sorgenden und gegen Unrecht ankämpfenden Jesus einen Menschen, der ihnen gerade durch dieses Engagement verwandt und nahe ist. Das Evangelium ist so ein überaus hilfreicher Maßstab, das dem Glauben an Gott eine konkrete Sprache und eine konkrete Gestalt gibt. Denn: »Das Evangelium ist Vergebung, Trost,

Heilung, Aufruhr, Kampf für die Würde aller Menschen und gegen ihre Zerstörung, Sturz von Herrschaft, Versprechung und Brot für die Armen. Die Sprache und die Bilder des Evangeliums sind nicht als allgemeine Sinn-Bilder zu haben. Diese Bilder sind mit einer Sache verbunden: mit der Erhebung des erniedrigten Menschen. Zum Glauben kommen heißt verwickelt werden in die Sache des geschändeten Menschen. Gott ist kein Gott im Allgemeinen, sondern ein Gott der Armen« (Steffensky 1987, 156). Diese humanisierende und gerechtigkeitsorientierte Perspektive des Evangeliums korreliert mit den Optionen einer Sozialen Arbeit, beispielsweise als Menschenrechtsprofession, die »die Befreiung und Befähigung der Armen und Ausgeschlossenen sowie die Humanisierung der Gesellschaft« (Lienkamp, D, I.1) ins Zentrum rückt. Biblische *und* sozialarbeiterische Optionen provozieren dann die Entwicklung einer »diakonischen und politisch-befreienden Theologie«, die sich dem »Dienst am Menschen, der Gesellschaft und der Schöpfung« verbunden und verpflichtet weiß, und dies eben als »Dienst an Gott und seinem Wort«, und beides als »Dienst an der Sozialen Arbeit (sowie ihrer wissenschaftlichen Reflexion)« (ebd.) versteht.

These 7: Kontextualisierung, Elementarisierung und Diakonisierung kennzeichnen eine Theologie am Ort der Sozialen Arbeit.

Als eine wissenschaftliche Disziplin, die sich zur Sozialen Arbeit in Bezug setzt, übernimmt Theologie eine hermeneutische Aufgabe am Ort der Sozialen Arbeit. »Sie orientiert sich dabei an der Praxis Jesu Christi und bezieht sich auf die Erfahrungen (und Tradition) der Kirche und auf die Anforderungen der Gegenwart« (Hungs 1989, 552). Kontextualisierung, Elementarisierung und Diakonisierung gehören zu ihren Grundvollzügen.
Der spezifische *multi- und interdisziplinäre Kontext* Sozialer Arbeit erlaubt die hegemoniale Haltung einzelner Disziplinen nicht, vielmehr sind Inhalte wie Methoden immer wieder neu aufeinander abzustimmen. Das drängt jede Disziplin, jede Art von akademischen Imperialismus sein zu lassen. Auch eine in diesem spezifischen Kontext wirkende Theologie wird die eigenen wissenschaftlichen Überlegungen mit den im Kontext beteiligten Personen und ihren Disziplinen austauschen, sie sogar von ihnen »gegenlesen« und kontrollieren lassen (vgl. FuchsO 1998b, 121). Mehr noch: Als Theologie *im* und *für* den Kontext wird sie zugleich zur Theologie *des* Kontextes, indem sie die Akteure der Sozialen Arbeit (in der Regel Nicht-Theologen) zu einer authentischen »Gottesrede« bzw. zu theologischer (Weiter-)Bildung ermutigt und sie und ihre Theologie dabei wissenschaftlich begleitet.

Theologie am Ort der Sozialen Arbeit ist zweitens eine stringent elementarisierende Theologie. Der Begriff der *Elementarisierung* antwortet auf die Frage nach den in diesem Kontext gesuchten theologischen »Essentials.« Elementarisierung ist nicht im Sinne einer Reduktion auf simple Glaubenswahrheiten oder vereinfachte theologische Sachverhalte, sondern als eine »dem Fassungsvermögen und dem Lebenskreis der Adressaten angepasste *Konzentration* der Glaubenslehre« (Englert 1986, 427) zu verstehen. Eine solche Elementarisierung theologischer Inhalte im Sinne einer lebensbedeutsamen Erschließung wurzelt in letzter Konsequenz in einem tief greifenden Perspektivenwechsel: Von den Fragen und Botschaften der Subjekte Sozialer Arbeit (d.h. von den Helfern und Hilfbedürftigen) her sind die theologischen Inhalte zu elementarisieren! Theologie übernimmt diesen Subjekten gegenüber nicht nur eine hermeneutische, sondern ebenso eine integrierende Aufgabe, indem sie religiöse Erfahrungen im Kontext zu eröffnen und die Entwicklung einer religiösen Identität mithilfe religiöser und kirchlicher Traditionen zu erschließen versucht.

Als Bezugsdisziplin Sozialer Arbeit ist Theologie drittens *originär diakonisch* ausgerichtet. Sie besitzt einen eigenen »locus theologicus« (Ort theologischer Erkenntnis) und so auch eine theologische Hermeneutik eigener Art, die darin besteht, dass sie sich an diesem Ort ausschließlich helfend und begleitend in der Sozialen Arbeit versteht. Im vorher genannten Verständnis von Eröffnung und Erschließung nimmt Theologie ihre diakonische Verantwortung wahr, wenn sie im fremden Kontext (und nicht außerhalb dessen) theologische »Hebammendienste« zu leisten bereit ist und so zu einer »maieutischen Theologie« (vgl. These 4) wird. Eine solche Diakonisierung theologischer Lehre hat auch Auswirkungen für deren Didaktik und Methodik. Die folgenden »didaktischen Postulate einer theologischen Studienreform« (Mette 1994, 559) finden in der Theologie Sozialer Arbeit seit Jahren experimentelle Anwendung (vgl. Wachinger, A.1): »An die Stelle des kumulativen Lernens hat das Prinzip des *exemplarischen Lernens* zu treten. ... Das Prinzip des exemplarischen Lernens gibt dem *partizipativen Lernen* einen Vorrang vor dem rezeptiven Lernen« (ebd. 560). Hinzu kommt, in Bezug auf eine im Keim angelegte individuelle Theologie der Subjekte Sozialer Arbeit, ein Studium im Sinne eines »existenziellen Lernens«, »will es wirklich ein lebenslanges Theologie-Lernen in Gang bringen und nicht in verhängnisvoller Weise wissenschaftlich-kritische Reflexion und spirituelle Erbauung auseinander driften lassen« (ebd., 561). Und schließlich: »Zum Erwerb einer heute angemessenen theologischen Urteilskraft ist es erforderlich, dass das Theologiestudium als *ökumenisches Lernen* konzipiert wird« (ebd.).

These 8: Eine Theologie der Sozialen Arbeit ist Ernstfall einer diakonischen Theologie.

Eine häufig formulierte Grundkritik an der gegenwärtigen wissenschaftlichen Theologie hierzulande lautet: Theologie hinke den allgemeinen gesellschaftlichen Entwicklungen hinterher, reagiere nur noch und vermöge ihrerseits nicht mehr, das von ihr bedachte Traditionsgut im Kulturpluralismus unserer Zeit zu vermitteln. Im Kontext der Sozialen Arbeit kann sich Theologie nicht erlauben, »abgehängt« zu werden. Im Gegenteil: Trotz der weiterhin latent vorhandenen Verdachtsmomente (vgl. These 2) ist der Kontext mehr denn je theologieoffen und provoziert sogar noch mehr deren öffentliches Auftreten und Engagement als diakonische Theologie. Es bewahrheitet sich: Theologie »wird aus dem Diakoniebezug geboren, und sie ist deshalb im wörtlichen Sinne eine originäre diakonische Theologie« (Lechner 2000, 233).

Ihr innerkirchlicher Auftrag ist, das Anliegen und die Identität einer diakonischen Kirche in der jeweiligen Kirche wach zu halten, »die – wie die Geschichte zeigt – in der Kirche immer wieder mühsam und oft gegen Widerstände errungen werden muss« (Lechner, D, I.2). Die Kirchen werden sich immer wieder darin erinnern lassen müssen, »sich der ureigensten Sozialtradition zu vergewissern und den biblischen sozialen Auftrag in ihre Botschaft und ihr Handeln umzusetzen« (Götzelmann, D, I.3). Der für die Katholiken diesbezüglich so wegweisende Impuls einer entschiedenen Weltverantwortung und Weltliebe Alfred Delps bleibt hierfür Vermächtnis und Auftrag: »Der Herr hat uns die Unruhe und die Verantwortung ins Herz hineingebrannt und man verrät den Himmel, wenn man die Erde nicht liebt, und man verrät die Erde, wenn man nicht an den Himmel glaubt, weil man dann der Erde Gewalt antut und nicht mit segnenden, helfenden Händen zu ihr kommt« (Delp 1983a, 214).

Im Kontext der doppelten Bezugnahme auf Kirche *und* Welt bzw. Gesellschaft (vgl. These 6) ist der Ernstfall einer Theologie Sozialer Arbeit ihre Diakonie, das heißt ihr Dienst an den Menschen und an der Gesellschaft. Dieser Ernstfall wird zum Testfall dafür, ob sie in der Lage ist, »eine auf die Humanisierung von System und Lebenswelt angelegte Praxis Sozialer Arbeit im Sinne des Modells konvergierender Optionen theologisch-ethisch zu informieren, zu motivieren und solidarisch-kritisch zu begleiten. Zusammen können sie dann mit ihren je eigenen Perspektiven und Kompetenzen einer Gesellschaft Impulse geben, die es nötig hat und die um ihrer Permanenz, ihrer Humanität und ihres solidarischen Zusammenhalts willen diese Anregungen aufgreifen und umsetzen sollte« (Lienkamp, D, I.1).

These 9: Eine theologische Theorie diakonischer Praxis ist eine hochschulübergreifende Aufgabe.

Diakonie hat mit Befreiung und Rettung zu tun. Als »Dienst der Menschheit« angesichts ihrer Not bezeichnet sie, mit Alfred Delp gesprochen, »das Sich-Gesellen zum Menschen in allen seinen Situationen mit der Absicht, sie ihm meistern zu helfen, ohne anschließend irgendwo eine Spalte und Sparte auszufüllen, ... das Nachgehen und Nachwandern auch in die äußersten Verlorenheiten und Verstiegenheiten des Menschen, um bei ihm zu sein genau und gerade dann, wenn ihn Verlorenheit und Verstiegenheit umgeben« (Delp 1985, 89). Eine solche Diakonie fordert alle Ebenen Sozialer Arbeit heraus. In ein Bild übersetzt: Wenn draußen auf dem Meer ein Schiff kentert und Menschen zu ertrinken drohen, dann wird die Seenotrettung verständigt. Es braucht dann Leute, die den Mut haben hinauszufahren, um die Schiffbrüchigen zu finden und aus dem Wasser zu fischen. Es braucht aber auch Leute, die an Land die Organisationskompetenz besitzen, die Seenotrettung zu koordinieren und zu steuern, und es braucht auch Leute, die konzeptionell über Seenotrettung nachdenken, die vor allem bereit sind, Menschen auszubilden, die im Rettungsboot und in der Leitstelle arbeiten wollen.

Zur genannten dritten Ebene der Diakonie gehört auch deren Theoriebildung und Forschungsengagement. Eine theologische Theorie diakonischer Praxis ist dabei als eine die Universitäts- und Fachhochschultheologie übergreifende Entwicklungs- und Forschungsaufgabe zu verstehen (vgl. Lehner, D, III.2). Sie ist den universitären Theologinnen und Theologen (insbesondere natürlich den namentlich beauftragten Caritas- und Diakoniewissenschaftlern durch ihre spezifische Lehrgebietsumschreibung) und den Theologinnen und Theologen an Fachhochschulen durch deren konstitutive Bezogenheit und Vernetzung mit der Sozialen Arbeit gemeinsam aufgetragen. Beide werden ein kooperatives-komplementäres Arbeitsbündnis – um der diakonischen Praxis willen – zu suchen und einzugehen haben (vgl. dazu Hauschildt/Schneider-Harpprecht 2004, vgl. auch www.soziale-theologie.net).

Eine sich auf den Kontext Sozialer Arbeit konzentrierende Theologie an Fachhochschulen verabschiedet sich damit zwar aus dem Schatten einer an Universitäten betriebenen Theologie und positioniert ihre Wissenschaftlichkeit (auch öffentlich) in einem anderen Theologieraum, ihre Theologie diakonischer Praxis wirkt jedoch in die universitäre Theologie zurück. Das Bild der doppelten Stafetten-Übergabe (vgl. in Anlehnung an Frick 1998, 10) besagt in diesem Falle: Sie reicht der Theologie im universitären Kontext eine »Stafette« (so wie sie diese auch den anderen Bezugsdisziplinen Sozialer Arbeit anbietet) – in der Hoffnung, dass diese dort aufgegriffen und weiter bearbeitet wird. Der lebendige disziplinenübergreifende Diskurs mit den Vertretern der universitären Theologie und der kirchlichen Praxis bleibt damit ein wichtiges Postulat einer Theologie Sozialer Arbeit.

These 10: **Theologie Sozialer Arbeit ist auf eine diakonische Spiritualität bezogen.**

Wenn sich eine Theologie diakonischer Praxis konstitutiv (auf das verwendete Bild übertragen) auf die Praxis der »Seenotrettung« und auf deren Akteure bezieht, so bleibt sie ebenso konstitutiv auf deren Spiritualität bezogen, verstanden als »spezielle Übersetzung des eigenen Glaubens in die Lebenspraxis, in die Weise, Gott unmittelbar oder mittelbar ins Spiel zu bringen beim eigenen Reden, Reagieren, Handeln und Planen« (Hemmerle 1983, 13) – und das gerade am Ort der Not und Bedrängnis von Menschen. Sie ist der Spiritualität der Akteure Sozialer Arbeit umso mehr verpflichtet (vgl. Krockauer D, III.3), als deren »Feuer« zugleich auch die Triebfeder der eigenen Theologie ausmacht. Denn was für deren diakonische Praxis gilt, gilt auch für eine damit verbundene Theologie: »Überall, wo die Liebe Eingang findet, verwandelt sie unser Leben in Brennstoff« (Delbrêl 2004b, 59). Auch eine Theologie Sozialer Arbeit ist in diesem Sinne darauf angewiesen, in einer persönlichen und kirchlichen Spiritualität verankert zu sein. Denn wenn »die Theologie als Reden von Gott allein eine Sache des Kopfes bleibt und das Herz nicht berührt, kann sie freilich nicht ganz und gar bei ihrer Sache sein, sondern wird letztlich steril und droht zu einer blutleeren Angelegenheit zu werden« (Koch 2005, 174).
Es ist Aufgabe und Auftrag einer Theologie Sozialer Arbeit, Menschen in der Sozialen Arbeit dahingehend zu begleiten, dass sie in einer alltags- und arbeitsfeldbezogenen Spiritualität gestärkt und zu ihr ermutigt werden. Es ist eine »Theologie, die die Erfahrung der Leidenden und ihrer Begleiter ausbuchstabiert – eine Theologie der Betten und des Rollstuhls ...« (Zerfaß 1992, 31). Es ist eine Theologie, die ihren Sinn letztlich darin sieht, dass diese selbst Subjekte einer originären diakonischen Theologie werden können, indem sie als Christinnen und Christen die Botschaft der Hoffnung zu Gehör bringen – und zwar dort, »wo die Leute von der Straße ... hingehen« (Delbrêl). Als wissenschaftlicher Theologie wiederum ist es ihr aufgetragen, vom Zeugnis und von der Botschaft theologisch reflektierender Christen in der Sozialen Arbeit zu lernen und ihre Theologie in der akademisch-wissenschaftlichen Theologie, in den Kirchen und in der Sozialen Arbeit anwaltschaftlich und offensiv zu vertreten.

LESEHINWEISE

Bopp, Karl/Lechner, Martin, »Vom schönsten Edelstein ...« der Pastoral. Theologische Erwägungen zum caritativen Handeln (Benediktbeurer Hochschulschriften, Bd. 21). München 2004. 18–33. (Bopp/Lechner 2004)

Delbrêl, Madeleine, Gott einen Ort sichern. Texte – Gedichte – Gebete. Ausgewählt, übersetzt und eingeleitet von Annette Schleinzer. Ostfildern 2002. (Delbrêl 2002)

Krockauer, Rainer, Die soziale Arbeit der Kirche und die Zukunft einer diakonischen Pastoral. In: Bucher, Rainer/Krockauer, Rainer (Hg.), Macht und Gnade. Untersuchungen zu einem konstitutiven Spannungsfeld der Pastoral (Werkstatt Theologie, Bd. 4). Münster 2005. 105–122. (Krockauer 2005b)

Krockauer, Rainer, Praktische Theologie am Ort der institutionalisierten Diakonie, in: Nauer, Doris/Bucher, Rainer/Weber, Franz (Hg.), Praktische Theologie. Bestandsaufnahme und Zukunftsperspektiven. Stuttgart 2005. 142–150. (Krockauer 2005a)

Liedke, Ulf, Übergänge – Anschlüsse – Inspiration. Zur Ortsbestimmung von Theologie an Evangelischen Fachhochschulen für Sozialwesen. In: Pastoraltheologie 93 (2004) H. 6, 247–262. (Liedke 2004)

Zerfaß, Rolf, Lebensnerv Caritas. Helfer brauchen Rückhalt. Freiburg i.Br. 1992. (Zerfaß 1992)

Teil B

THEOLOGISCHE REFLEXIONEN ZU GRUNDERFAHRUNGEN UND THEMEN IN DER SOZIALEN ARBEIT

Einführung

Stephanie Bohlen

Als Bezugsdisziplin Sozialer Arbeit (vgl. Engelke 2003) muss die Theologie ihre eigene Perspektive in den Diskurs um das einbringen, was im Kontext der Arbeit an sozialen Problemen geschehen sollte. Als bedeutsam für die Soziale Arbeit wird sie sich dabei jedoch nur unter der Bedingung erweisen, dass ihre Perspektive einerseits für das Verständnis der Sozialen Arbeit unabdingbar und andererseits nicht auf die einer anderen Bezugsdisziplin zu reduzieren ist. Doch welche Perspektive ist die, die man die theologische nennen kann? Welches Verständnis Sozialer Arbeit vermag sie zu erschließen?

Wer eine solche Frage stellt, geht davon aus, dass es die Aufgabe aller Wissenschaften, mithin auch die Aufgabe der Theologie ist, die Lebenspraxis und die Lebenswelt, in der Menschen praktisch tätig werden, sichtbar zu machen und für das menschliche Verstehen zu erschließen. Dabei kann man wissenschaftstheoretisch davon ausgehen, dass auch das wissenschaftliche Erschließen von Welt nur dadurch möglich ist, dass wir uns in einem Vorverständnis von Welt bewegen. Noch ehe wir wissenschaftlich nach ihr fragen können, verstehen wir Welt implizit, indem wir uns darauf verstehen, in ihr zu leben.

Auch der Gottesbegriff hat für eine ganze Anzahl von Menschen eine lebenspraktische Bedeutung, ohne dass sie sich dessen explizit bewusst wären. In Aphorismen, die sie eher unbedacht verwenden, spricht sich ein implizites Verständnis von Gott und dem Göttlichen aus, das auf ein Verständnis dessen verweist, dass die Welt, in der wir leben, nicht in sich geschlossen ist, sondern mit einer anderen Dimension gerechnet werden muss, jener Dimension, die zu thematisieren Sache der Theologie ist. Menschen rechnen unbewusst mit dieser Dimension, und zwar dort, wo sie »Gott sei Dank!« oder auch »um Gottes willen!« sagen.

Eine Theologie, die es als ihre Aufgabe begreift, ein explizites Verständnis der Welt des Menschen und seines Daseins von Gott her und vor ihm auszuarbeiten, wird allem voran auf solche Aussagen hören müssen. Sich als hörende Theologie etablierend, wird sie sensibel für die lebenspraktische Bedeutung des Gottesbegriffs sein, die sich im Sprechen der Menschen eher andeutet als ausspricht. Und es wird ihr darum gehen, auch andere dafür zu sensibilisieren – auch und gerade in einer Welt, von der man glauben könnte, das Wort »Gott« habe für sie die Bedeutung verloren (vgl. Höhn 1996).

Die folgenden Aufsätze können als Ansätze einer solchen »hörenden Theologie« verstanden werden. Sie gehen von aphoristischen Wendungen aus, die jedem, der in der sozialen Praxis tätig ist, bekannt sind. Es sind Wendungen, in denen sich andeutet, dass sich für Menschen dort, wo sie an ihre Grenzen kommen, die Frage nach Höherem, die Frage nach der Transzendenz stellt. Wo Menschen an ihre Grenzen kommen, wo sie die Erfahrung machen, dass es kein Leben ohne Leid und Tod gibt, fragen sie nach dem Sinn ihres Lebens. Und ihre Frage ist nicht nur Klage und auch Anklage. Sie klagt auch den Sinn des Lebens ein: »Es muss doch Höheres geben ...!« Denn sonst wäre doch denkbar, dass nicht nur ihr eigenes Leben, sondern auch ein Handeln sinnlos wäre, das aus Solidarität mit denen geschieht, die in einer ihre eigenen Ambivalenzen produzierenden Gesellschaft auf die Seite der Opfer geraten sind. Um der Opfer der Gesellschaft willen muss die Sinnhaftigkeit solidarischen Handelns und mit ihr die Möglichkeit von Transzendenz postuliert werden. Und das Sinnpostulat, das allem sozialen Handeln – auch dem Handeln in sozialen Organisationen – ermöglichend zu Grunde liegt, könnte zum Ausgangspunkt für eine hörende Theologie werden, deren Perspektive für die Soziale Arbeit unverzichtbar ist. Einige ihrer Facetten werden in den folgenden Aufsätzen sichtbar, die den Bogen von jenen Grenzerfahrungen des Menschen spannen, in denen sich die Sinnfrage stellt, den Erfahrungen von Leid, Schuld und Tod, zu seiner Verantwortung für sich und andere.

I. Sinnfrage und Transzendenzerfahrung

1. »Das Leben hat doch keinen Sinn!«
Grenzerfahrungen als Herausforderung christlicher Gottesrede in der Sozialen Arbeit

Andreas Lob-Hüdepohl

SUMMARY

Im Alltag professioneller Sozialer Arbeit stellt sich allerorten die Sinnfrage. Sie wird vorgebracht sowohl von den Hilfesuchenden, die vor ihren prekären Lebenslagen kapitulieren, als auch von den sozialberuflich Tätigen, die ihre Arbeit als unendlich mühsames, ja aussichtsloses Unterfangen erfahren. Die Frage nach dem Sinn des eigenen Bemühens kann Ausdruck einer existenziellen Kapitulation sein. Sie kann aber auch Ausdruck einer Weigerung sein, sich mit dem Bestehenden nicht abzufinden und trotz aller Erfahrungen des partiellen Scheiterns auf der Sinnhaftigkeit menschlichen Handelns zu bestehen. In diesem Sinn können die christlichen Sinntraditionen als eine entscheidende Ressource für die Soziale Arbeit gedeutet werden, ohne die Frage, warum überhaupt Leid und Scheitern in dieser »von Gott gemachten« Welt existieren, zu überspielen.

TRECKSCHUTENZEIT,
die Halbverwandelten schleppen
an einer der Welten,

der Enthöhte, geinnigt,
spricht unter den Stirnen am Ufer:

Todes quitt, Gottes
quitt.

Paul Celan

1. Soziale Arbeit in »Treckschutenzeiten«?

»Professionelle Soziale Arbeit«, definiert die Internationale Vereinigung der Sozialarbeiter in einem Grundsatzbeschluss von 2000 programmatisch, »fördert sozialen Wandel, Problemlösungen in zwischenmenschlichen Beziehungen sowie das Empowerment und die Befreiung des Menschen in Richtung umfassenden Wohlbefindens. [...] Die Prinzipien der Menschenrechte sowie der sozialen Gerechtigkeit sind für die Soziale Arbeit grundlegend« (IFSW 2000). Dieses Selbstverständnis Sozialer Arbeit als Menschenrechtsprofession ist sicherlich fachlich notwendig (vgl. Staub-Bernasconi 1997) und ethisch hinlänglich begründbar (vgl. Lob-Hüdepohl 2003b). Doch der mit ihm verknüpfte hohe Anspruch steht in merkwürdigem Kontrast zur ernüchternden Realität jener bescheidenen Erfolgsaussichten, die mit dem Alltag Sozialer Arbeit oftmals faktisch verbunden sind. Selbst in (materiell) reichen Gesellschaften nimmt die ungleiche Verteilung menschenwürdiger Lebenschancen zu, und die Probleme individueller Lebensführung und Lebensbewältigung werden für viele Menschen immer prekärer und hoffnungsloser. Alle Erfolge im Abbau persönlicher oder auch gesamtgesellschaftlicher sozialer Probleme und Disharmonien werden durch das Aufbrechen immer neuer sozialer Notlagen und Konfliktherde konterkariert. Soziale Arbeit ist und bleibt immer eine Arbeit im Grenzbereich zwischen Leben und Tod; immer Arbeit in den unheilvollen Verstrickungen von Missbrauch und Missachtung, von Verlust und Entbehrung, von Trennung und Enttäuschung, die eine gelingende, ›glückende‹ Lebensführung nicht weniger Menschen unüberwindbar knebeln.

Soziale Arbeit scheint statt einer emphatischen Menschenrechtsprofession viel eher jener *Treckschutenzeit* zu ähneln, wie sie der Dichter Paul Celan beschreibt. Die *Treckschutenzeit* vermittelt das Bild einer schier endlos erscheinenden Mühsal, in der voll beladene Lastkähne (»Schuten«) an schwere Taue gehängt von

Menschenhand flussaufwärts gezogen (»getreckt«) werden. Leicht vorzustellen, ein Kraft raubendes Geschäft, das die Halbverwandelten, wie Celan die Menschen nennt, bewerkstelligen: ermattet vom schleppenden, beinahe sisyphusartigen Trott der Belastung – und doch stetig vorwärts kommend! Am Rande dieser mühseligen, gleichwohl bewegten Szenerie, »unter den Stirnen am Ufer«, spricht der »Enthöhte, geinnigt«: »Todes quitt, Gottes – quitt«. Es scheint als kommentiere der Enthöhte das ganze Geschehen, ja als stelle er es in einen größeren Zusammenhang. Und in der Tat, Celans fast schon hermetische Bildsprache, in der sich das mystische Denken Meister Eckharts zu erkennen gibt, entlässt einen kleinen Hinweis: Der Enthöhte und Geinnigte ist der Göttliche, der das Bewegen der beladenen Lastschuten bei aller Mühsal auch als Erfahrung von Erlösung und Befreiung interpretieren lässt; als Erfahrung des Freiwerdens von den engen Fesseln, die ein Leben in Stillstand und Verharrung am unbeweglichen Orte zwangsläufig nach sich zieht. Deshalb ist die *Treckschutenzeit* trotz ihrer Mühsal und Anstrengung auch die Zeit von »Todes quitt« – Bewegung als Überwindung tödlicher Unbeweglichkeit, die ein Menschenleben an den Ufern des Weltgeschehens gefangen hält.

Und dennoch besteht kein Grund zur Euphorie: »Todes quitt«, ja – aber auch »Gottes quitt«, wie der Enthöhte und Geinnigte fast schon sarkastisch endet. Kein einfaches Davonkommen! Kein triumphalistisches Siegesschreien über die Unbill einer geschundenen Welt in ihrer sozialen Not! Sondern die *Treckschutenzeit* verbleibt in der Art eines offenen Schwebezustands: Aufbruch, Bewegung, Hoffnung und doch merkwürdig gebrochen, uneindeutig, womöglich hilflos ausgeliefert einer sinnentleerenden Absurdität aller menschlichen Bemühungen.

Soziale Arbeit als Landschaft der Sinnvergewisserungen

Man muss den Alltag professioneller Sozialer Arbeit nicht erst als *Treckschutenzeit* beschreiben, um festzustellen, dass allerorten Fragen nach dem Sinn sozialprofessionellen Handelns wie nach dem Sinn menschlicher Lebensbemühungen insgesamt aufbrechen. Sinnfragen begleiten Soziale Arbeit auf Schritt und Tritt: undramatisch, wenn Hilfesuchende sich etwa in den kleinen wie großen Fragen persönlicher Lebensführung professionell beraten lassen und sich Aufschlüsse über hilfreiche Orientierungen für ihr Handeln erhoffen; dramatischer, wenn sie nach unzählig ermüdenden Versuchen, das Prekäre ihrer Sucht, Wohnungslosigkeit, Krankheit, Armut, Ausgrenzung usw. ins Bessere zu wenden, vor den sich auftürmenden Problemen ihrer aussichtslosen Lebenslage zusammenzubrechen drohen und resignierend meinen, konstatieren zu müssen, dass das Leben ohnehin keinerlei Sinn besitzt. Solche Sinnfragen machen selbstverständlich auch vor den sozialberuflich Tätigen nicht Halt: auch hier undramatisch, wenn sie etwa die Angemessenheit oder die Erfolgsaussichten bestimmter sozialprofessioneller Interventionsformen kritisch prüfen; dramatischer, wenn sie angesichts unüberwindbarer Schwierigkeiten im Einzelfall alle ihre beruflichen Bemühungen als gescheitert sehen; wenn sie sich etwa im aussichtslosen Kampf alltäglicher Streetworkarbeit oder in der auszehrenden Beziehungsarbeit bei der Begleitung und Betreuung sterbender (junger) Menschen völlig verausgaben; wenn sie dann ebenfalls ihren beruflichen Burnout mit der Feststellung meinen einräumen zu müssen, dass sozialberufliche Anstrengungen angesichts des unendlichen Leidens von Menschen in dieser Welt ohnehin letztlich sinnlos sind. Gerade im Feld Sozialer Arbeit wissen wir alle, dass solchen privaten wie beruflichen Burnouts oftmals ein gleichermaßen langatmiges wie leidenschaftliches Ringen vorausgeht, und dass sie daher keinesfalls als launische Kurzschlüsse beiseite zu schieben sind.

In solchen und ähnlichen Fällen ist die Feststellung »Das macht doch alles keinen Sinn!« nicht selten Ausdruck einer innerlich längst vollzogenen existenziellen Kapitulation. Denn es geht ja nicht um die Sinnlosigkeit einer einzelnen Handlung, sondern diese Feststellung dementiert so etwas wie einen letzten, unbedingten Sinn eines ganzen Lebensbereiches oder sogar des menschlichen Lebens überhaupt – ein Dementi, das über eine bloße Ungewissheit und Unentschiedenheit in der einen oder anderen Frage eine Apathie an Motivationen dokumentiert, die letztlich alle Anstrengungen persönlicher Lebensführung erlahmen lässt. Der Verlust unbedingten Sinns wird aber für den Betroffenen existenzbedrohlich. Sinngebung nämlich ist für eine gelingende Lebensführung unverzichtbar. Sinn vermittelt über einzelne Orientierungspunkte für das individuelle Handeln und die persönliche Lebensgestaltung hinaus auch die entscheidende Motivationserfahrung, warum überhaupt dieses zu tun und jene Option zu meiden, kurz: warum überhaupt entschieden und engagiert zu leben ist.

Die gleiche Feststellung kann freilich auch das Gegenteil bedeuten: »Das macht doch alles keinen Sinn!« kann auch gemeint und verstanden werden als Kampfansage, sich mit dem Bestehenden nicht weiter abzufinden. Sie gewinnt damit den Charakter eines auch äußerlich erklärten existenziellen Protestes (›Kontestation‹). Diese Kontestation widersetzt sich der (scheinbaren) Aussichtslosigkeit einer Lebenslage oder der (mutmaßlichen) Absurdität eines privat-persönlichen wie öffentlich-beruflichen Engagements für eine geglückte Lebensführung. Sie wird zum Ausgangspunkt einer Praxis, die um der betroffenen Menschen willen gerade jene Lebensbedingungen transformieren will, die das vorfindliche Gefühl der Aussichtslosigkeit und Absurdität der Lebenslage bislang noch konservieren können (vgl. Camus 1959; Ebeling 1986). Eine solche Kontestation, die in einer widerständigen Praxis des Einzelnen gegen die Vernutzungen und Beschädigungen menschlichen Lebens praktisch sich auslegt und ›handgreiflich‹ wird, mag sich ihre eigene Unvollkommenheit und Begrenztheit, ja sogar ihr punktuelles Scheitern eingestehen müssen. Sie kann sie sich auch eingestehen. Denn sie kann sich je neu als Manifestation eines unbedingten Sinns menschlichen Lebens verstehen, der alle Begrenzungen und Befristungen menschlicher Lebensführung überschreitet und aus dem sich deshalb die Kraft ihrer eigenen durchaus fragmentarischen Bemühungen je neu speisen und sich im eigentlichen Sinne des Wortes ›regenerieren‹ kann.

Das Spektrum unbedingter Sinngebungen, aus dem heutige Menschen ihre individuellen Optionen an Lebenssinn auswählen können, ist breit gefächert (vgl. für einen philosophiegeschichtlichen Überblick Gerhardt 1995). Es umfasst die metaphysisch obdachlose Realutopie eines Ernst Bloch von der Selbstbefreiung des Menschen im geschichtlichen Prozess radikaler Demokratie (vgl. Bloch 1973) ebenso wie etwa die jüdisch-christliche Deutung der Weltgeschichte als einer Heilsgeschichte des Menschen mit seinem Gott, in denen die Spuren einer erlösenden und befreienden Wirklichkeit für jeden Menschen schon unverkennbar eingeschrieben sind, deren Vollendung freilich das irdische Hier und Jetzt immer überschreiten wird (vgl. u.a. Pröpper 1988; Rahner 1968).

Christliche Ressourcen sozialprofessioneller Sinnvergewisserungen

Auch Sozialberufe greifen bei der Vergewisserung eines unbedingten Sinns ihres caritativen Engagements immer wieder auf die religiösen Traditionen und Überzeugungen des Christentums zurück. Ich möchte zwei grundsätzlich verschiedene Weisen eines solchen Rückgriffs unterscheiden:

(1) Die erste Weise hat eine lange Tradition und besitzt auch heute noch etwa bei Vertretern einer systemtheoretischen bzw. systemfunktionalen Theorie der Religionen (vgl. Luhmann 1977; Lübbe 1980) eine zentrale Bedeutung. Für sie hat – zugespitzt formuliert – die christliche Verheißung eines ewigen erlösten Lebens nach dem irdischen Tode die Funktion, die menschlichen Erfahrungen von Begrenzungen, Entbehrungen und Widersprüchlichkeiten heilsam zu kompensieren und so erträglich zu halten. Das Christentum und seine Kirchen haben deshalb – und darin liegt ihr spezifisches Potenzial unbedingter Sinngebung – im Kern die Aufgabe, angesichts der unüberwindbaren Grenzerfahrungen irdischen Lebens durch ihre religiösen Rituale Trost zu spenden, die Sehnsucht nach dem

Numinosen, dem Rätselhaften, dem Unerklärbaren zu stillen und so auf das ewige Leben vorzubereiten.

Dieses Verständnis christlicher Sinntraditionen könnte man als Anleitung zu einer konservierenden »Kontingenzbewältigungspraxis« (Lübbe 1980) bezeichnen; konservierend, da die vorfindlichen Aussichtslosigkeiten, Widersprüche und Absurditäten des menschlichen Lebens durch die vertröstende Zusage eines späteren erlösten Lebens für die Betroffenen erträglich gehalten und deshalb lediglich nur stabilisiert werden. Für die Soziale Arbeit hieße diese Form von Kontingenzbewältigung die Aufgabe, zwar Not – wo möglich – zu lindern, gleichwohl aufseiten der Hilfsbedürftigen wie aufseiten der sozialberuflich Tätigen letztlich nur die schicksalergebene Akzeptanz für das unüberwindbar Sinnwidrige menschlichen Lebens zu steigern.

Fraglich ist jedoch, ob ein solches Verständnis heilsgeschichtlichen Denkens nicht den Kern christlicher Heilsgeschichte gründlich verfehlt (vgl. Peukert 1982). Schon allein ein Blick auf Leben und Schicksal Jesu Christi unterstreicht, dass christliche »Kontingenzbewältigungspraxis« (Lübbe 1980) die vorfindlichen Lebensverhältnisse niemals nur konserviert, sondern immer auf neue Lebenschancen für die Betroffenen hin überschreitet, transzendiert. Der Mann aus Nazareth selbst stellt sein ganzes Leben und Wirken unter die froh machende Botschaft: »Der Geist des Herrn ruht auf mir, denn der Herr hat mich gesalbt. Er hat mich gesandt, damit ich den Armen eine gute Nachricht bringe, damit ich den Gefangenen die Entlassung verkünde und den Blinden das Augenlicht; damit ich die Zerschlagenen in Freiheit setze und ein Gnadenjahr des Herrn ausrufe« (Lk 4,18f.).

Wie diese Programmatik Jesu in konkreten Taten handgreiflich und sozusagen für die Menschen lebensverändernd »Fleisch annimmt« (vgl. Joh 1), dokumentieren die vielen Heilungs- und Beziehungsgeschichten im Umfeld Jesu. Zum Beispiel die Heilung des Blindgeborenen (Joh 9,1–7): Während seine Jünger im Angesicht des Blindgeborenen – typisch für ihre Zeit – darüber spekulieren, ob das Leiden dieses Menschen auf seine eigenen oder seiner Eltern Sünden zurückzuführen und deshalb als gerechte Strafe Gottes verständlich sei, heilt Jesus den Blinden mit der kategorischen Absage an alle den Iststand legitimierenden Spekulationen: »Weder er noch seine Eltern haben gesündigt, sondern das Wirken Gottes soll an ihm offenbar werden!« (Joh 9,3) Oder das Beispiel des Gleichnisses vom barmherzigen Samariter (vgl. Lk 10,25–37), das gerade im Kontext Sozialer Arbeit immer wieder bemüht wird: Während Gesetzeslehrer noch darüber rätseln, wem sie aus religiösen Gründen, sozusagen um Gottes willen, besonders zur Unterstützung und Nächstenliebe verpflichtet sein könnten, stellt der Mann aus Nazareth ohne Wenn und Aber klar, dass sich der Samaritaner für den jüdischen Hilfesuchenden praktisch als Nächster erwiesen habe, obwohl er einer vom Judentum geächteten und marginalisierten sozialen Gruppierung angehört – im Gegensatz zu Priester und Levit, die nach vorherrschender religiöser Lesart eigentlich für ihren unter die

Räuber gekommenen Mitjuden zuständig sind, aber achtlos vorbeigehen. Dieser Sachverhalt unterstreicht: Nicht vorfindliche soziale Normierungen und Rollenzuweisungen, sondern praktisches Unterstützungshandeln – sozusagen von der Unterseite der etablierten Gesellschaft her – dokumentiert eine alle sozialen Grenzen überschreitende Nächstenliebe, in der sich die Gottesliebe des Menschen manifestiert.

Das Gleichnis vom Barmherzigen Samariter wendet sich wie das Heilungsgeschehen des Blindgeborenen gegen alle Versuche, die offensichtlichen Leidensgeschichten (des Blindgeborenen, des in Not Geratenen usw.) bloß zu erklären, damit aber zu konservieren und ›beim Alten‹ zu belassen. Stattdessen stehen beide für praktizierte Solidarbeziehungen, die die vorfindlichen Begrenzungen und Befristungen zum ›Heil der Menschen‹ sprengen. Beide illustrieren wie die Praxis Jesu insgesamt ein unbedingtes Sinnkriterium für eine menschliche Lebensführung, die sich an der Nachfolge Jesu orientiert: Offenhalten der Geschichte jedes einzelnen Menschen für überraschend neue Lebenschancen und Lebensperspektiven, die sich im Widerstand gegen das Krankmachende des Bestehenden ergeben können.

Freilich wird man fragen müssen, ob nicht das Lebensprojekt des Mannes aus Nazareth durch die Umstände seines Todes gescheitert ist und sich deshalb selbst schon als letztlich sinnlos erwiesen hat. Kann es ein deutlicheres Dementi einer unbedingten Sinnoption, die alle Begrenzungen und Befristungen zu transzendieren beabsichtigt, geben als die Vernichtung ihres einzigartigen Trägers am fluchbeladenen Kreuz? Wohl kaum – es sei denn, der Tod am Kreuz wäre nicht das letzte Wort des Lebens und Schicksals Jesu. Das christliche Bekenntnis des Leidens, des Todes und der Auferweckung Jesu ist das Bekenntnis zu einem Gott, der seinem Sohn gerade durch den Tod hindurch die Treue hält, ihn von den Toten auferweckt, seine Existenz als nicht vernichtet ausweist (vgl. Peukert 1978). Diese letztlich obsiegende, heilende Solidarität Gottes mit seinem Sohn rettet und entfristet den unbedingten Sinn des Einsatzes Jesu für die Vermenschlichung dieser Welt. Das christliche Bekenntnis wird so zum Bekenntnis hoffender Christen zu einem biblischen Gott, der sich auch für uns und die vielen als letztlich heilend und rettend erweisen und damit auch unsere und aller anderen Bemühungen um eine Vermenschlichung dieser Welt, so fragmentarisch sie immer bleiben mögen, als sinnvoll ausweisen wird.

(2) Damit ist die zweite Weise, auf die sinnstiftende Tradition des Christentums zurückzugreifen, knapp skizziert: Alles sozialberufliche Engagement wie alle persönlich-privaten Anstrengungen zum besseren Gelingen und Glücken menschlicher Lebensführung können ihre Kraft wie Perspektive aus der uns von Jesus, dem Christus, zugesagten Hoffnung auf unbedingte Sinnhaftigkeit beziehen, die alles Scheitern, alle Aussichtslosigkeit und alle Absurdität letztlich übersteigt, transzendiert. Es ist tatsächlich das, was der Apostel Paulus mit der zunächst irritierenden

Formulierung als »Hoffnung wider alle Hoffnung« (Röm 4,18) bezeichnet. Die Erfahrungen des Scheiterns, der Aussichtslosigkeit und der Absurdität menschlichen Engagements sind keine Einbildungen, sondern vielfach gemachte Erfahrungen des Menschen, die keinesfalls missachtet und verdrängt werden dürfen. Trotz aller dieser gegenläufigen Erfahrungen ist sie aber eine begründete Hoffnung; begründet in der geschichtlichen Erfahrung von Menschen, denen entgegen allen ihren Erwartungen und Prognosen mitten in ihrem Leben überraschend neue Lebensräume und Lebenschancen sich eröffneten, die Leiden und schmerzhafte Begrenzungen ihrer Lebensführung überwinden konnten und die diese für sie unerwartet beglückende, ja befreiende Erfahrung mit einer Wirklichkeit in Verbindung bringen, die Christen als ihren Gott bekennen. Solche neuen Lebensräume und Lebenschancen fallen für gewöhnlich nicht wie mirakulöse Wundertaten ›vom Himmel‹. Sondern sie werden bedrängten und bedrückten Menschen zugespielt durch die Hände anderer Menschen, die mit ihrem Engagement für die Humanisierung der Welt die beglückende und befreiende Gegenwart des biblischen Gottes in der Geschichte konkreter Biografien zur Darstellung bringen und so zur leibhaften Erfahrung für andere werden lassen. Dass Menschen Gottes Heilsamkeit für diese Welt durch ihre eigenen Hände darstellen können, ohne sie selbst herstellen zu müssen, das ist der Kern christlicher Erlösungsbotschaft (vgl. Pröpper 1988) und die absolute Sinnsetzung Gottes in einem. Soziale Arbeit, die sich der umfassenden Humanisierung der Welt um der Menschen und ihrer elementaren Rechte willen verpflichtet weiß, die anderen Menschen befreiende, ›beglückende‹ Handlungs- und Lebenschancen zuspielt und damit neue Lebensperspektiven eröffnet, solche Soziale Arbeit ist unabhängig ihrer faktischen Erfolgsaussichten Teil der Darstellung von Gottes Heilsamkeit inmitten dieser geschundenen und geplagten Welt.

Sinnerschließungen
im Vollzug sozialprofessionellen Handelns

Das christliche Bekenntnis der Wirklichkeit eines Gottes, der in den Biografien der Menschheit seine erlösend-befreienden Spuren hinterlässt, ist ein wohltuendes Angebot, den unbedingten Sinn des Lebens nicht permanent aus sich selbst heraus kreieren zu müssen, sondern als beglückendes Geschenk empfangen zu können. Dieses Geschenk, das die theologische Sprache ›Gnade‹ nennt, entmachtet alle verbissenen Selbstbehauptungsanstrengungen, mit denen Menschen meinen, alles allein aus eigener Kraft bewerkstelligen zu müssen. Doch auch das Sinnpotenzial des Christlichen muss je neu erschlossen werden: geschichtlich je neu und vor allem – auf jeden einzelnen Menschen hin betrachtet – existenziell je neu (vgl. Verweyen 2000). Das gilt im Kontext Sozialer Arbeit sowohl für die sozialberuflich Tätigen wie für die Adressaten ihrer Arbeit.

Nun wird man fragen können, ob im Feld Sozialer Arbeit überhaupt noch eine nennenswerte Anzahl von Sozialprofessionellen Zugang zu den Traditionen des Christlichen oder wenigstens die Bereitschaft besitzt, sich seinen Erzählungen zu öffnen. Genauer betrachtet ist diese Frage zwar berechtigt und angesichts der zunehmenden Entkopplung moderner Lebenswelten von religiösen Sinntraditionen vielleicht sogar besonders drängend, eigentlich aber unerheblich. Denn die beglückenden Sinnerfahrungen jener Menschen, von denen etwa die biblischen Traditionen erzählen, sind tatsächlich erfahren und nicht erfunden. Sie sind heute lebenden Menschen als Deutungsangebote für ihre Lebensfragen präsent – vorausgesetzt, dass sie von jenen ins Gespräch gebracht und ins praktische Werk gesetzt, also durch das beredte Erzählen oder durch das stumme Zeugnis der helfenden Tat präsentiert werden, die sich selbst noch in dieser Tradition stehend begreifen und wenigstens dieses und jenes für plausibel und berichtenswert halten. Weder sie noch ihre Adressaten müssen zu allem Ja und Amen sagen, um zu verstehen, was etwa mit der Erzählung vom Blindgeborenen oder dem Gleichnis vom Barmherzigen Samariter an Befreiungserfahrung für Menschen gemeint ist.

Das gilt grundsätzlich auch für die Kernbotschaft des Christlichen und seine unbedingte Sinnoption: für das Bekenntnis von Tod und Auferweckung Jesu von den Toten. Natürlich war und ist das ›Wort vom Kreuz‹ immer ein Stein des Anstoßes (gewesen) – »für Juden ein empörendes Ärgernis, für die Heiden eine Torheit« (1 Kor 2,23). Und natürlich gibt es für die Auferweckung Jesu von den Toten keine empirisch oder logisch zwingenden Beweise, mit denen man Skeptiker von der unbedingten Gültigkeit der christlichen Sinnoption ohne Umstände argumentativ überzeugen könnte. Doch vernünftig zu denken und als Fundament für das eigene Lebensengagement zu veranschlagen, ist nicht erst das, was durch Vernunftgründe zwingend erschlossen werden kann. Man denkt und handelt auch vernünftig, wenn man sich auf ein Ungewisses beruft, selbst wenn dieses »ungewiss hinsichtlich seiner Tatsächlichkeit, aber gewiss hinsichtlich seiner Möglichkeit ist« (Höhn 1988, 194).

Das Sinnerschließende des Christlichen kann für Soziale Arbeit auch und gerade heute einen Rahmen für ihre Orientierung sowie ein Fundament des so notwendigen ›langen Atems‹ bereitstellen. Es gelingt in der Regel freilich nur dort, wo sozialberuflich Tätige wie ihre Adressaten sich den Traditionen und Erzählungen dialogisch-narrativ nähern und sie für das eigene Selbstverständnis fruchtbar machen (vgl. Lob-Hüdepohl 2003a, 80ff.; Nipkow 1978). Dies ist im Übrigen nicht immer ein harmonisches Geschäft. Denn die entgrenzenden Perspektiven, die sich etwa aus den Denk- und Handlungsmodellen biblischer Erzählungen ergeben, sind oftmals mit erheblichen Irritationen aufseiten der Betroffenen verbunden. Das zeigt sich schon im Umfeld Jesu, der seine Heilungsbeziehungen oder Gleichniserzählungen gerade gegen jene Denk- und Handlungsgewohnheiten seiner Zeit platziert, die sein Umfeld – einschließlich, wie sich in der Begegnung mit dem Blindgeborenen zeigt, seiner Jüngerschaft (!) – eigentlich für sinnvoll und nützlich erachtet. Deshalb antworten christliche Sinnoptionen nicht nur auf Sinnleere, in der sich mancher aufhält, sondern auch auf Unsinnigkeiten, in denen sich ebenfalls so mancher sicher wiegt.

Christliche Sinnvergewisserung als radikalisiertes Fragen

Der »Enthöhte«, den Paul Celan die *Treckschutenzeit* kommentieren lässt, öffnet mit seinem »Todes quitt« das mühsame Geschäft des Besorgens und des Führens eines menschlichen Lebens für eine gewisse Zuversicht. Doch er endet mit einem »Gottes – quitt«. Mit Blick auf die unbedingte Sinnoption des Christlichen eine unangemessene Ernüchterung? Wohl kaum. Denn gerade mit dem Bekenntnis zur letztlich obsiegenden rettend-heilenden Gegenwart des biblischen Gottes im Rücken stellt sich das Faktum unerträglichen Leidens von Menschen quer zu jedem Versuch, Gott nur groß- und die Welt nur schönzureden. Können Christinnen und Christen erhobenen Hauptes Hilfsbedürftigen gegenübertreten, deren Antlitz durch Verletzungen und Missachtungen ihrer Würde schwer gezeichnet ist? Ist ihr Bekenntnis zu einem allmächtigen und bedingungslos barmherzigen Gott, ist ihr Beharren auf einen in dieser Weise unbedingten Sinn menschlichen Lebens angesichts des unzähligen Plurals geschundener und beschädigter Menschen nicht zynisch und obszön?
Christen werden sich selbst und der Welt gegenüber eine befriedigende Antwort auf die Frage nach dem Sinn von Beschwernis und Leid in Gottes guter Schöpfung schuldig bleiben müssen. Jeder Versuch einer Rechtfertigung Gottes wäre eine Verabredung des Menschen mit Gott hinter dem Rücken der Geschundenen und Leidenden (vgl. Hedinger 1972). Diese Verabredung würde jedes Klagen über das Leiden und über die unerträglichen Beschädigungen menschlicher Würde verstummen lassen, jedes Engagement, das sich gegen menschenunwürdige Lebensverhältnisse wendet, letztlich still stellen. Schon allein aus diesem Grund muss diese eigentlich alles entscheidende Frage offen gehalten (vgl. Metz 1980) und immer wieder gegen Gott selbst gerichtet werden können. Insofern führt die christliche Sinnvergewisserung letztlich auch zu einem radikalisierten Fragen – auch wenn es ein gläubiges, also ein von Hoffnung und Zuversicht getröstetes Fragen (vgl. Gollwitzer 1976, 292f.) sein mag. Gibt es ein deutlicheres Fragen, das von

dieser Hoffnung und Zuversicht getragen ist, als dem empörenden Unrecht in Gottes guter Schöpfung das entschiedene Engagement gegen menschliche Leiderfahrungen entgegenzusetzen, so fragmentarisch es auch immer bleiben mag?

LESEHINWEISE

Höhn, Hans-Joachim, Zerstreuungen. Religion zwischen Sinnsuche und Erlebnismarkt. Düsseldorf 1988. (Höhn 1988)

Lob-Hüdepohl, Andreas, Ethik Sozialer Arbeit als Menschenrechtsprofession. In: Soziale Arbeit 52 (2003) 42–48. (Lob-Hüdepohl 2003b)

Lob-Hüdepohl, Andreas, Kritik der instrumentellen Vernunft. Soziale Arbeit in einer entsakralisierten Gesellschaft. In: Lewkowicz, Marina/Lob-Hüdepohl, Andreas (Hg.), Spiritualität in der Sozialen Arbeit. Freiburg i.Br. 2003, 69–86. (Lob-Hüdepohl 2003a)

2. »Es muss doch etwas Höheres geben«
Transzendenzerfahrungen und Soziale Arbeit

Michael N. Ebertz

SUMMARY

Neuere Untersuchungen zeigen, dass der Glaube an etwas Höheres nicht »out« ist. Auffällig ist zugleich, dass der Begriff der »Spiritualität« Konjunktur hat und dabei ist, »Religiosität« und erst recht »Frömmigkeit« abzulösen oder zu überlagern. Darin zeigt sich ein Formwandel der »Religion« in der modernen – pluralisierten und individualisierten – Gesellschaft, auch eine Schwächung der überkommenen kirchlichen Institution. Doch verweisen Tendenzen der Entkirchlichung und Entchristlichung nicht auf Religionslosigkeit, sondern auf eine anthropologisch gegebene, religiöse Disposition, die in diesseitigen Transzendenzerfahrungen zum Ausdruck kommt. Auf solche – kleinen, mittleren und großen – Transzendenzerfahrungen aufbauend, setzt das Christentum den Impuls, diese mit einzubeziehen, aber auch kritisch über sie und das Gegebene hinauszugehen. Die Kunst, die Philosophie und die Wissenschaft sind ebensolche »vorwärts drängenden Unruhestifter«. Wenn sich Soziale Arbeit nicht von diesen Quellen des Höheren inspirieren lässt und an ihnen partizipiert, gibt sie sich auf.

Der Glaube an Höheres

Es mag Verblüffung auslösen, wenn, wie mir vor nicht allzu langer Zeit passiert, plötzlich ein Kollege, dem es viele nicht zutrauten, zur Diskussion des Themas »Spiritualität und Soziale Arbeit« einlädt. Überrascht ist man darüber weniger, wenn man zum Beispiel die theoretische Diskussion und empirische Forschung von klinisch relevanten Fragestellungen innerhalb der akademischen Psychologie in den vergangenen beiden Jahrzehnten verfolgt – der Kollege gehört dieser Zunft an. Denn dort lässt sich ein wachsender »Zusammenhang mit den Themenbereichen Spiritualität und Religiosität beobachten« (Hofmann 2004, 38). Empirische Studien hierzu stammen bislang jedoch vor allem aus den USA, wo die religiöse Aufgeschlossenheit ohnehin größer zu sein scheint als in Westeuropa (vgl. Stark 2000). Im Rahmen eines Forschungsprojekts zur »Spiritualität und Religiosität in der psychotherapeutischen Praxis« am Institut für Grenzgebiete der Psychologie und Psychohygiene in Freiburg wurde in einer Teilstichprobe einer bundesweiten Fragebogenerhebung mit 1700 niedergelassenen psychologischen Psychotherapeutinnen und -therapeuten untersucht, in welchem Ausmaß und in welcher Form dieses Thema in der psychotherapeutischen Praxis eine Rolle spielt. Ergebnis war, dass es »ein aktuelles und relevantes Thema darstellt. 65% der befragten Psychotherapeuten und Psychotherapeutinnen gaben an, an eine höhere Wirklichkeit zu glauben«, und ähnlich viele waren der Ansicht, »dass dieses Spezialgebiet im Diplomstudiengang Psychologie in stärkerem Maße berücksichtigt werden sollte« (Hofmann 2004, 39). Knapp die Hälfte davon bezeichnete den »Einfluss ihrer eigenen spirituellen/religiösen Orientierung« auf die psychotherapeutische Praxis als ziemlich oder sehr ausgeprägt.

Wenn es auch wissenschaftlich nicht erlaubt ist, von den Psychotherapeuten auf andere soziale Berufe zu schließen, spiegelt sich in diesem Befund doch ebenso ein gesamtgesellschaftlicher Trend wider wie in der Art der Frage nach etwas »Höherem« und in der Unentschlossenheit darin, ob man das Ganze mit dem Ausdruck »Religiosität« oder »Spiritualität« verknüpfen soll. Obwohl immerhin knapp zwei Drittel der deutschen Bevölkerung (61%) angeben, an Gott zu glauben (IfDA 2002, 367), belegen doch alle einschlägigen sozialwissenschaftlichen Erhebungen (vgl. Ebertz 2000a) eine Beschleunigung der Erosion des Gottesbegriffs als einer Grundkonsensformel in der Bevölkerung (Westdeutsche: 71%; Ostdeutsche: 25%), eine Pluralisierung der Gottesbilder und vor allem, dass spezifisch christliche Gottesvorstellungen immer weniger Akzeptanz, sogar in Westdeutschland nur noch in einer Minderheit Zustimmung finden. Für Westdeutschland ist belegt, das christliche oder christentümliche Gottesvorstellungen (z.B.: »Es gibt einen Gott, der sich mit jedem Menschen persönlich befasst«; »der Gott für uns sein will«; »der sich in Jesus Christus zu erkennen gegeben hat«) überlagert werden von einem Glauben an eine abstrakte und diffuse, irgendwie »höhere geistige Macht«. Dieser »deistische« Glaube, der den »theistischen« überlagert, findet sich insbesondere unter jungen (ledigen) Menschen in großstädtischen Kontexten. Bereits vor 10 Jahren fand in der EKD-Mitgliedschaftsstudie »Fremde Heimat Kirche« (EKD 1993, 14) das Statement: »Ich glaube an eine höhere Kraft, aber nicht an einen Gott, wie ihn die Kirche beschreibt«, die höchste Zustimmung unter den jüngeren Mitgliedern (14- bis 29-Jährige) der evangelischen Kirche in Westdeutschland.

»Religiosität« oder »Spiritualität«?

Diesen Befunden korrespondiert die wachsende Überlagerung des Begriffs der »Religiosität« durch den der »Spiritualität« im gesellschaftlichen Kommunikationshaushalt. Nicht wüste Säkularität, sondern »Spiritualität« hat »Religiosität« und erst recht »Frömmigkeit« abgelöst und übt eine massive Anziehungskraft aus. Modisch kann diese Attraktivität nicht sein, denn sie währt und wächst schon seit Jahrzehnten. Wir haben es nicht mit einer Kurzwelle, sondern mit Dauerwellen zu tun (vgl. Ebertz 2004b). Wenn nicht alles täuscht, ist dies Ausdruck eines tief greifenden Umbruchs des religiösen Feldes, wenn nicht der Auflösung seiner ehedem von kirchlichen Geistlichen autorisierten und kontrollierten Grenzen, zumindest ihrer Verflüssigung hin zu anderen Feldern, zum Beispiel zum medizinischen. »Spiritualität« wird zum Ausdruck der Verschiebung der Machtgewichte zwischen den Geistlichen alten und einer wachsenden Anzahl von »Geistlichen« neuen Schlags. In der Tat verlieren die alten Inhalte der überlieferten kirchlichen Religiosität zwar an verbindend verbindlicher Kraft in der nationalen Gesellschaft (vgl. Ebertz 2001; 2003; 2004a), während »die Zahl der Personen, die nach spirituellen Erlebnissen und Erfahrungen suchen, stetig zunimmt« (Gebhardt 2002). Irgendein bestimmtes Unbestimmtes scheint doch hinter und über der Welt zu sein, wenn auch vielleicht nicht genau das, was von den kirchlichen Geistlichen darüber gelehrt wird. »Spiritualität«, ein Wort, das kaum länger als 40 Jahre zum deutschsprachigen Kommunikationshaushalt gehört, hat – trotz oder sogar wegen der allseits bemerkten Unbestimmtheit dieses Ausdrucks – in einem Ausmaß Hochkonjunktur, dass es sogar auf Phänomene einer Zeit zurückprojiziert wird, die es noch gar nicht kannte.

Dass »Spiritualität« sehr vage und die jeweils gemeinte Sache äußerst unscharf bleibt, ist kaum auf Schlamperei und mangelnde intellektuelle Hygiene zurückzuführen, sondern spiegelt selbst wider, dass in der Nation das »Transzendente« ohne soziales Korsett unbestimmt und seine Deutung amorph geworden ist; dass sie nur noch mit Geltungsansprüchen, aber nicht mehr mit Geltungswirklichkeit, Geltungssicherheit und Geltungsgewissheit erfolgen kann. Gesellschaftlich und vermutlich auch gemeinschaftlich unbestimmbar geworden, hat sich die Deutung des »Transzendenten« pluralisiert und ist weitgehend in die Regie der Einzelpersonen übergegangen. Konsens scheint hierzulande »nur« noch zu sein, dass über und hinter den Dingen, wie sie erscheinen, etwas »ganz anderes« vermutet werden darf – aber was, das vermag keiner mehr anderen verbindlich zumuten. »Es« hat sich so pluralisiert und subjektiviert, dass es auch entprofiliert, entmaterialisiert und entdogmatisiert, also auch institutionell – durch die Kirchen – kaum mehr einhegbar ist. Katholischerseits ist christliche Spiritualität als »subjektive Seite der Dogmatik« (Hans Urs von Balthasar) umschrieben worden, als »geistliche Lebensform der Hingabe an Gott und seine Sache« (Gisbert Greshake) mit »mystischer Innenseite« und »ethischer Außenseite« (Anton Rotzetter), kollektiv verwirklicht etwa in Klöstern und klösterlichen Gemeinschaften mit einem Umfeld assoziierter Laienbewegungen und Laienpublika, individuell etwa durch Meditation, Gebet, Lesung der Heiligen Schrift, Askese und Nächstenliebe in bzw. für Freizeit, Sozialzeit und sogar Arbeitszeit. So betonte der katholische Theologe Alfons Auer die »spirituelle Pflicht« des Christen, auch und gerade die hochgradig rationalen und rationalisierten Seiten des modernen Daseins, nämlich den »konkreten Arbeitsberuf immer ausdrücklicher in das Licht des Schöpfungs- und Heilsglaubens zu rücken und damit über die volle Wahrheit über sein Dasein zu kommen«. Selbst trivialste Tätigkeiten können, so spiritualisiert, in einem anderen Licht erscheinen, wie einmal eine von ihm zitierte Benediktinerin schrieb: »Wenn die Ordnung Gottes an der kleinsten Stelle des Weltalls, nämlich dadurch, dass ich den Staub von den Dingen wische, in diesem armen Bilde wiederhergestellt wird, so ist das eine Freude, die alle Mühsal übersteigt. So ist es durch alle Bereiche der Welt: Immer muss man die Irdischkeit wegräumen, den immer vorhandenen Staub, und immer fällt dabei ein Strahl des geistlichen Lichtes herein und berührt den armseligsten, irdischsten Bereich der Welt. [...] Und wir lieben die simpelsten Dinge um eben dieses Sinnes willen, auf den alles ankommt. Und so verflüchtigt sich schon in etwa die Gestalt dieser Welt in eine Durchscheinbarkeit, ohne dass etwas davon verloren ginge« (Auer 1966, 292f.).

Im Vergleich zu diesen christlich gefassten Deutungen ist der Ausdruck »Spiritualität« darüber hinaus und im Allgemeinen allenfalls umschreibbar als Hingabe an, als Sehnsucht nach, besser: als *Offenheit und Öffnung des Menschen für das Geheimnis des – rational nicht verrechenbaren – Lebens und einer sich daraus entwickelnden verinnerlichten Glaubenshaltung auch in der alltäglichen Lebensführung.* Hierin scheint mir jedenfalls ein gemeinsamer Nenner des Inhalts dessen zu liegen, was im gesellschaftlichen Kommunikationshaushalt so alles unter der Bezeichnung Spiritualität zirkuliert. »Spiritualität« hat ihre traditionale und institutionelle Verankerung weitgehend verloren, steht immer weniger für eine christliche Glaubenshaltung, weil es immer weniger der personale christliche Gott ist, der als Quelle des Lebensgeheimnisses geglaubt wird. Dabei kann das Geheimnis des Lebens als kosmische Energie (»kosmische Spiritualität«) gedeutet werden oder seine Deutung speist sich aus alternativen kulturellen Quellen, die nicht zum vorherrschenden Kanon der westlichen Gesellschaften und Typen von Religion zählen. Auch der eigenen Projektionsfantasie und Synkretismusfreude sind anthropologisch kaum Grenzen gesetzt, und sozial dürfen sie heute ohne negative Folgen kommuniziert werden. Der Ausdruck »Spiritualität« scheint also nicht von ungefähr »Frömmigkeit« als persönlichen Vollzug oder Nachvollzug des christlichen Glaubens auf der Hitliste der einschlägigen Wörter abzulösen, ebenso »Religiosität« als die bereits hochgradig subjektivierte Religion christlicher, kirchlicher, konfessioneller Art, diese zumindest zu überlagern. Seine Karriere verdankt »Spiritualität« einer gesellschaftlichen Situation der religiösen Unbestimmtheit oder Offenheit, der »Auflösung des Religiösen«, d.h. des »Abbröckelns der klaren Grenzen des religiösen Feldes« (Bourdieu 1992) alter Art. Mit »Spiritualität« zirkuliert ein verbaler Platzhalter für die Bezugnahme auf Transzendentes, für alles, was »jede verengte materialistisch-wissenschaftliche Sicht des Lebendigen sprengt« (Waldenfels 2002, 26), ohne dass sein Gebrauch dazu zwingt, sich dogmatisch oder institutionell festzulegen. Seine Kariere verdankt der Ausdruck »Spiritualität« der Schwächung, der weitgehenden Erosion, wenn nicht dem »*Fehlen* eines plausiblen und allgemein verpflichtenden sozialen Modells für die bleibenden, universalen menschlichen Transzendenzerfahrungen und für die Suche nach einem sinnvollen Leben« (Luckmann 2002, 287). Immer weniger hätte heute ein solches Modell in der nationalen Gesamtgesellschaft Chancen zu entstehen. Dies gilt auch für die Religion in ihrer überlieferten kirchlichen Form. Immer weniger wird ihr Geltungsanspruch in der deutschen Gesellschaft sozialstrukturell und kulturell gestützt. Dies gilt keinesfalls nur für Ostdeutschland. Indem das Wirtschaftsleben ebenso seinen eigenen – autonomen – Spielregeln folgt wie die Massenmedien, das Bildungssystem und die Deutsche Bahn, der Straßenverkehr wie die Politik der sozialen Sicherung klammern sie wie die anderen Lebensbereiche Religion in ihren überlieferten Formen weitgehend aus. Sie bestätigen und stützen damit die kirchlichen Werte und Normen kaum noch. Zugleich erhalten die kirchlichen Modelle der Bestimmung des Transzendenten Konkurrenz und werden darüber relativiert. Sie vertreten nur eine – mögliche, somit bezweifelbare – Sicht auf die Dinge, die unsere Erfahrungswelt übersteigen. Transzendenzbestimmungen haben wir nicht nur einfach, sondern vielfach. Dementsprechend hat die von Alfons Auer seinerzeit postulierte christliche Spiritualisierung der Arbeitswelt vermutlich kaum noch Chancen, kollektiv getragen oder als fraglos selbstverständlich befunden zu werden.

Transzendenzerfahrung im Diesseits

Wie dem auch sei. Selbst der anscheinend immer akzeptabler werdende Ausdruck »Spiritualität« steht noch dafür, »dass es etwas Höheres geben muss«. Folgt man der in der Religionssoziologie weit verbreiteten anthropologisch und phänomenologisch fundierten Religionstheorie Thomas Luckmanns (vgl. Ebertz 1997), wird man davon ausgehen können, dass der – theistische, deistische oder »spiritualistische« – Glaube an etwas Höheres unausrottbar zum Menschen gehört und auf einer innerweltlichen Erfahrung aufruht, die jedermann und jede Frau hat: auf der Erfahrung von Transzendenz. Wir alle sind uns der Transzendenz der Welt, in der wir leben, bewusst. Dieses Bewusstsein gründet, so Luckmann, »darin, dass die alltägliche Erfahrung an Grenzen stößt, die sie entweder noch innerhalb dieser Wirklichkeit überschreiten kann, zu anderen Wirklichkeiten hin überspringen kann oder an denen sie stehen bleibt« (Luckmann 1991, 166). Niemand zweifelt an den Grenzen in der Welt, etwa daran, dass diese Welt vor ihm da gewesen ist und nach ihm fortbestehen wird. Luckmann entfaltet diese These einer gewissermaßen in der »natürlichen« Einstellung des Menschen zwingend gegebenen innerweltlichen Transzendenzerfahrung in einer vereinfachenden Typologie und unterscheidet kleine, mittlere und große Transzendenzerfahrungen:

(1) Von »kleinen Transzendenzerfahrungen« kann man sprechen, »wenn das in der gegenwärtigen Erfahrung angezeigte Nicht-Erfahrene grundsätzlich genauso erfahrbar ist wie das gegenwärtig Erfahrene« (Luckmann 1991, 167f.). Wir stoßen dann zwar »nur« – und deshalb »klein« – an Grenzen räumlicher und zeitlicher Art. Grundsätzlich steht nichts der Möglichkeit entgegen, z.B. die Tür zu öffnen, um zu schauen, was sich hinter ihr verbirgt, also die Grenzen der momentanen Erfahrungsreichweite zu überschreiten. Allerdings ist auch diese Bewältigung von »kleinen« Transzendenzen von Raum und Zeit eine beachtliche Leistung. Dies merken Menschen in sozialen Berufen insbesondere an ihren Klienten (freilich auch an sich selbst), wenn sie die Bewegungsfähigkeit verlässt, wenn sie vergesslich sind, wenn sie unpünktlich sind und das Warten einsetzt. Manchmal vollziehen wir solche kleinen Transzendenzüberschreitungen bereits mithilfe von symbolischen Handlungen, nicht nur dann, wenn wir besondere Schwellen – etwa zu so genannten »Andersorten« oder Heterotopien (Foucault 2002) – überschreiten, inszenieren sie sogar durch Zeremonien des Verhüllens und Enthüllens, des Verschließens und Öffnens. Die täglichen Bewältigungen solcher kleinen Transzendenzen sind immer nur provisorisch, kommen wir doch immer wieder an die nächste Grenze dieser Art und manchmal auch an Türen (nicht nur des Chefs), die vorübergehend oder für immer verschlossen bleiben: »Es muss doch etwas Höheres geben ...«

(2) Im Unterschied zur Grenze, an die man in der Erfahrung der »kleinen« Transzendenzen stößt, kann die Grenze der so genannten »mittleren« Transzendenzen niemals überschritten werden. Hierbei geht es um Gegenwärtiges (etwa eine mir im Alltagsleben gegenübersitzende andere Person, ein Klient oder eine Kollegin), das ich nie unmittelbar erfahren kann, sondern nur mittelbar, d.h. vermittelt in Mimiken, Gesten, verbaler Kommunikation. Selbst wenn ich den Eindruck haben sollte, mit dem anderen (in der Ekstase einer großen Liebe) eins zu sein, oder – über erlernte Gesprächstherapie und eingeübte Empathie – den anderen professionell zu verstehen, bleibt ein Rest des Unerreichbaren, gibt es keine undichte Stelle zum anderen, ist mir der direkte Weg zu seinem Innen verschlossen; und umgekehrt. Zeichen dienen der wechselseitigen Verständigung und überbrücken die Kluft, die Mensch und Mitmensch trennt. Begrüßungen, Komplimente, Entschuldigungen, die den sozialen Umgang begleiten, sind alltägliche Rituale der Achtung und Ehrerbietung, die häufig das mittlere Transzendieren begleiten. Die von Erving Goffman (vgl. Goffman 1973, 70ff.) untersuchten zwischenmenschlichen Zuvorkommenheitsrituale und Vermeidungsrituale, die – wie das Siezen, das Einhalten von Berührungs-, Blick- und anderen Takt- und Schamregeln – ehrerbietige Distanz zum Ausdruck bringen, bringen diese letzte Unzugänglichkeit des anderen zum Ausdruck und laden ihn mit Bedeutung auf: »Es muss doch etwas Höheres geben ...«

(3) Kleine und mittlere Transzendenzerfahrungen sind nicht nur innerweltlich, sondern auch alltäglich. Sie sind Grenzüberschreitungen innerhalb der Alltagswirklichkeit, Bestandteile des täglichen Lebens. »Große« Transzendenzerfahrungen dagegen sind zwar ebenfalls innerweltlich, aber außeralltäglich – deshalb allerdings noch nicht unbedingt »außergewöhnlich« im Sinne von paranormalen »übersinnlichen« Erfahrungen wie Wahrtraum, Erscheinungen oder »Spuk« (vgl. Bauer/Schetsche 2003). Es handelt sich vielmehr um gewöhnliche außeralltägliche Erfahrungen von Transzendenzen. Dabei wird »eine andere Wirklichkeit als die des täglichen Lebens erfahrbar« (Luckmann 1991, 169), wie sie uns im Schlaf oder Traum, in der Ekstase oder im Erleben extremer Schmerzen begegnet. Im Unterschied zu den Erfahrungsbegrenzungen und zu den Überschreitungen der Erfahrungsgrenzen im Alltag kehrt man sich in diesen Fällen »nicht von etwas ab, um sich etwas anderem zuzuwenden. Vielmehr kehrt man sich sozusagen ersatzlos ab« (Luckmann 1985, 540) und büßt für die Dauer des Heraustretens aus dem Alltag seine Handlungsfähigkeit ein. Träumen zum Beispiel »geschieht mir [...] Der Stillstand meiner bewussten Tätigkeiten bringt mich an eine Grenze, hinter der etwas ganz anderes liegt als vor ihr. Kein vertrautes Land, in dem ich mich bewegen kann wie im Alltag; an das, was in ihm geschieht, kann ich mich später nicht in der gleichen Weise erinnern, wie ich mich an vergangenes Geschehen aus meinem

täglichen Leben erinnere. Aber dennoch kein völlig fremdes Land. Ich bin ja schon oft in ihm gewesen« (ebd., 540). Begrenzt ist nach dem Überschreiten der Grenze vom Traum in die Wachheit auch die Möglichkeit, ihn zu rekonstruieren, droht doch dabei »die Sprache mit ihren verpflichtenden Ordnungen von Identität, Raum, Zeit, Gestalt, Zahl, Geschlecht zu versagen. Menschen, die ich kenne, sehen ›anders‹ aus oder haben einen neuen Namen oder tun Dinge, die sie ›in Wirklichkeit‹ nie tun würden« (ebd., 541). Die Logik des Traums unterscheidet sich ebenso von der Logik des alltäglichen Handelns wie die Logik der Ekstase, der Trance, des Rausches und anderer außeralltäglicher Erfahrungen. Auch bei der Abkehr vom Alltag in die täglichen oder außeralltäglichen Außeralltäglichkeiten und bei ihrer Rückkehr in den Alltag können Rituale der Grenzüberschreitung praktiziert werden, je nachdem, wie diese außeralltäglichen Wirklichkeiten gedeutet werden. Kinder praktizieren solche Rituale bereits in ihren selbstaktiven Bewegungsspielen oder in den stimulierenden Turbo-Karussell-Maschinen von Erlebnisparks, »deren Reiz darin besteht, für einen Augenblick die Stabilität der Wahrnehmung zu stören und dem klaren Bewusstsein eine Art wollüstiger Panik einzuflößen« (Caillois 1982, 32). Aber es kommt wohl nicht von ungefähr, dass sich gerade an diesen Grenzen des vertrauten Bereichs des Alltags nicht nur Rituale, sondern auch Riten großer historischer Religionen – vom christlichen Nachtgebet bis zum rhythmischen Tanz der Derwische – angelagert haben und dass die Erfahrungen des »Jenseits« dieser Grenzen zum Gegenstand religiöser Deutungen bzw. selbst als spezifisch religiöse Wahrnehmungen (z.B. Visionen) bezeichnet wurden: »Es muss doch etwas Höheres geben ...«

Es muss doch noch Höheres geben?

Solche großen, aber auch die kleinen und mittleren Transzendenzerfahrungen sind alltägliche bzw. außeralltägliche innerweltliche Transzendenzerfahrungen, die zu den anthropologischen Dispositionen von Religion zählen, also dazu, dass dem Menschen als Mensch der Glaube daran, dass es doch etwas Höheres geben müsse, nahe liegt. Folgt man Thomas Luckmann, so haben sich diese innerweltlichen Transzendenzerfahrungen auch »immer wieder als Hinweise angeboten«, auf den Tod zu schließen und ihn zu deuten und darüber die konkreten historischen Religionen zu begründen, obwohl der Tod »keine lebensweltliche Erfahrung einer Grenze« ist; denn die Todesgrenze lässt sich nur in einer Richtung überschreiten und aus der Erfahrung und Erinnerung nicht ableiten. Obwohl man weiß, dass man sterben wird, bleibt das Leben jenseits dieser Grenze eine »im Leben unerfahrbare Wirklichkeit« (Luckmann 1985,

545) und somit dem Erfahrungswissen verschlossen. »Es muss doch noch Höheres geben ...«

Die konkreten historischen Religionen wie das Christentum bejahen diese Frage, indem sie in der Tat, aufruhend auf den innerweltlichen Transzendenzerfahrungen, den Impuls setzen, sich nicht im Gegebenen einzurichten, auch nicht in den innerweltlichen Transzendenzerfahrungen zu verharren, sondern über sie hinauszugehen, aber diese mit einschließend. Die mittlere Transzendenz des Mitmenschen wird dann z.B. – jüdisch-christlich – in eine göttliche Sphäre gesetzt, indem der Mensch als Ebenbild Gottes postuliert und zum Adressat ethischer Zuvorkommenheits- und Vermeidungspflichten erklärt wird. »Seine Gottebenbildlichkeit lässt nicht zu, dass man ihn einfach als Moment im Kosmos wertet, in gleicher Weise wie alle anderen Seienden eingebunden, wobei er gar noch eine geringere Stellung einnimmt als manche andere« (Auer 1966, 220). Die den historischen Religionen innewohnende Steigerungslogik, die ihre Zuspitzung erfährt in den monotheistischen Religionen, eröffnet dann, so der Ägyptologe Jan Assmann, »jenseits des Gegebenen, seiner Zwänge und Notwendigkeiten, einen Freiraum alternativer Bindung und Beheimatung. Er schafft einen inneren Vorbehalt gegenüber dem Zauber und den Mächten dieser Welt, verhindert, ganz im Gegebenen aufzugehen und sich darin allzu sehr zu Hause zu fühlen« (Assmann 2004; vgl. Ders. 2003). Gerade der monotheistische Impuls kann dann auch ein kritisches Potenzial des Ikonoklasmus, der Aufklärung, der Weltentzauberung und der Emanzipation entfalten. Wo dieser monotheistische Impuls unterdrückt wird, lassen wir uns nur allzu schnell verstricken in den Rauschzuständen von Nationalismus und Faschismus, im Totalitarismus der Ideologien, in politischen und fundamentalistischen Mythen, frönen kopflos dem Kult der Goldenen Kälber, nisten uns ein in eine neuheidnische Szene oder – vielleicht noch kleinkarierter – in den Privatismus des Familienlebens mit TV- und Internet-Kontakt – in die Transzendenzchen im Diesseits.

Jenseits der Normativität des Faktischen

Eine ähnliche Steigerungslogik wie den monotheistischen Religionen wohnt der Kunst, der Philosophie und der Wissenschaft inne, die ja alle der Religion entspringen, aber zu ihr auch in Spannung stehen. All diese »vier vorwärts drängenden Unruhestifter« (Assmann 2004) sind zugleich Träger des kulturellen Gedächtnisses und befähigen uns auch mit diesem »abendländischen Atem« (Jacob Taubes), über das Gegebene hinauszudenken. Zur spezifisch religiösen Tradition des »Abendlands« gehört, dass sie selbst keine eindeutige Verfügbarkeit des Göttlichen proklamiert. Der jüdisch-christliche Gott sagt uns seine Nähe zu und ist doch nicht verfügbar. Die jüdisch-christliche Tradition »lässt uns das ganz Andere entdecken, dieses Andere als eine uns tragende Kraft, gerade dadurch aber auch als eine Macht, durch die das Bestehende, anscheinend Selbstverständliche und Unabänderliche, wieder in Frage gestellt wird. Es ist dies das Kennzeichen des Gottesglaubens des Volkes Israel und das, was christlichen mit jüdischem Glauben verbindet« (Hoffmann 2003, 123). Der in dieser Tradition geglaubte Gott ist Offenbarung und Rätsel zugleich (vgl. Bachl 1997). Er lädt auch zu einer kollektiven Rätsellösung ein, die sich nicht nur im Kopf und Herzen, sondern auch in der Tat zu vollziehen hat, weist doch diese religiöse Tradition auch auf diese von Unrecht und Elend bestimmte Geschichte als den Ort, wo mit Gott zu rechnen ist. Für das religiöse Gedächtnis des Judentums und des Christentums ist »die göttliche Alternative zu einer Welt des Terrors und der Ausbeutung [...] nicht eine Sache der Zukunft oder des Jenseits, es ist die Chance, die der nahe Gott uns in dieser Geschichte eröffnet« (Hoffmann 2003, 123). Dieses Höhere im Diesseits ist freilich nicht beweisbar. Es bleibt eine »Option, die gerade im Widerstand gegen die herrschenden Verhältnisse gewonnen wird« (ebd.).

Muss sich Soziale Arbeit nicht auch von diesen (vier) Quellen des Höheren inspirieren lassen und an ihnen partizipieren? Eines kann sicher gesagt werden: Wenn sie an ihnen nicht teilhat und über das Gegebene nicht hinausdenkt und hinausgeht, gäbe sie sich selbst auf, wäre sie doch vor der Normativität des Faktischen nicht mehr zu retten.

LESEHINWEISE

Auer, Alfons, Christsein im Beruf. Grundsätzliches und Geschichtliches zum christlichen Berufsethos. Düsseldorf 1966. (Auer 1966)
Caillois, Roger, Die Spiele und die Menschen. Maske und Rausch. Frankfurt 1982. (Caillois 1982)
Ebertz, Michael N., Kirche im Gegenwind. Zum Umbruch der religiösen Landschaft. Freiburg ^{4}2001. (Ebertz 2001)
Ebertz, Michael N., Aufbruch in der Kirche. Anstöße für ein zukunftsfähiges Christentum. Freiburg ^{2}2003. (Ebertz 2003)
Luckmann, Thomas, Die unsichtbare Religion. Frankfurt 1991. (Luckmann 1991)

3. »Warum muss ich so leiden?«

Für eine »sym-pathische« Soziale Arbeit

Ernst Engelke

SUMMARY

Die beiden Fragen »Warum muss ich so leiden?« und »Warum gibt es Leid auf der Welt?« stehen für zwei verschiedene Kontexte, aus denen eine Antwort auf dieselbe Herausforderung gesucht wird. Die erste Frage wird von Leidenden selbst gestellt und ist eher ein Protest (»Ich möchte nicht leiden!«) als eine Frage; sie müssen das Leiden existenziell bewältigen. Über Antworten auf die zweite Frage diskutieren vornehmlich jene Menschen, die gerade nicht persönlich leiden; sie suchen nach einer überzeugenden Erklärung (Theorie) für das Leiden in der Welt. Eine Rückbesinnung auf Jesu Umgang mit dem Leiden und mit leidenden Menschen kann (nicht nur) Sozialarbeiter und Sozialarbeiterinnen zur »Sym-pathie mit leidenden Menschen« ermutigen.

Vorbemerkungen

»Meine Brüder, ihr seid im Unglück, meine Brüder, ihr habt es verdient!« Mit diesem harten Urteil lässt Albert Camus in seinem Roman »Die Pest« den Jesuitenpater Paneloux die Frage der Bewohner der Stadt Oran, warum gerade ihre Stadt von der Pest befallen sei, beantworten (vgl. Camus 1967). Unzählbar viele Menschen haben wie Camus in Romanen, Novellen, Essays, Gedichten und wissenschaftlichen Abhandlungen nach einer Begründung für menschliches Unglück und Leid gesucht. Das Buch Ijob, Dostojewskis Roman »Die Brüder Karamasow« und die Abhandlung von Leibniz über die »Theodizee« sind nur drei herausragende Beispiele für die Versuche, das Leiden von Menschen zu verstehen und zu erklären. Die Frage nach dem Leiden in der Welt nimmt jedoch nicht nur in der Weltliteratur, der Philosophie und der Theologie einen breiten

Raum ein, sondern sie bewegt auch jeden Menschen persönlich, spätestens dann, wenn er selbst leidet.

Der substantivierte Infinitiv »Leid« bedeutet »Bedrückung, Schmerz, Krankheit, Widerwärtigkeit« und das deutsche Adjektiv »leid« wurzelt in dem althochdeutschen »leid« gleich »betrübend, widerwärtig, unangenehm«. Das Wort »leiden« (gleich »leiten«) wurde ursprünglich in der Bedeutung von »gehen, fahren, reisen« benutzt. Die christliche Vorstellung vom Leben des Menschen als einer Reise durch das irdische Jammertal hat vermutlich auf die Bedeutungsentwicklung von »leiden« im Sinne von »fahren« zu »leiden« im Sinne von »dulden, ertragen, Schmerz, Kummer empfinden« eingewirkt (Duden 2001, 532f.).

Wir sprechen heute vom Leidensweg, den jemand gehen muss, von der Leidenszeit, die jemand durchlebt, von der Leidensgeschichte, die hinter jemandem liegt, von dem Leidensdruck, den jemand aushalten muss, von Leidtragenden und Leidensgefährten. Menschen sind leidvoll, leidensfähig, leidgeprüft, wehleidig und können ein Leidensgesicht machen. Wenn wir sagen, dass es uns leidlich geht, dann meinen wir, dass es gerade noch auszuhalten sei. Wir sprechen jemandem unser Beileid aus und teilen dadurch mit, dass wir mit ihm fühlen. Wenn Menschen einander »leiden« mögen, dann sind sie einander »sym-pathisch«. Das Wort »sympathisch« stammt vom griechischen Wort »sym-pátheia« ab, das »Mit-leiden, Mitgefühl, gleiche Empfindung« bedeutet; es entspricht dem lateinischen Wort »compassio« (Duden 2001, 832).

Leiden als persönlich-emotionale Reaktion auf unbefriedigte Bedürfnisse

Wir Menschen stehen in unserem Leben Problemen der Bedürfnisbefriedigung und der Wunscherfüllung gegenüber und haben zu lernen, diese im Zusammenleben mit anderen Menschen zu lösen. Diese Aufgabe setzt voraus, dass wir uns ein Bild von der (Um-)Welt machen, sie erfassen, beschreiben, erklären, bewerten und das verfügbare Wissen in Pläne und Verhalten zur Veränderung von uns oder der Umwelt umsetzen. Die Befriedigung eines Bedürfnisses ist sowohl abhängig von der Menge und Verfügbarkeit bedürfnisbefriedigender Ressourcen als auch von unserer Fertigkeit, die gegebenen und erreichbaren Lösungsmöglichkeiten zu erkennen und zu nutzen. Unsere Erfahrung sagt uns, dass jeder Mensch bedürftig zur Welt kommt und sein Leben lang bedürftig bleibt. Es gibt Bedürfnisse, die allen Menschen gemeinsam sind, sich aber im Vorrang und in den Befriedigungsweisen unterscheiden, und es gibt Bedürfnisse, die soziokulturell vermittelt, erlernt und (sozial)politisch ausgehandelt werden. Der perfekte Mensch ohne

Bedürfnisse ist ein Wunschtraum. Der imperfekte Mensch, der auf Hilfe und Unterstützung angewiesen ist, um seine Bedürfnisse zu befriedigen, ist die alltägliche Realität.

Was ist, wenn menschliche Bedürfnisse nicht befriedigt werden können? Dann erlebt der davon betroffene Mensch einen Mangel und dieses Mangelerleben löst Gefühle aus. Wenn jemand sagt, dass er leidet, dann teilt er seine persönlich-emotionale Reaktion auf einen Mangel mit, der daraus resultiert, dass lebenswichtige Bedürfnisse für ihn nicht befriedigt sind. Es gibt viele Mängel, woran Menschen leiden (können) (vgl. Staub-Bernasconi 1998):

- wenn ihre körperliche Ausstattung ihren Bedürfnissen nicht entspricht und sie zum Beispiel Atemnot, Durst, Hunger, Schmerzen, körperliche Fehlbildungen, einen malignen Tumor haben;
- wenn ihre sozioökonomische Ausstattung ihren Bedürfnissen nicht entspricht und sie weder schreiben noch lesen oder rechnen können, arbeitslos, verschuldet und unversichert sind;
- wenn ihre sozialökologische Ausstattung ihren Bedürfnissen nicht entspricht und sie keine Wohnung, schlechte Arbeitsbedingungen, eine verseuchte Umwelt haben;
- wenn ihre Ausstattung mit Erkenntniskompetenzen ihren Bedürfnissen nicht entspricht und ihr Empfinden und Fühlen defizitär, ihre Aufmerksamkeit und ihr Lernen gestört sind, wenn sie nicht planen können;
- wenn ihre Ausstattung mit Bedeutungssystemen ihren Bedürfnissen nach Sinn und Orientierung im Leben und in der Welt nicht entspricht und sie keinen Sinn in ihrem Leben finden oder orientierungslos sind;
- wenn ihre Ausstattung mit Handlungskompetenzen ihren Bedürfnissen nicht entspricht und ihre Aktivitäten eingeschränkt sind und ihnen Handlungs- und Verhaltenskompetenzen fehlen;
- wenn ihre Ausstattung mit sozialen Beziehungen und Mitgliedschaften ihren Bedürfnissen nicht entspricht und sie in keine Gemeinschaft eingebunden sind, keinen oder wenig Kontakt zu anderen Menschen haben;
- wenn ihr Austausch von Ressourcen und die Machtverhältnisse ihren Bedürfnissen nicht entspricht und der Austausch behindert wird, sie ohnmächtig sind, unterdrückt und ausgebeutet werden;
- wenn die in der Gesellschaft geltenden Werte und Normen nicht den eigenen Werten, Normen entsprechen und Frauen benachteiligt, psychisch kranke Menschen ausgegrenzt werden, Krieg akzeptiert wird, Profitorientierung als Wert der Gesellschaft dominiert.

Leidende empfinden in der Regel Schmerzen, die biologisch, psychosomatisch und auch existenziell begründet sein können. Es schmerzt sie, dass ihnen etwas Wichtiges in ihrem Leben fehlt. Sie trauern, weinen, zürnen, hadern, verbittern, verstummen, resignieren, protestieren, klagen, klagen an und drücken so – verbal und nonverbal – aus, was sie empfinden. Die Formen und die Intensität des Ausdrucks ändern sich in der Regel im Verlauf des Leidens und hängen von vielen Faktoren ab: von der Art, dem Grad und der Dauer des Mangels, von der Persönlichkeitsstruktur des Leidenden, von den (verbliebenen) körperlichen, psychischen und spirituellen Ressourcen, von den externen Belastungen (finanzielle Verpflichtungen, Sorgen um kleine Kinder, spezielle Erwartungen an das Verhalten usw.), von der Intensität der Bindung an weltanschauliche bzw. religiöse Gruppen und ihren Glaubenslehren, von den Erwartungen, den Normen und den Sanktionen der Umgebung. Leiden lässt sich unterscheiden:

- Leiden, dem wir persönlich ausgeliefert sind, und Leiden, dessen Zeugen wir sind;
- Leiden, in das wir ohne eigenes Zutun (»unverschuldet«), und Leiden, in das wir durch eigenes Handeln (»selbst verschuldet«) hineinkommen;
- Leiden, das abwendbar und nur vorübergehend ist, und Leiden, das unabwendbar ist und bleibt.

Leiden und leidende Menschen in der Sozialen Arbeit

»Den Ausgangspunkt aller Fürsorge müssen die menschlichen Bedürfnisse abgeben«, hat Ilse von Arlt vor 80 Jahren gesagt, »nur von ihrer genauen Einschätzung kann die folgerichtige und vollständige Behebung von Notständen ausgehen« (Arlt 1921, 5f.). Alle Fürsorge sei vom grundlegenden Begriff »Bedürfnisbefriedigung« und dieser von der Zerlegung in Einzelbedürfnisse abhängig und jede Armutsbetrachtung müsse zugleich die Bedürfnisbefriedigung der Gesamtheit des Volkes einbeziehen. Armut ist für Arlt der Mangel an Mitteln zur richtigen Bedürfnisbefriedigung und damit sowohl von der objektiven gesellschaftlichen Situation, in welcher die Bedürfnisse befriedigt werden, als auch von psychischen Prozessen der Bedürfniswahrnehmung und -interpretation abhängig. Gegenstand der Wohlfahrtspflege ist für Alice Salomon ganz allgemein der Mensch, der Not leidet. Der Hilfebedürftige ist nach Salomon als Einheit zu sehen, nicht aufgespalten in seine wirtschaftliche Lage, seine Gesundheit und seine Sittlichkeit (vgl. Salomon 1928). Soziale Arbeit ist für Silvia

Staub-Bernasconi Umgang mit leidenden Menschen, den damit zusammenhängenden sozialen Organisationsformen, mit Dingen/Ressourcen und mit Ideen. Das Ziel Sozialer Arbeit ist für sie die Besorgung des ganzen Menschen (vgl. Staub-Bernasconi 1998).

Während es bei Arlt, Salomon und Staub-Bernasconi in der Sozialen Arbeit um leidende Menschen geht, spielt das Leiden, also die persönlich-emotionale Reaktion von Menschen auf Mängel in der übrigen Fachliteratur der Sozialen Arbeit kaum noch eine Rolle (vgl. Klüsche 1999; Otto/Thiersch 2001; Thole 2002 u.a.). Die emotionale Dimension, damit meine ich die Gefühle und Empfindungen der Klienten und Klientinnen, werden weitgehend ausgeklammert. In der Sozialen Arbeit wird heute vorrangig von Adressaten und Adressatinnen, Klienten und Klientinnen, Kunden und Kundinnen gesprochen. Es geht nicht mehr um leidende Menschen, sondern um Prozesse, Systeme und Strukturen. Diese können nicht leiden, sondern nur die Menschen, die in ihnen leben. Professionelle Soziale Arbeit ist somit weitgehend »a-pathisch« geworden. »Sympathie« und »Empathie« gelten wenig, stoische Unerschütterlichkeit (»ataraxia«) und »coolness« sind gefragt. Eine Ausnahme davon bildet der Ansatz von Carl Rogers, bei dem Gefühle und Empfindungen der Klienten und Klientinnen eine zentrale Rolle spielen (vgl. Weinberger 2000). Dennoch bleibt auch heute als zentrale Frage der Sozialen Arbeit: Wie kann man die Bewältigung bzw. Überwindung von sozialen Problemen, die ja Leiden verursachen, erreichen?

Nach der International Federation of Social Workers fördert die Soziale Arbeit sozialen Wandel, Problemlösungen in zwischenmenschlichen Beziehungen sowie die Befähigung und Befreiung von Menschen zur Verbesserung ihres Wohlbefindens und stützt sich dabei auf wissenschaftliche Erkenntnisse (Theorien) über menschliches Verhalten und soziale Systeme (vgl. Engelke 2003, 297ff.). So greift die Soziale Arbeit beispielsweise auf naturwissenschaftliche, psychosomatische, psychologische und/oder soziologische Theorien zurück, um die Entstehung und das Vorhandensein von sozialen Problemen wie Armut, Behinderung und Erkrankung zu erklären. Was ist aber, wenn »das Leiden« zwar psychologisch, medizinisch oder ökonomisch erklärt, der Zustand aber nicht verändert werden kann? Was ist, wenn dem Leidenden eine wissenschaftliche Erklärung seines Leides nicht ausreicht? Die Frage »Warum muss ich leiden?« bedrängt vor allem dann, wenn die Bedürftigkeit existenziell ist und die Notlage bzw. die soziale Problematik nicht abgewendet werden kann. Insbesondere schwer kranke und pflegebedürftige Menschen wiederholen ständig: »Warum muss (gerade) ich so leiden?« Was steckt hinter dieser Frage? Wonach fragen die Leidenden eigentlich? Was für eine Antwort wird erwartet? Wird überhaupt eine Antwort erwartet? Über welche Antworten verfügt die Soziale Arbeit? Bleibt sie hier eine Antwort schuldig? In der Regel wird sowohl in der Praxis als auch in der Fachliteratur der Sozialen Arbeit geschwiegen oder der Frage ausgewichen. Mitunter wird auf philosophisch-moralische Erklärungen, die zum Beispiel im Leiden ein konstitutives Element menschlichen Lebens sehen und es als Teil des menschlichen Reifungsprozesses interpretieren, zurückgegriffen. Bisweilen werden auch religiöse Erklärungen, in denen das Leiden in den Zusammenhang mit der Existenz und/oder dem Wirken einer transzendenten Macht bzw. Person (»Gott«) gebracht wird, herangezogen. Damit wird jedoch der Bereich einer säkularen Sozialen Arbeit verlassen und die Grenzen (sozial)wissenschaftlich begründeter Sozialer Arbeit werden überschritten (vgl. Lehner 1997; Lechner 2000).

Theologische Antworten

Geschichte und Gegenwart der christlichen Theologie und der christlichen Kirchen bieten eine Vielfalt und Fülle von Antworten auf die »Warum-Frage« (vgl. Sölle 1973; Berger 1999; Kessler 2000 u.a.). In den theologischen Theorien wird das Leiden der Menschen als Prüfung durch Gott, als Sühne für begangene Sünden, als Strafe für Fehlverhalten, als Erziehung zum Arbeiten oder zum Gehorsam, als Akt der Unterwerfung, als Züchtigung für Hochmut, als Geheimnis des unerforschlichen Willens Gottes, als Grund zur Empörung, als Mitleiden mit dem gekreuzigten Jesus usw. erklärt. In einigen Theorien muss Gott sich dafür rechtfertigen, dass Menschen, vor allem Kinder, leiden, und in diesen Theorien werden dann Rechtfertigungen Gottes (»Theodizee«) unternommen. Zumeist wird dabei von unterschiedlichen Gottesbildern ausgegangen. Die Gott jeweils zugesprochenen Eigenschaften (Gott ist allmächtig, gerecht, barmherzig usw.) führen dann zu entsprechenden Begründungen für das Leiden der Menschen. Der gerechte Gott bestraft den Menschen mit dem Leiden; Gott wird hier zum Leidmacher. Der barmherzige Gott erlöst den Menschen vom Leiden; hier wird Gott zum Leidbefreier. In anderen Theorien muss der Mensch begründen, weshalb er leidet. Gott selbst oder Menschen verlangen in diesen Theorien von dem leidenden Menschen eine Begründung für sein Leiden. Der Leidende wird selbst für sein Unglück verantwortlich gemacht. Das Leiden wird in einen Zusammenhang mit der Lebensführung des Leidenden oder auch seiner Vorfahren gebracht. Der Leidende hat sich dem Leiden – sich seiner Schuld bewusst – zu fügen, es gehorsam zu akzeptieren und klaglos auf sich zu nehmen. Sehr große Widersprüche ergeben sich in den Erklärungen des Leidens insbesondere dann, wenn in ihnen angesichts des Leidens kaum miteinander zu vereinbarende Eigenschaften (wie gerecht und gütig, allmächtig und liebevoll) Gottes miteinander verknüpft und harmonisiert werden sollen.

Inwieweit kann eine theologische Erklärung dem Leidenden beim Bewältigen seines Leidens helfen? Als ich vor einigen Jahren eine 60-jährige Frau, die an einem bösartigen Tumor litt, im Krankenhaus besuchte, klagte sie: »Warum muss ich so leiden?« Ich verstand die Frage so, dass ich mit theologischen Ausführungen über Gott und das Leiden in seiner Schöpfung begann. Verärgert stoppte die Kranke mich sofort: »Nachher kommt mein Sohn, der hat auch studiert. Mit dem können Sie über Ihre Spekulationen diskutieren.« Noch heute spüre ich diese kräftige Ohrfeige für mein unangemessenes Verhalten. Die Lehre »sitzt«: Leidende Menschen wehren sich gegen – noch so kluge – Erklärungen für ihr Leiden, sie möchten vielmehr als Klagende, Hadernde, Bedrückte, Verzweifelte wahrgenommen, begleitet und unterstützt werden. Theologische Theorien über das Leiden in der Welt sind in der Regel eine Angelegenheit für Nicht-Leidende, also für Gesunde. Leidende selbst sind existenziell so sehr von ihrem Leiden beansprucht, dass sie keine Kräfte mehr für akademische Reflexionen frei haben. Sie haben nur noch den einen Wunsch, von ihrem Leiden befreit zu werden. Insofern ist die Aussage »Warum muss ich so leiden?« eigentlich keine Frage, sondern eine protestierende Klage. Und die Leidenden wünschen sich keine »Belehrung«, sondern ein Ohr, das sich ihnen zuneigt.

Wem nützen nun aber die weit verbreiteten »Warum-Theorien«, die eine protestlose Annahme des Leidens verlangen? Die Geschichte der Kirche zeigt leider, dass viele dieser Theorien – nicht nur von Kirchenfürsten – zu Machtzwecken (zur Unterwerfung, Ausbeutung, Ruhigstellung) missbraucht worden sind. Gehorsam wurde verlangt, Protest gegen Leiden bestraft. Gefordert wurde von den Gläubigen bzw. Untertanen, sich klaglos ihren schlimmen Lebensbedingungen (ihre Armut als Ergebnis der Ausbeutung durch die herrschenden Reichen) anzupassen und nicht zu rebellieren. Auch außerhalb der Kirche wird in der Regel erwartet, dass sich Leidende in ihr Schicksal einfügen und nicht dagegen aufbegehren. In Krankenhäusern stören gegen ihr Leiden klagende Patienten und Patientinnen den Betrieb und sind unerwünscht. Ihr Leiden akzeptierende, ruhige Patienten und Patientinnen dagegen sind »pflegeleicht« und willkommen. Leiden wird durch unangemessenes Verhalten, zum Beispiel durch ein Beharren darauf, dass das Leiden akzeptiert werden soll, nur noch vergrößert (vgl. Piper 1999).

Eine christliche Antwort auf die »Warum-Frage« hat sich selbstverständlich an der Heiligen Schrift zu orientieren. In Kirche und Theologie gibt es viele Texte zum Leiden und zum Umgang mit leidenden Menschen, die weder die Evangelien noch wichtige Passagen des Alten Testamentes zum Leiden (wie die Klagepsalmen und das Buch Ijob) angemessen berücksichtigen (vgl. Engelke 1980).

Das Leiden gehört zum Leben Jesu und seinem Heilswerk dazu. Jesus sagt voraus, dass er leiden muss (Mk 8,31 par.), und er ist auch darin ganz Mensch, dass er Schmerz empfindet (Lk 19,41 u.ö.) und vor dem eigenen Leiden zurückschreckt (Mk 14,34ff. par.). So wie das Leiden zum Leben Jesu gehört, gehört es nach den Worten Jesu auch zum Leben seiner Jünger. Wer Jesus nachfolgen will, muss sein Kreuz tragen (Mk 8,34ff.). Die Jünger Jesu haben zwar die Kraft erhalten, auch dem schlimmsten Leiden standzuhalten und die bittersten Verfolgungen zu ertragen, nirgends lehrt das Neue Testament jedoch stoische Leidensverachtung oder fordert die Erziehung zur Leidensunempfindlichkeit. Jesus redet den leidenden Menschen nicht ein, ihr Leiden sei Strafe für ihre Sünden, diene der Erziehung usw. Er versucht auch nicht, sie dazu zu bewegen, dass sie ihr Leiden annehmen und bejahen, sondern er heilt sie, wie die Wunderberichte zeigen, von ihrem Leiden. Ebenso zerstört Jesus den Zusammenhang von Leiden und Schuld (Lk 13,1–5). Seine Botschaft heißt: Wo das Reich Gottes anbricht, hört das Leiden auf.

Auf dem Ölberg begann Jesus zu zagen und sprach zu den Jüngern: »Meine Seele ist betrübt bis in den Tod. Bleibet hier und wachet mit mir.« Dann ging er ein wenig weiter, warf sich auf sein Angesicht nieder und betete: »Mein Vater, wenn es möglich ist, so gehe dieser Kelch an mir vorüber. Doch nicht wie ich will, sondern wie du willst.« Und er kam zu den Jüngern und fand sie schlafend und sprach zu Petrus: »So konntet ihr nicht eine Stunde mit mir wachen? Wachet und betet, damit ihr nicht in Versuchung fallet. Der Geist ist zwar willig, das Fleisch aber schwach.« Wiederum ging er weg, zum zweiten Mal, und betete: »Mein Vater, wenn dieser Kelch nicht an mir vorübergehen kann, ohne dass ich ihn trinke, so geschehe dein Wille.« Und als er zurückkam, fand er sie wieder schlafend, denn die Augen waren ihnen schwer geworden. Da ließ er sie, ging nochmals weg und betete zum dritten Mal mit den gleichen Worten. Darauf kam er zu den Jüngern und sprach zu ihnen: »Ihr schlaft noch und ruht. Siehe, die Stunde hat sich genaht, da der Menschensohn in die Hände der Sünder überliefert wird. Steht auf! Wir wollen gehen. Siehe, der mich überliefert, ist nahe« (Mt 26,36–46). Am Kreuz rief Jesus mit lauter Stimme: »Mein Gott, mein Gott! Warum hast du mich verlassen?«, [...] und gab dann nach nochmaligem lauten Schreien seinen Geist auf (Mt 27,45f.50).

Trösten heißt treu sein

Leidende brauchen Trost. Wie aber sieht Trost aus? Als Ijob seinen Freunden sein Leid geklagt hatte, versuchten sie, ihn durch weise Reden zu trösten. Ijob reagierte darauf sehr heftig: »Wie nun mögt ihr so dunstig mich trösten! Von euren Antworten überbleibt nur die Treulosigkeit« (Ijob 21,34). Ijob spricht das Entscheidende des Tröstens an: die Treue. Unser deutsches Wort »Trost« bedeutete früher »Vertrag, Bündnis«, später »(innere) Festigkeit« und stammt aus der indogermanischen Wortgruppe »treu« (Duden 2001, 867f.). Jemanden zu trösten, das heißt folglich, jemandem treu zu sein, ihn nicht allein zu lassen, ihn durch Dasein zu festigen. Allein hieraus kann ersehen werden, welchen Anspruch das Trösten stellt. Eine einmalige Aussprache kann wohl für den Augenblick entlasten, bietet aber eigentlich keinen Trost. Jemand, der sich in einer oder der entscheidenden Krise seines Lebens befindet, braucht treue Begleitung. Niemand vermag sein Kreuz allein zu tragen. Die biblische Weisheit: »Einer trage des anderen Last« (Gal 6,2) wird in der Leidensgeschichte Jesu durch Simon von Zyrene verwirklicht (Lk 23,26–32 par.). Erschreckend ist es, dass Jesu Jünger nicht in der Lage waren, mit ihm zu gehen. Ein Fremder musste gezwungen werden, sein Kreuz mitzutragen.

Wenn jemand leidet, dann stört ihn jeder, der mit ihm diskutieren will, Ratschläge erteilt und sich so über ihn stellt. Leidende brauchen Partner oder Partnerinnen und ihre Resonanz, um nicht im Leid zu versinken. Unsere Umgangssprache hat ein schönes Wort für den Begleiter: »Kumpan«. Es enthält die beiden lateinischen Wörter »cum« und »panis«. Ein Kumpan ist somit ein »Brot-genosse«, ein »Gefährte«, der mit uns am Tisch sitzt und mit uns Brot isst.

Nur jemand, der sich selbst kennt und seine persönliche Abwehr gegen eigenes Leiden anerkennt, vermag die große Zumutung auf sich zu nehmen, klagende und gegen das Leiden protestierende leidende Menschen zu ertragen und zu begleiten. Begleiter und Begleiterinnen können dem Leidenden zwar nichts abnehmen und auch nicht für ihn leiden, dennoch gibt es nicht selten noch Möglichkeiten, um das Leiden (zumindest) zu lindern, mitunter gibt es sogar noch eine Chance, die Überwindung des Leidens zu organisieren.

Leben in Hoffnung

In einer nur wissenschaftlich orientierten Sozialen Arbeit haben – wie in den anderen Wissenschaften auch – persönlich-emotionale Bewertungen und Empfindungen wenig Platz. Diese Soziale Arbeit konzentriert sich ganz auf das Sachliche, das Fass- und Machbare und grenzt das »Unfassbare« aus.

Christliche Theologie als Bezugswissenschaft legt der Sozialen Arbeit nahe, sich dem zu stellen, dass Menschen an sozialen Problemen leiden. Es ist nur allzu menschlich, dass wir uns vor dem Leiden schützen und uns »a-pathisch« verhalten, das heißt wegschauen, wenn andere leiden. Petrus und die anderen Jünger haben sich im Garten Gethsemani nicht anders verhalten. Die Rückbesinnung auf

Jesu Umgang mit dem Leiden und mit leidenden Menschen kann Motivation und Vision für Sozialarbeiter und Sozialarbeiterinnen zugleich sein und zur geduldigen Begleitung von leidenden Menschen ermutigen und befähigen, nach dem Leitmotiv: »Sympathie für not-leidende Menschen«.

Eine realitätsgerechte Annahme des Leidens (»Arrangement«) bedeutet keinesfalls eine ergebene Anpassung an das Leiden, sondern nur, sich vor dem zu beugen, was jetzt stärker ist, und dem man nicht ausweichen kann. Die Hoffnung aber bleibt lebendig, dass das Leiden einmal überwunden wird (vgl. die Leitbilder der kirchlichen Wohlfahrtsverbände »Caritas« und »Diakonie«).

Der Verfasser der Offenbarung drückt seine Hoffnung so aus: »Und ich sah einen neuen Himmel und eine neue Erde; denn der erste Himmel und die erste Erde sind vergangen, auch das Meer ist nicht mehr. [...] Und er wird abwischen jede Träne von ihren Augen, und es wird keinen Tod mehr geben, auch keine Trauer, keinen Klageschrei, keine Mühsal wird es mehr geben; denn das Frühere ist vorbei. Und der auf dem Thron saß, sprach: ›Siehe ich mache alles neu.‹ Und er spricht: ›Schreibe: Diese Worte sind zuverlässig und wahr‹« (Offb 21,1–5).

LESEHINWEISE

Berger, Klaus, Wie kann Gott Leid und Katastrophen zulassen? Gütersloh 1999. (Berger 1999)

Kessler, Hans, Gott und das Leid seiner Schöpfung. Nachdenkliches zur Theodizeefrage. Würzburg 2000. (Kessler 2000)

Piper, Hans-Christoph, Kranksein – Erleben und Lernen. Göttingen-Zürich 1999. (Piper 1999)

Sölle, Dorothee, Leiden. Stuttgart, Berlin 1973. (Sölle 1973)

4. »Mit dem Tod ist alles aus«
Spirituelle Impulse für eine persönliche Grundhaltung gegenüber dem Tod

Werner Müller-Geib

SUMMARY

Der vorliegende Beitrag widmet sich den Vorstellungen des Todes. Nach einführenden Zitaten aus mehreren Jahrhunderten erfahren zeitgenössische Verständnisse und alttestamentliche Ansätze eine Gegenüberstellung. Neutestamentliche Aussagen über den Tod knüpfen daran an, bevor ein Blick auf Aspekte heute aktueller Wiedergeburtslehren notwendig wird. Abschließend zeigt eine Übersichtsanalyse über neuere Kirchenlieder, wie heutige Rede über den Tod spirituell bildend sein kann.

Vorbemerkung

Sterben und Trauer – diese Worte stehen für zwei intensive menschliche Lebensprozesse, die von dem einen uns allen bevorstehenden Ereignis, unserem Tod, zunächst getrennt zu sein scheinen. Die einen sterben und die hinterbliebenen anderen trauern um die verstorbene Person. Aber schon im Sterbeprozess setzt das Trauern um den Verlust eines Menschen ein und im Trauerprozess zeigt sich, was nach dem Tod einer geliebten Person mit ihm oder ihr noch alles »nachstirbt«. Die folgenden Ausführungen möchten nicht diese beiden Prozesse in den Blick nehmen, sondern Punkte benennen, die eine spirituelle Grundhaltung im Angesicht des Todes charakterisieren. Ich sehe in der christlichen Spiritualität, die das Bewusstsein eigener Sterblichkeit notwendigerweise integriert hat, eine wesentliche Grundlage, um überhaupt gelingende Sterbebegleitung und Trauerarbeit leisten zu können (vgl. Müller-Geib 2003). Sie setzt voraus, dass eine persönliche Hoffnung auf die bestimmende Frage »Ist mit dem Tod alles aus?« existiert. Bei aller Sprachlosigkeit, die Menschen mit einer Todesnachricht überfällt, ist es Christinnen und Christen aufgetragen, im Angesicht des Todes nicht zu schweigen wie die, die keine Hoffnung haben; denn »ich habe dieselbe Hoffnung auf Gott, die auch diese hier haben, dass es eine Auferstehung der Gerechten und Ungerechten geben wird« (Apg 24,15).

Vielfältige Einstimmung

»Ich finde es wichtig, dass in jeder Partnerschaft, in jeder Familie über Sterben gesprochen wird. Nur so können wir den Tod wieder zurück ins Leben holen.« (Nickels 2004, 14f.)

»Die Todesnäheerfahrung ist Teil einer Entwicklung, die das Ende der Todesverdrängung einläutet und den Tod – wenn auch auf eine besondere Weise – zu einem wichtigen Thema des gegenwärtigen Diskurses macht.« (Knoblauch/Schnettler/Soeffner 1999, 286)

»Das Nahen des Todes erfolgt [für den] Sterbenden in einer antiken oder vorindustriellen Kultur [...] in der Geborgenheit der Großfamilie oder des Stammes. [...] Die Situation des durchschnittlichen Westlers steht in fast jeder Hinsicht in scharfem Kontrast dazu.« (Grof 1984, 7)

»Mit dem Tod [tritt] die Abtrennung des physischen Leibes vom Ätherleib ein.« (Steiner 1993, 289)

»Das Leben der Großstadt wirkt so, als ob niemand mehr stürbe.« (Ariès 1980, 716)

»Die Auflösung im Meer der Unendlichkeit ist ein mystisches Bild. Und ich halte es nicht für gut. Ich möchte nicht gerne in einem großen Meer aufgelöst werden. Bei Jesaja sagt Gott: ›Ich habe dich beim Namen gerufen‹ (Jes 43, 1). Es geht somit um unsere menschliche Personalität.« – *»Ja, ich habe den ziemlich gewissen Eindruck: wir werden erwartet. Sie finden das auch bei anderen.«* (J. Moltmann, zit. nach Oesterreicher 2004)

»2000 Jahre hat man Sie ersucht, an die jenseitigen Dinge zu glauben. Für mich ist es nicht mehr eine Sache des Glaubens, sondern eine Sache des Wissens. Und ich sage Ihnen gern, wie man zu diesem Wissen gelangt, vorausgesetzt Sie wollen es wissen.« (Kübler-Ross 1993, 9) – *»Der Tod [ist] kein Bruch mehr, sondern ein Wachstumsstadium.«* (E. Kübler-Ross, zit. nach Eersel 2001, 30)

»Im Tod ereignet sich das endgültige Ankommen des Menschen bei Gott; diesem christlichen Verständnis widerspricht eine Tabuisierung des Todes.« (Ackermann 2004)

»Tod und Vergehen waltet in allem, steht über Menschen, Pflanzen und Tieren, Sternbild und Zeit. /Du hast ins Leben alles gerufen. Herr, deine Schöpfung neigt sich zum Tode: hole sie heim. /Schenke im Ende auch die Vollendung. Nicht in die Leere falle die Vielfalt irdischen Seins. /Herr, deine Pläne bleiben uns dunkel. – Doch singen wir Lob dir, dem dreieinen, ewigen Gott. Amen.« (Hymnus der Totenvesper 1978)

Tod nach heutigem Verständnis

Der Tod ist definiert als der »unumkehrbare Ausfall aller Hirnfunktionen, sodass eine Rückkehr zu menschlichem Leben unmöglich ist« (Atzinger 2001, 66). Viele Menschen heute verstehen den Tod daher im Sinne einer selbstverständlichen, unvermeidbaren naturwissenschaftlichen Gegebenheit. »Natürlich« sterben steht heute gleichbedeutend mit »in hohem Alter« sterben. Die biologische Sicht der Vergänglichkeit bedeutet einerseits die Gleichstellung des Menschen mit Tieren und Pflanzen. Das Wissen um die Unausweichlichkeit des Todes jedoch zieht die Konsequenz nach sich, dass der Mensch der Sinnfrage des Lebens überhaupt unterworfen ist und nach einer Charakterisierung des Todes drängt. Tieren und Pflanzen stellt sich die Frage nach dem Wesen des Todes nicht (vgl. Scherer 2002, 632).

Der Tod begegnet uns als Leiche eines jeweils anderen Menschen, in Starre und Kälte, Sprachlosigkeit und ohne Erwiderung unseres Blickes. Wer tot ist, kann nicht mehr über sich selbst bestimmen, ist als Leiche »Ding gewordener Leib« (ebd., 633). Wer gestorben ist, kann sich weder zu anderen noch zu sich selbst verhalten. Auch »gehört« die Leiche keiner anderen Person, sie zerfällt langfristig in Materieteilchen. Damit steht der Mensch in der Spannung zwischen Sinn und totaler Vergänglichkeit, die auch den Lebenskontext der ehemals Lebenden erfasst. Ein vormals gemeinsames Leben und Bewohnen hört auf zu existieren, und die hinterbleibende Person muss diesen Kontext neu gestalten; denn »eine gemeinsame Welt ist untergegangen«. Zum ontischen Aspekt des Todes, zur Selbstverständlichkeit Leben zu zerstören, kommt der ontologische, zu Lebzeiten die Zeit nach mir als selbstverständlich zu akzeptieren. D.h.: Mein Tod beendet nicht den Lauf der Welt, aber begründet meine Angst vor dem irdischen Ende, vor meinem Nicht-mehr-Sein in der Welt.

Diese Gedanken über das biologische Ende der Menschen enthalten keine Argumente, die eine Hoffnung auf ein wie auch immer geartetes Leben nach dem eigenen Tod verbieten würden (vgl. ebd., 633f.).

Tod im alttestamentlichen Denken

Gegenwärtige Ideen des Verlöschens des Lebens im Tod, des biologischen Vergehens und des Aufgehens in der Natur stellen im Grunde genommen die Vergessenheit und Nichtigkeit der Verstorbenen heraus. Solche Gedanken sind auch der hebräischen Bibel nicht fremd.

Im Alten Testament ist der Tod im Leben allgegenwärtig als enge Grenze des menschlichen Lebens (Jes 40,6–8; Ps 39, 5f.; Ijob 7,6), aus der niemand ausbrechen kann. Wer diese Grenze überschritten hat, kommt in das dunkle Ödland der Vergessenheit (Ps 88,13), aus dem niemand mehr zurückkehrt (2 Sam 12,13; Ijob 7,9). Der Tod ist auch eine Macht, die aggressiv in das Leben der Lebendigen einbricht oder sie zu verschlingen sucht, sei es in Krankheit, Unglück, Gefangenschaft oder Gefahren (Jes 5,14; Spr 27,20 und 30,15f.). Gott ist fern dieses Reiches in den Tiefen (Ps 63,10; Jes 38,18f.; Ez 26,19f.), fern der Scheol (griechisch Hades), dem Abgrund, der Finsternis, der Grube, dem Brunnenloch (Ps 88), auch der Meerestiefen (Jona 2,4.6). Diese Umschreibungen von Raum und Macht meinen eine Wirklichkeit in anderer Dimension jenseits der irdisch empirischen Welt.

Das Alte Testament verbleibt aber nicht in dieser Einseitigkeit. Es gibt den Tod nach erfülltem Leben, hochbetagt und »lebenssatt« (Gen 25,8). Vor allem aber: Der Gott des Alten Testaments ist kein Gott der Scheol wie andere altorientalische Götter. Er bewahrt die Welt vor dem Rückfall in das der Schöpfung vorgelagerte ehemalige Tohuwabohu. Der Gott Israels resigniert nicht vor den Toren und der Macht der Scheol. Er rettet aus den Fängen der Finsternis, aus dem Reich der Tiefen (Ps 30,4; 40,3; 68,21; 116,8). Ja die Toten müssen keineswegs jeglicher Vergessenheit zum Opfer fallen, auch wenn gegen kanaanäische Formen der Sorge für Verstorbene Front gemacht wird (Dtn 26, 14; Jes 57,6; Ps 106,28). Psalm 139 – ein spätalttestamentlicher und aus dem Rahmen der übrigen Psalmen fallender Abschnitt – spricht am Ende des kraftvollen Ringens von Zweifeln und Ängsten mit der Hoffnung die Überzeugung aus, dass Gott auch in der Unterwelt seine rettende Beziehung zu den Menschen nicht abreißen lässt. Gott, der sich als der »Ich-bin-da« offenbart hat (Ex 3,14), verlässt sein Volk an keinem Platz der Welt, weder im gelobten Land noch im Exil und nicht im Reich des Todes. Während die Toren im Unheil versinken, gewährt Gott den auf ihn Hoffenden ewigen Anteil an seiner Herrlichkeit (Ps 16; 49; 73). Diese wird durchaus als ein »Nach dem jetzigen Leben« angesehen, das wesentlich geprägt ist von der Nähe zu Gott. Einer konkreten Ausformulierung bedarf diese Hoffnung für die alttestamentlichen Betenden nicht. Das Grundprinzip scheint auf: »das Sein des Menschen [gründet] in dem ihn rechtfertigenden und annehmenden Gott« (Kittel 1999, 56).

Die vier Gottesknechtslieder des Deuterojesaja (Jes 42,1–4; 49,1–6; 50,4–9; 52,13–53,12) zeigen, dass Gott in allem auch unschuldig erlittenen Leid an seinen Getreuen festhält und schließlich seine Gemeinschaft schenkt, sich als »wahrer Gott« erweist. Der gleiche Tenor klingt auch aus der Schilderung der Totenerweckungen bei Ezechiel (Ez 37): Gottes Wort birgt und bringt neues Leben, auch wenn der menschliche Leib zur Unkenntlichkeit verfallen ist. Die so genannte Jesaja-Apokalypse (Jes 24–27) mit kosmischem Gericht und Erlösung zeigt Gott als gerechten Gott, der die Vergessenen wieder herausholt aus dem Schattenreich, der die Toten wieder zu einem neuen Leben auferstehen lässt und am Ende die Todesmacht selbst endgültig besiegt. Zuletzt beschreiben die Makkabäerbücher und das Buch der Weisheit (Weish 2–5) die ausgleichende Gerechtigkeit Gottes und die Hoffnung auf ein Leben nach dem Tod, gerade auch für die unschuldigen Märtyrer oder die leidenden Frommen (vgl. Kittel 1999, 57–102; Dietrich/Vollenweider 2002).

Neutestamentliche Aussagen über den Tod

Der alles entscheidende Wende- und seitherige Kristallisationspunkt christlicher Rede über den Tod ereignet sich in der Auferstehung Jesu. »Der Herr ist wirklich auferstanden und ist dem Simon erschienen« (Lk 24,34). Eine vormals sehr zurückhaltende Verwendung des Titels Christus verbindet sich nunmehr mit der Auferstehungsbotschaft (Lk 24,1.26; Apg 2,36f.; Röm 1,4; 1 Kor 15,3). Im biblischen Zeugnis aus 1 Kor 15 spricht Paulus von »gestorben«, »begraben«, »auferweckt« und »erschienen«: vier Stufen, die alle ihr eigenes Gewicht haben. Sie zeigen in Fortführung der alttestamentlichen Rede über die Scheol, dass Gott sich wesentlich als Retter aus diesem Reich der Finsternis, des absoluten Getrenntseins von ihm erweist, dass er ein Gott ist, der Menschen im Tod in seine Nähe ruft (vgl. Kittel 1999, 104–114). Wir stehen vor dem »Einbruch des Lebens in die Totenwelt« (Kittel 1999, 119). Die Erzählung der Frauen am Grab, die mit der Flucht der Frauen endet (Mk 16,1–8), besagt im Grunde, dass nicht der Blick auf das leere Grab den Glauben fundiert, sondern dass es der Begegnung mit dem Auferstandenen bedarf, um die Überwindung der Todesmächte durch Christus glauben zu können (vgl. ebd., 120–134). Dennoch eröffnet sich sofort eine grundlegende Schwierigkeit: Die Ostererfahrungen stehen im Leben der Zeitgenossinnen und Zeitgenossen Jesu. Die Gegenwart kennt keine Begegnungen mit dem Auferstandenen, der beispielsweise mitgeht und das Brot bricht (Lk 24,13–35). Und doch erfahren Menschen durch die Zeiten personal

unwiderrufbar Christus, unabhängig von darauf folgenden wissenschaftlichen Methoden, die diese Erfahrungen vergeblich verstehend einzuordnen oder zu analysieren suchen (vgl. Lohfink 1976, 13).
Die Himmelfahrt Jesu (Apg 1), im Stil antiker Entrückungsgeschichten verfasst, weist einen weiteren Deutungsweg biblisch-bildhafter Rede auf. Es kommt darauf an, ein Ziel zu erreichen, eine Antwort zu finden, ob Gottesgemeinschaft oder letztentscheidender Un-Sinn und Leere das persönliche Leben krönt (vgl. Lohfink 1976, 21–28).
Zeichen alleine wie ein leeres Grab oder eine Wolke wecken den Glauben nicht. Sie wollen verweisen, nicht erschließen (vgl. Kittel 1999, 187). Und so ist es nicht Sache des Neuen Testamentes, schnell davon zu reden, wie es nach dem Tod weitergeht. Diese Voreiligkeit zu praktizieren, gehörte im Laufe der Geschichte zur Unart zu vieler Theologen. Denn die je persönliche theologische Rede über die Zeit nach dem Tod kann nur Glaubenssprache sein, nicht im Sinne einer reinen Vermutung, sondern im Sinne subjektiver personaler Erkenntnis (vgl. Lohfink 1976, 29–34). Den im Leben so oft als verborgen erfahrenen Gott im Tod zu begegnen, diese Hoffnung sprengt alle menschlichen Vorstellungskategorien. Dass diese Begegnung auch ungeahnt Neues enthalten wird, das die menschlichen Grenzen überschreitet, muss abgewartet werden. Die irdischen Assoziationen von Gericht und Erbarmen (vgl. ebd., 38–43) versagen, um zu beschreiben, wie denn Gottes verheißene Neuschöpfung im Tod aussehen mag oder als was sie sich erweisen wird. Die eine verheißene Begegnung kann als persönlich und kosmisch verlaufende Vollendung gedeutet werden (vgl. Kehl 1999, 129–133). Gott in Christus zu begegnen, der uns überraschend und gut verklären wird, dies spitzt sich in einer abstrakten Hoffnungssprache zu, wie es das Neue Testament beispielsweise im Hebräerbrief (Hebr 1–2) beschreibt. Menschliche Grenzen und Gottes Möglichkeiten sind nicht zu Lebzeiten gegeneinander aufzuwiegen. Die Gleichnisreden Jesu »mit dem Gottesreich verhält es sich wie mit ...« geben unermüdlich zu hören, dass menschliche Rede nur analog sein kann.
Die Ernsthaftigkeit des Todes gebietet es auch vom Tod des ganzen Menschen, ja vom Tod einer urpersönlich eigenen Welt zu sprechen. Eine Spaltung in Leib und Seele schafft Wertungen, die immanent unbeweisbar bleiben (vgl. Lohfink 1976, 43–50). Wo Paulus beispielsweise sich gegen die Rede vom »pneumatischen Leib« richtet, kommt letztlich die Gottoffenheit des Menschen in den Blick gegenüber seiner Erdverbundenheit, die im Begriff des Körpers mitschwingt (vgl. Kehl 1999, 121–125). Dabei geht es um Aspekte des einen Menschseins, die der Tod nicht voneinander trennt und die auch eine Erlösung als Ganzes umfasst (vgl. Kittel 1999, 174).

Wiedergeburtslehren in West und Ost

Wer von den biblischen Aussagen über den Tod her kommt, kann – im Kontext der gestellten Frage fortschreitend – nicht an den Wiedergeburtslehren in West und Ost vorbeikommen. Sie haben eine weite, wenn auch nicht genau zu verifizierende Akzeptanz in der Bevölkerung gefunden, auch wenn sie keine Ableitungen aus der biblischen Verkündigung und dem christlichen Glauben darstellen. Ausgewählte zentrale Gedanken sollen ohne weitergehende Wertungen zur Darstellung gelangen.

Westliche Reinkarnationskonzeptionen entstanden seit der Aufklärung. Ihr Boom im letzten Viertel des 20. Jahrhunderts führt deutlich die Unterschiede zu den analogen fernöstlichen Lehren vor Augen. Erst eine Folge von Leben könne gewährleisten, dass Menschen ihre positiven Talente sowohl als Einzelne wie auch als Gemeinschaft verwirklichen. Die wahre Identität erschließe sich durch mannigfache Wiederkehr und durch die damit verbundenen Chancen, die Vielseitigkeit von Leben letztlich zu entdecken und leben zu können. Dies gelte gerade in der Gegenwart, in der das Leben ständig aus Entscheidungen für eine und damit zugleich gegen andere Lebensmöglichkeiten besteht. Hoffnungen und positive Perspektiven prägen diese Reinkarnationsvorstellungen. Es ist nicht zu übersehen, dass gerade die Postmoderne Patin steht für diesen Heilspositivismus. Aus eigener Kraft und selbstverantwortet sind die Menschen auf dem Weg der Vervollkommnung. Der Tod wird zur Stufe vor einem nächsten Versuch der jeweils einzelnen Person, aus der Fülle zu wählen und damit insgesamt umfassender zu werden. Das eigene jetzige Leben hängt mit einem nächsten zusammen und ist auch nicht zu lösen von der bisherigen Geschichte der Menschen. Das Jenseits steht nicht im Widerspruch zur aktuellen Geschichte, vielmehr findet es in ihr statt (vgl. Bischofsberger 1996, 103–105, Kehl 1999, 47–71, Sachau 1998, 44–53).

Anders ist es in den fernöstlichen Lehren, beispielsweise dem Hinduismus. Jede irdische Tat erfährt darin ein Gericht und hat Auswirkungen im Jenseits, bleibt auch dort als Antriebskraft tätig und führt in den Kreislauf von Geburt und Tod zurück. Erst wenn der Fluch der Bedingungsfolge von Tat und Folge, das Karma, aufgelöst werden kann, findet der Mensch Ruhe und die erstrebte Beständigkeit. Man sieht keine Evolution des Menschen, sondern sucht die Befreiung von der Gebundenheit in der Welt, den Verzicht auf irdisches Glücksstreben um mit der unendlich ewigen Weltseele, dem Brahman, vereint zu werden (vgl. Kehl 1999, 49–51). »Was im Osten eine bittere Daseinsanalyse ist, erscheint im Westen als erfreulicher Heilsweg« (Sachau 1998, 49).

Kirchenlieder der Gegenwart als Hoffnungssprache im Angesicht des Todes

Anschließend sollen moderne Texte, ausgewählte jüngere Kirchenlieder mit ihren Entwürfen von Tod und Vollendung, zu einer Auswertung gelangen (vgl. Kehl 1999, 33–45). Denn der Glaube des Christentums sucht und findet in Gebeten und Liedern seinen Niederschlag. Als Subjekt einer Hoffnung nach dem Tod steht in einer ersten Liedergruppe der einzelne Mensch vor Augen, der am Ende eines Lebensweges ankommt. Andere Lieder bringen hingegen die Gesamtheit der Menschen in einer universalen Perspektive als Subjekt zur Sprache. Eine dritte Gruppe von Liedern nimmt als Subjekt der Zukunftshoffnung das wandernde Volk Gottes ins Gebet, konkret, gemeinschaftsbezogen und ebenfalls mit dem Pilgergedanken verknüpft. Der Lebensweg ist in den erstgenannten Liedern als ruheloser, zuletzt vergänglicher Pilgerweg gezeichnet und findet seinen Zielpunkt, seine Heimat, Ruhe und Nähe bei Gott. Bei den zweitgenannten gründet die in ihnen angesprochene Universalität auf die umfassende Verheißung des Gottesreiches als Vollendung aller menschlichen und gesellschaftlichen Gegebenheiten. Inhaltlich spiegelt diese Hoffnung also eher den Prozess wider, durch den menschliche Bemühungen das Leben auf der Erde menschlicher werden lassen und immer wieder erneuern. Weniger der Gegensatz zwischen Diesseits und Jenseits scheint auf, sondern mehr die Kontinuität zwischen Jetzt und Später. Bei der dritten Beispielgruppe gilt Gott als Begleiter während des gesamten Lebens, seine Treue entspricht der Zusage des »Ich-bin-da«. Mit dem Tod bricht das wandernde Volk sozusagen seine irdischen Zelte ab zugunsten des himmlischen Jerusalems, das kein Begegnungszelt mehr benötigt. Denn Gott selbst wird zur Begegnung (Offb 21,22). Antikes Gedankengut in modernem Gewand kommt ferner in einer vierten Gruppe apokalyptisch ausgerichteter Texte zum Tragen, häufiger zwar in moderner Literatur, selten aber auch in Liedern. Sie behandeln den ausstehenden Weltuntergang, allerdings nicht mehr wie Lieder vergangener Jahrhunderte in einem Katastrophenszenario des ganzen Kosmos. Das Subjekt der Hoffnung bildet der gesamte Kosmos, den Menschenhände zwar zerstören können, für dessen Wohlergehen aber letztlich Gottes schützende Hand als wirkmächtig geglaubt wird. Andere apokalyptische Bilder treten uns in Rufen zur Wiederkunft Christi entgegen, der eine Neugeburt der Welt und ein Ende aller lebensfeindlichen Kräfte herbeiführen soll. Auch hier steht der Gegensatz zwischen der jetzigen alten Welt und der neuen Welt des Messias deutlich vor Augen. Gottes Handeln und der Hinweis darauf wirken allen Ansichten entgegen, der Mensch könne aus eigenen Erfolgen sein Weiterleben nach dem Tod gestalten (vgl. Kehl 1999, 33–43).

Diese Hoffnungsbilder aus verschiedenen Liedergruppen verdeutlichen, dass sachliche Aussagen als Festlegungsversuche, wie der Tod ist oder was nach ihm kommt, nur noch in Sackgassen hineinführen. Nur offene Bilder können Hoffnungsvorstellungen tragen und nähren. An ihnen können wir im Angesicht des Todes reifen, bis Gott jede einzelne Person zum Hindurchgang durch den Tod rufen wird.

LESEHINWEISE

Ariès, Philippe, Geschichte des Todes. München-Wien 1980. (Ariès 1980)

Becker, Hansjakob/Einig, Bernhard/Ullrich, Peter-Otto (Hg.), Im Angesicht des Todes. Ein interdisziplinäres Kompendium (Pietas Liturgica, Bd. 3–4). St. Ottilien 1987. (Becker/Einig/Ullrich 1987)

Gerhards, Albert/Kranemann, Benedikt (Hg.), Christliche Begräbnisliturgie und säkulare Gesellschaft (Erfurter theologische Schriften, Bd. 30). Leipzig ²2003. (Gerhards/Kranemann 2003)

Gerhards, Albert (Hg.), Die größere Hoffnung der Christen. Eschatologische Vorstellungen im Wandel (Quaestiones disputatae, Bd. 127). Freiburg-Basel-Wien 1990. (Gerhards 1990)

Kehl, Medard, Und was kommt nach dem Ende? Freiburg 1999. (Kehl 1999)

Kittel, Gisela, Befreit aus dem Rachen des Todes. Tod und Todesüberwindung im Alten und Neuen Testament. Göttingen 1999. (Kittel 1999)

Richter, Klemens (Hg.), Der Umgang mit den Toten. Tod und Bestattung in der christlichen Gemeinde (Quaestiones disputatae, Bd. 123). Freiburg-Basel-Wien 1990. (Richter 1990)

II. Sehnsucht nach Gemeinschaft

1. »Gnadenlos billig« –
Sünde als Lieblosigkeit

Reiner Marquard

SUMMARY

Die Gnade ist der Inbegriff von *Beziehungsreichtum*. Gott ist wesentlich durch nichts, als durch Liebe bestimmt. Geiz ist geil! So redet die Sünde: Die Folgen des Geizes an Liebe beschreibt die Bibel in der Sündenfallerzählung. Die Menschen verstummen voreinander. Die Pointe der Rede von der Sünde besteht in der Überbietung der Sünde durch die Liebe Gottes. Was Sünde ist, kann deshalb nur in der Liebe geredet sein. Umgekehrt gilt allerdings auch: Wo nicht von der Liebe geredet wird, wächst die Kälte. An einer Hauswand in Freiburg war zu lesen: »Eure Liebe ist kälter als der Tod!« Die Liebe ist nicht sentimental, sondern macht *sensibel*.

Gefühlskälte als Schuld

Wenn etwas »gnadenlos« billig ist, freut sich der Kunde. Ein Medienunternehmen preist seine Angebote als »geil« an. Geiz ist geil! Gnadenlos – das bedeutet schonungslos, brutal, hart, kaltblütig, unerbittlich und also alles in allem herzlos. Begehrlich und lüstern ist ein Angebot und wartet auf den gierigen Kunden. Gnadenlos und gierig – sollen das die Deuteworte einer Konsumgesellschaft sein? Klaas Huizing schlägt vor, »Sünde als Gefühlskälte oder Empfindungsschwäche zu bestimmen, die die Folge eines Sprachverfalls ist. Unsere Sprache hat keinen

Inhalt mehr. Wir werden nicht wirklich berührt und betroffen. [...] Weil wir nicht berührt werden, verkommt unsere eigene Gefühlskultur« (Huizing 2002, 70). Gefühlskälte und Empfindungsschwäche reduzieren das Leben auf sich selbst. Sie entziehen dem Leben Vertrauenskräfte. Sie reduzieren das Leben auf das Hier und Jetzt. Es gibt keine Zukunft. Und so gibt es auch keine Sprache für Gestaltungsräume. Die Räume sind kalt. Die Menschen in diesen Räumen finden keine Worte füreinander. Sie sind sich fremd geworden. Geiz leitet sich von »begehren« ab. Gnadenlos ist jenes Begehren, das ganz auf sich gewendet den anderen für sich selbst instrumentalisiert. Das Begehren wird zur Gier, also zu einer auf sich selbst gewendeten Habsucht, weswegen die Verschränkung zu Geiz und geil verständlich ist. Das üppig, aber kraftlos Wachsende (ein so genannter »geiler« Trieb einer Pflanze) reduziert das Begehren ganz auf die Befriedung eigener Habgier. Aus diesem Grund trägt der G[e]ier seinen Namen. Die Gier kennt keine Liebe. In der Liebe aber geht es um Ich und Du, es geht um die Fähigkeit, dass sich Ich und Du einander versprechen.

Versprechen und Vertrauen

Ein Versprechen ist so zerbrechlich wie Glas. Das macht das Versprechen so schwach. Aber seine Schwäche ist zugleich seine eigentliche Stärke: Es setzt auf Vertrauen. Vertrauen allein stiftet durch das Versprechen Verlässlichkeit. So wenig man einen anderen in ein Versprechen zwingen kann, so wenig kann es einen Zwang geben, ein Versprechen zu halten. Nur wo Vertrauen die Basis eines Versprechens ist, kann Liebe gedeihen. Ein Versprechen ist seinem Wesen nach machtlos und nicht imperial. Robert Spaemann hat darauf aufmerksam gemacht, dass »das Misstrauen in die eigene Fähigkeit, versprechen zu können, [...] eines der alarmierendsten Symptome der Entpersonalisierung [ist]« (Spaemann 1998, 6). Die lesbaren Texte unserer Versprechenskultur sind wir als Personen: Jeremias Gotthelf schildert in seinem Roman »Geld und Geist oder Die Versöhnung (1843)« die Wirkung solcher Versprechen: »Ihre Gefühle taten sich nicht durch besondere Gebärden kund, sie traten kaum ins Auge; aber im Tone der Stimme gaben sie sich zu erkennen, im Zuvortun bei allen Geschäften, in der Teilnahme, mit welcher jedes Wort aufgenommen wurde, im Zueinanderstehen« (Gotthelf 1978, 116). Braucht der Mensch dazu wirklich die Kraft des Glaubens?

Der Mensch – Wolf oder Lamm?

Der Bremer Philosoph und Hirnforscher Gerhard Roth siedelt die Fähigkeit, Entscheidungen zu treffen, zwischen genetischer Disposition und durch Lernen erworbener Programmatik an. Der »freie Wille« sei eine Illusion des Gehirns. Damit »ist der gängige Schuldbegriff überholt. Denn eine Voraussetzung für Schuld – so wie sie moralisch und juristisch verstanden wird – ist die Annahme, der Täter hätte auch anders handeln können. Diese Annahme ist neurobiologisch widerlegt« (Roth 2003, 9). Autonomie würde in einem solchen Modell jeweils einen sittlichen Imperativ hervorzubringen haben, der das handelnde Subjekt in Verantwortung gegenüber Disposition und Programmatik Handlungsspielräume austarieren lässt. Sitte wäre dann aber etwas sehr Individuelles. Bricht damit die öffentliche Moral als allgemeine Gewohnheit weg? Oder wäre dies die Aufgabe der Allgemeinheit, Regelwerke aufzustellen, die individuelle Gestaltungsräume ermöglichen (wobei dann die Freiheit des anderen die Grenze individueller Freiheit wäre)?

Ein solches Modell hat auf den ersten Blick den Charme, zwei eigentlich sehr unversöhnlich zueinander stehende Modelle der Neuzeit in ein Gespräch zu bringen: Thomas Hobbes' Leviathan und Jean-Jacques Rousseaus Gesellschaftsvertrag. Hobbes' Anthropologie lässt keine kreativen Gestaltungsräume. Seine Anthropologie setzt ganz auf eine unveränderliche Disposition. Der Erstausgabe von 1651 wurde ein Kupferstich vorangestellt, der die Richtung des Unternehmens andeutet: nicht das freie und autonome Individuum, sondern die sich selbst an den (personifizierten) Staat delegiert habende »große Menge Menschenkraft« (Hobbes 1970, 155) schafft einen ausbalancierten Friedenszustand nach innen wie nach außen. Die individuelle Selbstpreisgabe ist ein notwendiges und dauerhaftes Mittel, die eigene dispositionelle »Ungeselligkeit« (vgl. Hobbes 1970, 116) zu begrenzen.

Rousseau rechnet demgegenüber mit der Möglichkeit einer »völligen Entäußerung« (*aliéntation totale*; Rousseau 1977, 17). Die Entäußerung besteht im selbst vollzogenen Wandel des Menschen hin zu einer befreiten Programmatik. Dass der Mensch in Ketten liegt, ist nicht Ursache seiner Disposition, sondern seiner durch Erziehung fehlgeleiteten Programmatik. Dispositionell ist der Mensch als ein freier Mensch geboren. Die natürliche, ursprüngliche Freiheit steht seiner wachsenden Unfreiheit durch Zivilisation mit Konkurrenzneid, gesellschaftlichen Ungleichheiten und gekünstelten Verhaltensweisen gegenüber. Eine Rekonstruktion des Menschen vom Kultur- in den Naturzustand bedeutet die Wiedergewinnung von Authentizität und Sozialität. Rousseaus Anthropologie war im Grunde ein kritischer Entwurf im Hinblick auf eine bloß naturwissenschaftlich orientierte Aufklärung, die den Freiheitsgedanken euphorisch als Fortschrittsprozess in jeder Hinsicht verstanden zu haben glaubte. Für Rousseau (1969) war das Gewissen ungebrochen als Stimme der Seele *(la voix de l'âme)* der wahre Führer des Menschen *(le vrai guide de l'homme)*; es spricht die Sprache der Natur *(il parle la langue de la nature)*. Im Sinne des autonomen Freiheitsgedankens wurde »Selbstsein« als ein Indikativ verstanden, dessen man sich imperativisch vergewisserte. Von der Idee des Selbstseins zur Gestaltung des Selbstseins ist es aber ein weiter Weg. Wie weit sind wir gekommen? Weit genug, um zu bezweifeln, »dass der Mensch einzig unter der Bedingung seiner Autonomie er selbst sein könne« (Theunissen 1991, 326)!

»Als sich Sünde in Schuld verwandelte, ging etwas verloren«

Schuld muss etwas sehr viel anderes bedeuten, als dass sie ausschließlich individuell (dispositionell oder moralisch) zugerechnet werden könnte. Die Grenze der individualethischen Fokussierung lässt sich aktuell am Beispiel der Gentechnik verdeutlichen. Als die Gentechnik-Debatte die Frage nach dem Lebensbeginn in den Blickpunkt des öffentlichen Interesses rückte, hat Jürgen Habermas eingeworfen, dass »unsere Auffassungen von – und unser Umgang mit – vorpersonalem Leben [...] sozusagen eine stabilisierende gattungsethische Umgebung für eine vernünftige Moral der Menschenrechtssubjekte [abbildet] – einen Einbettungskontext, der nicht wegbrechen darf, wenn nicht die Moral selbst ins Rutschen kommen soll« (Habermas 2001a, 15). Dass sich Habermas diese »vernünftige Moral« nicht ohne einen Diskurs über den Stellenwert von Religion in einer säkularen (pluralistischen) Gesellschaft vorstellt, hat er in seiner Frankfurter Friedenspreis-Rede am 14. Oktober 2001 präzisiert: »In Anbetracht der religiösen Herkunft seiner moralischen Grundlagen sollte der liberale Staat mit der Möglichkeit rechnen, dass er angesichts ganz neuer Herausforderungen das Artikulationsniveau der eigenen Entstehungsgeschichte nicht einholt. [...] Das soziale Band, das aus gegenseitiger Anerkennung geknüpft wird, geht in den Begriffen des Vertrages, der rationalen Wahl und der Nutzenmaximierung nicht auf. [...] Säkulare Sprachen, die das, was einmal gemeint war, bloß eliminieren, hinterlassen Irritationen. Als sich Sünde in Schuld verwandelte, ging etwas verloren. Denn mit dem Wunsch nach Verzeihung verbindet sich immer noch der unsentimentale Wunsch, das anderen zugefügte Leid ungeschehen zu machen. Erst recht beunruhigt uns die Unumkehrbarkeit vergangenen Leidens – jenes Unrecht an den unschuldig Misshandelten, Entwürdigten und Ermordeten, das über jedes Maß menschenmöglicher Wiedergutmachung hinausgeht. Die verlorene Hoffnung auf Resurrektionen hinterlässt eine spürbare Leere« (Habermas 2001b, 17).
Angesichts des Holocaust teilt Habermas die »berechtigte Skepsis«, dass es eine »überschwängliche Hoffnung auf eine wieder gutmachende Kraft humanen Eingedenkens« geben und das geschehene Leid auch nur irgendwie »aufgearbeitet«

werden könnte. Die Skepsis gegenüber einer »Aufarbeitung der Vergangenheit« betrifft aber nicht nur das unsagbare Leiden der Opfer, sondern auch den unmöglichen empirischen Aufweis von individueller und kollektiver Schuld. Was öffentlich oder privat betrauert und beklagt wird und was an schuldhafter Verstrickung bekannt ist, mag am Ende nur ein Minimum dessen sein, was verborgen geblieben ist. Und schließlich: die Schuld hat in jedem Fall eine Vor-Geschichte. Sie ist nicht plötzlich da, sondern sie bahnt sich an.

Die Katastrophe von Auschwitz ist auch die Folge der (fassungslosen) Ahnungslosigkeit des naturwissenschaftsversessenen 20. Jahrhunderts, das in seiner Versessenheit auf Fortschritt auf eine gesinnungs- und verantwortungsethische Folgenabwägung im Vorhinein verzichten zu können glaubte. Die aus der Naturwissenschaft hervorgegangenen Technikoptionen entwickelten eine zauberlehrlingshafte Eigendynamik. Die Tragik dieser Entwicklung bestand darin, dass sich die Verantwortung für ein Tun immer mehr aufteilte, verteilte und schließlich zerteilte, sodass sie regelrecht verdunstete. Gegenüber einem fabrikmäßig technischen Perfektionismus der Zerstörung (vgl. u.a. Kogon 1984) der nationalsozialistischen Massentötung durch Giftgas »scheint hier der Begriff des Täters zu versagen. Der Vorgang, der das Unheil eingeleitet hat, ist durch so viele Zwischenschritte – Laboratorien und administrative Instanzen – vermittelt, setzt sich aus so vielen Teileinschätzungen und -entscheidungen zusammen, dass jeder irgendetwas, niemand aber ›es‹, den definitiven Schritt, getan hat« (Link 2003, 330). Adolf Eichmann gab in den Tonbandaufzeichnungen der israelischen Verhöre (vgl. Lang 1982, 88. 100) zu Protokoll, dass er mit Fragen der Evakuierung sehr wohl befasst war, aber »mit der Ablieferung der Transporte an der Zielstation laut Fahrplankonferenz erloschen meine Zuständigkeiten.« Im Klartext: Die Verantwortung für die Tötung von Juden lehnte Eichmann dezidiert ab (vgl. ebd., 92f.).

Es gibt Schuld, die moralisch jede Grenze sprengt und die als Akt der völligen Sprachlosigkeit selbst sprachlos macht. Die Rede von der Sünde sucht der Schuld ein Gefäß zu geben, das sie nicht entschuldigt, aber auffängt im Gedenken Gottes. Im Gedanken des Gerichts ist anvisiert, dass unfassbare Schuld bei Gott erinnert wird wie Gott auch die Opfer, ihr Leid und ihre Tränen erinnert. Sünde ist der Schuld übergeordnete Begriff: Sünde gibt der Schuld ihre eigentliche Kontur.

Der Irrweg der Dämonisierung

Die unvorstellbare Wucht des Grauens bleibt ein Rätsel, das wir rational nicht aufdecken können. So wie man auf einem Turm stehen kann im Sinne des *Fascinosum*, so kann ein einstürzender Turm eben zum *Tremendum* werden. 1945 – nach dem Zusammenbruch Deutschlands und einem ersten Besuch in Deutschland –

äußerte sich der Theologe Karl Barth in einem Gespräch: »Es ist bezeichnend, dass an den von mir besuchten Tagungen von den Theologen viel von Dämonen gesprochen wurde. ›Wir haben dem Satan in die Augen geblickt.‹ Solche Sätze wurden fast mit Enthusiasmus ausgesprochen. [...] Ich hörte mir das eine Zeit lang an. Schließlich konnte ich nicht mehr schweigen. ›Seid ihr damit nicht im Begriff, in ein magisches Weltbild hineinzurutschen?‹ fragte ich meine Freunde. ›Warum redet ihr immer nur von Dämonen? Warum sagt ihr nicht konkret: wir sind politisch Narren gewesen? Erlaubt bitte eurem schweizerischen Kollegen, euch zu einem rationaleren Denken zu ermahnen«« (Busch 1975, 341). Barth hat demgegenüber dazu aufgerufen, die so genannten Dämonen zu »entmythologisieren« (Barth 1961, 611).

Was könnte eine so verstandene *Entmythologisierung* bedeuten? Augenblicklich leidet die Welt am fanatischen, am rasenden Wort – am Wort, das tötet. Fundamentalismus ist der Missbrauch des Bekenntnisses. Im Bekennen geht es immer um Identität. Aber diese Identität wird im Bekenntnis vergewissert, um erst recht zur Selbstüberschreitung fähig zu sein. Identität ohne Verständigung ist wie ein Bekennen, das zwischen dem Bekennenden und der Mit- und Umwelt geradezu eine Glasscheibe aufrichtet. So sehr sich in einem Bekenntnis Identitäten unterscheiden, so wenig sind sie ihrer Intention nach Instrumente der puren Trennung. Der Fundamentalist sucht von sich aus jeweils die Konfrontation und erwartet Konformität. Wird sie verweigert, ist er unter Umständen bereit, Gewalt in Wort und/oder Tat anzuwenden. Entmythologisierung kann demgegenüber bedeuten, auf die Unterscheidung und Inbeziehungsetzung von Identität und Verständigung hinzuweisen. Wir dürfen Identität nicht denen überlassen, die sie ohne Verständigung handhaben, und umgekehrt müssen wir uns danach fragen lassen, inwiefern wir bei unserer Identität bleiben, um aufrichtige und solidarische Verantwortung wahrnehmen zu können.

Die Sünde als das Nichtige

Karl Barth hat in § 50 seiner Kirchlichen Dogmatik (Barth 1961, 327–425) mit dem Begriff des Nichtigen eben diese Herausforderung theologisch in den Blick zu nehmen versucht. Das Sein des Nichtigen ist das »gnadenfremde, gnadenwidrige, gnadenlose Sein« (ebd., 407–412). Barth gibt dem Nichtigen Zuschreibungen, die immer nur als Gegenworte zu dem einen Wort laut werden können: als »Widerspruch und Widerstand«, als »Fremdkörper« (ebd., 327 u.ö.). Es ist insofern nichtig, weil es nicht aus sich selbst heraus existiert, sondern sich in seinem Sosein eben nur herleiten kann von jenem Sein, das in sich das ist, was das Nichtige verneint. Es hat also nur eine abgeleitete Macht von jener Macht, deren materialer Gehalt nichts als

Gnade ist. »Gottes Gnade ist, wie der Grund so auch die Norm alles Seins, wie die Quelle so auch das Maß alles Guten« (ebd., 408). Das Nichtige ist seinem Wesen nach gnaden-los und hängt doch in seiner Negation an nichts als an der Gnade. Das ist das Geheimnis des Bösen. Es ist nicht aus Gott und ist doch mit Gott verbunden. Das Nichtige ist das, was Gott nicht ist und nicht will. Es ist als Verworfenes da. Es ist nicht nichts, es ist nichtig. Es ist gegenüber Gott also keine zweite selbstständige Position. Als eine Art »Gegengottheit« kommt das Nichtige nicht in Frage (vgl. ebd., 331). In diesem Sinne ist es nicht. Als Nichtiges ist es aber eine parasitäre Existenz. Es zieht seine Kraft aus dem, was es verneint und zerstören möchte. Die Stoßrichtung der Zerstörung ist die Gnade. Die Gnade ist das uneingeschränkte Mit-Sein Gottes in sich und außer sich. Er ist wesentlich durch nichts, als durch Liebe bestimmt. Die Verneinung der Gnade ist die Lüge schlechthin, weshalb Barth sagen kann: »Das Nichtige als solches [ist] die Lüge« (ebd., 616ff.). Wer die Liebe als die Macht des Lebens bestreitet, greift die Grundstruktur göttlichen Wesens und Wirkens an. »Eben in diesem Sinne ist das Nichtige wirklich Privation: Raub an Gottes Ehre und Recht und zugleich Raub am Heil und am Recht des Geschöpfs« (ebd., 408). Das Nichtige entzieht dem Sein das Mit-Sein; das ist es, was es nichtig macht. Das Nichtige pflegt jene Grammatik, die »in den Begriffen des Vertrages, der rationalen Wahl und der Nutzenmaximierung« (Habermas 2001b, 17) eben gerade aufgeht! Es betreibt die Privation einer Versprechens- und Vertrauenskultur und ist insofern gnaden-los. Für Barth ist der Begriff des Nichtigen insofern ein politischer Begriff, als das Nichtige gerade dadurch so gefährlich ist, dass es den Menschen individuiert und ihn seiner (politischen) Bezüge beraubt. Gnade behält demgegenüber die Sozialität des Lebens im Blick. Privation (Raub!) bedeutet recht eigentlich: Der Christ ermäßigt sich selbst zum *Bourgeois* (vgl. Marquard 1995, 86 u.132).

Von der Machtlosigkeit der Sünde

Die Folgen der Privation, des Raubes, beschreibt die Bibel in Genesis 3, der Sündenfallerzählung. Die Sündenfallerzählung entfaltet in bedrückender Weise einen zunehmenden Sprachverfall. Immer mehr entfernen sich Adam und Eva voneinander. Und je mehr sie sich voneinander entfernen, zeigen sie mit ihren Fingern auf sich. Was beziehungsreich begann, endet beziehungsarm. Zwischen beiden Polen hat sich etwas Einschneidendes ereignet. Eva und Adam waren unsterblich. Wer unsterblich ist, kennt keinen Tod. Er kennt keine Gefährdung des Lebens. Er lebt unbeschwert. Das unbeschwerte Leben hatte seinen Wurzelgrund im Lebensbaum, der mitten im Garten stand. Die Mitte des Gartens, die Mitte des Lebens, die Mitte des Seins – das war ihnen Gott. Die Parkordnung des Garten Eden kannte nur einen Paragraphen: die Mitte, Gott selbst, nicht anzutasten!

Auf den ersten Seiten der Bibel wird erzählt, was die Mitte ist: Gnade, geschöpftes – geschenktes – beziehungsreiches Leben. Gott sagt zu sich: »Lasset uns Menschen machen, ein Bild, das uns gleich sei« (Gen 1,26). In sich ist Gott wesentlich beziehungsreich. Er fließt in seinem Beziehungsreichtum über (wie ein Brunnen, der sein Wasser von einer Schale in die andere überfließen lässt), indem er nicht einfach einen Menschen schafft, sondern er schafft sie als Mann und Frau. Er überträgt ihnen den Beziehungsreichtum, er adelt sie mit der Gnade, die er nicht für sich behält. Als solche sollen sie herrschen über die Schöpfung. Das kann doch nur bedeuten, dass sie selbst überfließen sollen, dass sie sich einsetzen für Beziehungsreichtum, für das geteilte Gut des Lebens – wohl wissend, dass die Kraft dazu in jener freigehaltenen Mitte gründet, von der sie selbst immer wieder herkommen. Die Tragik des Sündenfalls ist, dass der Mensch selbst gnadenfremd, gnadenwidrig und gnadenlos dachte. Wenn ein Mensch sündigt, tut er, was er eigentlich nicht tun wollen kann: Er entfernt sich vom Grund seines ihn konstituierenden Lebens, er entfernt sich von der Gnade und wird sich selbst ein Fremder. Die Scham (Gen 3,7) ist Zeichen dieser Entfremdung. Als in der Gnade Freier begibt er sich in die Gefangenschaft der Negation der Gnade. Die Gnade nimmt es mit der Negation der Gnade auf. Gen 1 (Schöpfungserzählung) bestimmt das Chaos nicht als (mächtige) Gegenmacht, sondern als dessen »Karikatur« (Barth 1961, 406): Gott schied das Licht von der Finsternis (Gen 1,4). Indem er das Licht erwählt, verwirft er die Finsternis. Das Nichtige selbst hat keine Macht, »die ihm nicht von Gott gegeben wäre« (ebd., 405). Das Nichtige selbst hat ja keine andere Funktion, als sich Gott zu widersetzen, und indem es sich ausschließlich Gott widersetzt, verweist es via negationis erst recht auf die Gnade als den eigentlichen Lebensgrund.

Menschsein im Gottesbezug?

Hans Küng hat in seinem Buch Weltethos gemahnt: »Das *Humanum* wird gerade so gerettet, indem es als im *Divinum* begründet angesehen wird« (Küng 1990, 116). Die Theologie fragt, was Menschenwürde bedeuten kann, »wenn nicht die Tatsache, dass jedes menschliche Wesen eine Person ist, die sich auf etwas Höheres und Größeres hin, als sie selbst ist, öffnet« (Martini 1998, 80). Aber das, was geglaubt wird, muss sich bewähren im Aushalten der Spannungen und Herausforderungen der Mit-Welt. Identität kann zur vergrabenen Liebe werden, zu einem Bekenntnis, das nur noch formelhaft das Eigene zu schützen sucht, sich aber nicht mehr in der Begegnung riskiert. Und eine quasi theologische Grammatik könnte ihre Zuflucht darin suchen, die Tagesordnung der Welt mit erhöhter Stimme eben doch nur zu verdoppeln oder zu wiederholen. Ein Echo bringt bekanntermaßen keine neuen Erkenntnisse. Der Ausfallwinkel des Echos leitet sich vom Einfallswinkel des Originals ab. Eine solche Theologie ist unwürdig und ihres Namens nicht wert. Wie soll die christliche Stimme laut werden?

Wir leben in einer pluralen Gesellschaft. Wenn dezidiert theologische Optionen öffentlich wahrgenommen werden wollen, wenn sie Ferment sein wollen, dann muss es ihnen gelingen, einen besonderen Beitrag als Diakonat an einer bedürftigen Mitwelt zu leisten – absichtslos – ohne imperiale Gebärde! Theologische Grammatik muss kompatibel sein zu einer bedürftigen Mitwelt. Jürgen Habermas hat von neuen Herausforderungen des Sozialen gesprochen, die »in den Begriffen des Vertrages, der rationalen Wahl und der Nutzenmaximierung nicht aufgehen« (Habermas 2001b, 17).

Sein als Mit-Sein

Mit-Sein ist kategorial etwas anderes ist als das Sein für sich (vgl. Jüngel 2002, 16). »Denn Gott ist jemandes Gott und ist immer angesagt mit Hinsicht auf eine Beziehung. [Die Aussage] ›Gott‹ erfordert solche, die anrufen und verehren. Denn Gott haben heißt Gott verehren« (Luthers Tischreden 2003, Nr. 98). Die Pointe der theologischen Rede von der Sünde besteht in der Überbietung der Sünde durch die Liebe Gottes. Was Sünde ist, kann deshalb nur formal *inklusiv* und material *exklusiv* in der Liebe Gottes geredet sein. Pessimismus wie Idealismus versagen angesichts der Herausforderung, dem Menschen zu sich selbst zu verhelfen. Ihm ist zu sich selbst verholfen im Hinweis auf die Gnade, sie bewahrt ihn vor Schwermut und Hochmut. Leben ist bestimmt zur Liebe gegenüber Gott und der geschöpflichen Mit-Welt. In Gott ist diese Liebe konstituiert. Sie ist das Fundament allen Lebens. Alles Leben verdankt sich dieser Liebe. Sünde bedeutet die Absage an diese Konstitution – dem Leben wird die Liebe entzogen. Selbstbestimmung wird zum selbstherrlichen Akt. Aber ein Selbst, das bereits bestimmt ist (Liebe Gottes), kann sich nicht selbst bestimmen (Entzug der Liebe), es sei denn, es zerstört sich selbst.

Der Glaube ersetzt nicht das Leben, er befördert das eigene Leben. Glaube emanzipiert zum eigenen, zum selbst gelebten Leben. Aber er emanzipiert – indem er zum Sein emanzipiert – immer auch zum Mit-Sein, ja zum Mitleiden. Emanzipation bedeutet wortwörtlich: »aus den Händen treten«. Gegenüber Gott wie seinen Geschöpfen kann es keine Emanzipation geben. Diese Erkenntnis hat die christliche Theologie auf die Agenda zu setzen – oder sie ermäßigt das Geheimnis des Mit-Seins zu einem anthropologischen Rätsel. Ein *Rätsel* wird gelöst und ist als gelöstes Rätsel so fade wie ein erklärter Witz. Im Osterlachen aber feiert das Geheimnis göttlichen Mit-Seins den Sieg über das gnadenlose Sein, dessen Inbegriff der Tod selber ist: »Ich lebe«, sagt Christus – »und ihr sollt auch leben« (Joh 14,19)!

LESEHINWEISE

Barth, Karl, Mit dem Anfang anfangen. Lesebuch. Hg. von Erler, Rolf J./Marquard, Reiner. Zürich 1985. (Barth 1985)

Gotthelf, Jeremias, Geld und Geist oder Die Versöhnung (1843). Ausgewählte Werke in zwölf Bänden. Hg. von Walter Muschg, Band V. Zürich 1978. (Gotthelf 1978)

Huizing, Klaas, Ästhetische Theologie, Bd. I, Der erlesene Mensch. Eine literarische Anthropologie. Stuttgart 2002. (Huizing 2002)

Jüngel, Eberhard, Beziehungsreich. Perspektiven des Glaubens. Stuttgart 2002. (Jüngel 2002)

Lang, Jochen, Das Eichmann-Protokoll. Berlin 1982. (Lang 1982)

Martini, Carlo Maria/Eco, Umberto, Woran glaubt, wer nicht glaubt? Wien 1998. (Martini/Eco 1998)

Schenk, Richard (Hg.), Kontinuität der Person. Zum Versprechen und Vertrauen (Collegium Philosophicum, Bd. 2). Stuttgart-Bad Cannstatt 1998. (Schenk 1998)

2. »Wenn jeder an sich selber denkt, ist an alle gedacht«

Identität und Gemeinschaft

Ulrich Kuhnke

SUMMARY

Die Begriffe Identität und Gemeinschaft bilden eine spannungsvolle Einheit, sind Gemeinschaften doch als sozial-integrative Lebensformen Voraussetzung für die Identitätsbildung Einzelner. Aufgrund der Tendenzen zur Individualisierung erwächst der Sozialen Arbeit die Herausforderung, zur Sicherung der gesellschaftlichen Ressource Solidarität beizutragen. Eine in der biblischen Tradition fundierte Praktische Theologie kann dazu die Perspektive eröffnen, die eigene Identität als abhängig vom Schicksal anderer zu erkennen und anzuerkennen.

»Wenn jeder an sich selber denkt, ist an alle gedacht.« Dieses Graffito, das womöglich Ausdruck der Lebensphilosophie des jugendlichen Sprayers ist, hält noch in seiner paradoxen Formulierung an dem Anspruch fest, an andere zu denken, wenngleich dieser zugleich in einer radikalen Egozentrik aufgehoben ist. Hier geht es weder darum, den moralischen Zeigefinger zu erheben, noch auf den logischen Fehlschluss hinzuweisen, der erst die Pointe erzeugt. Vielmehr soll danach gefragt werden, inwieweit sich darin ein Selbstverständnis ausspricht, das kennzeichnend ist für das Verhältnis von Individuum und sozialen Beziehungen, von Identität und Gemeinschaft in der Moderne. In dem Graffito scheinen sich Analysen und Prognosen zu bestätigen, die vor allem aus individualisierungstheoretischer Sicht für das Entstehen eines neuen Typs von Vergesellschaftung vorgebracht worden sind. In dieser Perspektive sind die einzelnen Individuen letzte gesellschaftliche Instanz, von der aus sich soziale Netzwerke und schließlich Gesellschaft bilden.

Individualisierung

Das sozialwissenschaftliche Konzept, das sich mit dem Begriff der Individualisierung verbindet, hat sich für viele Wissenschaftsbereiche und so auch für die Sozialpädagogik und die Praktische Theologie als ungemein innovativ erwiesen. Vielleicht gerade wegen seiner theoretischen Unschärfe ist es geeignet, zahlreiche Alltagsphänomene im Zusammenhang der Dynamik moderner Gesellschaft zu erfassen, und besitzt so eine »intuitive Plausibilität« (Bedford-Strohm 1999, 111). Das vor allem von Ulrich Beck (1994) formulierte Theorem besagt, dass nahezu alle westlichen Industrienationen von einem Individualisierungsschub erfasst worden sind, in dem auf dem Hintergrund eines hohen Lebensstandards und sozialer Sicherheiten Menschen aus ihren tradierten Klassenbindungen und Versorgungsbezügen der Familie herausgelöst und auf sich selbst verwiesen wurden. Mit der Auflösung vorgegebener sozialer Lebensformen und der Lockerung sozialer Bindungen geht ein Verlust an Orientierungen und Deutungsmuster einher, der für die Einzelnen eine Verunsicherung der eigenen Lebensdeutung darstellt. Vor allem an den beiden Polen moderner Lebensführung, der (Erwerbs-)Arbeit und der Familie, wird deutlich, wie risiko- und zugleich chancenreich diese Freisetzungsprozesse für die Einzelnen sind. Sie bieten Entscheidungsfreiheiten, die früheren Generationen völlig unbekannt waren, beinhalten zugleich aber auch den Zwang zu individueller Entscheidungsfindung, einschließlich der damit verbundenen Verantwortung für die Folgen.
Wie die einzelnen Individuen diesen Herausforderungen an Orientierungsleistung und Entscheidungskompetenz standhalten können, wird durchaus unter-

schiedlich eingeschätzt. Während die einen stärker die Möglichkeit betonen, dem eigenen Leben selbstreflexiv Sinn zu verleihen und so Biografie kontinuierlich selbst herzustellen, verweisen die anderen auf das Entstehen neuer institutioneller Abhängigkeiten, die die neu gewonnenen Freiheiten sogleich wieder einschränken. In jedem Fall aber wird hier ein erhöhter Handlungsbedarf für die Soziale Arbeit ausgemacht: »In dieser gesellschaftlichen Lage wächst dem Erziehungssystem und den sozialen Diensten noch deutlicher als zuvor als tendenziell unlösbare Aufgabe zu, ebenso stabile wie flexible Subjektstrukturen unter widersprüchlichen, riskanten und ungewissen Kontext- und Zukunftsbedingungen mit hervorzubringen bzw. – sofern subjektive oder intersubjektive Krisen bereits eingetreten sind – diese im Bedarfsfall abzumildern« (Rauschenbach 1994, 93). Thomas Rauschenbach weist angesichts dieser neuen Aufgabenstellung Sozialer Arbeit den Sozialarbeitern und Sozialarbeiterinnen die Rolle von Risiko-Experten oder -expertinnen zu. Sie hätten die Individuen darin zu unterstützen, mit der Ambivalenz zwischen potenzieller Entscheidungsfreiheit und permanentem Entscheidungszwang umgehen zu lernen und diese Spannung produktiv zu nutzen. Soziale Arbeit spränge dort ein, wo lebensweltliche Vertrautheit und soziale Intimität erodierten. Dazu gehöre vor allem, jene Solidarität zu ersetzen, die bislang in den traditionellen Sozialformen verankert war; sie gelte es in Form »inszenierter Gemeinschaft« neu herzustellen.

Neue Formen von Gemeinschaft

Es kann an dieser Stelle nicht diskutiert werden, inwieweit sich die Individualisierungstheorie auf empirisch gesichertes Datenmaterial stützen kann, ob sie wirklich zentrale Prozesse der Moderne erfasst oder lediglich partikulare Phänomene verallgemeinert. Insofern empirische Daten immer interpretationsbedürftig sind, besteht auch hier die Gefahr, dass die in den Daten enthaltenen Trends unzulässig überspitzt werden. Skepsis ist vor allem gegenüber der Behauptung eines so genannten »Fahrstuhleffektes« angebracht, als hätten sich soziale Ungleichheiten insgesamt nach oben verschoben, sodass an die Stelle von Klassen ungleiche Konsum- und Erlebnisstile getreten seien (vgl. Schulze 1995). Dem widersprechen die deutlichen Anzeichen zu einer neuen Formierung von Klassen und einer neuerlichen Gesellschaftsspaltung in den spätkapitalistischen Gesellschaften.

Ein Phänomen der Dynamik moderner Gesellschaften, das von der Individualisierungstheorie zu wenig berücksichtigt wird, ist das Entstehen neuer Formen von Gemeinschaft, die eben nicht eine Gegenmodernisierung, sondern Ergebnisse eines konstruktiven Umgangs mit dem im Individualisierungsprozess liegenden

Autonomiepotenzial darstellen. Bedeuten Prozesse der Individualisierung und Pluralisierung also nicht einfach Verlust von Gemeinschaft, dann sind Vergemeinschaftungen als »Komplementärtrend« zur Individualisierung anzusehen. Die Freisetzung aus vorgegebenen sozialen Bindungen impliziert zugleich den Ermöglichungsgrund für eine Vielzahl frei wählbarer Beziehungen. Zwar haben diese äußerlich einen geringeren Verbindlichkeitsgrad, qualitativ können sie aber einen Zuwachs an Vertrautheit und affektiver Intensität mit sich bringen. Gemeinschaften dieser Art beruhen auf wechselseitiger Anerkennung der Individuen, sodass Heinrich Bedford-Strohm sie zu Recht als »Ausdruck einer neuen Kultur kommunikativer Freiheit« ansieht (Bedford-Strohm 1999, 132).

Diese Liberalisierung von Gemeinschaft zeitigt höchst bedeutsame Effekte für die Bereitschaft, sich mit anderen zu solidarisieren oder sich für sie zu engagieren. An die Stelle des traditionellen Ehrenamtes, das in der Gebundenheit an ein Milieu (z.B. des Katholizismus) und den damit tradierten Werten wurzelte, tritt das freiwillige Engagement, das kaum noch wertgebunden und milieuunabhängig eher den Motivlagen individualisierter Menschen zu entsprechen scheint. Wenngleich dabei Wünsche nach Selbstverwirklichung und sozialen Kontakten eine größere Bedeutung gewinnen, ist es dennoch unzutreffend, diese neue Form von Solidarität als »altruistischen Egoismus« zu kennzeichnen. In ihr kommt vielmehr zum Ausdruck, dass Individuen in Freiheit füreinander Verantwortung übernehmen.

Jürgen Habermas (1997) hat darauf aufmerksam gemacht, dass es nicht genügt, das Individuum als Zentrum einer egozentrisch zu treffenden Wahl von Teilnahmemöglichkeiten anzusehen, die den Individuen bereits vorgegeben sind. Nur aus Angeboten auszuwählen, bedeutet noch keine Autonomie, erst recht nicht, wenn diese Wahl unter Restriktionen getroffen wird, wie beispielsweise die Entscheidung für einen Beruf. Die neue Form sozialer Integration kann nur als wirkliche Eigenleistung der Individuen gedacht werden. Diese beinhaltet, wie Habermas in Anschluss an George Herbert Mead zeigt, die Kompetenz zu moralischer und existenzieller Selbstreflexion, »die nicht möglich ist, ohne dass der eine die Perspektive der anderen übernimmt« (ebd., 240). Erst indem sich die Einzelnen als autonom handlungsfähige Subjekte mit einer lebensgeschichtlich gewonnenen Identität anerkennen, bilden sie selber Gemeinschaft als sozial-integrative Lebensform. Ihr wesentliches Kennzeichen ist also die Reziprozität der Beziehungen. Diesen Vorgang, in dem gleich ursprünglich Individuen Identität gewinnen und Gemeinschaft entsteht, nennt Habermas »Individuierung«. Insofern diese an das Engagement für die Gemeinschaft gebunden bleibt, ist sie Bedingung für ein konstruktives Verhältnis von Individualisierung und Autonomie. Die Individuen, die in kommunikativer Freiheit füreinander Verantwortung übernehmen, gewinnen darin Identität. Solche »Gemeinschaft aus kommunikativer Freiheit« (Bedford-Strohm 1999) ist prinzipiell etwas anderes als eine »Inszenierung von Gemeinschaft«, wie sie der Sozialen Arbeit anheim gestellt wird. Gegenüber solchen Inszenierungen könnten sich die Individuen wiederum nur im Auswahlmodus verhalten.

Gemeinschaft – Koinonia

Wie ist die bislang in Aufnahme sozialwissenschaftlicher Überlegungen entwickelte Vorstellung von Gemeinschaft theologisch zu beurteilen? Lässt sich aus der jüdisch-christlichen Tradition heraus eine Option formulieren, die mit der Option für eine »Gemeinschaft aus kommunikativer Freiheit« konvergiert? Eine solche Option stellt der Koinonia-Begriff dar, auf den im Folgenden rekurriert werden soll, um in praktischer Absicht die bisherige Verhältnisbestimmung von Identität und Gemeinschaft theologisch zu diskutieren und möglicherweise weiterzuführen.
Der Begriff *Koinonia* (dessen Bedeutungsspektrum allerdings weiter ist als der des deutschen Wortes Gemeinschaft) gehört zu den Grundbegriffen der Praktischen Theologie und kennzeichnet als solcher die Identität christlicher Gemeinde. Zu verstehen, was Koinonia meint, verlangt unbedingt einen Rückgriff auf die biblischen Texte, näherhin das Neue Testament. Vor allem Paulus hat diesen Begriff immer wieder in seinen Briefen herangezogen, um in Prozessen der Gemeindebildung zu intervenieren (vgl. Kuhnke 1992). Einer dieser Briefe vermittelt sehr eindrücklich, worin sich in der Gemeinde und ihren Kommunikationsstrukturen Koinonia realisiert und wodurch die Koinonia unter den Christinnen und Christen theologisch grundgelegt ist. Es handelt sich dabei um das Schreiben an die Gemeinde in Philippi, eine Gemeinde, zu der Paulus wie zu keiner anderen eine besonders herzliche Beziehung pflegte. Es ist sogar davon auszugehen, dass die Sicht des Paulus auf die Qualität der innergemeindlichen Beziehungen von dieser Voraussetzung mitgeprägt ist. Im Brief an die Philipper (2,1–4) heißt es: Wenn es eine Ermahnung in Christus, einen Zuspruch der Liebe, eine Koinonia des Geistes, herzliches Mitgefühl und Erbarmen gäbe, dann sollten die Philipper einmütig und zueinander liebevoll sein. Statt von Streitsucht und Prahlerei solle ihr Umgang von einer demütigen Haltung bestimmt sein, die sich am Wohl des anderen und der anderen orientiere.
Paulus geht es hier wohl kaum um Uniformität oder eine Harmonisierung von Gegensätzen. Vielmehr ist die Pragmatik des Textes auf den spezifisch christlichen Charakter der Beziehungen in der Gemeinde ausgerichtet. Er konkretisiert die Charakteristik des gemeindlichen Handelns durch einen Kontrast, der zwei Verhaltensweisen grundsätzlich ablehnt, die auf das Empfindlichste die Beziehungen

in der Gemeinde stören könnten: die Streitsucht und die Prahlerei. Ihnen stellt er positiv ein reziprokes Verhalten gegenüber, das an den Bedürfnissen der anderen orientiert ist. Auf dieses zentrale Anliegen sind die einführenden Aussagen bezogen. In ihnen definiert Paulus die Bedingungen für die gemeindliche Kommunikation. Mit den Ausdrücken »Ermahnung« und »Zuspruch« sind kommunikative Verhaltensweisen angesprochen, die unserem heutigen Verständnis von Empowerment entsprechen. Ihnen gegenüber hebt die Wendung »Mitgefühl und Erbarmen« stärker den Aspekt der Empathie hervor. Sie alle machen die Koinonia aus, die Paulus sehr bewusst eine Koinonia des Geistes nennt. Damit qualifiziert er die soziale Realität der Gemeinde theologisch. Ihre gelingenden Beziehungen und die Bedingung ihrer Möglichkeit verdankt die Gemeinde dem Geist Gottes.

Die theologische Begründung der Koinonia wird noch deutlicher, wenn man die Gesamtkomposition des Philipperbriefes beachtet. Paulus stellt nämlich seine Ausführungen zum kommunikativen Handeln der Gemeinde ganz bewusst in Parallele zu einem Text, den er aus der urchristlichen Tradition aufnimmt: den so genannten Philipperhymnus (Phil 2,6–11). Dieser Hymnus wurde im Gottesdienst zum Ruhm der Taten Gottes gesungen, durch die Jesus Christus als Kyrios (Herr) des ganzen Kosmos eingesetzt worden ist. Das Christusgeschehen, wie es Paulus in dem von ihm bereits vorgefundenen Lied ausgedrückt sieht, zieht er zur Deutung christlicher Existenz überhaupt heran: Christus, der als präexistent vorgestellt wird, hat sich erniedrigt, indem er nicht an seiner »Gestalt Gottes« festgehalten hat, sondern Mensch geworden ist. Der Gegensatz zwischen beiden Existenzweisen wird mit der Polarisierung Gott – Sklave herausgehoben. Gemeint ist eine radikale Menschwerdung Christi, die bis in den Tod führt. In Aufnahme alttestamentlicher Motive besingt das Lied dann die Erhöhung dessen, der als Mensch ein Sklavendasein geführt hat. Wie der Gottesknecht, der sich erniedrigt und den Willen Gottes gemäß der Tora getan hat bis zum Tod und deshalb von Gott erhöht wird (vgl. Jes 53), so wird auch Jesus, der bis zur letzten Konsequenz, dem Tod am Kreuz, dem Willen Gottes gehorsam war, erhöht. Er wird eingesetzt zum Kyrios, dessen Herrschaft universalen Charakter hat (vgl. Jes 45,23).

Vor dem Hintergrund der hier mit alttestamentlichen Motiven entfalteten Christologie kann nun auch die theologische Qualifikation der christlichen Gemeinschaft präzisiert werden. So wie Christus gekommen ist, um zu dienen und darin Gottes Willen zu erfüllen, so sollen auch die Christen einander annehmen. Die in der Kenosis Christi begründete Kommunikationsstruktur ist dann nicht mehr »nur« durch Reziprozität gekennzeichnet, denn erst in der Haltung, einander höher zu schätzen als sich selbst, vollzieht sich Nachfolge. Der Koinonia ist also in Erinnerung an die Kenosis Christi selbst ein kenotischer Grundzug eigen: Gemeinde findet in die Nachfolge, und das heißt zu sich selbst, wenn sie »für andere« da ist.

Identität im Fragment

Das christliche Verständnis von Gemeinschaft geht in der Erinnerung an Jesus und seine kommunikative Praxis aus von der Erfahrung, dass Jesus vernichtet wurde, aber nicht im Tod gelassen, sondern von Gott gerettet worden ist. Diese Erinnerung verweist zugleich in eine Praxis, in der die eigene Identität abhängig ist vom Schicksal der anderen. »Identität in einer solchen Existenzform ist nicht das Behaupten einer schon erreichten Ganzheit, sondern hoffendes Ausgespanntsein auf die Gewährung von Integrität für die anderen und erst darin auch für sich selbst. Sie ist gegenüber einem sich selbst genügenden und behaupteten Selbstsein sich offen haltende, hoffende ›Nicht-Identität‹« (Peukert 2003, 117). Was damit gemeint ist, lässt sich in Anschluss an Henning Luther (1992) und dessen religionspädagogisches Konzept einer »fragmentarischen Identität« erläutern.

Luther richtet bedeutungsvolle Anfragen an den Identitätsbegriff, »die sich vor allem gegen seine Verwendung als eines normativen Ziels richten« (Luther 1992, 160). Er wehrt damit dem Missverständnis, das sich aus einer populären Rezeption von George Herbert Mead und Erik H. Erikson ergibt, als ließe sich Identität zu einem bestimmten Zeitpunkt der Biografie erreichen. Mead hat für die Ich-Entwicklung den Fokus auf den wechselseitigen Prozess von Fremd- und Selbstwahrnehmung gerichtet. Die sich daraus ergebende Spannung eigener und fremder Erwartungen soll in der Ausbildung einer »vollständigen« Identität zur Ruhe kommen. Erikson, der sich auf die lebensgeschichtliche Entwicklung von Identität konzentriert, sieht es als Aufgabe der Adoleszensphase an, die vorausgegangenen Identifikationen der Kindheit zu einer »dauerhaften« Ich-Identität zu integrieren. Der Identitätsbildung haften dann diesem Konzept zufolge die Merkmale der Vollständigkeit und Ganzheit bzw. der Einheitlichkeit und Kontinuität an. Demgegenüber lautet die These Luthers, »dass die in sich geschlossene und dauerhafte Ich-Identität theologisch nicht als erreichbares Ziel gedacht werden kann – und darf« (Luther 1992, 165).

Für sein Identitätsverständnis nimmt er aus dem ästhetischen Diskurs den Begriff des Fragments auf, der für ihn zum Gegenbegriff der Totalität wird, der geschlossene Ganzheit und dauerhafte Gültigkeit impliziert. Fragmente als Reste eines ehemals Ganzen aus der Vergangenheit oder als Werke, die (noch) nicht ihre endgültige Gestalt gefunden haben, weisen über sich selbst hinaus. Analog zur Gestaltung von Kunstwerken ist der Begriff auf das menschliche Leben sowohl in seiner zeitlichen Erstreckung als auch in seiner sozialen Dimension anzuwenden. Deutlichstes Datum, das den fragmentarischen Charakter menschlicher Existenz markiert, ist der Tod. Der Tod vernichtet prinzipiell die Möglichkeit einer in sich runden, ganzheitlichen Gestaltung des Lebens, lässt er dieses doch immer zum Bruchstück werden, und zwar nicht nur für die Toten, sondern auch für die hinterbliebenen Lebenden. Das Fragmentarische der Identität resultiert also aus den Brüchen der Lebensgeschichte ebenso wie aus der Zukunftsoffenheit und aus der Unbegrenztheit möglicher Begegnung mit anderen. Zu meinen, die einmal erreichte Ich-Identität würde nicht mehr durch neue Begegnungen in Frage gestellt, entwertet die Gemeinschaft mit anderen. Das Ideal einer dauerhaften Ich-Identität würde so zur unkommunikativen Selbstabschließung führen. Demgegenüber insistiert Luther darauf, dass sich Identität immer wieder neu in Gemeinschaft bildet, wobei »zur identitätsbildenden Begegnung mit anderen [...] auch die Erfahrung des Leidens anderer« (Luther 1992, 169), nämlich ihre abgebrochenen, zerstörten Lebenshoffnungen und erfahrenen Versagungen, gehören.

Betroffenheit als Prinzip

Die Wahrnehmung des Leids der anderen ist das konstitutive Moment der Bildung von Identität und Gemeinschaft. In dem bereits angesprochenen Text aus dem Philipperbrief heißt dieses Konstitutivum der gemeindlichen Kommunikation »Mitleid und Erbarmen« (Phil 2,1), womit Paulus eminent theologische Begriffe aufnimmt. Beides sind Begriffe, die nach alttestamentlichem Verständnis sowohl das Handeln von Menschen als auch das Wesen Gottes charakterisieren können. Erinnert wird mithin an den Gott Israels, der das Schreien seines Volkes hört, seine Unterdrückung sieht und es herausreißt, um es in die Freiheit zu führen (vgl. Gen 3,9f.). Dieses Handeln ist nicht emotionsfrei; es entspricht damit genau jener Qualifikation, die der Evangelist Lukas in der Samariter-Erzählung ausgedrückt sieht (vgl. Lk 10, 25–37): Das »Werk der Barmherzigkeit« bedeutet, sich anders als die, die an dem »unter die Räuber Gefallenen« vorbeigehen, »bis in die Eingeweide« treffen zu lassen von dem, was man sieht. Diese Betroffenheit lässt in die Beziehung eintreten, die durch das Leid des anderen angeboten ist. Handlungsleitend ist sie gerade in der unaufhebbaren Spannung von Emotionalität, die zum Handeln motiviert, und der Nüchternheit, die das Not-wendige tun lässt.
Hermann Steinkamp (1994, 100f.) hat den Begriff der Betroffenheit für die Konzeption diakonischer Praxis aufgenommen und ihn so vor aller klischeehaften Verwendung im sozialpädagogischen Jargon gerettet. In ihm kann die theologische Option für die anderen in das methodische Prinzip gewendet werden. Zu unterscheiden ist allerdings zwischen der objektiven Betroffenheit von einer Notsituation (z.B. arbeitslos zu sein) und der subjektiven Betroffenheit, die diese

Situation leidvoll erfahren lässt. Subjektiv betroffen können sowohl diejenigen sein, die selber leiden, als auch solche, die mit-leiden, indem sie sich auf das Leid anderer beziehen. Letzteres ist für Steinkamp eine diakonische Grundkompetenz, die sich ausbilden lässt und die mehr ist als ein bloßer Affekt. Sie leitet dazu an, Betroffene zu bewegen, sich zu solidarisieren, ihnen Raum und Unterstützung zu geben, ihre Situation nach Möglichkeit selbst zu verändern. Ganz im Sinne des Empowerments wird dabei vor allem die eigene Kompetenz der Betroffenen selbst zu wahren sein, um nicht protektionistisch für sie zu handeln.

Helga Kohler-Spiegel fasst eindrücklich zusammen, wie Identität und Gemeinschaft in diesem methodischen Prinzip zur Geltung kommen: »Betroffenheit ist singulär, kontextbezogen und exemplarisch; sie ist nur möglich, wo Beziehungen aufgenommen wurden. Nur eine ›gemeinsame Geschichte‹ kann das Sich-betreffen-Lassen evozieren; nur dort ist es möglich, wo sich Menschen die Mühe machen, andere Lebenswelten ernst zu nehmen und in ihnen einzelne Menschen in ihren jeweiligen Situationen zu sehen. Eine gemeinsame Geschichte ist nur möglich, wo Menschen einander als Menschen sehen; Mit-Leiden setzt Beziehungsfähigkeit voraus« (Kohler-Spiegel 1992, 35).

▶ LESEHINWEISE

Bedford-Strohm, Heinrich, Gemeinschaft aus kommunikativer Freiheit. Sozialer Zusammenhalt in der modernen Gesellschaft. Ein theologischer Beitrag. Gütersloh 1999. (Bedford-Strohm 1999)

De Roest, Henk, Communicative identity. Habermas' perspectives of discourse as a support for practical theology. Kampen (NL) 1998. (De Roest 1998)

Kuhnke, Ulrich, Koinonia. Zur theologischen Rekonstruktion der Identität christlicher Gemeinde. Düsseldorf 1992. (Kuhnke 1992)

Luther, Henning, Religion und Alltag. Bausteine zu einer Praktischen Theologie des Subjekts. Stuttgart 1992. (Luther 1992)

Steinkamp, Hermann, Solidarität und Parteilichkeit. Für eine neue Praxis in Kirche und Gemeinde. Mainz 1994. (Steinkamp 1994)

3. »Kann man sich darauf noch verlassen?«

Das Wagnis der Ehe

Hans-Günter Gruber

> **SUMMARY**
>
> Ausgehend von einer Reflexion der Modernisierungsprozesse, in denen sich unsere Gesellschaft etabliert hat, wird die ambivalente Situation der Ehe zu Beginn des 21. Jahrhunderts skizziert, die einerseits als Ort der Geborgenheit und personalen Entfaltung nachgefragt wird, andererseits aber vielfältigen Belastungen ausgesetzt ist. Im Anschluss daran wird dargelegt, wodurch einem Scheitern ehelicher Beziehungen entgegengewirkt und auf ihre Stabilität und Qualität positiv Einfluss genommen werden kann.

Aus Schottland stammt der Spruch: »Wenn wir heiraten, übernehmen wir ein versiegeltes Schreiben, dessen Inhalt wir erst erfahren, wenn wir auf hoher See sind!« Dieses Bild spiegelt sehr trefflich die Situation der Ehe in unserer modernen Gesellschaft wider. Wer sich schon mal auf hoher See befand, der weiß, dass das immer mit Unwägbarkeiten verbunden ist. Da können Techniker tausendfach versichern, dass ein Schiff unsinkbar ist; die Erfahrung lehrt uns etwas anderes, und das nicht erst seit dem Untergang der Titanic. Erst im Sturm zeigt sich, wie sicher ein Schiff ist. Mit der Ehe ist das nicht anders. Heute heiraten fast alle Paare, weil sie sich lieben. Sie glauben, ihre Beziehung hätte eine tragfähige Basis und sei daher vor Unheil gefeit. Und trotzdem lösen mehr als ein Drittel aller verheirateten Paare ihre Beziehung im Laufe ihres Lebens wieder auf. Ihre Ehe geht in die Brüche, oft schon nach wenigen Jahren, manchmal auch noch, nachdem man sich schon im sicheren »Fahrwasser« wähnte. Die Ehe – und mit ihr die Familie – ist und bleibt ein Wagnis, heute mehr denn je. Warum ist das so? Und warum gehen trotzdem so viele Menschen dieses Risiko ein? Und vor allem: Welche Möglichkeiten gibt es, um dieses Risiko zu mindern?

Die Situation der Ehe in der modernen Gesellschaft

Die Situation der Ehe in der modernen Gesellschaft ist ambivalent. Einerseits waren die Bedingungen des ehelichen Zusammenlebens in wirtschaftlicher und personaler Hinsicht noch nie so gut wie heute. Andererseits war das Eheleben auch noch nie solchen Gefährdungen und Belastungen ausgesetzt wie zu Beginn des 21. Jahrhunderts. Beide Entwicklungen sind nur zu verstehen im Kontext der Struktureigentümlichkeiten und Funktionalität moderner Gesellschaften.

Modernisierung und soziale Differenzierung als Kennzeichen moderner Gesellschaften

Zur Charakterisierung moderner Gesellschaften stößt man in der wissenschaftlichen Diskussion auf eine Vielzahl von Begriffen. Da ist die Rede von Konsumgesellschaft, Freizeitgesellschaft, Risikogesellschaft, Informationsgesellschaft oder auch technologischer Gesellschaft. Jede dieser Bezeichnungen verweist auf ein typisches, die Länder der westlichen Welt kennzeichnendes Phänomen. Die Gesamtheit dieser einzelnen, empirisch erfassbaren und voneinander exakt unterscheidbaren Phänomene bezeichnet man gewöhnlich als moderne Gesellschaft. Den Prozess, der diese geschichtliche Entität »moderne Gesellschaft« ursprünglich hervorgebracht hat und sie weiter ausdifferenziert, nennt man hingegen Modernisierung. Das heißt: »So etwas wie eine ›moderne Gesellschaft‹ als solche und für sich allein genommen gibt es nicht; es gibt nur mehr oder weniger fortgeschrittene Gesellschaften in einem Kontinuum der Modernisierung« (Berger u.a. 1987, 14).
Unter Modernisierung versteht man in der Soziologie die institutionellen Begleiterscheinungen des durch die Technik herbeigeführten wirtschaftlichen Wachstums. Mit anderen Worten: Modernisierung besteht im Wachstum und in der Ausbreitung einer Gruppe von Institutionen, deren Wurzel in der Verwandlung der Wirtschaft durch die Technik liegt. Hauptursache der durch den Modernisierungsprozess hervorgerufenen gesellschaftlichen Umwälzungen ist also die Technik. Mithilfe der neuen Technologien hat sich, beginnend im 19. Jahrhundert, die Wirtschaft und mit ihr das gesamte gesellschaftliche Leben radikal verändert. Ihre Wirkkraft entfalten diese neuen Technologien primär über die Institutionen der technologischen Produktion und des bürokratisch organisierten Staates, sekundär über eine Reihe von sozialen und kulturellen Prozessen wie etwa die Verstädterung, sowie über die Massenerziehung und die Massenmedien, die technologische Nachrichtenübermittlung oder auch die Pluralisierung der Lebenswelten.

Im Verlauf dieses Modernisierungsprozesses hat sich die Gesellschaft zunehmend in verschiedene soziale Organisationsgeflechte ausdifferenziert. Gesellschaftliche Teilsysteme mit je eigenen Funktionen, Sinnkontexten und Rationalitätsmustern haben sich entwickelt und in der Folge rasch institutionell verselbstständigt. Zu denken ist hier etwa an die Wirtschaft, die Politik, die Wissenschaft, die Familie, die Kirchen oder an das Gesundheits-, Bildungs- und Sozialwesen. Gleichzeitig damit wurden ehemals untrennbar miteinander verbundene gesellschaftliche Funktionszusammenhänge entflochten. Was in der traditionellen Gesellschaft Aufgabe und Funktion ein- und desselben gesellschaftlichen Systems war, hat sich nunmehr auf funktional spezialisierte, relativ autonome, aufeinander jedoch in hohem Maße verwiesene soziale Teilsysteme verteilt. Der Wirtschaft kommt in diesem Entwicklungsprozess eine besondere Bedeutung zu.

Der Modernisierungsprozess und die mit ihm einhergehenden und derzeit immer noch anhaltenden soziokulturellen Umwälzungsprozesse wurden vorbereitet und begleitet durch die philosophisch-anthropologischen Vorstellungen und Ideale der Aufklärung. Ausgelöst wurde dieser gesellschaftliche Transformationsprozess aber durch die Technisierung der Wirtschaft. Die technologische Produktion führte zu einem wirtschaftlichen Aufschwung, der seit dem Beginn des 20. Jahrhunderts nicht mehr nur wenige, sondern den größten Teil der Menschen der westlichen Welt von ihren früheren Ängsten und Nöten der Existenzsicherung befreite. Die Technisierung unserer Lebenswelt hat aber auch das Zusammenleben der Menschen seit dem 19. Jahrhundert grundlegend verändert. Dies hat mit den Folgen der Technisierung und Bürokratisierung zu tun, mit der Pluralisierung der sozialen Lebenswelten und den damit verbundenen Freisetzungs- und Individualisierungsprozessen. Mehr noch aber hat dies zu tun mit den Struktureigentümlichkeiten der beiden primären Träger der Modernisierung. Sowohl die technologische Produktion als auch alle großen Institutionen des bürokratisch organisierten Staates folgen den Gesetzen der Rationalität. Sie sind in ihrem Aufbau und Ablauf in hohem Maße *abstrakt*. Darauf beruht ihre Effizienz. Sie erzeugen damit aber gleichzeitig Anonymität im Bereich der sozialen Beziehungen und machen aufgrund der mit ihnen untrennbar verbundenen Komplexität das Leben für das Individuum sehr undurchsichtig.

Viele Menschen erleben dies als bedrohlich. Die alten nachbarschaftlichen, verwandtschaftlichen und religiösen Bindungen, deren grundlegende Funktion es war, dem Leben Sinn und Stabilität zu verleihen, sind zerbrochen oder haben an Wirkkraft verloren. Die neuen institutionellen Komplexe aber sind weithin undurchschaubar und fremd, vor allem aber inkohärent. Der moderne Mensch wechselt im Alltagsleben ständig zwischen höchst diskrepanten und oft widersprüchlichen sozialen Kontexten hin und her. In seinem Lebenslauf durchwandert er nacheinander eine Reihe stark divergierender sozialer Welten, wird oftmals aus seinem ursprünglichen sozialen Milieu herausgerissen. Er hat es schwer, wirklich eine Heimat zu finden. Soziologen bezeichnen diesen Zustand denn auch treffend als einen solchen des Unbehagens und der Heimatlosigkeit.

Ehe und Familie als Ort der Geborgenheit und personalen Entfaltung

In dieser Situation erlangt die Privatsphäre eine ganz neue Funktion. Sie dient als eine Art Ausgleichsmechanismus, als Kompensation für die durch die großen Strukturen der modernen Gesellschaft erzeugten Unzufriedenheiten. In der Privatsphäre dürfen die aus der öffentlichen Welt verdrängten emotionalen Impulse hervortreten. Eine spezielle private Identität bietet Schutz vor den Bedrohungen der Anonymität. Die Transparenz der privaten Welt macht die Undurchsichtigkeit der öffentlichen erträglich. Eine beschränkte Zahl signifikanter Beziehungen, die zumeist vom Einzelnen freiwillig gewählt sind, liefert die emotionalen Hilfsmittel, um die komplexe Wirklichkeit »draußen« bewältigen zu können. Das Ehe- und Familienleben, das im Zentrum dieser privaten Welt steht, erhält dadurch eine ganz neue Funktion als identitätsstiftendes, dem Einzelnen Stabilität und Geborgenheit verleihendes Moment. Es wird in der modernen Gesellschaft wichtiger denn je.

Ehe und Familie sind heute für viele Menschen Zufluchtsort und Heimat, gleichsam personale Stütze für nicht mehr existente institutionelle Bindungen. Von ihnen erhofft sich der Einzelne, was ihm in den anderen Bereichen des Lebens zusehends verloren geht: Geborgenheit, Lebenssinn und nicht zuletzt die Möglichkeit der Selbstbestimmung. So besteht denn die entscheidende gesellschaftliche Funktion der Ehe in der modernen Gesellschaft gerade darin, dem Einzelnen eine Ordnung anzubieten, die es ihm ermöglicht, sein Leben als sinnvoll zu erfahren. Die private Welt erscheint ihm, da sie durch ihn geformt ist, durchschaubar und verständlich – so glaubt er zumindest. Und sie steht damit im Gegensatz zu der anderen Welt, die auf ihn formend einwirkt.

Mehr als je zuvor in der Geschichte der Menschheit ist damit in den hoch industrialisierten Gesellschaften das Zusammenleben der Geschlechter zu einem Ort geworden, der dem Einzelnen in einer weithin anonymen und sich immer schneller verändernden Umwelt emotionale Wärme und Geborgenheit geben und ihm so psychische Stabilität und Identität verleihen kann. Mehr denn je zuvor ist dieses Zusammenleben allerdings auch dem Bereich der öffentlichen Kontrolle entzogen, allein zur Angelegenheit der beiden beteiligten Individuen selbst geworden. Eheliches wie nichteheliches Zusammenleben sind gleichsam zur »institutionalisierten Privatsphäre« geworden. Paarbeziehungen haben damit zweifelsohne eine personalere Ausrichtung erfahren. Gleichzeitig sind sie jedoch auch in neuer Weise verzweckt und als Mittel der individuellen Bedürfnisbefriedigung und Selbstverwirklichung instrumentalisiert worden. Damit aber bin ich bereits bei den Folgen, die der Modernisierungsprozess für die Ehe mit sich gebracht hat.

Die Zerbrechlichkeit der modernen Ehe und ihre Ursachen

Im Gefolge des durch moderne Technik und Produktion ermöglichten Modernisierungsprozesses hat sich die Situation von Ehe und Familie in Deutschland seit dem Ende des 19. Jahrhunderts – für sich genommen und als Entwicklungsprozess betrachtet – zweifelsohne verbessert, und zwar in wirtschaftlicher wie in personaler Hinsicht. Mit dem allgemein gestiegenen Niveau materiellen Wohlstands sind heute die meisten Familien von den ökonomischen Zwängen und Ängsten früherer Generationen befreit. Die Sozial- und Familienhilfe garantiert in unserem Staat selbst den Ärmsten die täglich benötigte Grundversorgung. Mit diesem Entwicklungsprozess wurden zugleich jene gesellschaftlichen und wirtschaftlichen Bedingungen geschaffen, innerhalb derer die Personalisierung des Ehelebens, wie sie heute in allen Ländern der westlichen Welt anzutreffen ist, erst möglich wurde. Allzu schnell wird ja vergessen, dass bis weit ins 19. Jahrhundert hinein die Ehe in erster Linie eine Arbeits- und Fortpflanzungsgemeinschaft war, deren oberste Ziele die Sicherung der Existenz und der Nachkommenschaft waren. Nicht personale Aspekte prägten dementsprechend das Eheleben in der vorindustriellen Gesellschaft, sondern die tägliche Sorge ums Überleben.

Doch ist damit nur die eine Seite der Entwicklung angesprochen. Denn ebenso unbestritten gilt: Noch nie auch war die Ehe solchen inneren Belastungen und Gefährdungen ausgesetzt wie heute. Wie ist das zu erklären? Die vielleicht wichtigste Ursache für das hohe Konfliktpotenzial und die damit verbundene Zerbrechlichkeit der modernen Ehe ist in den überzogenen Erwartungen und Sinnansprüchen zu suchen, die heute gesellschaftlich an Paarbeziehungen herangetragen werden. Im Zuge der funktionalen Differenzierung der Gesellschaft gewannen, wie gehört, Ehe und Familie als persönlichkeitsstabilisierende Faktoren mehr und mehr an Bedeutung. In dem Maße, in dem sich im Verlauf der Industrialisierung die verwandtschaftlichen, nachbarschaftlichen und religiösen Bindungen abschwächten, wurden die unmittelbar nahen Personen wichtig für das Leben des Einzelnen. Diese Entwicklung setzte zwar bereits im 19. Jahrhundert ein. Sie erfuhr jedoch durch die zunehmende Technisierung und Bürokratisierung in der zweiten Hälfte des 20. Jahrhunderts einen neuerlichen Schub. Die öffentliche Welt mit ihren Institutionen wurde im Zeitalter der Massenkommunikation komplexer und unüberschaubarer, anonymer und widersprüchlicher als je zuvor. Sie erscheint heute – und dieser Prozess ist längst noch nicht abgeschlossen – dem Einzelnen als ein ihm entgegenstehender, mächtiger und fremder Komplex. In dieser Situation erweist sich die Paarbeziehung – mehr noch als zu Beginn der Industrialisierung – als emotionaler Rückzugsort, als ein Ort, der dem Einzelnen Sinn und Halt, der ihm vor allem Geborgenheit und Identität verleiht. Damit aber geraten die personalen Nahbeziehungen unter einen Erwartungsdruck, dem sie nur schwer entsprechen können. Wo Ehe und Familie zur Bühne der Selbstfindung werden, wo die persönliche Identität und das persönliche Glück vornehmlich in einer auf gegenseitiger Liebe und Zuneigung gründenden Partnerschaft oder von Kindern erwartet und erhofft werden, wo allein Ehe und Familie dem Leben Sinn verleihen, dort scheint das mögliche Scheitern einem solchen Lebensentwurf bereits mit in die Wiege gelegt.

Eine zweite wichtige Ursache für die hohe Belastung und Instabilität der modernen Ehe stellen die unterschiedlichen, einander zum Teil widersprechenden Anforderungen des Ehe- und des Erwerbslebens dar. Die Wirtschaft hebt ganz auf die Einzelperson und ihre Arbeitskraft ab. Sie nimmt nur wenig Rücksicht auf die Belange von Ehe und Familie. Ihr oberstes Ziel ist die Gewinnoptimierung. Dementsprechend folgt das Arbeitsleben auch den Prinzipien der Rationalität, des Wettbewerbs und damit der Effizienz und des Fortschritts. Für den freien Lohnarbeiter ergeben sich daraus bestimmte Anforderungen: Er muss leistungsbereit und diszipliniert sein, möglichst ungebunden und mobil, zielstrebig und durchsetzungsfähig, lernbereit und anpassungsfähig. Im Ehe- und Familienleben herrschen hingegen ganz andere Struktureigentümlichkeiten. Hier steht nicht Rationalität, sondern Emotionalität, nicht Konkurrenz, sondern Solidarität, nicht das Prinzip des Individualismus, sondern das gegenseitiger Liebe im Mittelpunkt. Im Eheleben sind vom Einzelnen mithin ganz andere Einstellungen, Eigenschaften und Verhaltensweisen gefordert als im Wirtschaftsleben.

Dieser Grundkonflikt zwischen ökonomisch organisierter »Arbeitswelt« und personal strukturierter »Beziehungswelt« war in der modernen Gesellschaft von Anfang an enthalten. Er blieb jedoch verborgen, solange die Individualisierungsdynamik auf das Leben des Mannes beschränkt blieb und die Frau ungefragt und unbezahlt zuständig war für die leise Hintergrundarbeit in der Familie. Die Frauenforschung hat darauf aufmerksam gemacht, dass die Prinzipien der Moderne – Freiheit und Gleichheit – bis in die Mitte des 20. Jahrhunderts Frauen vorenthalten wurden und die Moderne nur »unvollständig modernisiert« war (vgl. Rerrich 1990, 41). Sie blieb auf den Mann beschränkt. In dem Augenblick aber, in dem neben dem Mann auch die Frau einer Erwerbsarbeit nachgehen möchte oder muss, bricht dieser gesellschaftliche Konflikt auf der Paarbeziehungsebene auf. Genau das aber ist in Deutschland seit den 60er-Jahren des vergangenen Jahrhunderts mit der Bildungsangleichung der Geschlechter der Fall.

Eine dritte wichtige Ursache für das hohe Konfliktpotenzial und die damit verbundene Fragilität der modernen Ehe stellen übersteigerte Individualisierungs- und Privatisierungsbestrebungen dar, wie sie heute nicht nur in den Paarbeziehungen anzutreffen sind, sondern das gesellschaftliche Leben insgesamt prägen. Auch diese Entwicklung ist eine Folge des Modernisierungsprozesses. Die meisten Menschen begegnen der Orientierungsunsicherheit, die die beschriebene Sektorisierung der modernen Gesellschaft in ihnen auslöst, dadurch, dass sie sich in die relativ überschaubare Privatsphäre zurückziehen. Solidarität, sozialer Austausch, Offenheit für das Fremde und Toleranz dem Anderen gegenüber drohen dabei verloren zu gehen. Im Bereich des ehelichen Zusammenlebens äußern sich diese Privatisierungstendenzen dahingehend, dass hier seit mehreren Jahrzehnten – von Betroffenen wie Politikern – die gesellschaftliche Bedeutung der Ehe marginalisiert und in Frage gestellt wird. Wurde in früheren Jahrhunderten die soziale Dimension der Ehe überbetont und die personale Dimension vernachlässigt, so ist es heute gerade umgekehrt. Heute ist im Bewusstsein der meisten Menschen nur mehr die personale Dimension des Zusammenlebens von Frau und Mann verankert. Dass dieses Zusammenleben eingebunden ist in einen größeren gesellschaftlichen Zusammenhang, dass mit Ehe und Familie immer auch soziale Aspekte tangiert sind, ist vor allem jungen Menschen heute kaum mehr bewusst.

Die mit den überzogenen Individualisierungs- und Privatisierungsbestrebungen einhergehende Abwertung sozialbezogener Werte wie Solidarität, Gehorsam, Verzicht, Hinnahmebereitschaft, Treue und dergleichen mehr wird durch die der modernen Wirtschaft inhärente Tendenz, das gesellschaftliche Leben in allen seinen Bereichen zu beeinflussen, verstärkt. Aufgrund der zentralen Rolle, die der Wirtschaft in der technisch-industriellen Kultur als Motor des Modernisierungsprozesses zukommt, entfalten die sie prägenden Werte und Prinzipien wie Rationalität und Objektivität, Effektivität und Leistung, Individualität und Unabhängigkeit, Durchsetzungsfähigkeit und Konsumbereitschaft ihre Wirksamkeit auch in den anderen Bereichen des gesellschaftlichen Lebens. Diese Prinzipien und Werte aber heben vornehmlich auf den Einzelnen und seine Leistungs- und Kaufkraft ab. Die psychisch-emotionalen Zusammenhänge menschlichen Lebens berücksichtigen sie ebenso wenig wie seine personal-sozialen Bezüge und Sinngehalte. Diese Entwicklung erschwert nicht nur das Leben in denjenigen gesellschaftlichen Teilbereichen, die – wie das Leben in Ehe und Familie – anderen Werten und Prinzipien folgen. Sie verändert – unhinterfragt und unkontrolliert – auch das jeweilige Menschenbild. In einer Gesellschaft nämlich, in der wirtschaftliche Produktivität und Gewinnoptimierung die obersten Ziele sind, läuft der Einzelne Gefahr, seinen Wert nicht als Person an sich, sondern in erster Linie von seiner Leistungs- und Konsumfähigkeit her zu empfangen.

Alle drei Ursachen zusammen – die überzogenen Erwartungen und Sinnansprüche an die Ehe, die Widersprüchlichkeiten zwischen dem Arbeitsleben und dem Familienleben und die übersteigerten Individualisierungsbestrebungen – haben das Konfliktpotenzial in Ehe und Familie gegenüber früher immens erhöht und damit das Ehe- und Familienleben insgesamt instabiler und komplizierter werden lassen.

Hilfen zum Gelingen

Die vorangegangenen Überlegungen haben gezeigt, dass das Zusammenleben in Ehe und Familie heute wichtiger denn je ist. Ehe und Familie geben Antwort auf die Sehnsucht des Menschen nach Geborgenheit, Liebe und Annahme. Selbst diejenigen Menschen, die in ihrer ersten Ehe gescheitert sind, gehen zum überwiegenden Teil wieder eine neue Ehe ein. Das Ehe- und Familienleben ist heute aber auch schwieriger denn je. Innere und äußere Belastungen haben das Konfliktpotenzial innerhalb dieser beiden Institutionen in den letzten Jahrzehnten enorm erhöht. Das Zusammenleben in Ehe und Familie ist dadurch heute ungleich instabiler und gefährdeter als in früheren Zeiten. Wie kann diese Instabilität verringert werden? Welche Maßnahmen sind geeignet, die Qualität und Stabilität des Ehelebens zu erhöhen?

Damit Ehe und Familie auch unter den Bedingungen der modernen Lebenswelt ihre Kraft zum Gelingen des Lebens und Zusammenlebens entfalten können, ist es notwendig, den genannten Problemen auf verschiedenen Ebenen zu begegnen. Ich möchte im Folgenden – wenn auch nur skizzenhaft – drei Ebenen ansprechen, über die mir eine positive Einflussnahme auf die Stabilität und Qualität ehelicher Beziehungen nötig und auch möglich scheint.

Familienpolitik

Eine erste Ebene der Einflussnahme ist die der Familienpolitik. Interpretiert man die Situation von Ehe und Familie im Kontext der ethischen Werte der Solidarität und sozialen Gerechtigkeit, so sind vor allem drei familienpolitische Maßnahmen gefordert: die Sicherstellung eines familiengemäßen Einkommens, die Durchsetzung der Gleichberechtigung von Frauen und Männern sowie Regelungen für eine bessere Vereinbarkeit von Familienwelt und Erwerbsarbeitswelt.

Die vorrangige Aufgabe gegenwärtiger Familienpolitik sehe ich in der Sicherstellung eines familiengemäßen Einkommens. Von einem solchen kann, insbesondere was Arbeiterfamilien und allein erziehende Frauen betrifft, nach wie vor keine

Rede sein. Nicht viel anders verhält es sich mit der Gleichberechtigung von Frauen und Männern. Diese hat in Deutschland seit 1994 Verfassungsrang. In der Ergänzung zu Art. 3 Abs. 2 des Grundgesetzes heißt es: »Der Staat fördert die tatsächliche Durchsetzung der Gleichberechtigung.« Zwischen dem Anspruch der Verfassung und der sozialen Wirklichkeit herrscht jedoch noch eine große Diskrepanz. Mit Blick auf die tatsächliche Lebensrealität heutiger Frauen kann noch längst nicht von einer Verwirklichung der Gleichberechtigung gesprochen werden. Untersuchungen über die innerfamiliale Arbeitsteilung zeigen, dass die gegenwärtig tatsächlich herrschenden Verhältnisse nicht dem Partnerschaftsideal entsprechen, das sich in breiterem Umfang durchgesetzt hat. Ähnlich ungleich sind die Verhältnisse auf dem Arbeitsmarkt. Dieser ist immer noch geschlechtsspezifisch geteilt. Besonders betroffen von der faktisch herrschenden Ungleichheitswirklichkeit zwischen Männern und Frauen sind hier jene Frauen, die wegen der Geburt von Kindern für eine gewisse Zeit oder für immer auf die Ausübung ihres Berufes verzichten und den überwiegenden Teil der Erziehungsleistung tragen. Denn diese Frauen verzichten damit auf genau das, was in unserer Gesellschaft einen hohen Wert hat: auf ökonomische Selbstständigkeit und Sicherheit, beides Voraussetzungen einer eigenständigen Lebensführung. Hier indes weitet sich der Aspekt der Gleichberechtigung der Geschlechter aus zur Frage der Chancengleichheit für Personen, die Elternverantwortung übernommen haben. Denn eines ist klar: Unbelastet und unabhängig von Familienpflichten ist der Einzelne, ob Mann oder Frau, beruflich wettbewerbsfähiger. Wer Ehe und Familie stärken will, muss daher an Maßnahmen zur besseren Vereinbarkeit von Familie und Beruf interessiert sein.

Die Instabilität der modernen Ehe ist wesentlich mit bedingt durch die unterschiedlichen, einander zum Teil widersprechenden Anforderungen und Zielvorstellungen von Arbeitswelt und Beziehungswelt. Die Eheleute haben diese Ambivalenzen und Widersprüche zu tragen und zu synchronisieren. Das erfordert nicht nur Flexibilität und Anpassungsbereitschaft, sondern kostet auch Kraft und Ausdauer. Ein wesentlicher familienpolitischer Beitrag zur Entlastung und Stabilisierung der Familienbeziehungen besteht daher darin, sich für die Schaffung von Rahmenbedingungen einzusetzen, die es den Eltern gestatten, Familie und Beruf besser zu vereinbaren. Zu denken ist hier insbesondere an die Bereitstellung einer ausreichenden Anzahl familienergänzender Einrichtungen zur Kinderbetreuung sowie an eine Flexibilisierung der Arbeitszeiten und Arbeitsverhältnisse.

Ehevorbereitung

Dem hohen Konfliktpotenzial und der daraus resultierenden Fragilität des ehelichen Zusammenlebens kann auf der politisch-strukturellen Ebene allein indes nicht hinreichend begegnet werden. Hier sind auch die Eheleute selbst gefordert.

Diese müssen um die spezifischen Gefährdungen und Anforderungen heutigen Ehe- und Familienlebens wissen, und sie müssen auch die Fertigkeiten besitzen, die notwendig sind, um diesen Gefährdungen auf der Handlungsebene erfolgreich begegnen zu können. Das heißt konkret: Sie müssen über Beziehungsfertigkeiten verfügen, die es ihnen gestatten, einander einfühlsam, offen und herrschaftsfrei zu begegnen und ihre Konflikte fair zu lösen. Die Befähigung zu einem solchen partnerschaftlichen Umgang wird über Lernprozesse, die weitgehend in der Herkunftsfamilie stattfinden, grundgelegt. Es gibt inzwischen aber auch eine ganze Reihe wissenschaftlich fundierter, spezieller Ehevorbereitungskurse. Diese Kurse zielen darauf ab, Paaren ein realistisches Partnerschaftsverständnis und ein adäquates Gesprächs- und Problemlöseverhalten zu vermitteln (vgl. Engl/Thurmaier 2002). Aufgrund vorhandener Defizite erlangen solche präventiven Programme zunehmend an Bedeutung.

Ehe- und Familienethos

Was in Ehevorbereitungskursen allerdings nicht vermittelt werden kann, sondern vorausgesetzt wird, sind bestimmte eheliche Grundhaltungen wie unbedingte und wechselseitige Akzeptanz und Hingabe, wie dauerhafte personale Treue und Annahme, wie der Wille zu Verantwortung, Kooperation und Versöhnung (vgl. Gruber 1995, 300–344). Ohne diese Grundhaltungen degeneriert jeder Ehevorbereitungskurs zur bloßen Technikvermittlung. Diese ehelichen Grundwerte ergeben sich unmittelbar aus dem ethischen Leitbild entschiedener, hingebender Liebe, wie es etwa dem christlichen Eheverständnis zugrunde liegt.
Entschiedene, hingebende Liebe unterscheidet sich fundamental von einer utilitaristisch geprägten, vornehmlich am eigenen Wohl orientierten Liebe. Geht diese von der Überlegung aus: was kann mir der andere bedeuten und geben, so ist Ausgangspunkt und Leitidee hingebender Liebe gerade umgekehrt die Überlegung: was kann ich für den anderen sein und bedeuten. Indem das christlich geprägte Eheleitbild damit stärker die Person des Partners in den Mittelpunkt rückt und von diesem her die jeweils eigenen Belange zu umgreifen versucht, vermag es überzogenen Individualisierungsbestrebungen, wie sie in der modernen Gesellschaft anzutreffen sind, Einhalt zu gebieten. Berechtigte Selbstentfaltungswerte wie Eigenständigkeit, Wachstum, Flexibilität und Selbstfindung werden dadurch in ein ausgewogenes Verhältnis zu sozialen Akzeptanz- und Verantwortungswerten wie Fürsorge, Treue, Verzicht, Kooperation und Versöhnung gesetzt, ohne die dauerhaftes intimes Zusammenleben nicht möglich ist. Bezogen auf die Ehe heißt das: Das Zusammenleben der Geschlechter kann unter den Bedingungen der modernen Lebenswelt nur glücken, wenn die Partner in ihrer Selbstfindung ihre

Du-Bezogenheit nicht aus dem Auge verlieren, wenn sie sich in der Intimität ihres Zusammenlebens ihre Eigenständigkeit und Individualität erhalten, wenn sie in der Beständigkeit ihrer Beziehung offen bleiben für Wachstum und Veränderung, wenn sie sich bei aller Hoffnung auf Bereicherung durch ihren Partner und ihre Kinder selbst auch zu Kompromiss und Verzicht bereit erklären und wenn sie sich – aller Erfahrung von Konflikt und Scheitern zum Trotz – ihre Hoffnung auf Gelingen bewahren. Wenn Jesus zu den Pharisäern mit Blick auf eine mögliche Ehescheidung in Mk 10,9 sagt: »Was Gott verbunden hat, das darf der Mensch nicht trennen«, dann weist er mit dieser radikalen Forderung auf eben diese willentlichen Voraussetzungen gelingenden Ehelebens hin. Nur wenn Paare aus einer solchen Einstellung heraus ihre Beziehung gestalten – so die Botschaft Jesu – kann ihre Sehnsucht nach Geborgenheit gestillt werden und das Wagnis der Ehe gelingen.

LESEHINWEISE

Beck-Gernsheim, Elisabeth, Was kommt nach der Familie? Einblicke in neue Lebensformen. München ²2000. (Beck-Gernsheim 2000)

Beck, Ulrich/Beck-Gernsheim, Elisabeth, Das ganz normale Chaos der Liebe. Frankfurt 1990. (Beck/Beck-Gernsheim 1990)

Berger, Peter L. u.a., Das Unbehagen in der Modernität. Frankfurt-New York 1987. (Berger u.a. 1987)

Engl, Jochen/Thurmaier, Franz, Wie redest du mit mir? Fehler und Möglichkeiten in der Paarkommunikation. Freiburg-Basel-Wien ⁸2002. (Engl/Thurmaier 2002)

Gruber, Hans-Günter, Christliche Ehe in moderner Gesellschaft. Entwicklung – Chancen – Perspektiven. Freiburg-Basel-Wien ²1995. (Gruber 1995)

Rerrich, Maria S., Balanceakt Familie. Zwischen alten Leitbildern und neuen Lebensformen. Freiburg ²1990. (Rerrich 1990)

Willi, Jürg, Psychologie der Liebe. Persönliche Entwicklung durch Partnerbeziehung. Stuttgart ²2002. (Willi 2002)

Wingen, Max, Familienpolitik. Grundlagen und aktuelle Probleme. Bonn 1997. (Wingen 1997)

4. »Hört mir denn keiner zu?«

Aufmerksame Präsenz als Zentrum einer spirituell sensiblen Sozialen Arbeit

Andrea Tafferner

SUMMARY

Die Bedeutung von Spiritualität im professionellen Hilfeprozess wird in fünf Punkten entfaltet:

- Spiritualität gibt den Sinnfragen der Klienten Raum, stärkt das Vertrauen, dass auch schwierige Situationen eine sinnhafte Bedeutung im Leben der Klienten haben können, und erschließt spirituelle Ressourcen.
- Der Kern einer spirituell sensiblen Sozialen Arbeit ist die Haltung einer »aufmerksamen Präsenz« dem Klienten gegenüber.
- Die Präsenz Gottes in unserem Leben und im Leben der anderen wahrzunehmen und zuzulassen, ist gerade in helfenden Beziehungen eine zentrale Ressource.
- Der Schlüssel für eine aufmerksame Präsenz und für den Weg zu Gott liegt in der Fähigkeit wahrzunehmen
- Spiritualität führt zu mehr Professionalität.

Spiritualität und die Suche nach Sinn

Im Titel ihres Buches zur Spiritualität in der Sozialen Arbeit bezeichnen die amerikanischen Autoren Edward Canda und Leola Dyrud Furman Spiritualität als das »Herz des Helfens« (Canda /Furman 1999). Spiritualität hat mit »Herz« zu tun, weil das »Herz« als zentrales Lebensorgan für vieles steht, was in unserem Leben zentral ist: Liebe, Angst, Intuition, Hingabe, Ganzheitlichkeit, Wahrhaftigkeit. In der christlichen Spiritualität steht »Herz« für das »wahre Ich«, für unseren »innersten Kern«, das »Tiefste in uns«, unsere Menschlichkeit, unsere Gottebenbildlichkeit (Vanier 2001, 101ff.). »Liebe den Herrn, deinen Gott, aus deinem ganzen Herzen und aus deinem ganzen Leben, aus deinen ganzen Sinnen und aus deiner ganzen Stärke! [...] Liebe den Nächsten wie dich selbst!« (Mk 12,30f. in der Übersetzung von Friedolin Stier).

Für Edward Canda und Leola Dyrud Furman hat Spiritualität mit der Suche nach Sinn zu tun. Wenn sie in ihrem Buch für eine »spirituell sensible Soziale Arbeit« (»spiritually sensitive social work«) plädieren, dann möchten sie vor allem darauf hinwirken, dass den Sinnfragen der Klienten mehr Beachtung geschenkt wird. »Warum gerade ich?« »Ich weiß nicht, ob ich das schaffe.« »Wie soll es jetzt weitergehen?« »Wozu soll ich mich verändern?«

Die Frage nach Sinn taucht immer dort auf, wo Dinge passieren, für die man keinen Zusammenhang mehr sieht. Ereignisse haben keine Beziehung mehr zum eigenen Leben. Dinge, auf die man sich bisher verlassen konnte, sind zerbrochen. Sinnfragen sind daher eine Herausforderung, sich weiter zu entwickeln. Canda und Furman verstehen den sozialarbeiterischen Hilfeprozess vor allem als einen »Transformations-Prozess« mit vielen kleinen transformierenden Erfahrungen. Transformation bedeutet Umwandlung, Veränderung: Die Klientin soll darin unterstützt werden, ihre bisherigen Handlungs- und Beziehungsmöglichkeiten zu verwandeln, neue Möglichkeiten zu sehen und zu erlernen. Das aber braucht Selbstvertrauen und kostet Kraft.

Eine spirituell sensible Soziale Arbeit gibt den Sinnfragen nicht nur Raum, sondern sucht zugleich die spirituellen Ressourcen des Klienten zu erschließen, die ihn in diesem Entwicklungsprozess unterstützen könnten. Aufseiten der Sozialarbeiterin bedeutet dies, dass eine grundsätzliche Offenheit und ein Respekt vor allen spirituellen und religiösen Orientierungen vorhanden sein muss. Denn eine spirituell sensible Soziale Arbeit meint nicht, die eigene religiöse Überzeugung an die Klientin heranzutragen, sondern deren Spiritualität zu erkunden und zu stärken.

Beispiel:
Eine Sozialarbeiterin arbeitet nach dem Empowerment-Konzept mit muslimischen Migrantinnen. Dabei werden alltags- und lebensweltorientiert die Stärken der Adressatinnen aktiviert, um eine selbstbestimmte Lebenspraxis zu ermöglichen. Eine »religionssensible professionelle Haltung« der Sozialarbeiterin trägt dazu bei, die muslimische Religiosität gerade in ihrer sozialintegrativen Funktion respektvoll wahrzunehmen (vgl. Beden 2003, 85).

Übung:
Welches sind die spirituellen Ressourcen meiner Religion (Glaubensinhalte, Bücher, Texte, Personen, Rituale, Übungen etc.), die Kraft und Selbstvertrauen vermitteln (Empowerment)? Wo erlebe ich meine Religion, meinen Glauben, meine Glaubensgemeinschaft als unterstützende Kraft in Krisen?

Sinnerfahrung durch »eine aufmerksame und wachsame Präsenz«

Die französische Christin und Sozialarbeiterin Madeleine Delbrêl (1904–1964) hat in ihrer Diplomarbeit den Sozialdienst zusammenfassend als »eine aufmerksame und wachsame Präsenz« beschrieben (Schleinzer 1994, 142). Damit verband sie in erster Linie die Haltung des »aufmerksamen Hinhörens« (ebd.). Meist haben wir es schon selber erfahren, wie wohltuend und hilfreich es ist, wenn einen jemand einfach anhört, ohne gleich Ratschläge zu erteilen oder Kommentare abzugeben. »Wer einen Mitmenschen wahrhaft anhört, leert sich für die Zeit des Anhörens. Er löst sich von seiner eigenen Ideologie, seinen Interessen, seinen dringenden Aufgaben, seinem Drang, helfen zu wollen, besonders aber von seinen Gedanken und Gefühlen. Er geht, wie man im Deutschen sehr richtig sagt, ganz im anderen auf. Wohlgemerkt: Das gilt nur für die Dauer des Anhörens. Anschließend können andere Phasen des Dialogs folgen, aber für die Zeit des Aufnehmens muss der Zuhörer sich selbst ganz vergessen und nur beim anderen sein« (Jalics 2003, 143f.). Was Franz Jalics hier beschreibt, ist alles andere als einfach. Wer kann sich schon von seinen eigenen Bewertungen, Gedanken und Gefühlen lösen? Es ist also ein mühsamer Prozess des Einübens nötig, wenn wir fähig werden wollen, jemanden wirklich anzuhören.

Das Geheimnis der Kraft des Anhörens liegt darin, dass der Zuhörer ganz gegenwärtig ist. Es ist merkwürdig, aber in dieser Gegenwärtigkeit liegt ein enormes Kraftpotenzial, sowohl für den Zuhörer, aber vor allem für den, der spricht und erzählt und erfahren darf, dass ihm gegenüber jemand ganz gegenwärtig ist. Martin Buber hat in seiner Dialogphilosophie herausgearbeitet, dass in der Gegenwärtigkeit unmittelbar die Erfahrung von Sinn geschieht. Buber beschreibt diese Erfahrung, als er ein Gespräch mit einem jungen Mann reflektiert, der angesichts einer schwerwiegenden Entscheidung zu ihm gekommen war. »Ich unterhielt mich mit ihm aufmerksam und freimütig – und unterließ nur, die Fragen zu erraten, die er nicht stellte. [...] Was erwarten wir, wenn wir verzweifeln und doch noch zu einem Menschen gehen? Wohl eine Gegenwärtigkeit, durch die uns gesagt wird, dass es ihn dennoch gibt, den Sinn« (Buber 1997, 158).

Das Hören ist ein zutiefst spiritueller Vorgang. Wer ganz im Hören ist, der ist ganz in der Gegenwart und der macht sich leer – aber leer nicht um mit dem angefüllt zu werden, was der andere zu sagen hat. Sondern durch die Leere wird der Gegenwart die Möglichkeit gegeben, ihre Kraft zu entfalten. Für Martin Buber ist die Gegenwärtigkeit das »Urphänomen dessen, was wir Offenbarung nennen« (ebd., 110). »Der Mensch empfängt, und er empfängt nicht einen ›Inhalt‹, sondern eine Gegenwart, eine Gegenwart als Kraft. Diese Gegenwart und Kraft schließt dreierlei ein [...] die ganze Fülle der wirklichen Gegenseitigkeit, des Aufgenommenwerdens, des Verbundenseins; [...] die unaussprechliche Bestätigung des Sinns. Er ist verbürgt. Nichts, nichts kann mehr sinnlos sein. [...] das dritte: es ist nicht der Sinn eines ›andern Lebens‹, sondern dieses unseren Lebens, nicht der eines ›Drüben‹, sondern dieser unserer Welt« (ebd., 111f.). Deshalb machen wir die Erfahrung, dass wir uns angenommen fühlen, wenn jemand uns wirklich zuhört. Dieses Angenommensein macht unser Leben hier sinnvoll.

Beispiel:
Madeleine Delbrêl ist ein wunderbares Beispiel für das, was aufmerksame Präsenz bewirken kann. »Ja, sie war eine ganz ungewöhnliche Frau. Man wusste, dass sie immer dazu bereit war, allen zu helfen, die in ihrer Umgebung lebten. Manchmal waren das Arbeitslose, manchmal streikende Arbeiter oder manchmal Leute, die keine richtige Wohnung hatten. Wenn man irgendein Problem hatte, sagte man: ›Komm, wir gehen zu Madeleine!‹, und damit war das dann schon halb gelöst. Es sah nie so aus, als würde sie sich Sorgen um die Zukunft machen. Es genügte ihr, in der Gegenwart zu leben und sich jedem zur Verfügung zu stellen. Glauben Sie mir, jeder Mensch konnte sie aufsuchen. Sie hatte für alle die gleiche Aufmerksamkeit« (Schleinzer 1994, 143).

Übung:
Versuchen Sie, wenn Sie jemandem zuhören, gleichzeitig Ihre Handflächen sanft zu spüren. Das hilft, leiblich anwesend zu sein, und verhindert, von den eigenen Gedanken vom Zuhören abgelenkt zu werden.

Die Präsenz Gottes in unserem Leben als Ressource

Im jüdisch-christlichen Glauben ist die von Martin Buber in seiner Dialogphilosophie dargelegte Erfahrung von Sinn und Kraft in einer aufmerksamen zwischenmenschlichen Beziehung die Erfahrung von Gottes Gegenwart. Er ist letztlich die Kraft, das göttliche Du, das ewige Du, das uns zuhört, zu uns spricht, uns annimmt, uns kennt, uns liebt, für uns da ist. Gott ist »das ganz Gegenwärtige« (Buber 1997, 80). Ist dem wirklich so? Ist Gott nicht eher verborgen? Gerade in Zeiten der Not scheint Gott weit weg zu sein. Buber sagt dazu: »Wohl kennt, wer Gott kennt, die Gottferne auch und die Pein der Dürre über dem geängstigten Herzen; aber die Präsenzlosigkeit nicht. Nur wir sind nicht immer da« (ebd., 100). Es hängt also von uns ab, ob wir die »Gegenwart und Kraft« (ebd., 111) Gottes wahrnehmen. Wir müssen wie Mose neugierig auf den brennenden Dornbusch zugehen, wir müssen unsere Schuhe ausziehen aus Respekt vor der Heiligkeit dieses dürren Ortes, um zu hören, wie Gott sagt: »Ich bin der Ich-bin-da« (vgl. Ex 3,1–15).

Auf einem Faltblatt habe ich einmal gelesen: »Die Präsenz Gottes in unserem Leben ist eine der wichtigsten Ressourcen.« »Ressourcenorientierung« wiederum ist eines der wichtigsten Paradigmen Sozialer Arbeit. Ich glaube, dass damit gemeint sein kann, dass das Vertrauen auf die Gegenwart Gottes gerade Menschen in Sinnkrisen ermutigen kann, sich auf den nötigen Entwicklungsprozess einzulassen, und nicht geschwächt, sondern gereift aus einer Krise herauszugehen. Spiritualität als »Leben in der Beziehung zu Gott« (Plattig 2003, 29) ist ein beständiger Prozess, sich angesichts all des Fragmentarischen, Schmerzhaften und Rätselhaften im eigenen Leben und im Leben der anderen zur Entwicklung und Veränderung herausfordern zu lassen. »Alle Geschichten von Gottesbegegnungen im Alten und Neuen Testament und in der spirituellen Tradition sind Aufbruchs- und Umformungsgeschichten« (ebd., 13).

Beispiel:
Am Fallbeispiel einer Klientin namens Amy schildern Canda und Furman, wie die Hinzuziehung der religiösen Orientierung die Klientin darin unterstützt, ihre familiäre Krise zu überwinden. Die Klientin ist Katholikin und mit einer Meditationspraxis vertraut. Sie wird vom Sozialarbeiter ermutigt, ihre Meditation mit einem Gebet zu beginnen, das ihr göttlichen Schutz und Beistand zusichert. Zugleich nutzt sie die Zeit von Aschermittwoch bis Ostern, die im Katholizismus als »kollektiver Transformationsprozess« begangen wird, unterstützend für ihren eigenen Transformationsprozess. In der Reflexion bewerten Canda und Furman dieses Fallbeispiel in einer Weise, in der deutlich wird, dass die Hinzunahme einer spirituellen Praxis in einem Hilfeprozess nicht überschätzt werden darf. Beten löst noch keine Probleme. Aber gleichzeitig wird deutlich, dass eine spirituelle Praxis auch nicht unterschätzt werden darf: »Die Meditationserfahrungen und die religiösen Praktiken haben Amys Probleme und Sorgen nicht plötzlich und auf magische Weise zum Verschwinden gebracht, aber sie haben ihre Bemühungen mit einem Gefühl von Hoffnung, Stärke und Hilfe durchsetzt. Sie ging durch die Krise nicht allein und ziellos. Vielmehr folgte sie in ihrem eigenen Leben einem Modell von Leiden, Tod und Auferstehung, und all das mit Unterstützung ihres Sozialarbeiters, ihrer Gemeinde, ihrer persönlichen Meditationspraxis und der Erfahrung einer liebenden Beziehung mit Gott« (Canda/Furman 1999, 259f., Übersetzung A.T.).

Übung:
Beten ist ein zentraler Zugang zur Wahrnehmung der Präsenz Gottes im Alltag. Man kann beispielsweise

- sich auf ein Beratungsgespräch vorbereiten, indem man für sich mit einem Gebet beginnt, das einen zentriert in einem Sinn von Wohlwollen und Schutz (z.B. »Sende dein Licht und deine Wahrheit, damit sie mich leiten.« Ps 43,3);

- ein kurzes Gebet, das einem hilft, den Geist zu zentrieren und sich zugleich für Gott zu öffnen, mehrfach wiederholen (z.B. »Er ist mein Hirt. Und mir fehlt nichts.« Ps 23,1 in der Übertragung von Arnold Stadler).

Dabei kann die Verknüpfung mit dem Atem die aufmerksame Präsenz bewirken, die als entscheidend für eine wirkliche Begegnung angesehen wurde. Die Auswahl des Gebetes sollte individuell sein und meiner momentanen persönlichen und spirituellen Entwicklung entsprechen.

Der Schlüssel: Wahrnehmung

Es gibt meines Erachtens eine zentrale Fähigkeit, die gleichsam der Schlüssel für eine spirituell sensible Sozialarbeit ist, und das ist die Wahrnehmung. Ohne Wahrnehmung gibt es keinen Raum für Sinn, keine aufmerksame Präsenz und keine Erfahrung der Gegenwart Gottes. »Man muss kein großer geistlicher Meister sein, um zu wissen, dass der Weg zu Gott sich durch die Wahrnehmung öffnet und nicht durch das diskursive Denken. Gott ist da, aber wir nehmen ihn nicht wahr« (Jalics 2003, 35).
Was mit Wahrnehmen gemeint ist, kann auch mit folgenden Worten ausgesagt werden: achtsam sein, aufmerksam sein, bewusst sein, da sein, in der Gegenwart sein. Es geht beim Wahrnehmen nicht einfach nur um die Wahrnehmung durch die Sinne, sondern es geht um eine geistige Tätigkeit. Wahrnehmen ist »eine Aktivität des Bewusstseins« (ebd., 37).
Franz Jalics unterscheidet das Wahrnehmen vom Denken und vom Tun. »Der Mensch ist so geschaffen, dass sich sein Verhalten in drei Schritten vollzieht: Wahrnehmen, Denken, Tun. Am Anfang steht immer die *Wahrnehmung*. Es gibt Sinneswahrnehmungen wie Hören, Tasten, Schmecken, Sehen und Riechen. Die geistige Wahrnehmung nennt man Bewusstwerden, Innewerden, Gewahrwerden. Sie entspricht dem lateinischen »perceptio« und besteht darin, dass wir etwas von der Realität zur Kenntnis nehmen. Auf die Wahrnehmung folgt das *Denken*. Es ist unsere erste Reaktion auf das Wahrgenommene. Wir ordnen das Wahrgenommene ein. Dies geschieht durch das diskursive Denken des Verstandes: Reflektieren, Vergleichen, Analysieren, Planen und Wählen oder Entscheiden. Der dritte Schritt ist die *Ausführung*. Wir setzen unsere Einsichten in die Tat um. Wir werden aktiv und vollziehen eine Handlung« (ebd., 36). In der modernen Welt sind für Jalics diese drei Schritte in ein deutliches Ungleichgewicht geraten. »Der zweite und der dritte Schritt werden überbetont und drängen die Wahrnehmung spürbar zurück. Kaum nehmen wir etwas wahr, fallen wir sofort ins Denken, Überlegen, Erwägen, Beurteilen und oft ins Grübeln. Das Ende dieser Überlegungen ist

meistens, dass wir mit vielem nicht einverstanden sind und alles verändern wollen. Damit taucht in uns der ›große Macher‹ auf, der in hektische Überaktivität fällt. Die Wahrnehmung kommt zu kurz« (ebd.).

Im Alltag der Sozialen Arbeit ist es sicher eine große Herausforderung, dem Wahrnehmen, Innewerden und Gewahrwerden Raum zu geben. Meist ist schnelles Urteilen und Handeln gefragt. Deshalb ist Wahrnehmen eine Fähigkeit, die bewusst eingeübt werden muss.

Die Bedeutung des Wahrnehmens für die helfende Beziehung lässt sich mit Bubers Dialogphilosophie noch näher entfalten. Für Buber gibt es drei Arten der Wahrnehmung (vgl. Buber 1997, 150–153). Die erste Art ist die des zielgerichteten Beobachtens. Man lauert gleichsam bestimmten Dingen auf (vgl. ebd., 150). Die zweite Art ist bei Buber das Betrachten. Hier geht es nicht darum, das »Wichtige« herauszufiltern und sorgfältig zu notieren (wie beim Beobachten), sondern völlig »unbefangen« das zu erwarten, was sich zeigen wird, und gerade im »Uninteressanten« das Wichtige zu entdecken. »Alle großen Künstler sind Betrachter gewesen« (ebd., 151). Diese beiden Arten der Wahrnehmung könnten für den Sozialarbeiter bedeuten, das Geschehen zu beobachten, ohne das Beobachtete schon zu beurteilen; also das, was sich mir zeigt, zur Kenntnis nehmen, annehmen. Die dritte Art der Wahrnehmung nennt Buber »Innewerden« (ebd., 153). Hier ist der andere, den ich wahrnehme, nicht mehr mein »Gegenstand« wie beim Beobachten und Betrachten, sondern durch die Begegnung mit dem andern wird mir »etwas gesagt«, wird etwas in mein eigenes Leben hineingesprochen. »Das kann etwas über diesen Menschen sein, zum Beispiel, dass er mich braucht. Es kann aber auch etwas über mich sein. [...] Es kann sein, dass ich sogleich zu antworten habe, eben an diesen Menschen hier hin; es kann auch sein, dass dem Sagen eine lange, vielfältige Transmission bevorsteht und dass ich darauf anderswo, anderswann, anderswem antworten soll, wer weiß in was für einer Sprache, und es kommt jetzt nur darauf an, dass ich das Antworten auf mich nehme« (ebd., 151).

Auch für die französische Mystikerin Simone Weil war die »Aufmerksamkeit« (»attention«), wie sie es nannte, die zentrale Haltung zur Beziehungsfähigkeit. Simone Weil führt aus: »Die Aufmerksamkeit besteht darin, das Denken auszusetzen, den Geist verfügbar, leer und für den Gegenstand offen zu halten, die verschiedenen bereits erworbenen Kenntnisse, die man zu benutzen genötigt ist, in sich dem Geist zwar nahe und erreichbar, doch auf einer tieferen Stufe zu erhalten, ohne dass sie ihn berührten« (Weil 1998, 58). Auch diese Beschreibung von Aufmerksamkeit scheint mir hilfreich für die Sozialarbeiter-Klient-Beziehung zu sein: Es geht nicht darum, Fachkenntnisse zu negieren, um mit einem Klienten eine Beziehung aufzubauen. Fachkenntnisse sollen im Gegenteil »nahe und erreichbar« sein. Die »Wahrheit« zeigt sich für Simone Weil jedoch nur, wenn der Geist »leer« und »wartend« ist. Wo der Geist sich »voller Hast auf etwas stürzt«, »vorzeitig angefüllt« ist, dort steht er »der Wahrheit nicht mehr zur Verfügung« (ebd., 58f.).

Beispiel:
Zu einer Sozialarbeiterin im Sozialdienst eines Altenpflegeheimes kommen Angehörige einer Bewohnerin und beschweren sich über die schlechte Versorgung ihrer Mutter. Die Sozialarbeiterin versucht in der Wahrnehmung zu bleiben und einer reaktiven Tendenz (Rechtfertigung, Verteidigung) zu begegnen. Sie beobachtet das, was im Augenblick geschieht, sie gibt der Klage und den Emotionen der Angehörigen Raum und beobachtet auch ihre eigenen Emotionen. Durch das Bleiben in der Gegenwart, in dem, was momentan geschieht, kann sich auf menschliche Weise eine Begegnung ereignen, da einer Gegnerschaft die Nahrung entzogen wurde.

Übung:
Um geistig wahrnehmen zu lernen, ist es gut mit Übungen zur Sinneswahrnehmung und mit der Wahrnehmung des eigenen Körpers zu beginnen. Canda und Furman beschreiben darüber hinaus eine Achtsamkeitsübung während der Begegnung mit einem Klienten: »Versuche immer zu vermeiden, von deinem inneren Geplapper (»inner mental chatter«) weggezogen zu werden. [...] Unser inneres Geplapper etikettiert, analysiert, kategorisiert und beurteilt uns selbst und unsere Klienten und verfehlt, was sich tatsächlich ereignet. [...] Wann immer du bemerkst, dass dein Geist hin und her flattert oder schläfrig wird oder mit Geplapper voll wird, dann kehr zurück zur Achtsamkeit auf deinen Atem. Dann schenke dem Klang der Stimme deines Klienten Aufmerksamkeit, der Farbe seiner oder ihrer Kleidung, den Nuancen der Körperhaltung und Bewegung und dem emotionalen Ton seiner oder ihrer Worte. Nimm diese Details wahr, als ob du eine frisch gepflückte Blume riechen oder ein neues Nahrungsmittel schmecken würdest. Diese einfache Übung kann schnell den mentalen Nebel durchschneiden und uns für die Erfahrung von uns selbst in der Beziehung mit dem Klienten im Hier und Jetzt öffnen« (Canda/Furman 1999, 188, Übersetzung A.T.).

Spiritualität führt zu mehr Professionalität

Edward Canda und Leola Dyrud Furman stellen ihr Konzept für eine spirituell sensible Soziale Arbeit in den Kontext einer ganzen Reihe von Voraussetzungen, die die qualitativen Standards professioneller Sozialarbeit gewährleisten sollen. Zu diesen Voraussetzungen zählen:

- das ernsthafte Bemühen des Sozialarbeiters, den eigenen spirituellen Pfad mit den professionellen Werten zu verbinden (Canda/Furman 1999, XVIII). Das bedeutet nichts Geringeres, als dass die Werte und Normen des Ethik-Codes Vorrang haben vor den Wertvorstellungen der eigenen Religion oder spirituellen Richtung (vgl. ebd., 108, 170f., 260, 262, 267);
- die Erkundung der religiösen und spirituellen Vielfalt (vgl. ebd., Kap. 3–5). Das heißt, es müsste ein Basiswissen über die im eigenen Land, in der eigenen Region, unter den Klientinnen und Klienten vertretenen religiösen und spirituellen Richtungen vorhanden sein;
- eine inklusive Perspektive, d.h. die Wertschätzung aller religiösen und spirituellen Richtungen;
- das Wissen um eventuell schädigende Einflüsse von Religionen und Spiritualitäten (vgl. ebd., XXV, 65);
- das Schaffen eines für spirituell sensible Sozialarbeit günstigen Kontextes (vgl. ebd., Kap. 6). Dazu zählt in erster Linie, eine tragfähige und klare Beziehung zum Klienten aufzubauen, die Fundament für alles Weitere ist (vgl. ebd., 185). Dazu zählt aber auch die Ästhetik der räumlichen Gegebenheiten z.B. einer Beratungsstelle, einer Klinik usw.

Auf dem Boden dieser berufsethischen, fachlichen, persönlichen und institutionellen Voraussetzungen kann nun eine spirituell sensible Sozialarbeit erstehen. Entscheidend ist, die den Klienten unterstützenden Aspekte und die transformativen Aspekte der jeweiligen Spiritualität in den Hilfeprozess einzubeziehen (vgl. ebd., 101). Da Soziale Arbeit ressourcenorientiert arbeitet, wäre es eine vertane Chance, wenn nicht auch die religiösen und spirituellen Ressourcen im Hilfeprozess herangezogen würden. Nicht nur aus diesem Grund führt Spiritualität zu mehr Professionalität. Denn die Haltung der aufmerksamen Präsenz und Wahrnehmung sind zentrale Haltungen in professionellen helfenden Beziehungen, die ohne Frage eine hohe selbstreflexive und soziale Kompetenz voraussetzen und fördern.

LESEHINWEISE

Buber, Martin, Das dialogische Prinzip. Gerlingen ^{8}1997. (Buber 1997)
Canda, Edward R./Furman, Leola Dyrud, Spiritual Diversity in Social Work Practice. The Heart of Helping. New York 1999. (Canda/Furman 1999)
Jalics, Franz, Kontemplative Exerzitien. Eine Einführung in die kontemplative Lebenshaltung und in das Jesusgebet. Würzburg ^{8}2003. (Jalics 2003)
Lewkowicz, Marina/Lob-Hüdepohl, Andreas (Hg.), Spiritualität in der sozialen Arbeit. Freiburg 2003. (Lewkowicz/Lob-Hüdepohl 2003)

III. Ansprüche organisationalen Handelns

1. »Den Ersten beißen die Hunde«
Von der Verantwortung für Menschen und Organisationen

Ralf Evers

SUMMARY

Wo Unternehmensführung nicht allein unter ökonomischer Perspektive beurteilt wird, sondern die Bedeutung von Engagement, Motivation und Kreativität der Mitarbeiter erkannt wird, werden hierarchische Führungsstrukturen problematisch. An ihrer Stelle wird ein Stil des Managements gefordert, der auf Partizipation, Kommunikation und Koordination setzt (Teamwork, Lean Management). Die Strukturen eines solchen Managementstils, der sich der Forderung nach Enthierarchisierung stellt, werden ausgearbeitet und kritisch beurteilt. Dabei werden, ausgehend von den so genannten Dezentralisierungsdilemmata, insbesondere die Anforderungen an eine Unternehmensführung verdeutlicht, die, vom Begriff des Vertrauens her konzipiert, der Relevanz von Kommunikationsprozessen für moderne Unternehmen gerecht wird. Indem er dem Ideal herrschaftsfreier Diskurse untergeordnet wird, erschließt sich eine für moderne Managementkonzepte relevante theologische Perspektive.

Selbstorganisation und gelingendes Leben

Organisationen und Institutionen sind Gegebenheiten in der späten Moderne, denen niemand entrinnt. An die Stelle verbindender Traditionen ist heute die Notwendigkeit getreten, das eigene Leben selbstständig und selbsttätig zu organisieren. Haben in vor- und frühmodernen Gesellschaften Kontrollen und Vorgaben den Spielraum zur individuellen Lebensgestaltung auf einen geringen Rest beschränkt, erfordern die umfassenden Netzwerke der heutigen Institutionen und Organisationen ein hohes Maß an Selbstorganisation. Das eigene Leben ist unter der eigenen Leitung zu organisieren und zu führen. Jeder ist sich selbst der Erste und muss sich aktiv, findig und pfiffig selbst engagieren, um das eigene Leben samt seiner sozialen Bindungen und Netzwerke zu organisieren. Zur Deckung ihrer Bedürfnisse schaffen sich Menschen Organisationen, und um mit diesen zurechtzukommen, werden sie schließlich zu Managern ihrer selbst.

In Bezug auf die Logik von Institutionen und Organisationen geht aus den einleitenden Anmerkungen zu dem klassischen Managementthema »Führen und Leiten« hervor, dass die dort erwünschten Leistungen oder Ergebnisse von Menschen erbracht werden, selbst wenn für viele Betriebsergebnisse der Beitrag von Technologie oder Infrastruktur in Rechnung zu stellen ist. Die Reduktion dieses Engagements, des menschlichen Faktors, auf Produktivität ist unter dem ökonomisch unumgänglichen Gesichtspunkt der Effizienz verständlich, führt aber für das Thema »Führen und Leiten« in ein Dilemma: Was ist der Maßstab für »erfolgreiches« Führen und Leiten? Engagement, Motivation und Zufriedenheit der Mitarbeiterinnen und Mitarbeiter oder das betriebswirtschaftlich zu bewertende Ergebnis ihres Einsatzes?

Wenn von Leitung die Rede ist, geraten zunächst diejenigen in den Blick, die Positionen erreicht haben, in denen sie Verantwortung tragen. Wir reden von Persönlichkeiten, die verantwortlich sind für Arbeits- und Betriebsergebnisse, die – und das erst macht das Thema interessant – nicht nur von ihnen selbst, sondern im Wesentlichen von anderen erbracht werden. Auch wenn in den jüngeren Überlegungen zum Qualitätsmanagement Prozess- und Ergebnisqualität meist miteinander verschränkt werden, gilt gleichwohl die Optimierung des Betriebsergebnisses regelmäßig als Indikator für erfolgreiche Führung. Das Ergebnis wird zum Maß der Dinge. Die Übertragung dieser Perspektive auf das persönliche Lebensmanagement kritisiert Gunda Schneider-Flume (2002) als »Tyrannei des gelingenden Lebens« und macht ihrerseits geltend, dass nicht das Gelingen oder Misslingen eines ganzen Lebens über dessen Wert und Bedeutsamkeit entscheide. Vielmehr sei es die Anerkennung, die die Menschen als Geschöpfe Gottes von Anfang an trage und die sie zu einem bewussten Leben befreie.

Auch wenn in Prozessen innerhalb von Organisationen das Gelingen wesentlich bleibt, ist dieser Wechsel der Perspektive erhellend. Denn gerade für das Thema Führen und Leiten ist die entscheidende Frage die, wie es Menschen möglich wird, engagiert und motiviert, entschlossen und kreativ zu handeln. Die Herausforderung wächst, wenn die Anzahl von Menschen, die miteinander handeln müssen, größer wird, wenn die Arbeits- und Aufgabenteilung zu immer undurchsichtigeren Handlungsabläufen führt, wenn die kommunikativen Verbindungen untereinander sich vervielfältigen und wenn die Wissensnetzwerke immer umfassender werden. Liegt hier die Verantwortung von Führungspersönlichkeiten?

Ende oder Renaissance der Hierarchien?

In der Gegenwart werden die Führungsmuster der Moderne in Frage gestellt. Der Rückzug hierarchischer Steuerung aus nahezu allen Feldern sozialer Praxis wird zum verbreiteten Kennzeichen der spätmodernen Organisationen. Waren in segmentär differenzierten Gesellschaften bis weit in die Moderne hinein nahezu alle Lebensbereiche hierarchisch reglementiert, verliert in der funktional differenzierten Gesellschaft die Hierarchie als Koordinationsmechanismus und Führungsprinzip an Bedeutung. Schließlich hält mit der Forderung nach »Teamwork« und »Lean Management« die Enthierarchisierung auch in den lange Zeit weitgehend hierarchieaffinen Organisationen von Wirtschaft, Politik, Wissenschaft und Kunst Einzug. Sie machen die Erfahrung, dass Gewinne aus der hierarchischen Steuerung, insbesondere die schnelle und eindeutige Entscheidungsfindung, zunehmend schmelzen. Die Schwachstellen hierarchischer Steuerung – geringe Mobilisierung der Ressourcen der Mitarbeiterinnen und Mitarbeiter, Durchsetzungsprobleme in der Organisation, hohe Komplexität der Führungsspitze – sind leicht zu identifizieren. Allerdings zeigt gerade der Blick auf die Politik, dass alternative Führungskonzepte rar sind und ihre Umsetzung wenig konsequent betrieben wird.

Hierarchische Führungsstrukturen etablierten sich endgültig, als es im Zuge der gesellschaftlichen Modernisierung galt, komplexe und differenzierte Arbeitsprozesse zu entwickeln und miteinander zu verknüpfen. Als Handlungs- und Steuerungsmuster waren sie aber bei der »weltlichen Obrigkeit« und ihrem militärischen Arm schon lange zuvor bekannt und in Situationen des Entscheidungsdrucks und der Führung von Massen bewährt. Wenigstens ebenso alt wie die hierarchische Führungspraxis ist ihre (ordnungs-)theologische Rechtfertigung, die ebenso auf Vorstellungen einer von Gott gewollten Schöpfungsordnung fußen kann wie auf der Rechtfertigung des menschlichen »Regiments« durch seine Parallelisierung mit dem göttlichen. Für die Übernahme dieser Handlungsmuster in die modernen Unternehmen des 20. Jahrhunderts gab es zunächst einen guten Grund: Hierarchische Führung gewährleistet die zeitnahe und eindeutige Entscheidbarkeit von Problemen und sichert damit in jedem Fall die Handlungsfähigkeit, indem sie mit der »heiligen Ordnung« ein System von Weisungsgebern und -empfängern aufbaut, die effektiv zusammenwirken.

In den 70er-Jahren des vergangenen Jahrhunderts war es das Bemühen um die nachhaltige und endgültige Demokratisierung der Gesellschaft und ihrer Institutionen, das die Hierarchien in Frage stellte und Muster betriebsdemokratischer Partizipation an ihre Stelle rückte. Diese Bewegung von unten wird gegenwärtig in gewisser Weise durch die Initiative des Managements betroffener Unternehmen aufgegriffen und abgelöst, weil festgestellt wird, dass die hierarchische Steuerung den komplexen Problemen des Umfelds wie der Differenzierung innerhalb der Unternehmen nicht mehr gerecht wird. Das Zerbrechen der Routinen und der zergliederbaren Arbeitsprozesse verlangt nach neuen Formen der Kommunikation und Koordination:

- Spezialisierungsvorteile müssen wahrgenommen werden. Die Komplexität der Teilprozesse kann aber von einer universalisierten hierarchischen Spitze nicht mehr nachvollzogen werden. Führen und Leiten heißt zuhören und lernen.
- Informationen erreichen die Organisationen zunehmend weniger über die Spitze, sondern vielmehr von allen Seiten gleichzeitig. Das Zusammentragen und Bewerten in Stabsstellen ist kaum mehr möglich, vor allem aber sind die Aufnahmekapazitäten begrenzt und der Informationsfluss von unten nach oben kaum zu garantieren. Führen und Leiten heißt koordinieren und dokumentieren.
- Keine Hierarchie ohne Kontrolle? Die Kontrollmöglichkeiten der Hierarchiespitze sind oft zu gering, um alle Anweisungen durchzusetzen. Führen und Leiten heißt delegieren und partizipieren.
- Die Ressourcen innerhalb der Organisation können oft nicht mobilisiert werden. Führen und Leiten heißt aktivieren und moderieren.

Unter Rückgriff auf solche neuen Kommunikations- und Koordinationsformen werden gegenwärtig ganz unterschiedliche Organisationsmuster erprobt, deren gemeinsames Merkmal allerdings ist, dass eine funktionale Abteilungsgliederung von einer an Produkten orientierten Unternehmensgliederung abgelöst wird. Die neuen Einheiten tragen weitgehend selbst die Verantwortung für Kosten, Qualität und Termintreue. Teams übernehmen innerhalb des vorgegebenen Rahmens die Erledigung von Teilaufgaben. Sie werden – teilweise befristet – aufgabenbezogen etabliert. In der gleichen Logik werden Bereiche, die nicht zum Kerngeschäft gehören und sich also dem kompetenten Zugriff der vorhandenen Teams entziehen, ausgegliedert.

Führungs- und Leitungsfragen werden dabei nicht aufgelöst, sondern in veränderter Form angewandt: dezentrale, sich selbst steuernde Einheiten werden gefordert und etabliert, die ihrerseits allerdings neue Probleme, z.B. in der Koordination ihrer Aktivitäten, mit sich bringen und schließlich die Bedeutung von Hierarchie als dem eigentlich übergreifenden Steuerungsmuster oft eher unterstreichen. Der hierarchische Dienstweg, der Schnittstellenprobleme auf der Ebene der Vorgesetzten löste, wird nun zugunsten der »horizontalen Hierarchie« aufgegeben. Globalisierende Anweisungen – z.B. in Form von Zielvorgaben – nehmen zu. Solchen und ähnlichen neuen Steuerungsinstrumenten werden die Organisationsstrukturen langsam folgen müssen. Unterstellt wird dabei, dass sich durch eine entsprechende Steuerung die bisherigen Koordinationsprobleme vermeiden lassen. Tatsächlich entstehen aber neue Steuerungs- und Koordinationsprobleme:

- Strategieentscheidungen werden den einzelnen Einheiten vorgegeben. Sie sind für ihre Leistung verantwortlich, können aber deren Zielstellung nicht mehr voll beeinflussen.
- Ebenso werden Gemeinkosten, auf die die Einzeleinheiten wenig Einfluss haben, auf alle verteilt.
- Der Sehnsucht vieler Kunden nach Komplettlösungen kann nicht immer entsprochen werden; Case Manegement oder Scouts, wie sie inzwischen einige Kommunen zur Koordination unternehmensbezogener Dienstleistungen einsetzen, werden zunehmend gefragt.
- Gleiche Funktionen tauchen in unterschiedlichen Einheiten auf und müssen mühsam vernetzt werden.
- Die Tendenz zu einer inkrementalen Innovationspolitik wird gefördert; grundlegende Innovationen werden aber aufgrund des Aufwands gescheut.
- Reorganisationen sind zunehmend schwierig durchzusetzen.

Neue Mittel – neue Wege

Tatsächlich scheint sich mit dem Umbau der Hierarchien kein Königsweg zu einer effizienteren Organisation aufzutun, vielmehr tun sich so genannte »Dezentralisierungsdilemmata« auf, die im Wesentlichen als Kommunikationsprobleme betrachtet werden können. Die Brisanz dieses Problems liegt darin, dass auf den ersten Blick das Prinzip der Koordination und Integration dem der Differenzierung in autonome Einheiten widerspricht. Es ist und bleibt die Integration der divergierenden und sich differenzierenden Einheiten das grundlegende Organisationsproblem. Wie wird die Koordination zwischen autonomen Einheiten (wieder) hergestellt? Welche Steuerungs- und Leitungsmechanismen, besser: welche

Koordinationsmechanismen ersetzen die Führungspersönlichkeiten aus den hierarchischen Systemen?

In der Systemtheorie werden »symbolische generalisierende Kommunikationsmedien« eingeführt, die die Wahrscheinlichkeit des Gelingens von Kommunikation und Verständigung erhöhen (vgl. Luhmann 1984). Als alternative Steuerungsmechanismen zur Verknüpfung dezentraler Einheiten werden aber auch der Markt, Vertrauen oder Professionalisierung und schließlich Liebe oder Spiritualität gehandelt. Stichworte wie »diskursives Unternehmen«, »Wissensorganisation«, »Vertrauensunternehmen« oder auch »Management by love« sollen für besser angepasste Steuerungsmechanismen stehen (vgl. Kühl 2000). Die große Bedeutung der Kommunikation wird letztlich von all diesen Konzepten aufgegriffen; es gilt, die Organisationen über Verständigungs- und Verhandlungsprozesse zu steuern.

Gängigstes Beispiel für einen entsprechenden Führungsstil sind die so genannten Zielvereinbarungen. Sie werden in einem diskursiven Aushandlungsprozess entwickelt und verabredet, der gleichzeitig das Einvernehmen innerhalb der Organisation gewährleistet. Die kommunikationstheoretische Erkundung dieses Ansatzes steht noch aus, doch geht man von der Vermutung aus, dass geteilte Wertvorstellungen und gemeinsame Erfahrung die Basis für dieses Konzept darstellen. Erst wenn dieser – mitunter auch als lebensweltlich apostrophierte (vgl. Seitz 1993) – Kontext gegeben sei, werde das Dissenzrisiko und der Interpretationsaufwand genügend minimiert. Vergleichbare Ansätze und Rechtfertigungsmuster haben sich zeitgleich auch in der Sozialen Arbeit etabliert und finden einen greifbaren konzeptionellen wie praktischen Ausdruck in einer ganzen Reihe von Bestimmungen im aktuellen Kinder- und Jugendhilfegesetz.

Von der Erhöhung der Lösungskompetenz für spezifische Probleme gehen auch Konzepte lernender Unternehmen aus. Allerdings setzen diese nicht auf die Vielzahl der am Diskurs Beteiligten, sondern auf deren Professionalität. In dem Maß, in dem in den Organisationen Wissen genutzt und verfügbar gemacht wird, wird die rein formale Hierarchieposition aufgelöst. Autorität basiert auf individuell verfügbaren Kenntnisbeständen und nicht auf Über- oder Unterordnung. Professionalität bewährt sich darin, für die Richtigkeit der eigenen Position argumentativ Zustimmung zu finden. Nicht auf Wissen, sondern auf die Stabilität von Beziehungen setzen Vorstellungen, die Unternehmen vom Begriff des Vertrauens her zu entwickeln suchen. Der Vertrauensvorschuss macht intensive Abstimmungsprozesse über Leistung und Gegenleistung überflüssig und eignet sich insbesondere dort, wo quantifizierende Steuerungsmodelle versagen, weil die Kontingenz der Situation zu groß ist.

Organisationslogisch wirkmächtiger als diese weichen Ansätze ist die Tendenz, ökonomische Prämissen zum Ausgangspunkt von Managementkonzepten zu machen. Schlagendes Beispiel ist die jüngere Diskussion des Konzepts des »Intrapreneurships«, die die Einführung des unternehmerischen Denkens für alle Mitarbeiter eines Unternehmens fordert. Dieses Modell der Steuerung über die Etablierung interner Märkte stellt das konsequente Gegenmodell zu diskursiven Unternehmenskonzepten dar. Die ökonomische Idee des Intrapreneurships ist letztlich die eines durch Wettbewerbskräfte gesteuerten Unternehmens. Leistungsfähigkeit wird zum dynamisierenden Element, das einen Markt bedient, der innerbetrieblich etabliert wird, bis dahin, dass der Austausch von Waren und Leistungen vertraglich vereinbart wird. Was am Kollegen interessant ist, ist dessen Leistung, hinter der Aspekte wie Status, Stellung, Geschlecht oder soziale Beziehungen zurücktreten. Auf diese Weise soll mit dem Konzept des Intrapreneurships mit jeder Herrschaftsbeziehung, aber auch mit wenig optimalen Vertrauens-, Verständigungs- und Solidaritätsbeziehungen gebrochen werden. Um der Leistungsfähigkeit willen werden aufwendige Kommunikations- und Koordinationsprozesse zurückgedrängt. Ganz in der Logik marktwirtschaftlichen Denkens wird auf permanenten Optimierungsdruck insbesondere im Bereich der Preisgestaltung gesetzt.

Auffällig ist im Blick auf die aktuelle Managemententwicklung, dass selbst hier die misstrauisch beäugten hierarchischen Strukturen letztlich doch nicht aufgelöst, sondern nur verlagert werden. Vom Ende der Hierarchien kann selbst in Ansätzen wie dem der Dezentralisierung oder des Lean Management nur bedingt die Rede sein, weil oft Einzelpersonen als Prozessinitiatoren oder Prozessverantwortliche wieder Bedeutung gewinnen. Dem kritischen Blick auf diese Diskussionslage erschließen sich die Grundmuster zweier differierender, in der Praxis aber oft miteinander verschränkter Überlegungen: Die Lösung der betrieblichen Kooperationsprobleme wird entweder durch die konsequente Anwendung ökonomischer Rationalität oder aber durch die weitgehende Selbstorganisation der Betroffenen erwartet. Virulent bleibt aber das »alte« Problem des »Führens und Leitens«, die Position des Verantwortungsträgers und die Frage nach dem Maßstab seines Handelns. Insbesondere an diesem Punkt sollten theologische Erwägungen anschließen.

»Den Ersten beißen die Hunde ...«

Einige Problematisierungen vorab: (1) Regelmäßig wird in Organisationen das Verhältnis von Aufgaben und Mitarbeitenden thematisiert, wenig Beachtung findet aber das Gegenüber von Individuum und Gruppe, das gerade auch in ausgeprägten Teamkulturen besteht, wenn der Alterität der Beteiligten keine Beachtung geschenkt oder Pluralismus gar nicht gewünscht ist. (2) Die Struktur einer Organisation und der sie bestimmenden Prozesse ist in der Regel präzise bestimmt; der Bedarf an einer Unternehmenskultur, die sich durch eine geteilte Zielstellung, gemeinsame Wertorientierungen, Loyalität und Anerkennung bestimmen mag, wird demgegenüber oft unterschätzt. (3) Schließlich hinterlässt die Auseinandersetzung mit Führungsfragen oft ein klares Bild der Machtverhältnisse; ungeklärt aber ist, auf welche Weise Einfluss genommen werden kann, ohne die Ansprüche und Möglichkeiten anderer zu beschränken, sondern so, dass diese vielmehr konstruktiv zur Geltung kommen können.

Die theologische Frage, die sich mit der Kritik an den bisherigen Führungsstilen verbindet, gilt in der Regel dem letztgenannten Zusammenhang von Leitung und Macht. Eine mentale Reserviertheit, die auch sonst häufig bei sozialen Organisationen anzutreffen ist, ergibt sich aus dem Willen, für ohnmächtige im Sinne von schwachen und benachteiligten Menschen da zu sein und in keinem Fall die ohnehin asymmetrischen Kommunikationssituationen durch den Machtgebrauch zu belasten. Eine Übertragung der entsprechenden Vorbehalte in Leitungszusammenhänge ist oft anzutreffen. Dieses Bild verstärkt sich bei der Betrachtung der Leitungs- und Kommunikationsstile von Priestern, Pfarrerinnen und Pfarrern. Erst in jüngerer Zeit finden sich Professionalisierungsdiskurse (vgl. Karle 2001) und pastoraltheologisch-ekklesiologische Neuorientierungen (vgl. Steinkamp 1999b), die ein Umdenken dokumentieren. In ihrem Gefolge stellt sich im Arbeitsalltag die Frage nach dem Machtgebrauch neu, zumal konzediert wird, dass in allen menschlichen Beziehungen Machtmuster beobachtet werden müssen.

Theologisch interessant ist auch die Betrachtung von Kirche und Diakonie als Dienstleistungsunternehmen. Dieser Blickwinkel hat zu einer zunehmenden Popularität kybernetischer Fragen geführt, die in aller Regel aber hin zu den persönlichen Kompetenzen und Ressourcen der Leitungspersönlichkeiten gewendet werden. Bedauerlicherweise erreichen die vertretenen Modelle nur selten den Grad der Differenziertheit der oben genannten praktisch-theologischen Positionen zum Umgang mit Macht, doch sensibilisieren sie für die Möglichkeiten und Grenzen der aktuellen Managementdiskussion und führen auch zu einer kritischen sozialethischen wie theologischen Wahrnehmung von Organisationsfragen im Allgemeinen. Zwar ergeben sich heute die im pietistisch geprägten Protestantismus bzw. dem sozial engagierten Katholizismus des 19. Jahrhunderts ausgeprägten Muster der sozial verantwortlichen Unternehmer nicht mehr. Doch der verantwortliche Umgang mit den eigenen Möglichkeiten, wie er sich einst für einzelne Persönlichkeiten aus ihrer Stellung in Hierarchien und der Partizipation am gesellschaftlichen Kapital ergab, tritt zurück hinter Muster des freiwilligen Machtverzichts in Interaktions- und Kommunikationszusammenhängen. Vom Ethos, die eigenen Einfluss- und Gestaltungsmöglichkeiten zur Fürsorge für andere zu nutzen, ist im Kontext veränderter Unternehmensstrukturen und gesellschaftlicher Rahmenbedingungen wenig mehr zu spüren als die Sehnsucht nach einer Verantwortung übernehmenden, erlösenden Leitfigur. Doch sollte nicht das Vorbild einer sozial engagierten, integren und frommen Persönlichkeit die aktuelle Führungsdiskussion bestimmen, sondern die Fragen nach der Angemessenheit von unternehmerischen Strukturen einerseits und der Qualität von Beziehungen andererseits. Dazu fehlt viel.

In funktional dominierten Managementkonzepten wird der personale Aspekt von Leitung oft ausgeblendet. Es dominiert der zweckrationale Charakter des ökonomischen Handelns, das sich den klassischen Managementfragen von Planung, Organisation, Personaleinsatz, Führung und Kontrolle stellt. Erst in pragmatischeren Konzepten, wie sie im angloamerikanischen Raum deutlicher propagiert werden als im deutschen, spielt die Frage nach Leitungspersönlichkeiten eine konzeptionelle Rolle (vgl. Hermelink 1998). Doch bleibt diese Entwicklung fraglich: Wenn von Führen und Leiten die Rede ist, wurde und wird diese Leistung in aller Regel personal, als Aktivität einer exponierten Persönlichkeit verstanden. Sehnsuchtsvoll halten wir uns an Menschen, die kraft ihrer ungewöhnlichen Fähigkeiten Probleme meistern. Dass dieser messianischen Hoffnung massive Schuldvorwürfe im Falle des Versagens entsprechen, erschließt sich auch der oberflächlichsten theologischen Betrachtung. Viel wesentlicher aber ist es, Leitungsprozesse als zwischenmenschliche Interaktionen zu betrachten und Beziehungsqualität zum organisatorischen Prinzip zu machen. Soziale Organisationen sollten nach Kriterien geführt werden, die mit dem »Pathos der Persönlichkeit« wenig und stattdessen viel mit Formen kollektiver Intelligenz und Befähigung durch soziale Interaktion zu tun haben. Führung ist nicht die Aufgabe einzelner Personen, sondern ein dynamisches Prinzip individuellen wie kollektiven Handelns. Für diese Weichenstellung halten theologische Diskurse einiges bereit.

LESEHINWEISE

Boskamp, Peter/Knapp, Rudolf (Hg.), Führung und Leitung in sozialen Organisationen. Handlungsorientierte Ansätze für neue Managementkompetenz. 2., überarb. Auflage. Neuwied 1999. (Boskamp/Knapp 1999)

Lohmann, David, Das Bielefelder Diakonie-Managementmodell (Leiten. Lenken. Gestalten – Theologie und Ökonomie, Bd. 1) Gütersloh 1997. (Lohmann 1997)

Lotmar, Paula/Tondeur, Edmond, Führen in sozialen Organisationen. Ein Buch zum Nachdenken und Handeln. 7., durchges. Auflage. Bern-Stuttgart-Wien 2004. (Lotmar/Tondeur 2004)

Tondeur, Edmond, Menschen in Organisationen. Mit-Teilungen eines Organisationsberaters. Bern-Stuttgart-Wien 1997. (Tondeur 1997)

2. »Familienmitglied« versus »Routinenerfüller«

Zur Frage nach der Rolle von Professionellen in sozialen Organisationen

Norbert Schuster

SUMMARY

Soziale Organisationen sind Organisationen, die grundsätzlich über eine Doppelgestalt verfügen. Sie sind gleichzeitig familial und funktional strukturiert. Zudem wird in Einrichtungen des Sozialwesens auf engstem Raum gekoppelt, was die moderne Gesellschaft eigentlich in Funktionssysteme ausdifferenziert hat. Darum zählen soziale Organisationen zu den komplexesten Organisationsformen, die heute existieren. Sie machen professionelles Arbeiten zu einer echten Herausforderung, mit der sich auch die Frage nach dem (Selbst-)Verständnis der Mitarbeitenden stellt. Der vorliegende Artikel bietet basale Verständnisfolien zur Erklärung dessen, was eine soziale Organisation ist, und nimmt sich von da aus der Identitätsfrage an. Wer bin ich? Je nachdem: einmal »Familienmitglied«, einmal »Routinenerfüller« und manchmal beides.

In sozialen Organisationen professionell tätig zu sein und Erfolg zu haben, ist keine leichte Aufgabe. Ob in Einrichtungen für sozial auffällige Kinder, Jugendliche und Erwachsene, in Sozialdiensten und Beratungsstellen für Ehe und Familie, Erziehungsfragen oder Mediation, in Einrichtungen für Menschen mit psychischen Problemen und Krankheiten, in Organisationen im Bereich Interkulturalität, Migration oder Asylwesen, in Einrichtungen des Straf- und Maßnahmenvollzugs, in Diensten für Menschen mit Abhängigkeits- und Suchtproblemen, in Gemeinwesenarbeit, in Schulsozialarbeit oder in Selbsthilfeorganisationen: soziale Organisationen verfügen über eine spezifische Basiskonstruktion, die verstanden sein will, soll professionelle Tätigkeit dort überhaupt, und dann auch noch effektiv, möglich sein, und mit der es produktiv umzugehen gilt, soll die Arbeit in solchen Gebilden effizient sein.

Dem Verstehen sozialer Organisationen wie dem ihnen angemessenen professionellen Agieren stehen meiner Beobachtung nach allerdings häufig Barrieren im Weg, und zwar mentale wie begriffliche. Sie lassen sich an dem Wörtchen »sozial« selbst festmachen. Zunächst muss es also darum gehen, diese Hindernisse in einer Begriffsklärung aus dem Weg zu räumen. Erst wenn dies geschehen ist, lassen sich instruktive Zugänge zur Frage nach der Logik von sozialen Organisationen erschließen. Von dort aus können dann erste Konsequenzen für Selbstverständnis und Grundqualifikationen sozialarbeiterischer Professionen in sozialen Organisationen diskutiert werden.

Begriffsklärung

Was mit dem Begriff »*soziale* Organisation« gemeinhin assoziiert bzw. unter dem Stichwort »*soziale* Kompetenz« in der Regel abgehandelt wird, ist, so meine These, wenig hilfreich für das Verständnis der sozialen Organisation und das professionelle Handeln von Personen in diesen Organisationen. Darum muss hier genauer hingeschaut werden.

Was sind soziale Organisationen?

Kaum eine Erdbebenkatastrophe auf der Welt, ohne dass 24 Stunden später die Nachricht über den Ticker geht: »Soziale Organisationen ... rufen zu Spenden auf.« Was sind »soziale Organisationen«? Hilfsorganisationen, so assoziieren viele Zeitgenossen. Keine Bilder vom Weltwirtschaftsforum in Davos ohne Bilder von Globalisierungsgegnern: von »Attac« bis »Brot für die Welt«, von »Amnesty international« bis zu »Internationale Ärzte für die Verhütung des Atomkrieges«. In der Tat denken viele beim Stichwort »soziale Organisationen« einerseits an so genannte NGOs, an Unabhängigkeit von Regierungen als Garantie für »wirklich am Menschen und an dessen Bedürfnissen dran«. Wenn die EU ein Kommissionshearing unter den Titel stellt: »Zukünftige Binnenmarktstrategie für wirtschaftliche und soziale Organisationen«, dann ist klar, was im Sprachgefühl der Menschen längst seinen Niederschlag gefunden hat: »Soziale Organisationen« sind deswegen soziale, weil sie eben keine wirtschaftlichen sind. Sie klingen irgendwie alle nach NPOs, nach Non-Profit-Organisationen, und riechen gemeinnützig. Wenn die Stadt Heidelberg eine Tagung ausschreibt: »Corporate Citizenship. Von der möglichen Zusammenarbeit von Unternehmen, sozialen Organisationen und bürgerschaftlichem Engagement«, dann klingt soziale Organisation andererseits im Vergleich zu dem anderen, von dem sie hier unterschieden wird, dem bürgerschaftlichen Engagement, fast schon wieder altmodisch: nach Dauer und Zeitlosigkeit, dem Gegenteil jedenfalls von Projekt und biografischer Passung.

Was sind soziale Organisationen? Diese eben beschriebene, oftmals ablaufende Assoziationskette ist für den Organisationstheoretiker uninteressant. Ihn interessiert nicht Konnotation sondern Struktur. Seine Hypothese hinsichtlich der Frage, was denn das Attribut »sozial« vor sozialen Organisationen meint, formuliert er so: Das Attribut »sozial« ist ein Synonym zu Organisation und müsste dem Begriff Organisation gar nicht eigens vorangestellt werden. Denn Organisationen stellen eine Kategorie sozialer Gebilde dar. Schließlich haben sie nie bloß mit einem Individuum zu tun. Sie realisieren vielmehr das aufeinander bezogene Handeln mehrerer Organisationen, sind von daher immer *soziale* Organisationen. »Sie sind die Verlängerungen unserer selbst und Mechanismen zur Verwirklichung einer Vielzahl von Zielen, die über die Möglichkeit des Einzelnen weit hinausgehen« (Girschner 1990, 22). In diesem Sinn ist jede U-Boot Besatzung eine soziale Organisation und jedes Call-Center der deutschen Telekom ebenso. Der Begriff »soziale Organisation« ist also zunächst nichts anderes als eine Tautologie wie der »weiße Schimmel« auch.

In Bezug auf die sozialen Organisationen, die das zukünftige Tätigkeitsfeld derer sind, die Soziale Arbeit studieren, Einrichtungen der stationären, teilstationären und ambulanten Sozialarbeit, Einrichtungen, die mehr oder weniger extreme Lebensdramatiken bearbeiten, die in Notlagen helfen und, wenn es die Situation erfordert, unterstützend »einspringen«, scheint das Wort »sozial« noch etwas anderes zu signalisieren; und zwar nicht als Assoziation, sondern in strukturrelevanter Hinsicht. Das Wörtchen »soziale« vertritt in solchen sozialen Organisationen das Wort »Familie« samt einem angefügten »und«. Soziale Organisationen, und zwar solche, die Lebensdramatiken bearbeiten, sind Gebilde, die »Familie und Organisation« sind. Das ist ihre Besonderheit.

Was ist soziale Kompetenz?

Soziale Arbeit umfasst unterschiedliche Tätigkeitsfelder. Sie reichen von Prävention, Integration, Sozialisation, Lebenshilfe, Rehabilitation über Bildung, Unterstützung, Alltagsgestaltung, Erziehung, Gesundheitsförderung bis zu Beratung, Intervention und Sozialplanung usw. Wer hier bestehen will, braucht unbestritten Fach- und Methodenkompetenz und natürlich auch personale Kompetenz: skills wie rhetorische Fähigkeiten, Ausdrucks- und Bewegungsfähigkeiten, aber vor allem Leistungsdispositionen wie etwa Allgemeinbildung, Selbstreflexionsbereitschaft, Arbeitsbereitschaft, Flexibilität, Offenheit, Vertrauensbereitschaft und -würdigkeit. Zusätzlich bedarf es in diesem Geschäft ethischer Kompetenz und der Kompetenz zur Kompassion. Im Blick auf letztere werden meist einzelne Fähigkeiten alltagspsychologisch angenommen, aufgelistet und ausführlich, bisweilen ausgesprochen spannend (vgl. Kastner 1999), abgehandelt: Einfühlungsvermögen, Kommunikationsfähigkeit, Verhandlungsgeschick, Beherrschen von Problemlösungstechniken, die Fähigkeit, »mit einzelnen Gruppen und Gremien auf jeweils andere und insgesamt produktivere Weise umgehen zu können« (Berkel 1990, 311). Unter der Überschrift »Sozialkompetenz« subsumiert, gelten sie als unverzichtbar für den Erfolg professionellen Handelns in sozialen Organisationen. Alle anderen Kompetenzen »allein bewegen wenig, wenn sie nicht von *sozialer Kompetenz* begleitet werden« (Demmer 2001, 53). Gefordert wird also Empathie, die Fähigkeit zuhören zu können und Teamfähigkeit. Und insbesondere das Stichwort Kooperation »könnte diesen Blumenstrauß von Sozialkompetenzen abrunden« (Gärtner 2002a, 122). Oft kann man sich allerdings des Eindrucks nicht erwehren, all dies sei vor allem »›Humanolyrik‹, die [...] nicht fehlen darf. [...] Geht es uns ja allen doch um die Menschen« (ebd., 121). So konnotiert meint »sozial« mitmenschlich, einfühlsam, verstehend, gemeinschaftsbezogen handeln.

Was ist soziale Kompetenz? Im Blick auf das (berufliche) Miteinander von Menschen kann ein solches Verständnis des Wörtchens »sozial« hilfreich sein. Im Blick auf Menschen in Organisationen ist es das allerdings nicht immer. Die Entwicklung und Anwendung solchermaßen verstandener Sozialkompetenz *kann* bezüglich des Arbeitens in Organisationen im Gegenteil sogar fatale Folgen haben: »Wer sich *so* sozialkompetent verhält, [...] wie man es in Kursen und beim Studium lernt, organisiert vielfach seinen eigenen Misserfolg« (ebd.). Im Blick auf Personen in Organisationen muss das Kapitel Sozialkompetenz offensichtlich umgeschrieben werden. Da ist Heribert W. Gärtner zuzustimmen: »Sozialkompetenz heißt zuerst einmal wissen, wo man sich bewegt, was dort gespielt wird und was die Organisation an Verhaltensweisen zulässt. Hierzu muss man zu einem Mitspieler werden, der zugleich radikaler Beobachter ist. [...] Die harten Fragen heißen: Was geht und was geht nicht? Was passt und was passt nicht?« (ebd., 129). Sozialkompetent sein zu wollen, setzt voraus, die Organisation, in der man arbeitet, zu verstehen, ihre Teillogiken identifizieren und begreifen zu können und sich innerhalb dieser dann adäquat zu bewegen und zu verhalten. »Sozialkompetenz heißt sich in der Organisation anschlussfähig machen« (ebd., 128) und meint also eigentlich Organisationskompetenz. Sie kann für den Erfolg beruflichen Handelns wichtiger sein als Fachkompetenz (vgl. Demmer 2001, 53). Das Spezifikum sozialer Kompetenz besteht also darin, Organisationen zu verstehen und sich in ihnen adäquat zu verhalten.

Die doppelte Logik sozialer Organisationen

Jenseits mentaler wie begrifflicher Barrieren – Stichwort »Humanolyrik« – ist nun ein nüchterner Blick auf das, was soziale Organisationen sind und wie die darin Handelnden gesehen werden können, möglich. Meine These lautet daraufhin: Im Gegensatz zu anderen sozialen Organisationen, die das sein *können, sind* soziale Organisationen des Sozialwesens immer multiple Gebilde, d.h. Formationen, in denen alle Erlebnis-, Verhaltens- und Funktionssysteme grundsätzlich zweifach vorhanden sind. Diese »Zweifachheit« als zentrale Organisationsspezifik sozialer Organisationen im Sozialwesen wird selten wissenschaftlich kommuniziert, dafür aber intuitiv umso häufiger wahrgenommen. Dass soziale Organisationen »zuweilen sehr grobschlächtige Veranstaltungen« (Girschner 1990, 132) sind, weiß jedermann und jede Frau. Dass es in ihnen keineswegs so rational zugeht, wie immer behauptet, ist für organisationserfahrene Mitarbeiter und Mitarbeiterinnen Gemeingut. Organisationen haben neben der Funktions- immer auch noch eine Beziehungsseite. Sie sind gleichermaßen Clan und Konzern. Was zur Konsequenz hat, dass sie zugleich familial gelebt und funktional strukturiert werden, womit sie zwei diametral verschiedenen Gestaltungsprinzipien folgen, dem der Korporation und dem der Diversifikation.

Diese strukturelle Zweifachheit sozialer Organisationen liegt vor allem in ihrer Historie begründet. Zwei Prämissen sollen helfen, dies plausibel zu machen. Erstens: Was heute soziale Organisationen leisten, war früher direkt und unmittelbar Sache des Clans bzw. der Korporation. Zweitens: Mittelbar ist dies heute dort noch immer so, wo soziale Organisationen einen Träger haben, der von seiner Struktur her Clan bzw. Korporation ist.

Zur ersten Prämisse: In archaischen Gesellschaften war die Verantwortung für Arme und Kranke zunächst fester Bestandteil der ethischen Selbstverpflichtung eines jeden Clans, der »familia«. Allerdings kennt auch die Antike schon Wanderungsbewegungen mit dem Ergebnis der »Ansammlung« von Individuen neben und außerhalb der eingesessenen Familien. Denn es hatte fatale Folgen, wenn ein Mensch völlig auf sich selbst gestellt war. Wer z.B. zu keiner »familia« gehörte, blieb in Rom etwa 100 Jahre vor der Zeitenwende ohne Begräbnis. Er landete in der kommunalen Abfallgrube. Der Gedanke an ein solches Schicksal war nun vielen »Outsidern« so unbehaglich, dass sie sich zu Sterbevereinen, collegia funeraticia, zusammenschlossen. Sie »erkauften« sich über solche Korporationen von anderen Menschen die Sicherheit, ordentlich bestattet zu werden. Darüber hinaus wurden diese Korporationen für ihre Mitglieder artifizieller Ersatz für den Familienverband. Denn ihre Aktivitäten erschöpften sich »eben nicht in der Versorgung der Leichname ihrer Mitglieder und der Abhaltung von jährlichen Gedenkmahlen. Sie entwickelten sich vielmehr zu regelrechten Unterstützungsvereinen (Krankenkassen) und Geselligkeitsclubs« (Kehrer 1982, 94). Neben diesen collegia erschien mit der Ausbreitung des Christentums eine weitere nicht auf Blutsverwandtschaft beruhende quasifamiliale Korporation auf der Bühne der Antike: die christliche Hausgemeinde. Deren Fürsorge galt ihren eigenen Mitgliedern und (im Rahmen ihrer finanziellen und personellen Ressourcen) auch fremden Armen und Kranken (vgl. z.B. Mt 25,36). – Clans und Korporationen »machten« in der Antike das, was heute weitgehend soziale Organisationen tun.

Zur zweiten Prämisse: Man kann in historischer Perspektive wohl mit einigem Recht sagen: Korporationen entwickeln, sobald es notwendig und gleichzeitig möglich ist, aus sich heraus hoch effiziente soziale Organisationen. Schon in den christlichen Hausgemeinden war so etwas wie der Zwang zur »Auslagerung« (Keimzelle jeder Diversifikation) angelegt. In den Privathäusern, wo sich das Familien- und Gebetsleben abspielte, später im Haus des Bischofs, wurde es für die Unterbringung immer zahlreicherer Armer und Kranker einfach zu eng. Darum errichteten Christen ab dem 4. Jahrhundert eigene Häuser, die ausschließlich dem Zweck der Armenfürsorge und Krankenpflege dienten. Nicht anders agierten dann z.B. im Hochmittelalter die benediktinischen Klöster, Korporationen par excellence. Sie sahen sich angesichts ihres Selbstanspruches der Übereinstimmung von Leben und Zeugnis auf der einen und der zunehmenden sozialen Not auf der anderen Seite veranlasst, parallel zu ihrer Korporationsstruktur Möglichkeiten zur Bewältigung von Lebensdramatiken »vorzuhalten«. Zu diesem Zweck errichteten sie neben ihren Kirchen und den Gemeinschaftsräumen, der Klausur, auf demselben Areal Hospize und Armenhäuser: Einrichtungen mit hohem Organisationsaufwand. Schließlich musste der Umfang der Fürsorge, die Zeiten der Aufnahme, die Anzahl der Begünstigten, später auch die Kriterien für eine Berechtigung festgelegt und das Ganze dauerhaft ordentlich verwaltet werden. Das 19. Jahrhundert mit seinen sozialen Verwerfungen infolge der einsetzenden Industrialisierung führte im katholischen und evangelischen Raum zur Entstehung vieler, insbesondere weiblicher »Kongregationen« bzw. Diakonissengemeinschaften. Dabei handelte es sich einerseits um klassische Korporationen. Als Schwestern- und Brüdergemeinschaften verlangten sie von ihren Mitgliedern die Gelübde der

Armut, der Keuschheit und des Gehorsams und waren fundamental nach innen gewandt. Gleichzeitig definierten sie sich durch einen meist äußerst radikal verstandenen sozial-caritativen bzw. erzieherischen Weltauftrag, waren also fundamental nach außen gewandt. Sie arbeiteten in Schulen, die sie eigens gegründet hatten, in Waisenhäusern, für deren Bau sie das Geld zusammengebettelt hatten, in Fürsorgeanstalten, für deren Unterhalt sie großherzige Stifter zu gewinnen suchten, und vor allen Dingen in der Alten- und Krankenpflege. So »ex-corporierten« sie aus der Korporation Mutterhaus die Organisationen Heim oder Schule und stellten diese quasi neben sich hin.

Dieses »Nebeneinander« hielt an bis weit in die zweite Hälfte des 20. Jahrhunderts. Dann allerdings haben viele Gemeinschaften »im Zuge des Größenwachstums, der Professionalisierung, der Zunahme angestellter Mitarbeiter und der wirtschaftlichen Bedeutung ihrer diakonischen Tätigkeit einen (organisational folgereichen weiteren) Ausdifferenzierungsprozess durchlaufen. Es wurden von den Gemeinschaften selbstständige juristische Personen als Träger von Einrichtungen geschaffen« (Broll 1999, 312). Das heißt, die Korporationen stellten sich – quasi neben sich selbst stehend – auch als Gesellschaften anderer Rechtsform auf. Auf diese Weise mussten sie nicht mehr unmittelbar, sondern lediglich mittelbar die Verantwortung für »ihre« Einrichtungen »schultern«. Sie blieben Korporationen und wurden gleichzeitig Träger. Aus dem Neben- wurde ein »seitlich versetztes« Über- bzw. Untereinander.

So wurde also aus einer »wertegebundenen Lebensgemeinschaft« (Korporation) eine »Einrichtungsträgerin« (Diversifikation I), auf der eine hochkomplexe Organisation (Diversifikation II) ruht. Indem sie ihre Seite dort quasi intern noch einmal repräsentierte, gelang es der Korporation, zentrale Aspekte ihrer »Logik« in die Diversifikation »hinaufzuretten«. Einrichtungen des Sozial- und Gesundheitswesens, und zwar nicht nur solche, die aus der korporativen Tradition der Klöster, Kongregationen und Diakonissengemeinschaften erwachsen sind, sondern ähnlich auch religiös bzw. weltanschaulich gebundene Wohlfahrtverbände, sind in ihrer Konstruktions- und Kulturlogik auf solche Weise immer multipel. Zweifachheit heißt ihr grundlegendes Organisationsmerkmal. Sie verfügen de facto über eine duplizierte Aufbau- und Ablauforganisation und konfigurieren ihre Routinen in den meisten Fällen auch doppelt: einmal von der Korporation, einmal von der Diversifikation her.

Selbstverständnis

Was sind soziale Organisationen und woraus bestehen sie? Sie sind zweifach und bestehen aus Zweifachem. Als Korporation ist die soziale Organisation ein Gebilde, das auf Nähen und Distanzen, aus Mittelbarkeiten und Unmittelbarkeiten besteht, aus »hautnahen« Kontakten. Die »Dichtigkeit« derer, die sich aneinander drängeln, ikonographiert das Bild der Schutzmantelmadonna ziemlich zutreffend. Als Diversifikation kann die soziale Organisation dagegen eher als ein Gebilde gesehen werden, das aus Bahnen besteht, einem Apparat aus vielen Röhren gleich: unterschiedlich breit, sich oft verzweigend, hie und da kreuzend, einmal in Sackgassen endend, ein andermal überraschend in eine Umgehung mündend.

Wer nun die Frage stellt »Woraus bestehen Organisationen?« erhält darum in aller Regel auch zwei Antworten. Erstens: »Aus Personen!« Und diese Antwort ist genauso richtig wie jene zweite, die insbesondere im »sozialen« Umfeld jedoch seltener gegeben wird und die die Sache mit den Personen fundamental bestreitet: »Aus Routinen!« In der Tat »sind« Personen also etwas anderes, je nachdem ob die Organisation sie aus der Perspektive der Korporation oder aus dem Blickwinkel der Diversifikation betrachtet: Im ersten Fall sind sie in der Organisation, deren Basis sie bilden. Menschen in der Korporation sind Selbstzweck. Es geht um sie und nichts anderes! Sie bilden eine Lebens-, Schicksals- und Überzeugungsgemeinschaft, basierend auf einem Kaleidoskop von Selbstverständnissen, verstehen sich als eine Gemeinschaft, die überzeitlich ist und ein transzendentes und überindividuelles Ideal verkörpert. Im zweiten Fall sind Menschen Umwelt der Organisation und bloßes Mittel, dessen die Organisation zu ihrer Zweckerfüllung bedarf. Menschen in der Diversifikation sind wie Kugeln, die in ein Bahnensystem hineingeschossen werden. Logisch, dass das System entscheidet, mit welcher Kugel das überhaupt gehen könnte und mit welcher nicht. Schließlich geben Beschaffenheit der Röhren und Konstruktion des Apparates zwingend die Maximalwerte hinsichtlich Größe und Dichte der verwendbaren Kugeln vor.

Welcher Seite einer sozialen Organisation Personen zugeordnet werden und was sie infolgedessen in der Organisation sind, hängt von mancherlei Faktoren ab. Einer sei hier abschließend exemplarisch genannt: das gesellschaftliche Funktionssystem, dem eine Profession zugerechnet werden kann.

In Einrichtungen des Sozialwesens wird auf engem Raum das gekoppelt, was die moderne Gesellschaft in Funktionssysteme ausdifferenziert hat: (1) das System Soziale Arbeit, (2) das System Pädagogik, (3) das Wirtschaftssystem, (4) das Rechtssystem und (5) das System Moral. Dazu kommen unter Umständen (6) das Religionssystem, wenn es sich um ein kirchliches Haus handelt, und (7) das

Wissenschaftssystem, wenn »Soziales« institutionell über Praktika oder Praxisforschung an die Reflexion in Hochschulen rückgebunden ist. All diese Systeme kommunizieren den Menschen, verwenden dabei allerdings ihren je eigenen Code. Soziale Arbeit kommuniziert in der Polarität von »includiert oder excludiert«, Pädagogik »gelernt oder nicht gelernt« bzw. »bestanden oder nicht bestanden«, Wirtschaft »gewinnbringend oder verlustreich«, Recht »gesetzeskonform oder ungesetzlich«, Moral »gut oder böse« bzw. »gerecht oder nicht gerecht«, Religion »immanent oder transzendent« und Wissenschaft »richtig oder falsch«. Diese Codes sind jedoch unterschiedlich »hart« hinsichtlich ihrer Trennschärfe, d.h. die einen lassen sich weniger eindeutig, die anderen dagegen sehr viel klarer und stringenter herunterbrechen und in immer weitere Einzelkonkretisierungen bringen. Systeme mit relativ weichem Code eignen sich weniger zur Konkretion in den Modus der Diversifikation. Systeme mit hartem Code sprengen dagegen schnell den Modus der Korporation. Von daher wäre also folgende Zuordnung zumindest nicht ganz falsch:

- *Korporation:* Soziale Arbeit, Moral, Religion
- *Diversifikation:* Pädagogik, Wirtschaft, Recht, Wissenschaft

Je nachdem, welchen Systemen einzelne Professionen zugeordnet werden, kommen Berufsträger eher auf der Korporations- oder eher auf der Diversifikationsseite zu stehen und werden eher als »Familienmitglieder« oder eher als »Routinenerfüller« gesehen. Abhängig davon, auf welcher Seite sie stehen, werden Personen dann von sozialen Organisationen mit den dementsprechenden Rollenzuweisungen konfrontiert. Die Korporation »vergibt« vor allem interpersonelle Rollen, die des »Repräsentanten«, des »Führers« und des »Koordinators«. Die Diversifikation braucht dagegen in erster Linie Entscheidungsrollen. Sie braucht »Verhandlungsführer«, »Unternehmer«, »Ressourcenzuteiler/Krisenmanager«. Interpersonelle Rollen und Entscheidungsrollen basieren aber nicht nur auf einer je anderen Logik des Verhaltens. Sie unterscheiden sich auch hinsichtlich der Aufgaben, die mit ihnen verknüpft sind. Interpersonelle Rollen taugen vor allem zur Bewältigung von Kohäsionsaufgaben (Gruppenerhalt, Aufrechterhaltung der Gruppenbeziehung), Entscheidungsrollen dagegen für Lokomotionsaufgaben (Zielinduktion, Aufgabenerzielung; vgl. Wiswede 1995, 829).

Resümee

»Familienmitglied« versus »Routinenerfüller«. Soziale Organisationen brauchen auf Grund ihrer Zweifachheit beides. Je hierarchisch höher stehend Personen professionell in ihnen agieren, desto ausgeprägter ist zudem die Erwartung an sie, »zweilogisch« zu sehen und »zweihandlig« vorgehen zu können. Role-taking ist darum das, was vor allem von Professionellen in sozialen Organisationen verlangt wird. In sozialen Organisationen professionell tätig zu sein und Erfolg zu haben ist alltagspraktisch vor allem deswegen keine leichte Aufgabe.

LESEHINWEISE

Gärtner, Heribert W., Braucht die Pflege noch Sozialkompetenz? In: Eisenreich, Thomas (Hg.), Handbuch Pflegemanagement. Neuwied 2002, 121–130. (Gärtner 2002a)

Schuster, Norbert, Der Zusammenhang von Profession und Person als Problem kirchlicher Mitarbeiterinnen und Mitarbeiter. Anmerkungen praktisch-theologischer Berufstheorie zu einer notwendigen Begriffsklärung. In: Lebendige Seelsorge 54 (2003), 142–147. (Schuster 2003)

Schuster, Norbert, Theologie der Leitung. Zur Struktur eines Verbundes mehrerer Pfarrgemeinden. Mainz 2001, bes. Kapitel 5 und 6. (Schuster 2001)

Teil C

THEOLOGISCHE PERSPEKTIVEN IN STUDIENBEREICHEN UND ARBEITSFELDERN DER SOZIALEN ARBEIT

Einführung

Markus Lehner

Fachlichkeit wird groß geschrieben in allen Feldern Sozialer Arbeit – und das zu Recht. Das Bestreben, immer qualifiziertere und effektivere Antworten auf die spezifischen Problemlagen und Bedürfnisse der Menschen zu entwickeln, hat in den vergangenen Jahrzehnten zu einer rasanten fachlichen Differenzierung geführt. Die Theorie- und Methodenentwicklung einzelner Arbeitsfelder hat eine Eigendynamik bekommen, welche den Anspruch der Ausbildungsstätten auf eine universalistische wissenschaftliche Basis Sozialer Arbeit konterkariert.

Macht es angesichts dieser fachlichen Spezialisierung Sinn, nach einer gemeinsamen theologischen Basis für die Vielfalt an Arbeits- und Handlungsfeldern zu suchen? Sollte sich theologische Reflexion nicht eher auf die persönliche Befindlichkeit der Fachkräfte in der Sozialen Arbeit und ihre existenziellen Fragen beschränken, von der fachlichen Arbeitsebene jedoch die Finger lassen?

Tatsächlich wäre es ein Zeichen von Überheblichkeit, der Fachdiskussion in den Feldern Sozialer Arbeit auf der Basis von Bibel und theologischer Tradition richtungweisende Zurufe machen zu wollen. Andererseits sind Theorien und Methoden nie wertfrei und neutral. Sie bauen auf bestimmten Menschenbildern und ethischen Grundsätzen auf, wenn auch nicht immer ausdrücklich, sondern oft nur implizit. Auf dieser Basis kann Theologie sehr wohl ein Gesprächspartner werden, indem sie ihre Überlegungen zum Verständnis des Menschen und seiner Bestimmung sowie der Gesellschaft und ihrer Zukunft in die Diskussion einbringt.

Den Autorinnen und Autoren des folgenden Teils wurde eben dies für exemplarisch ausgewählte Arbeitsfelder zur Aufgabe gestellt: Sie sollten einen kurzen Einblick in das jeweilige Arbeitsfeld bieten und dann theologische Anknüpfungspunkte an die jeweilige Theorie und Praxis benennen. In welchem Verhältnis dabei die Behandlung human- und sozialwissenschaftlicher Aspekte, die Darstellung biblisch-theologischer Reflexionen und die Formulierung konkreter Handlungsperspektiven stehen, war ausdrücklich ihrer persönlichen Einschätzung überlassen.

Die vorliegenden Beiträge bieten entsprechend dieser Vorgabe ein sehr buntes, lebendiges Bild. Eines ist ihnen jedoch gemeinsam: Sie zeigen, dass einer Theologie, welche ihre biblische Basis ernst nimmt, die vielfältigen Problemsituationen Sozialer Arbeit nicht fremd sind, und dass es für alle Seiten anregend sein kann, wenn sie ihre Perspektiven in die aktuelle Fachdiskussion einbringt.

I. Jugend- und Familienhilfe

1. Leben und Engagement
Theologische Perspektiven in der Jugendarbeit

Hans Hobelsberger

SUMMARY

Am Beispiel der Jugendarbeit der katholischen Kirche wird deutlich, dass in diesem Rahmen eine Vielfalt von Leistungen der gesetzlich fundierten Jugendhilfe übernommen wird. Aus der Tradition des kirchlichen Bemühens um junge Menschen hat sich allerdings auch ein eigenständiges Grundverständnis von Jugendarbeit entwickelt, das nicht nur in theologischen Begriffen, sondern auch in zusätzlichen Akzentsetzungen in der Praxis zum Ausdruck kommt. Es geht dabei nicht um Abgrenzung, sondern um spezifische, theologisch verantwortete Qualitätsstandards.

Organisationen und Verbände der katholischen Kirche sind ein wichtiger freier, nicht-staatlicher Träger der Jugendhilfe. Sie übernehmen subsidiär Leistungen der Jugendhilfe und bringen damit, wie es das »Pluralitätsgebot« des Kinder- und Jugendhilfegesetzes (KJHG) vorsieht, ihre Wertorientierung, Inhalte, Methoden und Arbeitsformen ein (KJHG §3 Abs. 1). Binnenkirchlich gibt es eine geschichtlich gewachsene komplexe und differenzierte Struktur der Arbeit mit jungen Menschen, mit eigenständiger (und oft auch unterschiedlich verwendeter) Begrifflichkeit, die den im KJHG verwendeten Begriffen in der Sache nicht immer deckungsgleich ist.

Die Frage nach theologischen Perspektiven in der Jugendarbeit aus dem Blickwinkel Sozialer Arbeit zielt auf eine systemische und eine inhaltliche Ebene. Auf der systemischen Ebene ist zu klären, welches Arbeitsfeld im kirchlichen Kontext mit Jugendarbeit abgesteckt ist und welche Leistungen der Jugendhilfe im Sinne des Kinder- und Jugendhilfegesetzes die kirchlichen Organisationen und Tätigkeiten als so genannte Freie Träger damit subsidiär abdecken. Inhaltlich geht es darum, nach den Konvergenzen zwischen kirchlicher Wertorientierung und den Ansätzen der sozialpädagogischen Jugendarbeit zu suchen und zu fragen, welchen eigenständigen Beitrag die Soziale Arbeit dazu leistet, dass Kirche ihrem Auftrag in der Arbeit mit jungen Menschen gerecht werden kann.

Das Arbeitsfeld Kirchliche Jugendarbeit

Ähnlich dem Verständnis des KJHG, nach dem Jugendarbeit als eine Leistung der Jugendhilfe gilt (die weiteren Leistungen sind: Jugendsozialarbeit, erzieherischer Kinder- und Jugendschutz, Förderung der Erziehung in der Familie, Förderung von Kindern in Tageseinrichtungen und in Tagespflege, Hilfe zur Erziehung, Eingliederungshilfe für seelisch behinderte Kinder und Jugendliche, Hilfe für junge Volljährige), ist kirchliche Jugendarbeit formal ein Bereich der kirchlichen Aktivitäten in Zusammenhang mit jungen Menschen unter anderen. Lechner (1992, 348) unterteilt diese Bereiche kirchlicher Arbeit in Kirchliche Jugendarbeit/-pflege, Jugendsozialarbeit, Hilfen zur Erziehung, Schule, Medien und Besondere Dienste. Als Vollzüge der Kirchlichen Jugendarbeit/-pflege sieht er: Verbandliche Jugendarbeit; Pfarrgemeindliche Jugendarbeit in Gruppen, Offener Tür, Freizeitstätten und Offenen Angeboten; Ferien- und Freizeitmaßnahmen; Jugendbildungsstätten; Angebote von Bewegungen, Klöstern, Initiativen; Ministrantenarbeit; Jugendkatechese und Jugendliturgische Angebote; Mobile Jugendarbeit.

Träger dieser Vollzüge kirchlicher Jugendarbeit/-pflege sind Verbände, kirchenamtliche Strukturen, Orden, Vereine und Bewegungen. Dabei stellt sich die Frage nach dem Verhältnis öffentlicher und freier Träger, die das KJHG als subsidiäre und partnerschaftliche Zusammenarbeit (vgl. Haller 1990, 32) regelt, auch binnenkirchlich vor allem zwischen dem »Kirchenamt« und den Verbänden. Hintergrund dafür sind die systeminternen Differenzierungsprozesse, die wie in anderen gesellschaftlichen Teilsystemen auch vor den Kirchentüren nicht Halt gemacht haben. Das »Jugendarbeitsmonopol« der im Bund der Deutschen Katholischen Jugend (BDKJ) zusammengefassten Jugendverbände geriet damit von zwei Seiten her unter Druck: Neben der Jugendverbandsarbeit gewinnen neue Formen und Träger der Jugendarbeit wie die Offene Jugendarbeit, nicht-verbandliche Jugendgruppen in Gemeinden, Ministrantenarbeit und sog. Geistliche Bewegungen und Gemeinschaften an Bedeutung. Sie etablieren sich auch teils mit kirchenamtlicher Unterstützung als Folge ihrer Kritik gegen das Modell von Jugendarbeit, wie es die BDKJ-Verbände verstehen und vollziehen. Ferner führen die inhaltlichen Auseinandersetzungen zwischen dem bischöflichen »Lager« und dem verbandlichen über Ziele und Aufgaben kirchlicher Jugendarbeit dazu, dass die Bischöfe »ihren amtlichen Dienst an der Jugend« (Sekretariat der DBK 1991, 18) deutlicher herausstellen und das auch durch die Trennung von amtlichen und verbandlichen Dienststellen auf Bundesebene und in manchen Diözesen organisatorisch untermauern (vgl. Hobelsberger 2001a).

Jugendverbände

Unbeschadet davon ist die Jugendverbandsarbeit nach wie vor organisatorisch wie auch von der Zahl der Jugendlichen, die Mitglied sind oder erreicht werden, die bedeutendste Form kirchlicher Jugendarbeit. Nach offiziellen Angaben sind in den 16 Mitgliedsverbänden des BDKJ ca. 650 000 Jugendliche organisiert. Jugendverbände sind »selbstständige, katholische Träger verbandlicher Kinder- und Jugendarbeit« (Grundsatzprogramm des BDKJ 1998, Abs. 2.2) nach §12 KJHG. Sie sehen ihre Aufgabe in der auf christliche Werte bezogenen Persönlichkeitsbildung, der sozialen und politischen Bildung, der Vergemeinschaftung (Symbole, Gruppenarbeit, Freizeitaktivitäten, Beteiligung an kirchlich-gemeindlichen Aktivitäten, Exerzitien, Schulungen, Lager, Fahrten ...) und der Vergesellschaftung durch demokratische Strukturierung, Interessensvertretung und politische Aktionen. Grundlegende Prinzipien sind: Freiwilligkeit, Selbstorganisation, Ehrenamtlichkeit, Demokratie. Die historisch-lebensweltlichen Gründungszusammenhänge unterschiedlicher Verbände (Betrieb, Arbeitsmigration in die Stadt, Schule, Universität, ländliche Lebenswelt, Gemeinde) spielen, den jetzigen Bedingungen angepasst, heute zur Weiterentwicklung und Profilierung der Verbände teilweise wieder eine wichtige Rolle. Die Grenze der Jugendverbandsarbeit zu anderen Formen und Bereichen der kirchlichen Jugendarbeit (z.B. Ministrantenarbeit, Mitträgerschaft Offener Einrichtungen, Jugendbildungsstätten, Sakramentenkatechese, Jugendsozialarbeit, Freiwilligendienste) ist fließend.

Offene Arbeit

Die Offene Arbeit ist ein Angebot der Jugendarbeit nach §11 KJHG. Im kirchlichen Kontext richtet sie sich an alle Kinder und Jugendlichen unabhängig von ihrer Stellung zur Kirche. Sie verwirklicht, was die nach wie vor gültige Grundlage kirchlicher Jugendarbeit, der Synodenbeschluss über Ziele und Aufgaben kirchlicher Jugendarbeit von 1975, beschreibt, nämlich dass kirchliche Jugendarbeit »Dienst der Kirche an der Jugend überhaupt« ist (Ziele und Aufgaben 1976, 290). In der Offenen Arbeit kann die Kirche ihre biblische Option für die anderen, die kirchlich und gesellschaftlich weniger Integrierten, die Fremden und die Ärmeren unter den Jugendlichen treffen und einlösen (vgl. Schulte 1997). Offene Arbeit ist von daher keine Arbeit im »Vorfeld« oder im »Abseits« von Kirche, sondern gehört ins Zentrum kirchlich-gemeindlicher Pastoral. Gesicherte Angaben über Anzahl und Art der Offenen Einrichtungen in katholischer Trägerschaft in Deutschland liegen nicht vor. Eine eigene Erhebung aus dem Jahr 1995 ergab eine Zahl von knapp tausend Einrichtungen (von Häusern der Offenen Tür bis zu Jugendclubs und Jugendtreffs). Träger sind zum Großteil Pfarreien, daneben auch kath. Jugendämter, Jugendverbände, kath. Wohlfahrtsverbände, Orden und eingetragene Vereine. Schwerpunkt der Arbeit in Häusern der Offenen Tür ist Nordrhein-Westfalen. Dort existiert eine »Katholische Landesarbeitsgemeinschaft Heime der Offenen Tür«, die die Offene Arbeit als »eigenständige Säule kirchlicher Jugendarbeit« neben Jugendverbandsarbeit, pfarrlicher Jugendarbeit und Jugendsozialarbeit begreift (Kath. LAG OT NW 1994, 12).

Jugendbildungsstätten

Diözesen oder Verbände unterhalten Jugendbildungsstätten als Orte des Gemeinschaftserlebnisses, der Begegnung und der Bildung. Vielfach sind sie Orte einer historischen Identität der Jugendarbeit eines Verbandes oder einer Diözese. Grundsätzlich lassen sich zwei Arten unterscheiden: Reine Verpflegungs- und Übernachtungshäuser, die die Infrastruktur für Kurse und Tagungen zur Verfügung stellen, und Häuser, die zusätzlich ein eigenes Bildungsangebot machen. Jene Einrichtungen, die ein Angebot der außerschulischen politischen und sozialen Bildung machen, sind organisiert in der Arbeitsgemeinschaft katholisch-sozialer Bildungswerke in der Bundesrepublik Deutschland (AKSB). Sie verstehen ihre »katholisch-sozial orientierte politische Bildung« als »Bestandteil der Jugendhilfe auf der Grundlage des Kinder- und Jugendhilfegesetzes (KJHG)« (Konvention 1998, 6).

Kirchenamtliche Jugendarbeit

Als kirchenamtliche Jugendarbeit werden hier die Strukturen, Angebote und Aktivitäten bezeichnet, die in der Durchführung und Verantwortung dem kirchlichen Amt unterstehen und die Jugendarbeitsaktivitäten der Verbände, Organisationen und Orden auf den unterschiedlichen Ebenen unterstützen, ergänzen und erweitern. Die Hauptstruktur dafür sind die diözesanen Jugendämter mit den kirchlichen Jugend(pflege)stellen in den Regionen oder Dekanaten, je nach Diözese unterschiedlich strukturiert. Zum großen Teil sind für diese Stellen Sozialpädagoginnen und -pädagogen vorgesehen.

Jugendpastoral als Struktur- und Qualitätsbegriff

Der Begriff Jugendpastoral ist ein Schlüsselbegriff für das Verständnis kirchlicher Jugendarbeit insofern sich in seiner unterschiedlichen Verwendung strukturelle wie inhaltliche Auseinandersetzungen aufzeigen lassen. Jugendpastoral ist allgemein ein Begriff, der in den kirchlich-theologischen Kommunikationszusammenhang gehört und darauf beschränkt ist. Seit dem Zweiten Vatikanischen Konzil gilt der Begriff Pastoral als umfassende Klammer für die unterschiedlichen Lebensäußerungen der Kirche (Martyria, Diakonia, Leiturgia, Koinonia), in deren Gesamtheit und Ebenbürtigkeit sich Kirche selbst vollzieht.

Oberbegriff oder Bezeichnung für das »Eigentliche«

Mit dem Begriff Jugendpastoral wird im weiten Sinn alles Tun von und mit Jugendlichen und für sie im Rahmen der Kirche bezeichnet und damit die Gleichwertigkeit der unterschiedlichen Handlungsfelder eingefordert und festgehalten. Als umfassender Oberbegriff ist Jugendpastoral das Synonym für die kirchliche Kinder- und Jugendhilfe. Jugendpastoral ist dann in all ihren Ausprägungen als Selbstvollzug von Kirche zu verstehen und schließt auch jene Leistungen mit ein, die im Rahmen des KJHG erbracht werden. Soziale Arbeit gilt dann als Pastoral, sprich als wesentlicher Selbstvollzug von Kirche.
Unbeschadet davon wird aber Jugendpastoral auch in einem engeren Sinn für jene Felder und Angebote benutzt, für die der staatliche Leistungskatalog keine Förderung vorsieht, weil er sie als ausschließlich kirchliche Aufgaben begreift (z.B. Sakramentenkatechese, Exerzitien oder Wallfahrten). Deshalb können kirchliche Träger der freien Kinder- und Jugendhilfe diesen Begriff gegenüber staatlichen Stellen auch nicht als Leitbegriff ihrer Tätigkeiten verwenden. Zuweilen ist die engere Verwendung des Jugendpastoralbegriffes auch verbunden mit einer Unterscheidung von »Vorfeld« und »Eigentlichem«, wobei als Vorfeld die diakonischen bzw. sozialen Handlungsfelder gelten, die zum Eigentlichen der Verkündigung und der Liturgie zu führen hätten, was dann vorrangige Aufgabe des kirchlichen Amtes sei. So begegnet immer noch (und in finanziell klammen Zeiten wie-

der mehr) die Trennung von »sozial« und »pastoral« mit der Anfrage, was denn Soziale Arbeit mit der Pastoral zu tun habe.

Eine prekäre Melange gehen beide Begriffsverwendungen ein, wenn einerseits Jugendpastoral im engeren Sinn als vornehmliche Aufgabe des kirchlichen Amtes verstanden und gleichzeitig Jugendpastoral als Oberbegriff strukturpolitisch gewendet wird, mit der Konsequenz, dass die Verbände und Organisationen sich als Ausführungsorgane kirchenamtlicher Jugendarbeit verstehen sollten. Damit würde die historisch gewachsene und theologisch fundierte subsidiäre Struktur kirchlicher Jugendarbeit grundsätzlich in Frage gestellt.

Qualitätsstandards der Jugendpastoral

Ich plädiere dafür, Jugendpastoral nicht ordnungs- oder strukturpolitisch zu verstehen, sondern mit Jugendpastoral die Qualitätsstandards zu bezeichnen, die sich quer durch alle kirchlichen Handlungsfelder im Zusammenhang mit jungen Menschen ziehen und die in den einzelnen Handlungsfeldern durchzubuchstabieren sind. Die zentrale Frage dabei lautet: Worum geht es, wenn ich damit rechne, dass Gott im Spiel ist? (Vgl. Haslinger 1999) Folgende Merkmale sind Ansätze einer Antwort auf diese Frage, wobei kein Anspruch auf Vollständigkeit erhoben wird:

- *Diakonischer Ansatz:* Zunächst und grundlegend geht es um den Menschen. Gott ist Mensch geworden um der Menschen willen, damit sie »das Leben haben und es in Fülle haben« (Joh 10, 10). Diakonisch meint in diesem Zusammenhang ein Doppeltes (vgl. Hobelsberger 2001b): Zum einen geschieht Jugendpastoral um der jungen Menschen willen auf dem Hintergrund der Überzeugung, dass der christliche Glaube den Weg zu einem gelingenden Leben zeigen kann; Kirche ist Zeichen und Werkzeug dafür. Des Weiteren beinhaltet dieses Um-der-Menschen-willen, dass Christinnen und Christen dort am meisten gefordert sind, wo das Leben am stärksten bedroht ist. In diesem Sinne bringt der diakonische Ansatz eine Option für die jeweils ärmeren Jugendlichen (vgl. Bopp 1996) mit sich, die die jeweils »Reicheren« und »Stärkeren« nicht ausschließt, sondern sie zur Solidarität und Unterstützung anhält.
- *Subjektorientierung:* In der diakonischen Jugendpastoral rückt der Mensch in den Mittelpunkt, so wie Jesus den Mann mit der verdorrten Hand am Sabbat in die Mitte der Synagoge rief, wohin während des Gottesdienstes das Heiligtum, der Toraschrein, gerückt wird (Mk 3,1–6). Dies bedeutet zum einen, dass Jugendpastoral bei den Jugendlichen, ihren Bedürfnissen und Lebensfragen anzusetzen hat – »Was soll ich dir tun?«, fragt Jesus den Blinden von Jericho, der daraufhin um seine Heilung bittet (Mk 10, 46–52). Zum anderen ist Sub-

jektsein eine zentrale Herausforderung des Lebens junger Menschen, der sie sich in Zeiten der Individualisierung nicht entziehen können, die aber gleichzeitig durch Übersteigerung, Überforderung und neue Abhängigkeiten bedroht ist. Theologisch ist Gott ein Ermöglichungsgrund der Subjektivität. Vor Gott besitzen alle Menschen eine unveräußerliche Würde. So ist aus christlicher Sicht das Subjekt nur denkbar als ein auf Gott und die Menschen bezogenes Wesen, im Bewusstsein, dass es echte Subjektivität, Freiheit und Selbstverwirklichung nicht isoliert für Einzelne geben kann, sondern nur im Einsatz für jene, deren Subjektivität und Freiheit bedroht ist.

- *Personales Angebot* ist das religionspädagogische Konzept der Glaubenskommunikation, das dem diakonischen wie dem subjektorientierten Ansatz entspricht. Es setzt bei der Glaubensverkündigung und bei der Motivation zur Mitarbeit in der Kirche auf glaubwürdig gelebtes und vorgelebtes Christentum durch Personen und Gemeinden (vgl. Ziele und Aufgaben 1976, 298). Das ist ein hoher Anspruch, der auch an die hauptberuflichen Mitarbeiterinnen und Mitarbeiter jeglicher Couleur gerichtet ist und von ihnen Arbeit an einer kirchlichen Identität (nicht gleichbedeutend mit voller Identifikation!) erfordert.

- *Partizipation* ist ebenso dem theologischen Grunddatum der Subjektivität bzw. Personalität geschuldet. Das Heilsgeschehen zwischen Gott und den Menschen ist dialogisch. Die Selbstmitteilung Gottes braucht die menschliche Annahme im Glauben, denn »ohne Glaube hört Offenbarung auf zu sein, was sie sein soll und will: Offenbarung für den Menschen« (Fries 1985, 17). Partizipation in praktisch-theologischer Sicht formuliert die wesentliche Teilhabe aller Gläubigen an der Gestaltung und Bewerkstelligung der gemeinschaftlichen (kirchlichen) Nachfolge Jesu, je nach Fähigkeit und Zuständigkeit als Recht und Pflicht. Deshalb sind die Jugendlichen selbst die Subjekte der Jugendpastoral: Jugendpastoral ist zunächst das Handeln von Jugendlichen und mit Jugendlichen zusammen und nur in Ausnahmefällen für sie.

- *Engagement* ist der theologische Lackmustest, denn in der Jugendpastoral erweist das Zeugnis von Gott seine Richtigkeit in der Aufrichtigkeit der Beziehung zum anderen, im Einsatz für eine bessere Welt und in der Solidarität mit den jeweils ärmeren Menschen. Jugendpastoral ist der Ort, wo politischer und sozialer Einsatz gelernt und durchgeführt wird. Sie zeichnet sich gerade dadurch aus, dass nicht bei der Situationsanalyse und Beurteilung Halt gemacht wird, sondern dass angemessene Möglichkeiten entwickelt werden, Einfluss zu nehmen und etwas zu verändern. Der Ort der Arbeit an der »Reich-Gottes-Vision«, von der das christlich-kirchliche Handeln seine inhaltliche Stoßrichtung bekommt, ist die Welt (vgl. Mette 1993, 212). An dieser Vision arbeiten viele Menschen und Gruppierungen mit, auch wenn sie ihren Einsatz nicht explizit christlich fundieren.

Der praktisch-theologische Beitrag Sozialer Arbeit

Die hier angeführten Merkmale von Jugendpastoral korrespondieren mit den Ansätzen und Optionen einer subjektorientierten (vgl. Scherr 1997; 2003) sowie einer sozialraum- und lebensweltorientierten (vgl. Bönisch/Münchmeier 1990; Deinet 2002) sozialpädagogischen Jugendarbeit (vgl. Hobelsberger 1998, 148–153; 2003). Theorie und Praxis der sozialpädagogischen Jugendarbeit leisten in diesem Zusammenhang für die kirchliche Jugendarbeit drei wesentliche und eigenständige Beiträge:

- *Affirmative Funktion:* Die mit den wissenschaftlichen Methoden der Sozialpädagogik gewonnenen Ansätze, Ziele und Optionen bestätigen, soweit sie mit den Ergebnissen der Praktischen Theologie konvergieren, deren Überlegungen und fundieren sie humanwissenschaftlich.
- *Ideologiekritische Funktion:* Praktische Theologie kann sich nicht nur das herauspicken, was ihr behagt und sie bestätigt, sie muss sich auch mit jenen Überlegungen auseinander setzen, die zu anderen Ergebnissen kommen. Das gilt gerade auch für Bereiche, wo die Erkenntnisse der Sozialpädagogik darauf verweisen, dass Kirche selbst der Verwirklichung ihrer eigenen Ziele und Optionen im Wege steht.
- *Praktische Kompetenz:* Für die Praxis der diakonischen Jugendarbeit sind die Fähigkeiten und Kompetenzen erforderlich, die in Theorie und Praxis der Sozialen Arbeit entworfen, gelehrt und gelernt werden. Kirche ist für ihren Selbstvollzug wesentlich auf diese Kompetenz angewiesen.

Soziale Arbeit ist also keineswegs eine untergeordnete »Magd« der Theologie, sondern sie bringt in das Gesamt kirchlicher Jugendarbeit einen eigenständigen und unverzichtbaren Part ein.

LESEHINWEISE

Höring, Patrik C., Jugendpastoral heute. Aufgaben und Chancen, Kevelaer-Düsseldorf 2004. (Höring 2004)

Kruip, Gerhard/Hobelsberger, Hans/Gralla, Anneliese (Hg.), Diakonische Jugendarbeit. Option für die Jugend und Option von Jugendlichen (Studien zur Jugendpastoral, Bd. 6), München 1999. (Kruip/Hobelsberger/Gralla 1999)

Lechner, Martin, Kirchliche Kinder- und Jugendhilfe. Pastoraltheologische Entwürfe zu ihrer Qualitätsentwicklung (Benediktbeurer Beiträge zur Jugendpastoral, Bd. 5), München 2001. (Lechner 2001)

Ziele und Aufgaben kirchlicher Jugendarbeit. Beschluss der Gemeinsamen Synode von 1975. In: Bertsch, Ludwig u.a. (Hg.), Gemeinsame Synode der Bistümer in der Bundesrepublik Deutschland. Beschlüsse der Vollversammlung. Offizielle Gesamtausgabe I, Freiburg-Basel-Wien 1976, 288–311. (Ziele und Aufgaben 1976)

2. Zuwendung und Orientierung

Theologische Perspektiven in der Heimerziehung

Joachim Windolph

SUMMARY

Heimerziehung will jungen Menschen eine Perspektive bieten, deren Lebensbiografie durch Brüche gefährdet ist, die nicht von der eigenen Familie aufgefangen werden können. Die Förderung jener Ressourcen, die das Leben lebenswert machen, ist auch ein biblischer Auftrag. Als Zielperspektiven der Heimerziehung lassen sich daraus ableiten: die Betonung des Werts jedes Menschen unabhängig von seinem Verhalten, die Möglichkeit von Umkehr und Versöhnung, die Bedeutung von Werten zur Lebensorientierung und die Wichtigkeit von Ritualen bzw. Zeichen für das Gemeinschaftsleben. Indem Heimerziehung ein Ort des Lernens an konkreten Vorbildern, an Ideen und durch soziale Bestätigung ist, können diese Ziele in die Praxis eingebracht werden.

Spontan mögen viele beim Stichwort »Heim« an Waisenkinder denken, denen nach dem Verlust ihrer Eltern eine neue Heimat geboten werden soll. Bei den folgenden Überlegungen stehen allerdings jene jungen Menschen im Mittelpunkt des Interesses, deren Lebensbiografie durch Brüche gefährdet ist, die in der eigenen Familie entstanden sind oder nicht von ihr aufgefangen werden können.

Die Heimerziehung, heute eher als stationäre Jugendhilfe bezeichnet, stellt einen Teilauftrag der Jugendhilfe dar (§34 KJHG). In der Regel werden die Träger von den Kommunen um Erziehungshilfe gebeten. Da es sich bei der teil- oder vollstationären Betreuung um eine personalintensive und damit kostenaufwändige Form der Fürsorge handelt, müssen die Motive gewichtig genug sein, um den hohen Einsatz zu rechtfertigen. Dabei verbinden sich mehrere Begründungsstränge zur letztendlichen Entscheidung für eine außerfamiliäre Unterbringung. Erstens können die Herkunftsfamilien ihrem Erziehungsauftrag nicht angemessen nachkommen, weil sie mit der Erziehung der Heranwachsenden überfordert sind oder weil eine Lebensfeldstörung vorliegt. Zweitens nimmt die Gesellschaft ihren Auftrag zur Pflege des Gemeinwesens so ernst, dass sie jedem Individuum eine wertschätzende Entwicklung der Persönlichkeit zuteil werden lassen will, vor allem dann, wenn Menschen zu verwahrlosen und damit ihrer Lebensperspektive beraubt zu werden drohen. Drittens, so wird argumentiert, kann man perspektivisch das notwendige ökonomische Investment für diese Erziehungsmaßnahme gegen den Aufwand von sozialen Leistungen aufgrund (lebenslanger) Unterstützungsbedürftigkeit oder durch dissoziales bzw. delinquentes Verhalten abwägen.

Wo aber zeigen sich die theologischen Perspektiven im Kontext der Heimerziehung? Die Theologie fragt anthropologisch nach der Begründung, wieso ein Engagement in diesem Feld angezeigt oder sogar notwendig ist. Dabei wird zu berücksichtigen sein, ob es einen spezifisch christlichen Beitrag gibt, der vor allem kirchlich getragene Einrichtungen profiliert. Besonders ausführlich, weil in der alltäglichen Praxis das Schwergewicht bildend, müssen (religions-)pädagogische Überlegungen angestellt werden, die sich mit den Möglichkeitsbedingungen einer lebensfördernden Wegbegleitung beschäftigen, wobei alle Beteiligten spezifische Fragestellungen aufwerfen: die betreuten Kinder und Jugendlichen, ihre Herkunftsfamilien, die am Erziehungsauftrag professionell Mitarbeitenden und letztlich die Leitungskräfte und Trägervertreter, denen die Verantwortung für die gesamte Organisation aufgetragen ist.

Theologische Begründung der Heimerziehung

Natürlich gibt es keine theologische Begründung, die vorgeben würde, bei welchen Indikatoren eine stationäre Unterbringung und damit eine Einschränkung des Erziehungseinflusses der Eltern zwingend notwendig sei. Aber die Heimerziehung als diakonische Pastoral ist dort gefordert, wo Menschen – aus welchen Gründen auch immer – um ihre Lebensqualität und ihre Lebensperspektive gebracht zu werden oder sich selbst darum zu bringen scheinen. Dies gilt unabhängig davon, wer die Einschränkungen in der Entfaltung der Persönlichkeitsentwicklung zu verantworten hat. Gleichwohl muss sich eine sozialwissenschaftliche Analyse dieser Frage widmen, um situationsadäquate Antworten zu finden (vgl. Post 2002).

Motivbildend bleibt die Beobachtung von Defiziten, die den Menschen um das Heben seiner eigenen Möglichkeiten bringen. »Ich hatte erkannt: Es gibt kein in allem Tun gründendes Glück, es sei denn, ein jeder freut sich, und so verschafft er sich Glück, während er noch lebt, wobei zugleich immer, wenn ein Mensch isst und trinkt und durch seinen ganzen Besitz das Glück kennen lernt, das ein Geschenk Gottes ist«, schreibt der alttestamentliche Weisheitslehrer Kohelet (3,12f.). Aus dieser gottgläubigen Sicht ist es Auftrag des Menschen, das Glück zu suchen, um darin die verborgene Gegenwart Gottes zu entdecken. Dabei leugnet der Verfasser durchaus nicht die bedrängenden Seiten der Lebenswirklichkeit. Das Ziel menschlichen Handelns aber ist die Förderung jener menschlichen Ressourcen, die das Leben lebenswert machen.

Es gilt zunächst einmal festzuhalten, dass es Defizite in der Lebensbegleitung und Entwicklung von Kindern und Jugendlichen gibt, auf die fördernd zu reagieren ist, damit diese Menschen in ihrem Leben die glückenden Lebensmöglichkeiten überhaupt erfahren können. Das ist die fundamentale pastorale Feststellung, die zu einem Handeln aus christlicher Verantwortung zwingt, denn die Erziehungshilfen in christlich-kirchlicher Trägerschaft sind »ein sichtbarer Erweis für die bleibende Sorge der Kirche und ihre Anwaltsfunktion gegenüber gefährdeten und gescheiterten jungen Menschen« (Lehmann 1998, 12; vgl. Verband 1995; Die deutschen Bischöfe 1997). Ein nachfolgender Schritt ist es dann, in die human- und sozialwissenschaftliche Diskussion um die Begründung der richtigen Wege einzutreten.

Der spezifische Beitrag christlicher Kirchen

»Freude und Hoffnung, Trauer und Angst der Menschen von heute, besonders der Armen und Bedrängten aller Art, sind auch Freude und Hoffnung, Trauer und Angst der Jünger Christi« (Pastoralkonstitution 1966, Nr. 1). Dieses häufig zitierte Einleitungswort der Pastoralkonstitution »Gaudium et spes« des Zweiten Vatikanischen Konzils belegt programmatisch die anthropologische Wende einer zeitgemäßen katholischen Theologie, die an dieser Stelle beispielhaft für die christlichen Entwicklungslinien steht. Zunächst folgt das Handeln des Christen nunmehr dem Blick auf die Bedürfnisse des Menschen, ohne damit gleich missionierende Hintergedanken zu verbinden. Daher wundert es nicht, wenn humanistische und christliche Vorstellungen eine enge Geschwisterschaft eingehen. Zwei mögliche Konsequenzen dieser Beobachtung führen in die Irre: die Fixierung auf das Unterscheidende, was den gemeinsamen Schatz der Menschenfreundlichkeit vernachlässigen würde, und das Ignorieren der Unterschiede, was den spezifischen Beitrag der eigenen Herkunft verblassen ließe. Die Unterschiede müssen benannt werden können, damit die verschiedenen Zugänge zu einem konstruktiven Dialog führen. Die Gemeinsamkeiten helfen, im Interesse des gemeinsamen Zieles geeignete

Zweckbündnisse einzugehen. Und dieses Ziel ist der Zugang zu einem menschenmöglichen Lebensglück.

Aus christlicher Sicht wären dazu im Kontext der Heimerziehung folgende Zielperspektiven festzuhalten:

- *Jeder Mensch ist wertvoll, unabhängig von seinem aktuellen Verhalten:* Die Kinder und Jugendlichen erfahren eine bedingungslose Zuwendung. Ihre Persönlichkeit wird als ein kostbarer Schatz gewürdigt. Die Begegnungen im pädagogischen Raum lassen diese Wertschätzung spüren, weil sie an der Person und ihren Ressourcen interessiert sind und nicht auf offensichtliche Defizite fixiert bleiben. Dieses Ziel fordert nicht, jedes Verhalten gutzuheißen oder zu akzeptieren. Eine klare und aufrichtige Konfrontation mit Auswirkungen dissozialen Agierens ist eine sehr intensive, weil Aufmerksamkeit schenkende Form der Zuwendung und so lange positiv wirksam, wie sie nicht in ironischen oder zynischen Interventionen endet, mit denen sich Mitarbeiterinnen und Mitarbeiter vor den eigenen Verletzungen zu schützen versuchen.
- *Umkehr und Versöhnung sind möglich:* Die Kinder und Jugendlichen werden nicht auf das Geschehene festgelegt, sondern erhalten den Freiraum zur Veränderung eigenen falschen Verhaltens und zur Wiedergutmachung. Diese Einstellung fordert nicht den Verzicht auf Konsequenzen. Vielmehr kann in der schlüssigen Reaktion auf abweichendes Verhalten auch das Interesse am Gegenüber deutlich gemacht und die Möglichkeit zu Selbstreflexion und Wiedergutmachung eröffnet werden.
- *Werte existieren nicht aus sich selbst, sondern müssen behauptet, verifiziert und kommuniziert werden:* Es ist wichtig, dass Kinder und Jugendliche kennen lernen, welche Qualitäten des Lebens sie als besonders wertvoll schätzen können. Oft erschließen sich ihnen diese Wichtigkeiten nicht in ihrer bisherigen Lebensgeschichte. Die Formulierung eines Wertes bleibt so lange eine bloße Behauptung, bis sich daraus konkrete Handlungen ableiten lassen und in der alltäglichen Praxis ein klares Werteverständnis aufscheint. Eine klare Werthaltung fordert nicht die fundamentalistische Intoleranz gegenüber abweichenden Vorstellungen, aber zuweilen eine deutliche Positionierung anderen Lebensentwürfen gegenüber. Nur durch die Unterscheidung von Eigenem und Fremdem werden die Konturen des christlichen Wertehorizonts sichtbar. Dabei dürfte die Offenheit für Gott als eine Begrenzungen übersteigende bzw. sprengende Dimension eine Besonderheit christlichen Wertens und damit eine Entlastung von menschlichen Vollkommenheitswünschen sein.
- *Für das Gemeinschaftsleben ist es notwendig, Rituale bzw. Zeichen zu entwickeln und einzusetzen,* die letztendlich die gemeinsamen Lebenswerte kristallisieren und für Menschen greifbar machen. Dies kann durch die Feier der Gottes-

dienste oder das Tischgebet ebenso geschehen wie durch Aufnahme- und Verabschiedungsriten oder die Reisesegnung vor Freizeitmaßnahmen. Die Raumgestaltung verdient das Augenmerk ebenso wie die Achtung auf die zaghaften bis massiven Fragen des Glaubens und Unglaubens. Der Kreativität wie dem Rückgriff auf Traditionelles sind kaum Grenzen gesetzt. Riten und Zeichen geben dem Leben eine Stütze und Klarheit gerade an jenen Erfahrungspunkten, die mit Worten und Verstand nicht begriffen werden können. Ihre Pflege fordert nicht auf zur zwanghaften Einübung aufgenötigter Verhaltensweisen. Sie lädt ein, gemeinsam die Unbegreiflichkeit und Waghalsigkeit des Lebensprojektes in den Mittelpunkt zu stellen. Bei alldem ist zu betonen, dass – entgegen mancher Engführungen – christliches Profil nicht auf Liturgie und Gebet zu fixieren ist, sondern sich ein großer Spiel- bzw. Lebensraum auftut.

Einflussfaktoren christlicher Wegbegleitung in der Heimerziehung

Das christliche Engagement in der Heimerziehung ist nicht nur mit einer diakonalen Sichtweise zu begründen, die zur besonderen Fürsorge für Menschen mit gebrochenen Lebensverläufen drängt, sondern zugleich mit der erfahrungsgeleiteten Gewissheit, dass die christliche Botschaft die menschlichen Entwicklungsressourcen zu unterstützen versteht, weil sie die gottgegebenen Anlagen mit gottliebender Zuwendung begleitet. Christliche Wachstumsbegleitung stellt sich als ein Prozess mit vielfältigen Variablen dar:

- Die Tragfähigkeit von Werten und Glaubensüberzeugungen entwickelt sich nach religionspsychologischen Erkenntnissen zuallererst in den Familien und erst mit einem wesentlich geringeren Gewicht in außerfamiliären Zusammenhängen, wobei hier die kirchlichen Bezüge im Vordergrund stehen (vgl. Grom 2000, 8–89). Daher muss die religiöse Position der Herkunftsfamilien bedacht werden. Ziel ist es nicht, deren Einstellungen bloß zu verlängern, denn gerade das würde den Sinn der Familienhilfe ad absurdum führen, sondern an den Vorgaben, mit denen die Kinder und Jugendlichen in das neue Milieu der Heimerziehung eintreten, heilsam verändernd anzuschließen. Sie transportieren die Glaubensvorstellungen ihrer Herkunftsfamilien, sei es in der selbstverständlichen Übernahme oder der widerständigen Rebellion. Das Wissen um die Bedeutung des familiären Einflusses befreit die außerfamiliären Wegbegleiter zugleich von Omnipotenzfantasien, jedes Ziel erreichen zu können, sei es auch noch so sinnvoll.

- Die Kinder und Jugendlichen tragen in der Regel gestörte Familien- bzw. Beziehungsbilder in sich, die sich auch auf die christliche Verkündigung auswirken. Ein Kind, das von seinem Vater vielfach sexuell misshandelt wurde, kann beispielsweise der Botschaft von einem liebenden Vater im Himmel nur mit gespaltenen Gefühlen folgen. Die Spannung zwischen ersehntem Beziehungsverhältnis und erfahrener Gewaltrealität wird zu tiefen Zweifeln führen. Gerade diese Diskrepanz aber kann wirksam werden für die Übertragung auf einen wirklich menschenfreundlichen Gott.
- Auch die Mitarbeiterinnen und Mitarbeiter der Jugendhilfe in kirchlichen Trägerschaften sind »Kinder ihrer Zeit«. Ihre Motivation zur Mitwirkung in einer christlichen Einrichtung wird nicht in allen Fällen einer spezifisch religiösen Einstellung entspringen. Das Feld zwischen persönlicher Zustimmung bzw. Sympathie zur christlichen Botschaft bis hin zu einer bloßen Inkaufnahme der ideologischen Vorgaben ist breit. Es liegt auf der Hand, dass diese Pluralität die Verständigung auf christliche Wertvorstellungen und die Vermittlung von alltäglichen sowie rituellen Handlungsmöglichkeiten erschwert, ja ohne kommunikative Prozesse sogar unmöglich macht.
- Dieses Reibungspotenzial von christlichem Ideal und religiös indifferenter Lebenswirklichkeit findet sich konzentriert zwischen Trägern und Einrichtungsleitungen. Die kirchlichen Träger formulieren in der Regel klare christliche Leitbilder und erwarten deren Realisierung. Ihre ersten Ansprechpartner sind die beauftragten Einrichtungsleitungen. Diese besitzen die Steuerungskompetenz und haben damit die inhaltliche Ausrichtung zu verantworten, spüren aber zugleich die Mühsal, die in der Praxis zusammenfließenden Faktoren integrieren zu müssen. Selbst eine restriktive Anstellungspraxis im Hinblick auf religiös-kirchliche Erwartungen führt nicht aus dem Dilemma heraus, dass es zum einen wenig Bewerberinnen und Bewerber gibt, die auf eine eindeutige kirchliche Lebenspraxis zurückblicken können, und zum anderen die fachlichen Qualitäten nicht zwingend mit der geforderten christlichen Einstellung zusammenfließen. Dabei bleiben die Mitarbeiterinnen und Mitarbeiter »ein Qualitätsmerkmal für Heimerziehung« (Zerfaß 1998).
- Eine authentische christliche Lebensbegleitung verzichtet auf mögliche »double-binds« (vgl. Windolph 1997, 72–79), indem sie auf die Widersprüchlichkeit der Wertvorstellungen kindlicher Bezugspartner achtet. Ohne die pluralen Kräfte der modernen Gesellschaft zu ignorieren, schult sie für einen heilsamen Umgang mit den Realitäten des Lebens. Um im Raum der Heimerziehung die Komplexität der Widersprüchlichkeiten zu vermindern, müssen die Einrichtungen Prozesse der Verständigung auf gemeinsam zu tragende und nicht bloß auszuhaltende oder gar autoritär erzwungene Wert-

vorstellungen und Handlungskonzepte initiieren. Der dabei erzielte Konsens dient am Ende den anvertrauten Kindern und Jugendlichen zu einer neuen und verlässlichen Orientierung.

Lernprozesse
im Rahmen der Heimerziehung

Alle Lernprozesse, auch die religiös-christlichen, werden durch äußere Faktoren beeinflusst, werden entweder gefördert oder behindert. Für ein authentisches Glauben-Lernen ist daher ein Blick in die Phänomenologie des Lerngeschehens hilfreich (vgl. Grom 2000, 86–114), die hier auf den Lebenskontext der Heimerziehung angewendet werden soll. Dabei spielen für den Heranwachsenden zunächst vor allem soziale Lernprozesse eine Rolle, die durch die Wahrnehmung äußerer Bewegungen geprägt sind. Erst auf einer späteren Entwicklungsstufe treten diese Faktoren zugunsten individueller Lernprozesse in den Hintergrund, welche von einer inneren Autonomie zeugen und in eigenen Motiven gründen. Im sozialen Kontext (nicht nur einer Heimerziehung) gilt:

Lernen am Modell

Kinder und Jugendliche nehmen alle Signale wahr, die Menschen ihrer Umgebung ausstrahlen. Dabei wirken Gestik sowie Haltungen, die sich hinter verbalen und nonverbalen Botschaften verbergen, weit eindringlicher als vermutet. Das Lerngeschehen ereignet sich als eine bewusste oder teilbewusste Nachahmung der Mitarbeiterinnen und Mitarbeiter, wobei der junge Mensch sich sein Vorbild unbeirrt selbstständig auswählt. Diese Wahl bestimmter Wegbegleiter im Heim spiegelt sich (leider) nicht nur in positiver Aufmerksamkeit wider, sondern kann durchaus auch – je nach Persönlichkeit des Heranwachsenden – zu einem konfliktgeladenen Beziehungsverhältnis führen, mit dem die Verlässlichkeit des Gegenübers auf die Probe gestellt wird.
Es genügt daher nicht, wenn die erwachsenen Wegbegleiter sich ihrer Verpflichtung auf die Leitziele der Einrichtung zwar völlig bewusst sind, diese auch loyal zu vertreten suchen, aber in ihrem Herzen deutliche Dissonanzen spüren. Jede Diskrepanz wird sich aufgrund der unbewusst ausgedrückten Mimik, Gestik, Bemerkungen usw. massiver im Bewusstsein der Kinder und Jugendlichen festsetzen als die vielen gewählten und zielgerichteten Interventionen. Die Teilnahme an einem Gottesdienst beispielsweise kann als Verpflichtung der Leitung durchaus von den Pädagoginnen und Pädagogen durchgesetzt werden,

bekommt aber eine ausschließlich negative Konnotation dann, wenn versteckte widerständige Signale der Mitarbeiterinnen und Mitarbeiter die »folgsame« Ausführung begleiten.

Da Authentizität nicht erzwungen, sondern nur erarbeitet werden kann, müssen Einrichtungen der Heimerziehung gerade über den häufig umstrittenen Punkt einer christlichen Wegbegleitung in den Dialog einsteigen, was denn wirklich aus professioneller Sicht im Interesse einer eindeutigen Pädagogik zu vereinbaren und von allen zu tragen ist. Schließlich geht es um die Achtung und Wertschätzung der Persönlichkeit anvertrauter Menschen.

Lernen durch Unterweisung

Jedes Menschen- und Gesellschaftsbild wird bestimmt durch die Ideen und Gedanken, die Erfahrungen und Erzählungen, die Menschen aus ihrer Werthaltung heraus weitergeben. Dazu zählen auch Verhaltensweisen und Rituale, mit denen die Werte in alltägliche Praxis umgesetzt werden.

Christen blicken auf einen großen Schatz an Überliefertem und Bewährtem. Die Erfahrungen der vorangegangenen Generationen mit ihrem (und unserem) menschenfreundlichen Gott, dem Gott Jesu Christi, haben sich in Definitionen, Weltdeutungen, Geschichten, Namen und Begriffen, Ritualen und Zeichen usw. verdichtet. Diese müssen tradiert und erklärt, aber ebenso fortgeschrieben werden. Lernen geschieht hier durch die Vermittlung von Inhalten, die möglichst persönliche Lebenserfahrungen berühren. Die Unterweisung kommt nur an, wenn sie voraussetzungsgerecht gestaltet ist. Die Anstrengung liegt also in der Abstimmung von Inhalten und Methoden auf die Aufnahmefähigkeit der anzusprechenden Kinder und Jugendlichen. Zu berücksichtigen sind die Überforderungsgefühle mancher Mitarbeiterinnen und Mitarbeiter, die meinen, sich in religiös-christlichen Inhalten selber nicht richtig auszukennen.

Bei aller Wertschätzung der Erfahrung als Grundlage lebensfördernder Entwicklungsprozesse ist die Beschäftigung mit Inhalten bedeutsam, weil sie geronnene Erfahrung vermittelt. Dabei können themenbezogene Wissenslücken der Mitarbeiterinnen und Mitarbeiter in der Heimerziehung auch eine Chance sein, sich mit den Kindern und Jugendlichen gemeinsam auf einen Lernweg zu begeben. So haben sich z.B. Gruppen einer kirchlichen Jugendhilfeeinrichtung entschieden, zu gemeinsam gefundenen Fragestellungen (»Woher kommt der Nikolaus?«, »Was sind unsere Namenspatrone?« usw.) Suchprozesse zu initiieren, an deren Ende ein Gruppengespräch steht, in das jeder die recherchierten Inhalte einbringt.

Lernen durch Fremdverstärkung und soziale Bestätigung

Natürlich kann das Lernverhalten auch durch ideelle und materielle Verstärker gefördert werden. Ein freundliches Wort der Anerkennung, eine dankende Geste oder ein aufmunternder Blick vermitteln die Wertschätzung der Person ebenso wie eine Einladung zum Eis oder das Privileg, einen Spielfilm anschauen zu dürfen. Verschiedenste Formen der Zuwendung fördern das damit belohnte Verhalten.

Über diese häufig geübten Formen der Förderung sozialer Lernprozesse hinaus zeigt sich die besondere Stärke und Herausforderung der Heimerziehung in der Pflege eines umfassenden Lebenskontextes als sozialem Bestätigungsraum. In einer pluralen Gesellschaft scheint es kaum möglich, allgemeine Konsense zu finden. Für den Menschen ist es überlebenswichtig, sich einen eigenen Standpunkt zu erarbeiten, ohne zugleich von den vielfältigen anderen unentwegt verunsichert zu werden. Den meisten Kindern und Jugendlichen in der Jugendhilfe fehlte in ihren Herkunftsfamilien gerade eine Orientierung an eindeutigen Lebensmaßstäben. Die Heimerziehung ermöglicht zum einen eine heilsame Oasenerfahrung, wenn im eigenen Lebensumfeld durch eine positive Gesamtatmosphäre gemeinsamer und übereinstimmender Bewertungen Verhaltens- und Einstellungssicherheit gewährleistet wird. In dieser Oase muss sich niemand dafür verantworten, schutzbedürftig, liebenswert, begrenzt ... zu sein oder sogar einen Gottesdienst zu besuchen, Gebete zu sprechen, nach Gott zu fragen und religiöse Beobachtungen zu thematisieren. Zum anderen darf die plurale Andersartigkeit der Außenwelt aber nicht ignoriert oder abgespalten werden. Sie wird wahrgenommen, kommuniziert, doch nicht zwingend in den Kernbestand des eigenen Lebenskonzepts integriert. Die Vernetzung mit den pastoralen Strukturen der benachbarten Kirchengemeinden (vgl. Lechner 1997) verstärkt den sichernden Bestätigungsraum.

Resümee

Zusammenfassend gibt eine Vision des Propheten Jesaja wieder, wie die Arbeit von Einrichtungen der Heimerziehung theologisch bewertet werden kann: »Das geknickte Rohr zerbricht er nicht, und den glimmenden Docht löscht er nicht aus« (Jes 42,3). Es ist genau diese Vision, die zu einer Unterstützung jener Persönlichkeiten drängt, die in ihrem Lebensverlauf wachstumsfördernde Impulse benötigen, warum auch immer. Insofern werden Jugendhilfeeinrichtungen der Heimerziehung zu notwendigen Erfüllungsgehilfen der zukunftseröffnenden Verheißung Gottes.

LESEHINWEISE

Grom, Bernhard, Religionspädagogische Psychologie. Düsseldorf ⁵2000. (Grom 2000)
Lechner, Martin, Heimerziehung als pastorale Aufgabe. Überlegungen zur Kooperation zwischen Heimerziehung und Gemeindepastoral. In: Jugendwohl 78 (1997) 246–256. (Lechner 1997)
Post, Wolfgang, Erziehung im Heim. Perspektiven der Heimerziehung im System der Jugendhilfe. Weinheim-München ²2002. (Post 2002)
Verband Katholischer Einrichtungen der Heim- und Heilpädagogik (Hg.), Heimerziehung als Dienst der Kirche (Beiträge zur Erziehungshilfe 11). Freiburg i.Br. 1995. (Verband 1995)
Verband Katholischer Einrichtungen der Heim- und Heilpädagogik (Hg.), Leben lernen. Erzieherische Hilfen gestalten und sichern (Beiträge zur Erziehungshilfe 17). Freiburg i.Br. 1998. (Verband 1998)

3. Hoffnung und Ohnmacht
Theologische Perspektiven in der Frauen- und Mädchensozialarbeit

Hildegard Wustmans

SUMMARY

Orte, an denen mit Mädchen und Frauen gearbeitet wird, gibt es mittlerweile vielfach. Das Freiwillige Soziale Jahr (FSJ) ist ein paradigmatischer Ort für die Themen, die sich hier stellen. Es geht darum, im Blick auf andere Frauen Kraft, Energie, Ansporn und Bestätigung für den eigenen Lebensentwurf zu schöpfen. Es geht um einen produktiven Umgang mit Macht und Ohnmacht, wobei Theologie einen Umgang mit Ohnmacht aufzeigen kann, der nichts mit Vertröstung und Beschwichtigung zu tun hat, sondern mit einer Macht, die aus der Ohnmacht wächst. Rituale können an diesen Orten eine wichtige Rolle spielen, indem sie heilmachende, befreiende und segnende Zustände menschlicher Existenz vorwegnehmen und erfahrbar machen.

Erfahrungen

Yasemin lächelt. Ihr Kopf ist geschützt mit einem roten Stoffhelm, sie sitzt in ihrem Rollstuhl und lächelt. Der Tag ist gerettet. Zumindest für Vanessa (20). Sie geht in die Hocke und fängt leise zu singen an. Die zwei Mädchen berühren sich zart an den Händen. Es gehört zu den vielen Ritualen in der intensiven Beziehung der beiden. Vanessa hat es eingeführt, weil Yasemin nicht sprechen kann, aber sehr empfänglich für Gebärden und Berührungen ist. Es ist früh am Morgen und nicht jeder Tag beginnt so harmonisch. »Manchmal hat sie schlechte Laune, dann reagiert sie auf nichts, oder sie wird wütend«, erzählt Vanessa. Sie kennt ihren Schützling. Sie gehört zu jenen 100 jungen Frauen, die derzeit im Bistum Limburg ein Jahr lang für ein Taschengeld sozial tätig sind. Vanessa hatte ganz klare Vorstellungen von ihrem Einsatzort. Sie überlegt, Sonderschulpädagogik zu studieren und will das freiwillige soziale Jahr nutzen, um ganz sicher zu sein, »dass es das Richtige ist«. Davon ist sie inzwischen überzeugt.

Die Motive für ein freiwilliges soziales Jahr sind ganz unterschiedlich. Da ist der Wunsch, nach all der Theorie in der Schule endlich einmal etwas Praktisches zu machen; eine Zeit der Orientierung zu nehmen, bevor das Studium losgeht. Aber inzwischen interessieren sich immer mehr junge Mädchen für ein freiwilliges soziales Jahr (FSJ), weil sie nicht wissen, was sie nach der Schule machen sollen, weil es mit einer Lehrstelle nicht geklappt hat. So erging es auch Frauke. Die 17-Jährige hatte nach ihrem Realschulabschluss keine rechte Vorstellung von ihrer beruflichen Zukunft. »Was Soziales im Krankenhaus oder doch lieber Friseurin?« Frauke entschied sich für das FSJ. Und seit September ist sie eine heiß begehrte Spiel- und Ansprechpartnerin für die Kinder in der Pausenhalle, hilft beim Umziehen vor dem Schwimmen, unterstützt die Lehrer im Unterricht, übt Laufen mit ihrem Förderkind Melanie. Für sie war das FSJ ein großer Erfolg. Sie hat sich für eine Arbeit im sozialen Bereich entschieden und hat bereits einen Ausbildungsplatz für Sozialassistenz. Ihr Resümee ist eindeutig: »Ich habe eine Perspektive für später bekommen und ganz viele wichtige Erfahrungen gemacht« (alle Informationen aus dem Pressedienst des Bistums Limburg, 17. März 2004).

Verantwortung übernehmen, selbstständig arbeiten, für eine Sache einstehen, all das sind wichtige Lernerfahrungen in diesem Jahr. Bislang sind die »FSJ-ler« bis auf wenige Ausnahmen Mädchen und junge Frauen. Neben der fachlichen Anleitung an den Einsatzorten gehören 25 Tage Bildungsurlaub zum festen Bestandteil des Jahres. Während dieser Wochenkurse, die von Sozialpädagoginnen konzipiert und durchgeführt werden, wird mit den jungen Frauen an ihrer Rolle, ihren sozialen Kompetenzen und ihrer Teamfähigkeit gearbeitet. Aber auch ihre persönlichen Ängste und Sorgen, ihre Sehnsüchte und Hoffnungen finden darin ihren Platz.

Das FSJ ist ein exemplarischer Ort, weil an ihm Offenkundiges und Verschwiegenes im Leben der Mädchen und jungen Frauen und jener, mit denen sie es zu tun haben, zusammenkommen. In der Gesellschaft und in der Pastoral der Kirche wird dies normalerweise getrennt. Welchen Aussagecharakter hat jedoch dieser exemplarische Ort für das, was die Theologie der Sozialen Arbeit an Perspektiven bieten kann? Was kann an ihm benannt werden?

Die Soziale Arbeit mit Mädchen und Frauen ist ein pastorales Feld und ein pastoraltheologisches Thema, bei dem es wenig beachtete Anteile gibt: Dass es vornehmlich Mädchen sind, die ein FJS machen, gleichwohl es auch für Jungen und Männer die Möglichkeit gibt. Es sind die jungen Frauen, die aus mangelnder Perspektive an Berufs- und Ausbildungsmöglichkeiten ein Jahr des »sinnvollen« Zeitgewinnes suchen. Es sind die jungen Frauen, die bei ihrer Berufswahl auf Nummer sicher gehen wollen. Dies wirft Fragen und Probleme auf, die eher verschwiegen werden, als dass sie präsent sind. Zugleich verbergen sich in ihnen Anteile, die nicht gehört werden, weil sie prekär sind, etwa folgende:

- Die Fragen der Mädchen und jungen Frauen sind nicht Fragen unter anderen Fragen, sondern sie sind signifikant für das, was von Gott zu sagen ist. Sie sind ein Zeichen der Zeit.
- Frauenfragen und auch die von Mädchen sind in spezieller Hinsicht ein Machtproblem. Sie zeigen an, wo z.B. eine Gleichberechtigung de jure noch längst nicht zu einer Gleichberechtigung de facto geführt hat.
- Die Arbeit mit Mädchen und Frauen benötigt Perspektiven über personale Antworten hinaus.
- Welche Antworten die Theologie auf diese wenig beachteten Anteile gibt, soll an drei Punkten dargestellt werden: dem genealogischen Bezug, dem Umgang mit Macht und Ohnmacht und der Arbeit mit Ritualen.

Der genealogische Bezug

Frauen können sich auf andere Frauen beziehen, um daraus Perspektiven für die Gestaltung ihres eigenen Lebens abzuleiten. Dieser Blick ist nicht selbstverständlich, er muss an Orten wie dem FSJ erlernt werden. Dazu gehört notwendigerweise, dass eine Frau eine andere nicht als Konkurrentin sieht, sondern als eine, die ein »Mehr« hat. Wer mit Frauen und besonders mit jungen Frauen arbeitet, weiß, wie schwierig dieser Blick auf die andere ist. Es kostet Kraft und manchmal auch Überwindung, sich darauf einzulassen. Doch durch diesen genealogischen Blick werden die Beziehungen zu Frauen und die Berufung auf Frauen zu einem Ort, an dem Frauen Kraft, Energie, Ansporn und Bestätigung für den eigenen Lebensentwurf schöpfen können. Frauen machen dabei ihre Erfahrungen zu einem Maßstab für die Welt und aus ihren Interessen ein Kriterium für die Welt und aus ihrem Begehren einen Antrieb für die Veränderung der Welt (vgl. Libreria 1991, 150). Oder um es mit anderen Worten zu sagen: »Um groß zu werden – in jeglichem Sinn – braucht sie [die Frau, H.W.] eine Frau, die größer ist als sie« (vgl. Libreria 1991, 150).

Dieses Wissen ist eine echte Perspektive für Mädchen und Frauen. Denn indem sie anderen Frauen in gesellschaftlichen und religiösen Zusammenhängen Autorität zuschreiben, verleihen sie sich selbst, der eigenen Erfahrung, ihrem eigenen Begehren in der Welt, einen Wert. Die Erinnerung und Bezugnahme auf andere Frauen ermutigt und befähigt (vielfach) auch zur Sprache. In den Biografien und Geschichten der anderen können sie Bilder und Worte finden, die ihnen zur Unterstützung, zur Hilfe werden können. Dieser Blick zurück zeigt, dass Frauen auf die Repräsentation anderer Frauen bauen können und dass sie diese brauchen, um sich mit der Welt auseinander zu setzen. Der Bezug auf die anderen wird zu einer Quelle der Kraft und schafft die notwendigen Voraussetzungen, die Konsequenzen für die eigene Existenz zu ziehen (vgl. Libreria 1991, 140). Und diese Bezugnahme befähigt zur Tat und zum Wort. Die Frauen melden sich mit eigener Stimme zu Wort. Die »symbolischen Mütter«, wie die Frauen im Denken der Geschlechterdifferenz genannt werden, wie es von Frauen in Mailand und Verona entwickelt wurde und wird, unterstützen die Jüngeren darin, ihr Begehren ins Wort zu bringen. »Die Frauen, die in die Gesellschaft eintreten oder eintreten möchten, tragen ein Begehren in sich, das Befriedigung sucht. Das stellt niemand in Zweifel, doch fehlt dem Wunsch die Legitimation, und so kann er nicht offen gezeigt werden. Die Arbeit am Symbolischen wird also darin bestehen, symbolische Figuren zu entwerfen, welche aus der Zugehörigkeit zum weiblichen Geschlecht die gesellschaftliche Legitimierung für alle Freiheit machen, die eine Frau für sich will« (Libreria 1991, 125). Und eine solche Figur ist die »symbolische Mutter« (vgl. Muraro 1993).

Um etwas über das eigene Begehren zu erfahren ist es gut, sich mit dem auseinander zu setzen, was andere Menschen zur eigenen Person sagen. Nicht zuletzt dies geschieht auch im FSJ. Andere können Ermutigung sein, den Rücken stärken, herausfordernde und provozierende Fragen stellen, um das eigene Begehren zu entdecken und ihm zu folgen. In diesen Beziehungen stärkt eine Frau eine andere, hilft ihr dabei, den eigenen Weg zu finden, indem sie ihr vermittelt, was sie in der anderen erkennt und wahrnimmt. Aber noch etwas anderes ist wichtig in diesen Beziehungen, die im Denken der »Italienerinnen« affidamento-Beziehungen genannt werden: »Um einen gangbaren Weg in der Welt zu finden und mir nicht nur an Hindernissen den Kopf wund zu schlagen, ist es sinnvoll, von den Erfahrungen anderer Frauen zu lernen, die schon vor mir in diesem Bereich nach Wegen gesucht haben. Über nicht-gangbare und möglicherweise gangbare Wege erfahre ich auch etwas aus den Niederlagen der älteren Frauen. Es wäre einfach dumm, ihr Wissen nicht zu nutzen« (Markert 2002, 32). Ebenso wichtig ist allerdings die Anerkennung der Differenz (unter Frauen).

Nicht alle Frauen haben die gleichen Erfahrungen, nicht alle Frauen verfolgen die gleichen Ziele. Dies ist ein Faktum, dem Rechnung zu tragen ist. Es kann nicht das Ziel sein, die Unterschiede aus der Welt zu schaffen, sondern es geht darum, die bestehenden Differenzen in kreative Kontraste umzuwandeln. Erst in der Anerkennung der Differenz werden die unterschiedlichen Fähigkeiten und Bedürfnisse sichtbar. Sie fordern heraus, und sie sind vielfach auch ein Moment, in dem das eigene Begehren wahrgenommen werden kann. Dann kann es gelingen, sich unter das Urteil einer anderen Frau zu stellen und an ihrem MEHR zu wachsen. Nicht im Sinne eines Ideals, dem es nachzueifern gilt, sondern im Sinne einer Kraft, die geweckt wird, dem eigenen Mensch-Sein auf die Spur zu kommen, um Mensch zu werden.

Der Umgang mit Macht und Ohnmacht

In vielen Feldern der Sozialen Arbeit mit Mädchen und Frauen handelt es sich um Orte, wo ihnen die Möglichkeit gegeben wird, aus (gewaltsamen) Machtkonstellationen herauszutreten, Abstand zu gewinnen. Sie können im wahrsten Sinne des Wortes zu Kräften kommen, sich Perspektiven überlegen, sich dem Getriebe des gesellschaftlichen Räderwerkes aussetzen, es reflektieren wie Vanessa. Sie lernen Fähigkeiten zu entwickeln, eigene Interessen zu vertreten und getroffene Entscheidungen zu verantworten. Es sind Orte, wo Unterstützung erfahren wird. Orte, wo man gemeinsam um Perspektiven ringt, nach guten Lösungen sucht. Und nicht zuletzt sind es Orte, an denen es um einen produktiven Umgang mit Macht und Ohnmacht geht.

In der konkreten Praxis wird dabei sehr schnell deutlich, dass es nicht die eine Macht gibt, sondern mehrere Mächte. Mächte, die in unterschiedlicher Art und Weise Formen der Unterwerfung entwickeln. Alle diese Mächte haben ihre eigenen Vorgehensweisen, ihre je eigene Technik. Und Ziel der unterschiedlichen Machttechniken ist doch immer eines: Verhalten zu kontrollieren und zu beeinflussen. Machtverhältnisse wirken auf das Handeln von Personen und drängen sie, sich so oder so zu verhalten. Sie wirken auf die Handlungsmöglichkeiten von Individuen ein und sie strukturieren das Feld ihrer möglichen Handlungen. Wer Macht einsetzt, will Verhältnisse, Beziehungen prägen, vielfach auch durch physische Gewalt. Macht kann Körper zwingen, beugen, brechen, zerstören (vgl. Foucault 1999, 172–201).

Jene, die den unterschiedlichsten Machttechniken ausgeliefert sind, sind vor allem eines: ohnmächtig. Theologie kann hier einen Umgang mit der Ohnmacht aufzeigen, der nichts mit Vertröstung und Beschwichtigung zu tun hat, sondern mit einer Macht, die aus der Ohnmacht wächst, und zwar vor den Erfahrungen Jesu mit dem Kreuz. Es gibt keine christliche Auferstehung ohne das Kreuz. Es gibt Auferstehung nicht ohne die Ohnmacht des Gekreuzigten. Dies ist eine wesentliche christliche Grunderfahrung. Erst wer dem Kreuz ins Auge sieht, kann die Lebenskraft entdecken, die in ihm steckt. Der Tod hört nicht auf, eine Macht im Leben zu sein, aber die Bitterkeit kann ihm genommen werden. Die Erfahrung von Kreuz und Auferstehung drängt nach einer Sprache, die in der Lage ist, beides zu benennen. »Weder kann man die Gewalt im Tod Jesu hinnehmen, wenn man an die Auferstehung glaubt. Noch kann man die Auferstehung deuten, wenn man der Gewalt in diesem Tod ausweicht. Beginnt man bei dem einen, verlangt das andere nach einer Erklärung. Es gibt hier einen signifikanten Wechsel zwischen Macht und Ohnmacht. Das, was wir von der Auferstehung Jesu heute haben, ist die Sprache des Glaubens darüber; es ist die Verkündigung ihrer Macht im Fall der Auferstehung Jesu und die Hoffnung darauf, dass sie in den vielen anderen Kreuzigungsfällen ebenfalls eintritt. ... Wir haben Gewissheit – aber eben im Modus der Ohnmacht; es ist die Gewissheit der Hoffnung« (Sander 2001, 92f.). Und diese Gewissheit ist eine echte Perspektive der Theologie für die Soziale Arbeit mit Mädchen und Frauen, die vielfach zu den Ohnmächtigen unserer Zeit gehören.

Der Umgang mit Ritualen

Rituale sind wirkmächtige Zeichen. Rituale sprechen. Dabei stehen Rituale nicht nur im Dienst der Macht, sondern sie sind selber mächtig. Rituale sind mächtig, weil sie die soziale Wirklichkeit verändern können. Sie machen aus der Arbeit eine Begrüßung wie zwischen Yasemin und Vanessa. Sie sind ein Ort, an dem gerade die Ohnmächtigen, jene, die im Außen der Ordnung der Dinge stehen, ihre Ohnmacht benennen und überwinden können. Insofern gilt, dass Rituale eine kreative Anti-Struktur besitzen, die sich von den gewöhnlichen und teilweise rigiden sozialen Regeln, Hierarchien und traditionellen Formen unterscheiden. Gleichzeitig sind sie selber strukturschaffend (vgl. Turner 2000).

Rituale sind durch persönliche Erfahrungen, aktuelle Fragestellungen und Lebensphasen geprägt. In religiösen Ritualen werden diese in einen spirituellen Kontext gestellt und je nach Herkunft der Gruppe vor Gott getragen. Bei allem wird deutlich, dass Rituale etwas tun. Sie verändern die Teilnehmenden und die Situationen, in denen sie stehen. Rituale werden so zu wirkmächtigen Zeichen. Wenn Menschen mit Ritualen arbeiten, dann nehmen sie heilmachende, befreiende und segnende Zustände menschlicher Existenz und menschlichen Zusammenlebens vorweg und machen dies auch erfahrbar (vgl. Riedel-Pfäffin/Strecker 1998). Im Ritual ist temporär diese Überschreitung gegeben, die die Ordnung der Dinge um der eigenen Lebendigkeit willen braucht. Was an Ritualen produziert wird, setzt sich von dem ab, was vorher sozial, lebensgeschichtlich, machtkonstellativ repräsentiert war, und sie verweisen auf etwas, was zukünftig bedeutsam wird. Was jetzt ist, wird in den Begriffen, die man davon bildet, auf mögliche Veränderungen hin überschritten.

Nicht zuletzt geht es darum, Rituale als Zeichen zu verstehen, die die Machtfrage stellen. Zeichen sind eine solche Potenz, weil sie ein Außen sowohl zum Subjekt als auch zur Gesellschaft sind. Rituale sind Mächte gegenüber der Gemeinschaft und den Individuen. Sie leisten, was diese beiden für sich selbst nicht leisten können. Erfahrungen und Handlungen werden von Zeichen repräsentiert, die Menschen aufgrund der Beziehungen zur Welt, in der sie leben, ausbilden. Insofern ist jedes Ritual ein Zeichen. Zeichen sind aber mit Erfahrungen angereichert, oder sie sind keine Zeichen. Für Rituale bedeutet dies, dass sie an dem Erfahrungsgehalt, den sie repräsentieren, gemessen werden können. Und mehr noch, Zeichen besitzen erst dann ihre volle Bedeutung, wenn die Handlungsmöglichkeiten, die sie erschließen, reale Möglichkeiten sind. Zeichen zu errichten und Rituale zu entwickeln bedeutet Handlungsmöglichkeiten zu eröffnen.

Rituale sind auch eine Macht. Sie bringen Handlungen, Situationen an einen Wendepunkt. Ihre Basis sind Zeichen und auf diesem Fundament können wahre, heilende Aussagen gemacht werden. Die Auseinandersetzung mit Ritualen, verstanden als Zeichen, besitzt einen großen Wert, denn sie ermöglicht es, Situationen zu überschreiten und Realität neu zu gestalten. Insofern ist der Handlungscharakter von Ritualen konstitutiv für diese. Rituale führen Zeichen in die Situation von Menschen ein, die sie verändern. In den Überzeugungen und Ritualen des Glaubens werden die Erfahrungen von Menschen repräsentiert. Sie sind Aktionen des Widerstandes gegen seine Bedrohung. Deswegen sind Rituale Vergegenwärtigungen des Glaubens angesichts der Zeichen der Zeit, zumindest dann, wenn sie nicht hohles Ritual ohne spirituellen Rang sein wollen. Glauben im Ritual zu vergegenwärtigen bedeutet, der Zerstörung von Leben zu widerstehen, und dies ist eine echte Perspektive in der Sozialen Arbeit mit Mädchen und Frauen.

LESEHINWEISE

Libreria delle donne de Milano, Wie weibliche Freiheit entsteht. Eine neue politische Praxis, Berlin ³1991. (Libreria 1991)

Foucault, Michel, Botschaften der Macht. Reader Diskurs und Medien. Stuttgart 1999. (Foucault 1999)

Riedel-Pfäffin, Ursula/Strecker, Julia, Flügel trotz allem. Feministische Seelsorge und Beratung. Konzeptionen, Methoden, Biografien. Gütersloh 1998. (Riedel-Pfäffin/Strecker 1998)

Sander, Hans-Joachim, nicht verleugnen. Die befremdende Ohnmacht Jesu. Würzburg 2001. (Sander 2001)

Turner, Victor, Das Ritual. Struktur und Anti-Struktur. Frankfurt-New York 2000. (Turner 2000)

Van Gennep, Arnold, Übergangsriten (Les rites de passage). Frankfurt-New York 1999. (Van Gennep 1999)

4. Liebe und Funktionalität

Theologische Perspektiven in der Familienhilfe

Elisabeth Jünemann

SUMMARY

Viele gesellschaftliche Erwartungen sind an die Familie gerichtet. Nur als jener Ort, wo der Mensch als ganze Person mit Körper, Geist und Seele berücksichtigt wird, kann sie diesen Erwartungen gerecht werden. Ihre Funktionalität ist nur gesichert, wenn Liebe im Spiel ist. Schon die biblischen Texte fordern besonderen Schutz und Hilfe für jene, deren Wohl durch das Wegbrechen der familialen Gemeinschaft gefährdet ist, und die Kirche hat schon früh familienunterstützende und -substituierende Einrichtungen geschaffen. Aufgabe Sozialer Arbeit ist es, gerade in diesem sensiblen Bereich Menschen im Umgang mit Scheitern, Schuld und Verlust zu begleiten.

Die Familienhilfe gehört zu den klassischen Arbeitsfeldern der Sozialen Arbeit und zu den klassischen Bereichen der kirchlich getragenen, religiös-moralisch motivierten, theologisch-ethisch reflektierten Sozialen Arbeit. Die Familie, die Soziale Arbeit, die Religion und die Moral – in der Familienhilfe stehen sie von Anfang an in einer Beziehung zueinander.
Welche Beziehung haben diese unterschiedlichen Systeme zueinander? Was ist Familie? Was ist ihre Leistung, was ihre Funktion? Wann braucht sie »Hilfe«? Was ist Soziale Arbeit? Ihre Funktion, ihre Leistung im Blick auf die Familie? Und: Wie wirken sich Religion, deren wissenschaftliche Reflexion die Theologie betreibt, und Moral, deren wissenschaftliche Reflexion die Ethik betreibt, auf die Familienhilfe aus?

Die erwartete Leistung der Familie

Bei aller larmoyanten Klage über die Familie – nach wie vor erwartet die Gesellschaft Leistungen von dem System Familie. Nach wie vor wird damit gerechnet, dass die Familie die Leistungen erbringt, von denen die moderne liberale und wertplurale Gesellschaft zehrt, die sie aber selber innerhalb ihrer politischen und ökonomischen Systeme nicht hervorbringen kann. In der Familie soll es möglich sein, ein eigener Mensch zu werden und zugleich eine soziale Identität auszubilden. Es wird mit der Familie gerechnet.
Mit der Familie wird gerechnet, wenn es um die Bildung geht, um das Humanvermögen einer Gesellschaft (vgl. Jünemann 2003). Mit der Familie wird gerechnet, wenn es um die Vermittlung der von der Pisa-Studie vernachlässigten sozialen Kompetenzen geht, jener Art von Bildung, die die Alten »Herzensbildung« nannten und die mit Verstand und Gefühl, mit sich selbst und dem anderen umzugehen lehrt. In der Familie soll das Verständnis von Gemeinschaft wachsen. Familiales Zusammenleben gilt als Ort der »Menschwerdung« des Einzelnen, als Ort primärer personaler Entwicklung; als Ernstfall christlicher Liebe. Hier soll es möglich sein, das Gelingen menschlichen Lebens zu erleichtern, Räume für Intimität, Verbindlichkeit, Zuwendung, Begegnung und natürlich: Weitergabe des Glaubens zu sichern. Hier soll es möglich sein, zu erfahren, was es bedeutet, geliebt zu werden und zu lieben. Hier soll man den Umgang mit Autorität und Macht, deren Schutz und deren Bedrohung kennen lernen. Hier sollen Kooperation, Solidarität und Toleranz eingeübt werden. Hier soll erfahren werden, wie es ist, bei einer Entscheidung, einem Wunsch oder einer Idee in der Minderheit zu sein, und wie es ist, damit berücksichtigt zu werden oder übergangen zu werden. Hier soll geübt werden, zu widerstehen oder neue kreative Wege zu finden, Interessen durchzu-

setzen. Hier soll gelernt werden, sich anzupassen oder unterzuordnen. Dem familiären Zusammenleben werden besonders günstige Voraussetzungen für die Ausbildung dieser Fähigkeiten zugetraut, die in anderen Gruppen nicht ohne weiteres herstellbar sind.

Mit der Familie wird gerechnet, wenn es um die Reproduktion geht: Die demografische Lage Deutschlands wird immer prekärer (vgl. Wingen 2003). Die entsprechenden Konsequenzen zu diskutieren ist längst nicht mehr ehrenrührig. Ohne Kinder ist kein Staat zu machen, keine Wirtschaft und auch keine Kirche. Ohne Kinder wird der Generationenvertrag brüchig, werden Renten und Pflege unbezahlbar, droht in Zukunft ein »Land ohne Lachen« (Spiegel v. 5.1.2004).

Die zugeschriebene Funktion von Familie

Die Funktion der Familie, bei deren Gelingen ihr diese gesellschaftlichen Leistungen zugetraut werden, besteht heute wie früher, wenn auch in unterschiedlicher Form, in der gesellschaftlichen Inklusion der Person. Familie ist der Ort, an dem die für die Gesellschaft wichtige Leistung der sozialen Inklusion der ganzen Person mit allem, was sie angeht, auch die Inklusion in weitere soziale Systeme, organisiert werden kann. Diese einzigartige Funktion der Familie macht sie für die Gesellschaft unverzichtbar. Aber gleichzeitig schafft sie auch das Problem der Familie: Gerade weil man nirgendwo sonst in der Gesellschaft für alles, was einen kümmert, soziale Resonanz finden kann, steigern sich die Erwartungen und die Ansprüche an die Familie. »Und genau das steigert damit die Inkonsistenzen, die man sich selbst und anderen gegenüber in der Familie zu vertreten hat. Die Gesellschaft konzentriert eine Funktion zu besonderer Intensität. Sie schafft sich eine Semantik der Intimität, der Liebe, des wechselseitigen Verstehens, um die Erfüllung in Aussicht zu stellen. Und sie schafft zugleich die erschwerenden Bedingungen, die sich über die Familie in konkrete Erwartungen und Enttäuschungen umsetzen lassen« (Luhmann 1990, 208).

Familie ist, so formuliert es der Soziologe Peter Fuchs, »das Funktionssystem der Gesellschaft, das die Funktion der Komplettberücksichtigung der Person übernimmt, ausbaut und stabilisiert« (FuchsP 1999, 89f.). Es geht um die Berücksichtigung der ganzen Person, des ganzen Menschen, von dem die theologische Anthropologie sagt, dass er Körper ist, Geist ist und eine Seele hat. Es geht um die Berücksichtigung des Körpers und all dessen, was wir mit Körper konnotieren: Sexualität, Empfängnis, Gebären, Säugen, Nähren, Stoffwechsel, Heranwachsen, Gesundheit, Stärke, Schwäche, Krankheit, Alter, Tod. Um die Berücksichtigung des Geistes oder der Psyche und all dessen, was wir damit konnotieren: die

Lebensenergie, die Lebenslust und die Gefahr, sie zu verlieren; das Verlangen nach Verstehen und Verstandenwerden, nach Kreativität und Fantasie, nach Einsicht und Erkenntnis; das Verlangen nach Glück und nach Liebe, dessen Erfüllung und dessen Scheitern. Es geht um die Berücksichtigung der Seele: der göttlichen Kraft, die den Menschen verändert, die die Lebenswünsche und Lebensängste des Menschen in Relation zu Gott stellt, den Menschen lebendig und stark macht, die seine Ich-Identität ausmacht in seiner Beziehung zu Gott.

In der Familie geht es um die Komplettberücksichtigung der Person, der ganzen Person: Körper, Geist und Seele. Ein extremer Anspruch und eine extreme Belastung. Wieso sollte man sich ihr stellen? Sie aushalten – wenn nicht aus Liebe? Kühl soziologisch formuliert heißt das: Im Intimsystem Familie, das die Erweiterung des Zweier-Intimsystems eines Paares ist, muss das Kommunikationsmedium Liebe angenommen werden (FuchsP 1999, 89ff.). Das heißt: Gegenseitige Komplettberücksichtigung funktioniert nur, wenn Liebe im Spiel ist. Man muss lieben in der Familie. Man darf nicht nicht lieben. Abneigung und Vernachlässigung, selbst Teilabneigungen und Teilvernachlässigung werden nicht toleriert, denn wenn Liebe die Voraussetzung für das Funktionieren ist, führt der Mangel an Liebe zur Katastrophe. Entsprechend wirken Scheidungen in Familien.

»Was ist Familie?« Ob nun soziologisch gesprochen wird von einem Intimsystem, das die Erweiterung des Intimsystems Paar durch Kinder ist, von der Funktion der Familie als »Komplettberücksichtigung« und von ihrem Kommunikationsmedium Liebe, ohne das die Komplettberücksichtigung nicht funktioniert, oder ob eher theologisch-ethisch gesprochen wird von der auf der Ehe aufbauenden Familie, vom gegenseitigen Dienst der Familienmitglieder, einander als ganzen Menschen, als Körper und Geist, mit einer Seele ausgestattet zu verstehen und zum gelingenden Leben zu verhelfen, von der »Gemeinschaft des ganzen Lebens« (CIC 1983, can. 1055), wie es das katholische Kirchenrecht formuliert, in der dieser gegenseitige Dienst »in Liebe und Solidarität« möglich ist, wie es die Sozialenzyklika »Centesimus annus« formuliert (CA 1991, 39,1): Was dabei herauskommt, sozusagen die Schnittmenge, ist: In der Familie geht es um zweierlei, um Funktionalität und um Liebe. Es geht um zweierlei Logiken, um die der Funktionalität und die der Liebe. Das macht die Familie zu einem höchst komplexen Gebilde. Und zu einem höchst fragilen, denn wo es nicht möglich ist, Funktion und Liebe zu koppeln, wo die Funktion oder die Liebe unter Druck gerät, wo die Liebe oder die Funktion wegbricht, da gerät das gesamte Gebilde Familie in Not. Es kommt zur Katastrophe.

Das Scheitern von Familie

Diese Katastrophen nehmen zu. Immer mehr Familien gelingt es immer häufiger nicht, die Kinder »komplett zu berücksichtigen« bzw. ihnen zu einem gelingenden Leben zu verhelfen; in allen sozialen Milieus, in allen kulturellen Milieus, in allen Phasen des Familienlebens. Immer häufiger geschieht es, dass die Liebe, vor allem die zwischen den Partnern, zerbricht oder sich ins Gegenteil verkehrt. Das Intimsystem Familie scheitert. Woran liegt das?
Grund für das Scheitern ist weniger die immer wieder in Kirche und Politik beklagte Individualisierung der Menschen, die einhergehe mit einer Entsolidarisierung, einer Unfähigkeit, sich aneinander zu binden, einem mangelnden Willen, füreinander da zu sein. Familie scheitert nicht nur und auch nicht hauptsächlich an der Unfähigkeit oder dem Unwillen der Menschen, sich in gegenseitiger Liebe und zum Zwecke der Fürsorge aneinander zu binden. Der fragile Zusammenhang von Funktion und Liebe bricht mindestens ebenso häufig an der Veränderung jener Bedingungen, die einst die Erfüllung der Funktion innerhalb der Familie stützten. Der fragile Zusammenhang von Funktion und Liebe bricht an gesellschaftlichen Veränderungen, die die Familie irritieren, und zwar zunächst in ihrer Funktion. Und dass Irritationen der Funktion der Familie wiederum die Liebe in der Familie irritieren, ihr Gemeinschaftsein, das steht außer Frage.
Familien scheitern in der Hauptsache an Konfliktpotenzialen, die von außen kommen (vgl. Bertram 1997; Hettlage 1998; SchmidtR 2002). Zum Beispiel von Seiten der Wirtschaft die Unsicherheiten des Arbeitsmarktes, Zeitflexibilität- und Mobilitätsforderungen, ungünstigere Karrierechancen für Mütter, Doppelbelastungen für Mütter und Väter, Einkommensprobleme (vgl. Jünemann 2001), von Seiten der Politik der nicht ausreichend zugestandene »Leistungs- und Lastenausgleich« (vgl. Ott 2001), von Seiten des Bildungssystems die beständige Überforderung (vgl. Köpf/Provelegios 2002) – solche Belastungen irritieren die Familien in ihrer Funktionalität und in ihrer Solidarität; je nachdem, wie viele Irritationen zusammenkommen, je nachdem, wie es mit den Ressourcen der einzelnen Familie bestellt ist, bis zum Scheitern. Wo viele Kinder zu betreuen oder zu erziehen sind, wo ein Partner fehlt oder ausfällt wegen physischer oder psychischer Krankheit, wo Geldnot herrscht wegen Arbeitslosigkeit oder Arbeitsunwilligkeit oder wegen der Unmöglichkeit, die Erwerbsarbeit mit der Familienarbeit zu vereinbaren, wo es an intellektueller Kompetenz mangelt oder an praktischer Kompetenz – da führen irritierende Zugriffe von außen im Handumdrehen zum Scheitern der Familie.

Die zugeschriebene Funktion von Sozialer Arbeit

Ist die Familie in Gefahr, an der Inklusion der Vollperson zu scheitern, oder ist sie bereits nicht mehr in der Lage, die komplette Berücksichtigung der Person zu leisten, braucht und bekommt sie entsprechend Unterstützung, das heißt Anschluss an ein System, das seine Funktion als »stellvertretende Inklusion« beschreibt: die Soziale Arbeit (vgl. Kleve 2000). Dieses System kann nicht für andere Systeme einspringen. Es reorganisiert nicht das Intimsystem Familie (Eugster 2000, 131ff.). »Soziale Hilfe kann nicht, was sie vorgibt zu tun: ›stellvertretend‹ inkludieren, wo andere Funktionssysteme exkludieren. Sie kann nicht ›statt‹ der Wirtschaft, ›statt‹ der Familie ... inkludieren. Sie kann deren misslingende oder verweigerte Inklusion nur durch eigene Inklusion ins System Sozialer Hilfe beantworten. Das heißt: ›Stellvertretende‹ Inklusion ist ›echte‹ Inklusion. Und: Wo es ›echte‹ Inklusion gibt, gibt es auch ›echte‹ Exklusion« (Bardmann 2000, 93). Inklusion und Exklusion, Segen und Risiko zugleich. Gelungene stellvertretende Inklusion ins System Soziale Arbeit kann neue Exklusionsrisiken schaffen.

Bei aller Aufhebung der klassischen Trennung von Sozialarbeit und Sozialpädagogik in der Ausbildung, im Blick auf die Funktion des Systems scheint die Trennung bei der Beschreibung der Funktion Sozialer Arbeit noch einmal durch: Soziale Arbeit funktioniert dort, wo es zur Exklusion gekommen ist, stellvertretend inkludierend. Inkludiert wird in eine Art intermediäre Organisation oder ein »Drittsystem von emergenter Qualität« (Eugster 2002, 139). Im günstigen Fall kommt es dort zu einer Veränderung in Richtung einer passgenauen Re-Inklusion in das Herkunftssystem. Im ungünstigen Fall folgen der Inklusion weitere Exklusionen, es werden im Herkunftssystem immer weitere Konfliktpotenziale entdeckt, es werden immer weitere Verluste der Kompetenz zur Komplettberücksichtigung deutlich. An einer Re-Inklusion wird nicht mehr gearbeitet. Sozialpädagogische Arbeit kann dort, wo der Gefahr des Scheiterns begegnet werden soll, präventiv funktionieren. Sie kann qualifizierend statt substituierend funktionieren. In den entsprechenden Organisationen geht es dann darum, Kompetenzen zu vermitteln, das nötige Know-how, um die Funktion der Komplettberücksichtigung innerhalb des Intimsystems auch unter Belastung zu erhalten.

Die erwartete Leistung der Sozialen Arbeit

Von der Familienhilfe als Kopplung von Familie und Sozialer Arbeit wird entsprechend der Funktion Sozialer Hilfe eine breit ausgerichtete Leistung erwartet. Die gesellschaftliche Erwartung an die Familienhilfe reicht von einer qualifizierenden, vorgelagerten Leistung über eine begleitend qualifizierende Leistung bis hin zur substituierenden, nachgelagerten Leistung.

Erwartet wird eine qualifizierende, pädagogische Leistung, die verhindert, dass es zum Bruch der Komplettberücksichtigung der Person im Familiensystem kommt: Eine qualifizierende Leistung, die präventiv an den Ressourcen der Familie arbeitet und sie instand setzt, in neuen Situationen, wo Schwierigkeiten entstehen (zum Beispiel durch Schulwechsel der Kinder, Ortswechsel, Wohnungswechsel, Wechsel der Eltern in den Beruf, in einen neuen Beruf oder aus dem Beruf, Krankheit oder Tod von Familienmitgliedern), das Intimsystem Familie so zu transformieren, dass es unter den neuen Umständen und Belastungen die Berücksichtigung aller Personen gewährleistet. Diese Art der Leistung für Familien hat in der kirchlich getragenen Sozialen Hilfe Tradition: Hier wurden die ersten »Mütterschulen« gegründet, um Eltern, bzw. damals Müttern, die Kompetenzen zu vermitteln, die sie für pflegerische, erzieherische und haushalterische Funktionen brauchen; die Vorläufer der Familienbildungsstätten, die heute aus der sozialpädagogischen Familienarbeit nicht mehr wegzudenken sind (vgl. Jünemann 2004).

Zur präventiven Leistung Sozialer Arbeit gehört es auch, die Belastungen zu deuten, denen die Familie durch Ungerechtigkeiten ausgesetzt ist: die familieninternen wie etwa die differenten Belastungen zwischen Frauen und Männern oder zwischen den Generationen, und die externen, die in den gesellschaftlichen Bedingungen für Familie liegen, etwa in der rücksichtslosen Verteilung von Rechten und Pflichten, Lasten und Gütern, Chancen und Risiken in einer Gesellschaft (vgl. Kaufmann 1995). Probleme sind entsprechend auch als nicht familienintern verursacht, sondern als familienextern verursacht zu deuten. »Ein auffälliges Kind (Jugendlicher) kann mithilfe der Sozialen Arbeit als krank, schlecht erzogen, bösartig oder mangelhaft durch die Gesellschaft unterstützt definiert werden« (Hosemann u.a. 2003, 165). Auf Ungerechtigkeiten zu reagieren, welche die Familie belasten, hat eine religiöse Tradition: Im Bundesgesetz des Alten Testamentes geht es um eine gerechte Ordnung des Sozialen, die vor allem die Schwachen einschließt, die ausdrücklich den Schutz und die Hilfe für jene fordert, deren Wohl gefährdet ist, weil die familiale Gemeinschaft und Funktion weggebrochen ist: Zur Zeit des Alten Testamentes waren das die Witwen und die Waisen (vgl. Anzenbacher 1997, 21f.).

Seit 1991 ist die Kopplung von Sozialer Arbeit mit Familie über die Sozialpädagogische Familienhilfe (SPFH) in §31 des KJHG rechtlich verankert und entsprechend beschrieben: »Sozialpädagogische Familienhilfe soll durch intensive Betreuung und Begleitung Familien in ihren Erziehungsaufgaben, bei der Bewältigung von Alltagsproblemen, der Lösung von Konflikten und Krisen sowie im Kontakt mit Ämtern und Institutionen unterstützen und Hilfe zur Selbsthilfe geben. Sie ist in der Regel auf längere Dauer angelegt und erfordert die Mitarbeit der Familie.« Demnach ist die Sozialpädagogische Familienhilfe (SPFH) eine familienunterstützende Jugendhilfemaßnahme. Adressatin der Familienhilfe ist die Familie als Ganzes, als System. Ein »Fall« für die Familienhilfe ist die Familie, sobald individuelle Probleme oder gesellschaftliche Rahmenbedingungen die Lebenssituation von Familien dermaßen tangieren und belasten, dass sie ihrer Funktion bzw. ihrer individuellen und gesellschaftlichen Leistung nicht mehr ohne Hilfe nachkommt. Ziel der Hilfe ist es dann, die Entwicklung der Kinder innerhalb der Familie zu fördern und entsprechend einerseits die familieninternen Ressourcen zu aktivieren, andererseits notwendige externe Ressourcen zugänglich zu machen (vgl. Hofgesang 2001, 529ff.). Nimmt eine Familie in dieser Situation die Hilfe der SPFH an, eröffnet sich in der Sozialen Arbeit eine breite Palette an Strategien der Unterstützung und Beratung für die Familie, die allesamt das Ziel verfolgen, die Familie instand zu setzen, ihre alltagspraktischen Aufgaben, z.B. die Organisation des Haushalts, die Erziehung und Pflege der Kinder, weiter zu erfüllen, die innerfamilialen Beziehungen zu klären und die Kompetenz im Umgang mit den sie umgebenden Systemen zu stärken (vgl. ebd., 533).

Fehlen in einer Familie die Ressourcen, einander, vor allem die Kinder, voll und ganz zu berücksichtigen, kommt es zur Exklusion aus dem Familiensystem. Dann, unbedingt dann, aber auch nur dann, wenn das Ursprungssystem Familie nicht (mehr) fähig ist, zu funktionieren, greift die Soziale Arbeit substituierend ein. Das »nur dann« erklärt die Katholische Soziallehre mit dem Prinzip der Subsidiarität, nach dem keine größere Einheit die kleinere Einheit Familie bestimmen kann, ohne ihre Funktionsfähigkeit zu zerstören. Die Systemtheorie erklärt dies mit der autopoietischen Geschlossenheit der Systeme, welche andere Systeme (Politik, Ökonomie, Bildung und auch die Soziale Arbeit) nicht aufbrechen können, ohne die Operationsfähigkeit des Systems Familie und damit das System Familie zu zerstören. Ist das Herkunftssystem nicht mehr funktionsfähig, dann greift die Soziale Arbeit stellvertretend inkludierend ein, schafft eine Art Ersatzsystem. Auch diese substituierende Soziale Hilfe hat eine kirchliche Tradition: Die Kirche war es, die die ersten Heime für Findelkinder gründete, Familienersatzsysteme, die dem Recht der Kinder auf Sicherung ihrer Pflege und Erziehung zu entsprechen versuchten.

Wenn das Ursprungssystem Familie ohne Hoffnung auf Reorganisation gescheitert ist, dann bleibt die Sorge, dass die Opfer der Exklusion nicht zu Outsidern der Gesellschaft werden, dass die Inklusion in ein Ersatzsystem als neuer Anfang gelingt. Menschen entsprechend zu begleiten im Umgang mit Scheitern, Schuld und Verlust, das ist dann Aufgabe einer Sozialen Arbeit, die sich an die Religion anschließt. An das System, das in der Logik von Immanenz und Transzendenz spricht, nicht nur von der Erde, auch vom Himmel; das davon spricht, dass das Heilen und das Helfen vom Menschen kommt, das Heiligen von Gott.

LESEHINWEISE

Eller, Friedhelm/Wildfeuer, Armin (Hg.), Kontexte frühkindlicher Entwicklung. Münster 2004. (Eller/Wildfeuer 2004)

Fuchs, Peter, Liebe, Sex und solche Sachen. Zur Konstruktion moderner Intimsysteme. Konstanz 1999. (FuchsP 1999)

Gruber, Hans-Günter, Familie und christliche Ethik. Darmstadt 1995. (Gruber 1995a)

Huinik, Johannes/Strohmeier, Klaus-Peter/Wagner, Michael (Hg.), Solidarität in Partnerschaft und Familie. Zum Stand familiensoziologischer Theoriebildung. Würzburg 2001. (Huinik/Strohmeier/Wagner 2001)

Jans, Bernhard/Habisch, André u.a. (Hg.), Familienwissenschaftliche und familienpolitische Signale. Grafschaft 2000. (Jans/Habisch 2000)

Nacke, Bernhard/Jünemann, Elisabeth (Hg.), Der Familie und uns zuliebe. Kriterien für eine neue Familienpolitik. Mainz 2004. (Nacke/Jünemann 2004)

II. Gesundheits-, Behinderten- und Altenhilfe

1. Befreiung und Therapie
Theologische Perspektiven in der Suchtkrankenhilfe

Horst Seibert

SUMMARY

In allen Altersgruppen und Gesellschaftsschichten sind Suchtkrankheiten in vielfältiger Form verbreitet. Die Ursachen für die Entstehung von Sucht sowie mögliche Therapien und gesellschaftliche Antworten sind Thema intensiver Diskussionen. Fest steht, dass Sucht den Menschen in all seinen Dimensionen beeinträchtigt. Das biblische Menschenbild mit seiner Sicht des Menschen als körperlich-materiale, seelische, geist- und deshalb sinnfähige und soziale Ganzheit bietet eine gute Basis für eine Suchtkrankenhilfe, die den ganzen Menschen und die Gesellschaft in den Blick nimmt und verändern will.

Alarmierende Aktualitäten

Während landauf, landab Zuschüsse für Suchtpräventionsstellen gekürzt werden, hängen über vielen Schulhöfen Cannabiswolken, raucht etwa jeder fünfte Großstadtschüler Haschisch, praktizieren immer mehr Jugendliche Koma-Saufen und experimentieren mit allen möglichen Chemikalien. Gleichzeitig wachsen seit der Einführung der Pflegeversicherung am anderen Ende der Altersskala in den Pflegeheimen die Quoten der dauerhaft ruhig gestellten Senioren, von denen viele bis zu ihrem Tod von Benzodiazepinpräparaten abhängig werden, aktuelle Studien gehen von etwa einem Viertel der Pflegebedürftigen aus (vgl. Weyerer 2003, 3–8).

Zwischen den ganz Jungen, zu denen vor allem auch die ca. 50.000 embryopathischen Babys suchtkranker Eltern gehören, und den ganz Alten finden sich die ca. 20 Millionen »ganz normalen« Raucher, die fast 2 Millionen behandlungsbedürftigen Alkoholiker, die fast 3 Millionen Alkoholiker in spe, d.h. in Vorstadien, die ca. 300.000 von Heroin, Kokain und synthetischen Drogen Abhängigen u.v.a. (vgl. DHS 2003). Die Suchtkarrieren jüngerer Menschen sind gekennzeichnet durch immer früheren Einstieg, Mehrfachmissbrauch, Mehrfachabhängigkeit und Polytoxikomanie. Damit greifen suchtmittelspezifische Behandlungen immer weniger.

1968 hatte das Bundessozialgericht erklärt, dass Sucht eine Krankheit im Sinne der Reichsversicherungsordnung sei. Alkoholismus, Drogen- und Tablettensucht wurden als rehabilitationsbedürftig anerkannt, 2001 auch die Spielsucht. Noch zehn Jahre sollte es dann dauern, bis geklärt war, wer die Behandlung zu bezahlen hat. In der so genannten Empfehlungsvereinbarung zwischen den Verbänden der Kranken- und Rentenversicherung wurde geregelt, dass die Entgiftung durch die Krankenversicherung, die Entwöhnung und die soziale Rehabilitation durch die Rentenversicherung zu bezahlen sei. Die Professionalisierung und multidisziplinäre Teambildung in der Suchthilfe nahmen danach einen Aufschwung. Es entstand die »Therapeutische Kette« aus prophylaktischen Angeboten, Therapie- und Reha-Einrichtungen, dementsprechend stiegen die Kosten. Therapieziele waren Neuorientierung, Nachreifung, der Aufbau positiver Erfahrungsfelder, Umstrukturierungen der Persönlichkeit, neue Selbstverfügbarkeit.

Die »Empfehlungsvereinbarung zur Finanzierung ambulanter Suchtkrankenhilfe« von 1991 legte die Leistungsgewährung in die Hand der Rentenversicherungsträger, erhöhte den Leistungs- und Konkurrenzdruck zwischen den Ambulanzen, zwischen Fachkliniken und Ambulanzen und machte die Fachkliniken vermehrt zu Auffangstationen für diejenigen, die durch das ambulante System fallen. Die Suchthilfe der freien Wohlfahrtspflege, vor allem auch der konfessionellen Verbände Caritas und Diakonisches Werk, erfuhr erhebliche Benachteiligungen gegenüber privatgewerblichen, an Gewinnmaximierung orientierten Anbietern.

Therapeutische Segmente

Phänomenologisch, ätiologisch und therapeutisch bilden Sucht und Abhängigkeiten eine unübersichtliche, zerklüftete Landschaft – eigentlich auch schon begrifflich. Manche Autoren verstehen unter Sucht ein kontinuierliches Verhalten, manche einen extremen, andere den Endzustand eines Gewöhnungsprozesses bzw. einer Abhängigkeit. Wegen solcher Unschärfen verzichten manche, z.B. neuerdings das Blaue Kreuz, auf den Suchtbegriff zugunsten des Begriffs der »Abhängigkeit«.

Bei den Suchtformen werden stoffgebundene von stoffungebundenen unterschieden, bei den stoffgebundenen wiederum zwischen legalen (Alkohol, Medikamente, Schnüffelstoffe, Nikotin) und illegalen (dämpfende Drogen wie z.B. Heroin, aufputschende wie Kokain; Haschisch, Marihuana; halluzinogene Stoffe wie LSD oder Ecstasy; synthetische Drogen). Zu den stoffungebundenen Suchtformen gehören z.B. die Spiel-, Ess-, Arbeits-, Sex-, Kaufsucht, Kleptomanie u. Ä. – mit gelegentlichen Ununterscheidbarkeiten gegenüber zwanghaft-neurotischem Verhalten. Dabei entsteht nach neuen Erkenntnissen (vgl. Zehentbauer 2001) der »Kick« bei den stoffungebundenen Süchten durchaus auch durch Stoffe, allerdings keine zugeführten, sondern durch »selbst gemachte«, durch Neurotransmitter, speziell Endorphine. Ob der gesetzlich behauptete Krankheitsstatus der stoffgebundenen Süchte (zusätzlich der Spielsucht) wissenschaftlich haltbar ist, bleibt zweifelhaft (vgl. Jacobi 1987). »Alkoholismus ist keine ›Krankheit‹ im engeren Sinn. Er ist eine von vielen Formen des ›psychischen Selbstmanagements‹, mit der die Betroffenen versuchen, ihre Probleme selbst in den Griff zu bekommen«, schreibt Rolf Bick (1988, 3).

Eine Mehrheit der wissenschaftlichen Begleiter der Suchtarbeit glaubt, dass Sinn-, Ziel- und Hoffnungskrisen suchtauslösend oder -verstärkend sind. Neugier und Verführung können am Anfang stehen, der Griff zu einem Suchtmittel kann aber auch ein Versuch sein, etwas zu heilen, das so nicht zu heilen ist: einen tief greifenden Mangel, Langeweile und Überdruss, depressive Verstimmungen, die Unfähigkeit zu mitmenschlichem Kontakt, berufliche und familiäre Misserfolge, Ohnmachtserfahrungen. Manche betonen die Bedeutung des More-Effekts: das hinter dem Missbrauch steckende Komplexitätsverlangen, Lebensgier, die Unfähigkeit, sich und seinem Lustbedürfnis Grenzen zu setzen. Nach W. Groß ist Sucht eine »Verwahrlosung des Innenlebens« (2004, 61), eine wuchernde, entgleisende Desorientierung – wie überhaupt in manchen Fachbeiträgen der Bezug zur Chaostheorie hergestellt wird (vgl. Herrmann 1991, 21f.). Nach R. Battegay ist Sucht der individuelle Ausdruck eines im Gang befindlichen Normenkonflikts, ist zu einem großen Teil Folge des Zerbrechens alter Orientierung bzw. fester Ordnung – und fördert ihrerseits das weitere Zerbrechen verbleibender traditioneller Orientierungs- und Sicherungssysteme.

Nicht wenige Autoren bringen Sucht mit dem Todestrieb, mit suizidalen Tendenzen in Zusammenhang. Sucht und Suizid entwickeln sich demnach vor dem gleichen oder einem ähnlichen psychologischen Hintergrund und sozialen Umfeld. Sucht sei Suizid auf Umwegen. Andere betonen die Bedeutung der persönlichen Disposition, die »biochemische Individualität«, die persönliche Gefährdungskonstellation. Sie machen typisierende Verallgemeinerungen obsolet (vgl. Jellineks populäre Alpha- bis Epsilon-Alkoholiker-Systematik). Für wieder andere ist die progrediente Suchtentwicklung ein Krisensymptom des technisch-ökonomischen Zeitalters mit seiner Verdinglichung und Rechenhaftigkeit in allen Lebensbezügen, eine besondere Gefährdung der gegenwärtigen Spielart des homo oeconomicus (vgl. B. Bron u.a.). Das Zusammenwirken von Droge – Person – Sozialfeld in einem systemischen Modell zu beschreiben, war ein nahe liegender Versuch, dem Miteinander von Individualität und Schema zu entsprechen. Man lehnte sich an das alte Seuchenmodell Erreger – Wirt – Umwelt an, und in der Tat folgen manche Süchte seuchenartig-ansteckenden Mustern, z.B. die neue SMS-Sucht. Sucht ist demnach ein hochkomplexer multifaktoriell-kybernetischer Prozess. Dies ist in jedem Fall zutreffend – und lässt jedem Verstehensspielräume.

Nicht abgeschlossen ist die Substitutions- bzw. Legalisierungsdiskussion. Unter erfahrenen Suchthilfe-Fachleuten gehen die Meinungen schon über allgemeine Behandlungserfolge erheblich auseinander. Manche urteilen: »Die Behandlungserfolge bei Suchtkranken sind besser, als sie allgemein in der Öffentlichkeit dargestellt werden« (Wanke 1982, 39). Andere zeichnen das Bild einer endlosen Substitutionsgeschichte. Werner Groß (2004, 61f.) etwa schreibt, er beobachte seit 25 Jahren Wege wie diesen: Einer wird »trocken« – Euphorie – kurz darauf taucht er bei den Anonymen Spielsüchtigen auf, bekommt dort seine neue Spielsucht in den Griff – Euphorie – einige Monate später kommt er in die Selbsthilfegruppe für Esssüchtige, wo er seine Essprobleme regeln lernt – Euphorie – zwei Jahre später findet er sich bei den Anonymen Liebessüchtigen ein usw. Seine Beobachtungen münden ein in eine Frage, die ganz weit zurückführt: »Kann man Suchtstrukturen wirklich ändern?« (Groß 2004, 62).

»More«, aber anders: Das Hilfehandeln Jesu

Wie immer man auch den Überfluss an Sinnlosigkeit, Entborgenheit, Verarmung der mitmenschlichen Beziehungen, Verlust an Gemeinschaft erklären mag, die Süchtigkeit der Zeit fordert auf jeden Fall ein mehr an Leben heraus: ein Mehr an Sinn, ein Mehr an Geborgenheit, ein Mehr an wirklichen Beziehungen, ein Mehr an Hoffnung. Der Schritt von der Diagnose zur Therapie ist allerdings groß und überaus schwierig. Unsere spätindustrielle Gesellschaft tut sich deswegen mit dieser Herausforderung so schwer, weil die Antworten darauf nicht einfach organisierbar sind, zumindest nicht mit den dafür vorhandenen Institutionen in ihrer gegenwärtigen Verfassung. Die Orientierung am Hilfehandeln Jesu, an seinem Angebot für den ganzen Menschen in natürlich-sinnhaften Zusammenhängen lässt sich im Chor therapeutischer Stimmen gut hören, ist mindestens wettbewerbsfähig: nicht nur für das gläubige Gemüt.

Das Evangelium ist entstanden aus dem Dialog zwischen Jesusüberlieferung und gemeindlicher Situation. In den gerichtsrelevanten ›Werken der Barmherzigkeit‹ (Mt 25) spiegelt sich gemeindliche Praxis vor dem Hintergrund der überlieferten Jesus-Intentionen. Gemeindliche Caritas/Diakonie war im Einklang mit geglaubter Jesusdiakonie. Diese hat erkennbare Strukturen und wirkt strukturierend. Als Konzentrat sozialgeschichtlich orientierter und soziologischer Exegese zeigen sich vor allem folgende Konturen (vgl. beispielsweise Theißen 1977; Seibert 1985), die eine an Jesus orientierte Suchtkrankenhilfe zu beinhalten hätte:

Jesu Hilfehandeln ist
- *Gegenwirkung:* Im Exorzismus befreit Jesus Menschen von Mächten, die sie unter ihre Herrschaft gebracht hatten. Der betroffene Mensch ist Opfer und Ort einer Auseinandersetzung. Befreiung geschieht durch »Macht-Worte«, durch »Vollmacht«.
- *Mangelbehebung:* Nicht alle Heilungen sind mit Kampfmotiven verbunden. Therapien geschehen durch Berührung, heilende Nähe, befreiende Worte, beheben einen Mangel an Zuwendung, Verständnis, Akzeptanz, sind sozusagen Kompensation.
- *Erweiterung* von menschlichem Bewusstsein, von Freiheiten und Möglichkeiten: Sabbatheilungen z.B. durften ›eigentlich‹ nicht sein. Nach der Lehre und den Erwartungen der Religionshüter hätte Gott den Sabbatübertreter bestrafen müssen – stattdessen bestätigt er ihn durch das Eintreten der Heilung. Jesu Hilfehandeln vermittelt so auch ein anderes Gottes- und Gesetzesverständnis, das menschliche Freiheiten und Möglichkeiten einbezieht: das Gesetz ist um des Menschen willen da – nicht umgekehrt.

Jesu Hilfehandeln hat
- *ein ›leiblich materielles Substrat‹* (vgl. Theißen 1977), beachtet menschliche Grundbedürfnisse; Jesus macht nicht nur »selig«, sondern z.B. auch satt, heilt nicht nur die Seele, sondern auch den profanen Leib.
- *eine soziale Funktion,* z.B. eine resozialisierende, indem Geheilte ihren Familien wiedergegeben werden, oder eine rehabilitierende: Geheilte sollen sich im Tempel zeigen, vor der Kultgemeinde.
- *eine spirituelle Dimension,* indem der Glaube konkret hilft: Die Befreiung von »Mächten« ist Zeichen des Reiches Gottes.

Elemente biblischer Ganzheit

Die Bibel kennt durchgängig eine Körpersprache der Seele und die ständige Gegenwart des Seelischen und Geistigen im Fleische. Die anthropologische Grundaussage in Gen 2,7, wonach der Mensch nicht eine Seele hat, sondern eine lebendige Seele ist, zieht sich in ihren Konsequenzen durch beide Testamente hindurch. Symptomatisch ist z.B., dass Organe Träger von Gefühlsvorgängen sind (Hld 5,4: »Mein Eingeweide stöhnt seinetwegen«; Ps 119,123: »Meine Augen schmachten«; Ps 145,15: die Augen »warten«). Umgekehrt werden der Seele Funktionen zugeschrieben, die wir in unserer Denkgewohnheit als organische ansehen würden: Die Seele hungert (Ps 107,9) und dürstet (Spr 25,25), hört (Jer 4,9), sie isst und trinkt (vgl. Mt 6,25; Lk 12,19). Wie das Fleisch lebt und stirbt, so lebt (Ps 119,175) und stirbt (Ri 16,30) die Seele (vgl. Offb 16,3). Leib und Seele sind Begriffe, die den Menschen sowohl in seiner Vitalität als auch in seiner Hinfälligkeit kennzeichnen, sind Zeichen seines Von-Gott-Seins wie seines Nicht-Gott-Seins.

Was in unserem dualistischen Denken Gefühlsregungen sind, drückt sich in der Bibel unmittelbar körperlich aus: »Von Angst erfüllt sind meine Nieren« (Jes 21,3). Der Zorn ist *aph* = der erregte Atem; die Geduld ist *äräkh appajim* = die Länge des Atems; die Sehnsucht ist *sama* = der Durst.

Weitere Elemente eines synthetischen Wirklichkeitsverständnisses (vgl. Otto 1977): im Hebräischen gibt es Wortstämme mit sowohl aktiver als auch passiver Bedeutung, die ein Tun aussagen und zugleich ein Ergehen (sedaqa z.B. bedeutet die »Gemeinschaftstreue«, die jemand zu leisten hat, wie auch »Heil«, das jemandem widerfährt). Oder: das biblische Zeitverständnis ist nicht nur linear, sondern oft die Zusammenschau miteinander zusammenhängender und sich bedingender Handlungen, wie Peter Kustár (1972) am biblischen Verbalsystem nachwies.

Konsequenzen für ein theologisch gestütztes Suchtverständnis

Nach biblischem Verständnis lebt jeder Mensch als körperlich-materiale, seelische, geist- und deshalb sinnfähige und soziale Ganzheit. Sucht beschädigt demgemäß den ganzen Menschen, körperlich (Organschäden), seelisch (z.B. Traurigkeit, Depression), geistig (Sinnverlust) und sozial (z.B. Beziehungskonflikte). Die Gefährdung des Menschen durch die Sucht ist ebenso ganzheitlich wie seine Natur.

Nach biblischem Wirklichkeitsverständnis gibt es keine sich nur individuell verwirklichende Krise. Auch Sucht entsteht also im Zusammenhang mit Störungen aus der Umwelt und zur Umwelt hin und sie vertieft diese Störungen. Der betroffene Mensch erlebt, befördert und erleidet das Zerbrechen sozialer Bezüge und darin den Verlust von Wertbezügen, findet ohne Gemeinschaft zunehmend weniger zu seiner Identität. Nach biblischem Menschenverständnis entstehen und äußern sich Beziehungsstörungen – sowohl zwischen Menschen als auch zwischen Menschen und Gott – vor allem auch als »Sprachstörungen«, als Abbruch von Kommunikation. Eingeschränkte Kommunikation mit der Wirklichkeit aber schränkt alle Möglichkeiten eines Menschen ein, ist daher auch eine Einschränkung des Sinnhorizontes. Insofern bestehen Wechselwirkungen zwischen Sucht und Sinnkrisen.

Würden die Theologumena des Alten und Neuen Testaments in die gegenwärtige Praxis der Suchtkrankenhilfe hineinübersetzt, hätte dies ein Leitbild mit etwa folgendem Profil zur Konsequenz:

Eine theologisch verantwortete Suchtkrankenhilfe beruht auf dem Glauben, dass jeder Mensch aller Liebe wert ist, dass auch der abhängigkeitskranke Mensch als freies Geschöpf entworfen ist, dass Gott mit seiner Schöpfung leidet und ihr Leiden weggenommen oder gelindert sehen will, und dass der Jesusglaube bei der Befreiung des Menschen helfen kann.

- Eine theologisch verantwortete Suchtkrankenhilfe nimmt den Menschen wahr mit Leib und Seele, in seiner Persönlichkeitsstruktur und seinen Lebensbezügen, mit seiner Vergangenheit, Gegenwart und Zukunft. Sie versucht, sowohl dem Suchtkranken individuell zu helfen als auch die Ursachen seiner Abhängigkeit zu erkennen und auf eine schrittweise Veränderung der suchtfördernden Lebensbedingungen hinzuwirken.
- Eine theologisch verantwortete Suchtkrankenhilfe bekennt sich zur Würde des Menschen, die zu wahren auch Staat und Gesellschaft verpflichtet sind – und behaftet Staat und Gesellschaft mit dieser Verpflichtung. Sie weiß sich zugleich mitverantwortlich für die soziale und humane Ausgestaltung des Staates und der Gesellschaft, weiß sich dem sozialen Rechtsstaat verpflichtet und widerspricht menschenunfreundlicher Politik und sozialer Gleichgültigkeit. Als Teil der Caritas/der Diakonie ist sie auch Teil der Kirche und verkörpert ein Stück ihrer sozialen Verantwortung und ihres sozialen Gewissens. Gegenüber den Kostenträgern der Therapien ist sie bemüht um einen Ausgleich zwischen Effizienz und Ethik, opfert Fachlichkeit und Humanität nicht der Wirtschaftlichkeit.
- Eine theologisch verantwortete Suchtkrankenhilfe gewährleistet fachliche Hilfe, die auf der Höhe der Zeit ist, und bietet Hoffnung an, die über therapeutisch Mögliches hinausgeht: weil es bei Gott keine hoffnungslosen Fälle gibt. Sie sucht verbindliche Zusammenarbeit, damit medizinische, soziale und seelsorgerliche Hilfe zum Wohle der Patienten ineinander greifen. Sie bietet Räume, in denen Freiheit von Abhängigkeiten erprobt werden kann, Schutz und

Gemeinschaft erfahren werden können. Sie bietet Vertrauen an, das auch Rückschläge und gegenseitige Enttäuschungen überlebt. Und sie bietet Lernen an für die Kranken und ihre Angehörigen, damit sich Heilendes, heilsames Leben, entfalten und verfestigen kann, damit das Aufrechnen von Schuld aufhören kann, damit der Kranke auf Menschen trifft, die er nicht erst von sich überzeugen muss, damit Bindungen neu tragfähig werden.

- Eine theologisch verantwortete Suchtkrankenhilfe hat Mitarbeiterinnen und Mitarbeiter, die sich mit Menschlichkeit und Fachlichkeit auf andere einlassen, die Verstehen anbieten, das aus Berufs- und Lebenserfahrung kommt, aus Liebe und Geduld.
- Eine theologisch verantwortete Suchtkrankenhilfe schützt auch die Interessen ihrer Mitarbeiterschaft, übt Mitarbeiterinnen- und Mitarbeiterpflege mit allen zeitgemäßen Mitteln, weil auch Helferinnen und Helfer Mut und Sicherheit brauchen, um Beziehungen wagen zu können. Sie überprüft von Zeit zu Zeit die Methoden und Formen ihres Helfens auf ihre Angemessenheit: für Patienten und Mitarbeiterschaft. Dabei ist sie aufgeschlossen für neue Organisationsformen und Kooperationen.
- Eine theologisch verantwortete Suchtkrankenhilfe hat eine eigene Aufklärungs-, Orientierungs- und Bildungsaufgabe. Sie schult haupt- und ehrenamtliche Helferinnen und Helfer. Sie wirkt auch ein auf gesellschaftliche Gesundheitserziehung und Gesundheitsförderung sowie auf Pädagogik und Erwachsenenbildung. Sie nutzt dafür Mittel der Öffentlichkeitsarbeit und des kirchlichen und schulischen Unterrichts. Dabei wirkt sie auf die Öffentlichkeit so ein, dass diese das Krankhafte und Krankmachende ihrer doppelten Moral, die Züge der Suchtgesellschaft, erkennt und zu verstehen beginnt, dass die Beziehungslosigkeit, in die Suchtkranke geraten können, nicht zuletzt eine individuelle Ausprägung allgemein wachsender Beziehungslosigkeit und zwischenmenschlicher Gleichgültigkeit und Kälte ist. Die Suchtkrankenhilfe bewegt die Gesellschaft und ihre Institutionen dazu, ihre Mitschuld und ihre Mitverantwortung für die Suchtkranken zu erkennen und auch für sich selbst gesellschaftliche Reifeprozesse in Gang zu bringen, die das Geflecht vielfältiger Abhängigkeitsstrukturen und Zwänge auflösen.
- Eine theologisch verantwortete Suchtkrankenhilfe wendet sich insbesondere auch an die christliche Gemeinde, sie möge ihre eigene Isolation überwinden und sich für die öffnen, die das Vertrauensangebot einer heilenden Gemeinschaft brauchen, die Gemeinde als heilenden Erfahrungsraum brauchen. Sie leitet Gemeinden an, ihren Glauben in Beziehungsformen, in annehmende Strukturen umzusetzen und so Empfangsräume zu schaffen, in denen das Vertrauen zu Gott und den Menschen neu erlernt werden kann und eindeutige verlässliche Erfahrungen möglich sind.

LESEHINWEISE

Groß, Werner, Sucht ohne Drogen – gibt es das? In: Soziale Arbeit 2 (2004) 56–63. (Groß 2004)

Rieth, Eberhard, Suchtprophylaxe und Gesellschaft. Kassel 1981. (Rieth 1981)

Seibert, Horst, Diakonie – Hilfehandeln Jesu und soziale Arbeit des Diakonischen Werkes. Gütersloh ²1985. (Seibert 1985)

Theißen, Gerd, Soziologie der Jesusbewegung. Ein Beitrag zur Entstehungsgeschichte des Urchristentums (Theologische Existenz heute, Bd. 194). München 1977. (Theißen 1977)

Wanke, Klaus, Sucht und Abhängigkeit. In: Gesamtverband für Suchtkrankenhilfe im Diakonischen Werk der EKD (Hg.), Gesamtkonzeption der Suchtkrankenhilfe der Diakonie 1 Grundsatzbeiträge. Kassel 1982, 33–40. (Wanke 1982)

2. Gerechtigkeit und Parteilichkeit

Theologische Perspektiven in der Pflege

Erika Heusler

SUMMARY

In allen Bereichen, in denen Pflegende arbeiten, stellt sich angesichts knapper Mittel immer brisanter die Frage nach Gerechtigkeit. Doch was bedeutet Gerechtigkeit in der Pflege, wenn unter diesem Begriff so vieles Unterschiedliche verstanden werden kann? Aus biblischer Sicht ist Gerechtigkeit kein abstraktes Ideal möglichst gleicher Behandlung aller, sondern hat mit Beziehung zu tun und fordert Parteinahme für jene, die Pflege und Zuwendung am nötigsten haben, aber auch Parteinahme für die Pflegenden selbst.

In ihrer Arbeit mit kranken Menschen begegnen Pflegende immer wieder neu und hautnah theologischen Themen: wenn eine Patientin angesichts der Erfahrung von Krankheit und Leid die Frage nach dem Sinn ihres Lebens stellt; wenn ein sterbender Mensch mit seiner Angst ringt, dass nach dem Tod alles aus ist, und ein anderer zutiefst darauf vertraut, in Gottes Hände zu fallen; wenn Schmerzen, Entstellung, das Erleben unendlicher Schwäche die Frage nach dem Wert und der Würde menschlichen Lebens provozieren. Ein aktuelles Thema, das angesichts der knapper werdenden Ressourcen im Gesundheitswesen und in der Altenhilfe zunehmend an Bedeutung gewinnt und auch mehr und mehr in den Alltag und den ethischen Diskurs von Pflegenden Einzug hält, ist das der Gerechtigkeit: Wie kann eine gerechte Verteilung der vorhandenen Mittel aussehen? Zu dieser Problemstellung muss sich nicht nur Philosophie, Sozial- und Rechtswissenschaft, Politik und Ökonomie, sondern auch die Theologie immer wieder zu Wort melden, denn sie beinhaltet nicht weniger als die Frage, wie wir in Zukunft leben wollen.

Die sich zuspitzende Frage nach der Gerechtigkeit in der Pflege

»Kostenexplosion im Gesundheitswesen«, »Pflege zwischen Wirtschaftlichkeit und Ethik«, »Pflege im Minutentakt« – in allen Bereichen, in denen Pflegende arbeiten, stellt sich die Frage der Gerechtigkeit brisanter und bedrängender: in der Kranken-, der Kinderkrankenpflege und der Altenpflege, ambulant und stationär, in der Intensivpflege und im Alten- und Pflegeheim, für Pflegemanagerinnen und Pflegepädagogen (zu den Praxisfeldern im Einzelnen vgl. Quaas 2003). Die Spannung zwischen dem pflegerischen Auftrag und den tatsächlichen Möglichkeiten im pflegerischen Alltag nimmt zu.

- Wie kann eine Pflegende in einem Akutkrankenhaus, die im Nachtdienst allein für eine chirurgische Station mit 40 Betten verantwortlich ist, den einzelnen Patienten gerecht werden? Oder anders formuliert: Wem soll die Pflegende am ehesten gerecht werden – den zunehmend entwickelten Standards ihrer Berufsgruppe und ihrer eigenen Vorstellung von einer guten, ganzheitlichen Pflege oder den minutiösen Vorgaben der Krankenhausleitung, der Pflegekassen, des Gesetzgebers?
- Geht die Einführung der Fallpauschalen (DRG's) zulasten bestimmter Patientengruppen – der behandlungsintensiven Kranken, der chronisch Kranken, der alten kranken Menschen – oder ist ein Anreiz zur Leistungsbegrenzung mit dem Ziel einer Sicherung der Kostenstabilität im Interesse dieser und der nachfolgenden Generationen gerechtfertigt?

- Sind die unterschiedlichen Vergütungssysteme im Gesundheitswesen gerecht, fragt sich die Leiterin einer Sozialstation, die erlebt, dass die Pflegenden der eigenen Einrichtung immer »sicker and quicker« aus den Krankenhäusern entlassene und damit pflegeintensivere Patienten zu betreuen haben – dass die Arbeit, die Verantwortung und der Qualifizierungsbedarf, nicht aber die Vergütung steigt (vgl. Dibelius 2001)?
- Welche Kriterien kann es in der Transplantationsmedizin für eine gerechte Verteilung der nicht in ausreichendem Maß zur Verfügung stehenden Spendeorgane geben, diskutiert ein Pflegepädagoge mit den Schülerinnen und Schülern des Intensivpflegekurses (vgl. zu dieser Frage im Einzelnen Ach 1997). Der Diskurs weitet sich aus. »Müssen wir eines Tages auch in Deutschland miterleben, dass ein Kranker die für ihn lebenswichtige Dialyse nur bis zum Alter von 60 oder 65 Jahren bekommt?«, fragt eine Schülerin.

Was heißt Gerechtigkeit?

Die Forderung nach Gerechtigkeit ist schnell ausgesprochen, der Konsens darüber, dass es gerecht zugehen soll im Gesundheitswesen und in unserem gesellschaftlichen Miteinander, ist schnell erzielt. »Zwar gibt es noch andere normative Kriterien (wie Stabilität, Sicherheit, Zweckmäßigkeit und Wohlfahrt). Aber allein die Gerechtigkeit ist der Maßstab einer unbedingten, einer sittlichen Rechtfertigung oder Kritik der Regeln des Zusammenlebens« (Höffe 2002, 81). Die Verständigung darüber, wie der Begriff Gerechtigkeit inhaltlich zu füllen ist, ist demgegenüber umso schwieriger. Auch schon die Frage nach seinem Bedeutungsgehalt löst meist Erstaunen aus.

- Heißt Gerechtigkeit, dass jeder und jede das Gleiche bekommt – entsprechend der Gleichheit aller Menschen in ihrer Würde, entsprechend der Gleichheit aller Menschen vor dem Gesetz (vgl. Grundgesetz Art. 1 und 3,1)?
- Oder kann man dann von Gerechtigkeit sprechen, wenn alle das erhalten, was sie brauchen – also bei einer bedürfnisorientierten Verteilung?
- Oder wäre es nicht viel gerechter, die Leistung, die jemand erbringt, und seinen Nutzen für die Gesamtheit mit entsprechender Gegenleistung zu honorieren: »Wer viel gibt, bekommt auch viel« (Höffe 2002, 82)?
- Oder muss eine gerechte Zuteilung eine Kombination der einzelnen Gesichtspunkte beinhalten, und wenn ja, in welcher Reihenfolge und Gewichtung?

Wie schillernd und herausfordernd der Begriff ist, führt die abendländische Philosophiegeschichte eindrücklich vor Augen, die seit Platon und Aristoteles die

Gerechtigkeit in ihrer politisch-sozialen Bedeutung (Gerechtigkeit als sittliche Leitidee des Zusammenlebens) und in ihrem individuellen, personalen Verständnis (Gerechtigkeit als Tugend) würdigt, facettenreich darstellt und hinterfragt (vgl. Höffe 2002, 80–84; für eine intensivere Beschäftigung vgl. Aristoteles 1985, Nikomachische Ethik V: Gerechtigkeit).

Gerechtigkeit – biblische Impulse

Wie schillernd und herausfordernd der Begriff der Gerechtigkeit ist, davon zeugen auch die Bücher des Alten und Neuen Testaments. Er wird im Kontext von Recht und Gesetz ebenso zitiert wie bei der Frage nach einem gelingenden Leben und einem gelingenden Miteinander, etwa in der Bergpredigt des Matthäusevangeliums (Mt 5–7; vgl. dazu Frankemölle 1999, v.a. 232–234). Er umschreibt die Beziehung der Menschen zu ihrem Gott (Gen 15,6; Hab 2,4; Apg 10,34f.; Gal 2,16) und wird nicht zuletzt als Eigenschaft Gottes selber herausgehoben (vgl. Jes 5,16; Röm 1,16f.; 3,5; vgl. im Einzelnen Kertelge 1992). Das theologische Proprium sei von vornherein betont: Gerechtigkeit im biblischen Sinn erschöpft sich nie in reiner Gesetzesobservanz, nie in der Erfüllung einer Norm; Gerechtigkeit ist immer Ausdruck von Beziehung. Und: Wenn Gott als der Gerechte beschrieben wird, dann nicht im Sinne eines unparteiischen Richters, der möglichst objektiv ohne Ansehen der Person entscheidet, sondern im Sinne eines Anwalts für sein Volk, der treu zu seiner Verheißung steht und das Heil des Menschen will (Jes 11,3–5; 45,8). Daran muss sich die Gerechtigkeit der Menschen messen (vgl. Ps 82,1–4).

Das Bild vom guten Hirten: Die andere Gerechtigkeit Gottes

»Wenn einer von euch hundert Schafe hat und eins davon verliert, lässt er dann nicht die neunundneunzig in der Steppe zurück und geht dem verlorenen nach, bis er es findet? Und wenn er es gefunden hat, nimmt er es voll Freude auf die Schultern, und wenn er nach Hause kommt, ruft er seine Freunde und Nachbarn zusammen und sagt zu ihnen: Freut euch mit mir; ich habe mein Schaf wieder gefunden, das verloren war« (Lk 15,4–6).
Das »Gleichnis vom verlorenen Schaf« gehört zu den Worten, die die neutestamentliche Exegese auf Jesus von Nazareth selber zurückführt (vgl. Ebner 2003, 158f.). Es ist ein Bibeltext, der die Frage nach der Gerechtigkeit narrativ auf den Punkt bringt: Wie gerecht wird der Hirte seiner Herde, wenn er die große Mehrheit der Schafe in der keineswegs gefahrlosen Steppe zurücklässt, um einem einzigen nachzugehen?

Mit dem Bild vom Hirten greift Jesus eine prophetische Tradition auf: Gott ist der gute Hirte, der am Ende der Tage sein Volk sammeln wird (vgl. Jer 31,10; Mi 2,12). In dem diesbezüglich ausführlichsten Text (Ez 34,11–22) lässt der Prophet Ezechiel Gott selber sprechen: »Die verloren gegangenen Tiere will ich suchen, die vertriebenen zurückbringen, die verletzten verbinden, die schwachen kräftigen, die fetten und starken behüten. Ich will ihr Hirt sein und für sie sorgen, wie es recht ist« (Vers 16). Ausdrücklich hat der gute Hirte die Schafe in ihren unterschiedlichen Realitäten im Blick und behandelt sie entsprechend ihren Bedürfnissen, diejenigen, denen es gut geht, genauso wie diejenigen, denen es nicht gut geht – so ist es »recht«, sagt der Bibeltext. Unmittelbar darauf ist freilich von einem weiteren Recht die Rede, von dem »Recht zwischen den fetten und den mageren Schafen« (Vers 20, vgl. die Verse 17–21). Im Sinne der prophetischen Kritik an den sozialen Missständen der damaligen Zeit (vgl. auch Am 2,6f.; 5,11f.; Jer 22,3; Ez 16,49) ergreift Gott dort Partei, wo die Starken auf Kosten der Schwachen leben, wo die Privilegierten das Weideland und das Wasser der anderen »mit den Füßen zertrampeln« (vgl. die Verse 18 und 19), und nimmt sich der Benachteiligten an.

Die Option für diejenigen, die am Rand stehen – das ist das Herzstück der biblischen Botschaft, denn es ist gleichzeitig der Beginn der Geschichte Gottes mit seinem Volk. Weil Gott selber für sein Volk Partei ergriffen hat, als es in Ägypten versklavt und unterdrückt war, und es in die Freiheit geführt hat (vgl. das Buch Exodus), gehört es zu dessen vornehmster Pflicht, für die einzutreten, die für sich selbst nicht eintreten können – die Tora nennt neben den Armen exemplarisch die Fremden, die Witwen und die Waisen (vgl. Ex 22,20–26; Dtn 24,17f.). Und wo sein Volk versagt, wo Menschen auf Kosten anderer leben und sie damit in ihrer Existenz bedrohen, wird Gott selbst sich auf die Seite der Schwächeren stellen. Das ist gerecht im Sinne der Bibel: »... die Menschen, die in großer Bedrängnis leben, gebeugt und kraftlos einhergehen und deren Augen schwach sind, die Menschen, die hungern, sie preisen deine Ehre und Gerechtigkeit, Herr« (Bar 2,18).

Gerechtigkeit als Parteinahme: Die Reich-Gottes-Botschaft Jesu von Nazareth

Jesus spitzt dies in seinem Gleichnis in dreifacher Hinsicht zu: Erstens stellt der Hirte das Wohl und die Sicherheit fast seiner gesamten Herde um eines einzigen Schafes willen hintan. Der augenfällige Kontrast von 99 zu 1 lenkt den Blick auf die Bedeutung des einzelnen Schicksals (zum Verständnis der 99 vgl. Bovon 2001, 29). Mit keinem Wort wird erwähnt, dass der Hirte vor seinem Aufbruch Vorsorge trifft für die anderen Schafe, nichts mildert die Aussage »er lässt sie in der Steppe zurück« ab. Der Hirte hat nicht 99 Überlegungen, sondern nur das eine Ziel vor

Augen: dem nachzugehen, der ihn jetzt braucht. Das ist die Gerechtigkeit Jesu von Nazareth: Wenn ein Einzelner in Gefahr gerät, gilt es zu handeln – ohne Berechnung und ohne Zögern. Und jeder und jede ist es wert und ist unverzichtbar für den guten Hirten – für Gott.

Zweitens verlässt der Hirte dafür auch seine Herde. Für Jesus von Nazareth ist das nicht nur eine aussagekräftige Pointe in einem Gleichnis, sondern Realität seines Lebens. Als Wanderprediger hat er seine Familie, seinen Beruf, seine eigene Absicherung durch sein Einkommen und den Generationenvertrag aufgegeben. Indem er gerade den Menschen nachging, die dies nach zeitgenössischer Auffassung nicht erwarten durften, stellte er sich selbst an den Rand der Gesellschaft und handelte sich den Vorwurf ein, »Fresser und Säufer, Freund der Zöllner und Sünder« zu sein (Lk 7,34; vgl. Mk 2,16 und die Einleitung des Gleichnisses Lk 15,1f.; vgl. ausführlich Ebner 2003, 144–177). Er tat dies aus dem festen Glauben heraus, dass Gott das Heil des Menschen will und dass sich im Horizont des angebrochenen Reiches Gottes jeder Mensch seines unendlichen Wertes und der liebenden Zuwendung Gottes gewiss sein kann (vgl. Lk 12,6f.).

Drittens steht am Ende des Gleichnisses gleich doppelt die Freude. Der Hirte sucht, bis er findet. Und über seinen Erfolg freut er sich nicht nur für sich, sondern lädt auch die Freunde und Nachbarn ein, mit ihm zu feiern. Dass das Verlorene wieder Teil der Gemeinschaft wird, bleibt nicht das Privatvergnügen eines Einzelnen, sondern geht alle an. Gott lädt zum Festmahl – ein Bild für die Heilszeit, die mit Jesu Wirken angebrochen ist (vgl. auch Mk 2,19) –, und alle Menschen, nicht nur besonders Privilegierte, sind dazu geladen. So verbietet sich für Jesus und für diejenigen, die ihm nachfolgen, jede Katalogisierung von Menschen in »drinnen« und »draußen«, in »Geladene« und »Verlorene«.

Gerechte Pflege als parteiliche Pflege

Theologisch meint Gerechtigkeit also keine möglichst gleiche Behandlung aller, keine Absicherung nach allen Seiten. Theologisch heißt die Frage nicht mehr: Wie kann ich meine Hilfe flächendeckend verteilen, sondern: Wer braucht meine Hilfe am meisten? Der Gott Jesu von Nazareth ergreift Partei, dass Menschen nicht unter unwürdigen Verhältnissen leben und leiden müssen, und er stellt dies vor das gleichmäßige Wohl der Allgemeinheit. Ist aus utilitaristischer Perspektive das größte Glück der größten Zahl bzw. eine unparteiische und maximale Befriedigung von Interessen oder Wünschen zentrales Kriterium und Ziel des Handelns (vgl. Mill 2002; Singer 1999, eine kurze Zusammenstellung verschiedener Gerechtigkeitstheorien im Hinblick auf die Transplantationsmedizin bei Ach 1997), ist die biblische Gerechtigkeit nicht ohne Ansehen der einzelnen Person und ohne Parteinahme zu denken.

Auch die Leistung scheidet in diesem Zusammenhang als Zuteilungskriterium aus. Passiver kann das Schaf nicht beschrieben werden: Es wird verloren, wird gesucht, wird gefunden, wird auf den Schultern getragen, wird gefeiert (vgl. auch das sich anschließende parallele Gleichnis von der verlorenen Drachme in Lk 15,8f., die schon gar nichts zum Gefundenwerden beitragen kann!). Es gibt Situationen, wo nicht die Anstrengung dessen, der in Not geraten ist, sondern allein die Initiative des anderen sein Schicksal zu wenden und sein Überleben zu sichern vermag.

Im Sinne der Parteinahme für den Menschen hieße also Pflege angesichts der knapper werdenden Ressourcen, sich im Namen Gottes noch mehr auszusetzen; die Sicherheit, es allen recht zu machen, noch mehr zu verlassen und sich den Pflegebedürftigsten zuzuwenden – wirklich bedürfnisorientiert zu pflegen.

Im Sinne der Parteinahme für den Menschen hieße Pflege, einen flächendeckenden Versorgungsanspruch zurückzuweisen und Verantwortung in den Bereichen zurückzugeben, wo Menschen für sich selbst sorgen können – zugunsten derer, die angewiesen sind auf Hilfe von außen (vgl. die besondere Betonung der Verantwortung der Pflegenden für benachteiligte Gruppen im ICN (2003), Code of Ethics for Nurses).

Im Sinne der Parteinahme für den Menschen hieße Pflege, sich dem Sog einer reinen Kosten-Nutzen-Rechnung und dem Ruf nach immer größerer Objektivierbarkeit von Verteilungskriterien zu widersetzen und in Beziehung zu leben und zu arbeiten.

Und: Parteinahme für den Menschen heißt schließlich auch Parteinahme für die Pflegenden; für jene Menschen, die im Auftrag der Gesellschaft an die Grenzen des Lebens und an die Grenzen ihrer Belastbarkeit gehen. Es gilt alles zu tun, dass nicht jede Pflegende immer wieder neu in das Dilemma gerät, das in ihren Augen Notwendige aus Sparzwängen heraus nicht tun zu können, dass eine Pflegende nicht immer größere Anforderungen durch immer größeren persönlichen Einsatz kompensieren muss.

Die Frage nach der Gerechtigkeit stellt sich den Pflegenden – und uns allen. Erneut und immer wieder ist zu fragen, in welcher Gesellschaft wir in Zukunft leben wollen. In einer Gesellschaft, in der der Minutentakt regiert, in der ein Computer die Überlebenswahrscheinlichkeit von Intensivpatienten errechnet und eines Tages vielleicht über Leben oder Tod entscheidet? Oder in einer Gesellschaft, in der wir um der Menschlichkeit, der Solidarität und um unserer selbst willen immer wieder die Perspektive derer einnehmen, die am wenigsten begünstigt sind. Was das im Einzelnen heißt, gilt es Tag für Tag in unseren Berufen und in unserem Privatleben zu entdecken und zu wagen.

LESEHINWEISE

Ebner, Martin, Jesus von Nazaret in seiner Zeit. Sozialgeschichtliche Zugänge (Stuttgarter Bibelstudien Bd. 196). Stuttgart 2003. (Ebner 2003)

Frankemölle, Hubert, Matthäus: Kommentar 1. Düsseldorf ²1999, v. a. 205–280. (Frankemölle 1999)

Rawls, John, Eine Theorie der Gerechtigkeit, übers. von Hermann Vetter (Suhrkamp-Taschenbuch Wissenschaft Bd. 271). Frankfurt 1998. (Rawls 1998)

Schernus, Renate, Lohnt sich das noch, die Arbeit mit schwerstgestörten und dementen alten Menschen? Kriterien für die Verteilung von Ressourcen. In: Wege zum Menschen 52 (2000) 487–501. (Schernus 2000)

Wettreck, Rainer, »Am Bett ist alles anders« – Perspektiven professioneller Pflegeethik (Ethik in der Praxis/Practical Ethics; Kontroversen/Controversies Bd. 6). Münster 2001. (Wettreck 2001)

Wissenschaftliche Arbeitsstelle des Oswald-von-Nell-Breuning-Hauses (Hg.), Gerechtigkeit für Anfänger (Jahrbuch für Arbeit und Menschenwürde Bd. 5). Münster 2004. (Wiss. Arbeitsstelle 2004)

3. Gottebenbildlichkeit und Kompetenz
Theologische Perspektiven in der Behindertenhilfe

Ulf Liedke

SUMMARY

Von der Betreuung hin zu Selbstbestimmung und gesellschaftlicher Integration – ein Paradigmenwechsel in der Behindertenhilfe ist in vollem Gang. Er entspricht dem Wandel des Verständnisses von Behinderung in den biblischen Texten, wo eine Sicht von Behinderung als Strafe für Sünden abgelöst wird durch die Überzeugung, dass Gott an der Lebenssituation behinderter Menschen teilnimmt. Neuere theologische Ansätze fassen in diesem Sinn Behinderung als Teil der guten Schöpfung Gottes auf. Auf dieser Basis können sich Menschen mit einer Behinderung von Gott angenommen wissen und selbst annehmen lernen, ihre Stärken entdecken und Kompetenzen entwickeln. Die Gesellschaft ist aufgefordert, geeignete Rahmenbedingungen dafür zu schaffen.

Die geschichtlichen Wurzeln der Heilpädagogik liegen in der Pädagogik, der Medizin und der Theologie. Diese verbanden sich im 19. Jahrhundert zu einer systematischen Theorie und institutionellen Praxis der Hilfen für behinderte Menschen. Dabei sind es in besonderem Maße christliche Impulse gewesen, die in dieser Zeit zur Gründung von Anstalten und Hilfsschulen geführt haben (vgl. Speck 1997, 14–26). Besonders in der zweiten Hälfte des 19. und zu Beginn des 20. Jahrhunderts sind eine Vielzahl von stationären Behinderteneinrichtungen in evangelischer und katholischer Trägerschaft gegründet worden. Nach dem Zweiten Weltkrieg haben Diakonie und Caritas zunächst dieses Modell der Pflegeanstalt fortgeführt.

Erst seit den Siebzigerjahren des 20. Jahrhunderts hat sich ein Wandel angebahnt. Die »Psychiatrie-Enquete« von 1973, das aus Skandinavien stammende Normalisierungsprinzip und die amerikanische Independent-Living-Bewegung haben einen nachhaltigen Einfluss auf die Stärkung der Rechte, die gesellschaftliche Integration und die Selbstbestimmung behinderter Menschen sowie auf die individuelle und ambulante Ausrichtung der Hilfeformen ausgeübt. Inzwischen wird von einem *Paradigmenwechsel in der Behindertenhilfe* gesprochen. Diakonie und Caritas, die nach wie vor ein breites Spektrum an Hilfeformen für behinderte Menschen bereitstellen, stehen vor der Aufgabe, diesen Paradigmenwechsel auf dem Hintergrund ihrer eigenen theologischen Identität zu gestalten und ihre Assistenzangebote entsprechend weiterzuentwickeln und zu transformieren. Diese Aufgabe ist auf der Grundlage theologischer Argumente sowie deren Übersetzung in professionelle Handlungskonzepte zu bearbeiten.

Biblische Aspekte zur Deutung von Behinderung

Die biblischen Texte kennen weder einen verallgemeinerten Begriff von Behinderung noch eine systematische Unterscheidung von Behinderung und Krankheit. Vielmehr werden in ihnen einzelne Behinderungsformen (»Blindheit«, »Missbildung«, »Verwirrung des Geistes« etc.) aufgegriffen und reflektiert. Dabei lässt sich keine einheitliche biblische Deutung konstatieren. Die vielfältigen Interpretationen reflektieren vielmehr vor dem Horizont des Gottesglaubens, welche Bedeutung einer Behinderung beigemessen wird. Dabei entsteht ein *fortgesetzter biblischer Dialog*, bei dem neue Aspekte ins Spiel kommen, vorherige Interpretationen ergänzt, korrigiert und teilweise sogar radikal in Frage gestellt werden:

In der älteren Erzählliteratur werden Behinderungen teilweise als *selbstverständliche Lebensphänomene* aufgefasst. Isaaks Erblindung im Alter (Gen 27,1) wird ohne negative Deutung erzählt. Als Mose seiner Beauftragung durch Gott mit dem Hinweis auf eine Sprachbehinderung zu entgehen versucht, wird diese ohne negative Konnotationen auf Gott selbst zurückgeführt: »Wer hat den Stummen oder Tauben oder Sehenden oder Blinden gemacht? Habe ich's nicht getan, der HERR?« (Ex 4,11).

Das Hauptmotiv der Deutung, auf das die meisten späteren Interpretationen reagieren, besteht im so genannten *Tun-Ergehen-Zusammenhang* (TEZ). Er begegnet bereits vor der Zeit des Exils, gewinnt aber erst in exilischer und nachexilischer Zeit seine systematische Ausformulierung. Der TEZ bestimmt Krankheiten bzw. Behinderungen als Strafen für zuvor begangene Sünden im Sinne *einer Äquivalenz von Schuld und Strafe*. Im Buch Deuteronomium (28, 15.28) heißt es: »Wenn du ... nicht gehorchen wirst der Stimme des HERRN, deines Gottes, und wirst nicht halten und tun alle seine Gebote und Rechte, ... so werden alle diese Flüche über dich kommen und dich treffen: ... Der HERR wird dich schlagen mit Wahnsinn, Blindheit und Verwirrung des Geistes ...« Der TEZ ist für lange Zeit die klassische Interpretationsfigur für Krankheiten bzw. Behinderungen geworden und hat eine erhebliche Rolle in der theologischen Verarbeitung der Exilserfahrung gespielt. In nachexilischer Zeit wird er allerdings in der prophetischen und weisheitlichen Literatur zum Gegenstand kontroverser Diskussionen.

In der Prophetie des sog. Deuterojesaja taucht der Gedanke des *stellvertretenden Leidens* des von Gott erwählten Gottesknechtes auf: »Er ist um unsrer Missetat willen verwundet und um unsrer Sünde willen zerschlagen. Die Strafe liegt auf ihm, auf dass wir Frieden hätten, und durch seine Wunden sind wir geheilt« (Jes 53,5). Hier wird der TEZ vorausgesetzt und zugleich für die Menschen dadurch aufgehoben, dass der Gottesknecht stellvertretend die Strafe als Krankheit bzw. Behinderung trägt.

In der spät zu datierenden Heilsprophetie in Jes 35,6 wird die Aufhebung von Behinderungen zu einem *Zeichen der messianischen Heilszeit:* »Gott ... kommt und wird euch helfen. Dann werden die Augen der Blinden aufgetan und die Ohren der Tauben geöffnet werden. Dann werden die Lahmen springen wie ein Hirsch, und die Zunge der Stummen wird frohlocken« (Jes 35, 4–6).

In der späten weisheitlichen Literatur wird der TEZ radikal in Frage gestellt. Während das Buch Kohelet schonungslos konstatiert, dass ein Gerechter zu Grunde geht und ein Gottloser lange in seiner Bosheit lebt (Koh 7,15), klagt Ijob Gott offen an: »Hast du denn Menschenaugen, oder siehst du, wie ein Sterblicher sieht? ... dass du nach meiner Schuld fragst und nach meiner Sünde suchst, wo du doch weißt, dass ich nicht schuldig bin ...?« (Ijob 10,4–7). Das Buch Ijob hebt damit den unmittelbaren Zusammenhang von Behinderung und Schuld auf.

Die Evangelien des *Neuen Testaments* stellen die mit Jesus angebrochene messianische Heilszeit als Erfüllung der Prophetie von der Aufhebung der Behinderung dar: »Blinde sehen und Lahme gehen, Aussätzige werden rein und Taube hören,

Tote stehen auf, und Armen wird das Evangelium gepredigt« (Mt 11,5). Die Heilungen behinderter Menschen durch Jesus (z.B. Mk 2,1–12; Lk 18,35–43) sind auf diesem Hintergrund zu verstehen. Der TEZ wird dabei ausdrücklich negiert. Der Evangelist Johannes erzählt von der Begegnung mit einem Blinden: »seine Jünger fragten ihn ...: Meister, wer hat gesündigt, dieser oder seine Eltern, dass er blind geboren ist? Jesus antwortete: Es hat weder dieser gesündigt noch seine Eltern, sondern es sollen die Werke Gottes offenbar werden an ihm« (Joh 9,2–3). Die Heilungen Jesu haben zugleich eine soziale Dimension: Sie erzählen davon, wie Menschen, die gesellschaftlich ausgegrenzt waren, in die Mitte der Gemeinschaft treten (z.B. der blinde Bartimäus Mk 10,64–52). Darüber hinaus gewinnen Menschen in der Begegnung mit Jesus verlorene Fähigkeiten zurück und werden in ihrem Subjektsein gestärkt (Lk 13,10–17).

Im zweiten Korintherbrief reflektiert *Paulus* die Erfahrung, mit einer Behinderung leben zu müssen und nicht geheilt worden zu sein. Er deutet sie auf dem Hintergrund des Kreuzes Christi und beschreibt einen Prozess der Auseinandersetzung und Akzeptanz seiner Behinderung. Das Wort Christi »Lass dir an meiner Gnade genügen; denn meine Kraft ist in den Schwachen mächtig« (2 Kor 12,9) erschließt sich Paulus als Kraft, den »Pfahl im Fleisch« im Glauben anzunehmen.

In den unterschiedlichen biblischen Interpretationsversuchen kommt eine sich fortwährend vertiefende Reflexion des Phänomens Behinderung zum Tragen. Die für die meisten Religionen und auch für eine alttestamentliche Textgruppe charakteristische Verknüpfung von persönlichem Handeln (Schuld) und Behinderung (Strafe) wird dabei nicht nur in Frage gestellt, sondern aufgehoben: Behinderung kann theologisch nicht mehr als Strafe Gottes interpretiert werden. Vielmehr wird umgekehrt deutlich, dass Gott nicht auf Distanz zu behinderten Menschen geht, sondern an ihrer Lebenssituation teilnimmt. Menschen, die ihre Behinderung oft als Schwäche zu sehen gelernt haben, können *durch den Glauben ihre Stärken entdecken*. Mit der Aufhebung des TEZ ist zugleich auch theologisch die Diskriminierung behinderter Menschen aufgehoben worden.

Gegenwärtige theologische Interpretationen

Das Leben mit einer Behinderung wird auch in der gegenwärtigen Theologie unterschiedlich beurteilt. Dabei lassen sich folgende Deutungsmodelle unterscheiden:

(1) Eine erste Sichtweise ist an bestimmten biblisch-theologischen Verstehensmustern orientiert. Für Georg-Hinrich Hammer manifestiert sich in einer Behinderung eine widergöttliche Macht. Ulrich Eibach greift das neutestamentliche

Verständnis auf, das Krankheiten und Behinderungen »als Vorboten des Todes und Ausdruck einer lebenszerstörenden gottfeindlichen Macht« (Eibach 1991, 115) ansieht. Behinderung könne als Ausdruck der widergöttlichen und gottfeindlichen Macht des Nichtigen und Bösen betrachtet werden. Diese Deutungsmodelle machen den Fehler, das mit dem biblischen Krankheitsverständnis verbundene Weltbild der damaligen Zeit bruchlos zu übernehmen.

(2) Eine zweite Gruppe von Theologen legt ihrer Interpretation ein pädagogisches Verständnis zu Grunde. So beschreibt Reinhard Turre Behinderung als eine dem Menschen gestellte Aufgabe und Prüfung. Karl Hermann Kandler sieht in ihr eine »von Gott auferlegte Last« (Kandler 2000, 112), mit der eine Bewährung des Glaubens und der Liebe verbunden ist. Sie sei darüber hinaus eine »Herausforderung zum Kampf«, die eigene Lebenswirklichkeit anzunehmen und die Behinderung zu beherrschen. Das Problem solcher Interpretationen besteht darin, dass sie eine subjektiv verständliche Form der Auseinandersetzung zu einem generalisierten Deutungsmodell verallgemeinern.

(3) Eine dritte Interpretationsform versteht Behinderung als Ausdruck der Begrenztheit und Verletzlichkeit des menschlichen Lebens. Im Wesentlichen betonen die theologischen Entwürfe damit die Normalität behinderten Lebens, weil alles Leben begrenzt und verletzlich ist. Eine Reihe von Theologen heben hervor, dass sich menschliches Leben in der Polarität von Glück und Leid, Gesundheit und Krankheit, Gelingen und Gefährdung bewegt. Auf diesem Hintergrund kommen die Autorinnen und Autoren zu der Einschätzung, dass Behinderungen normal sind, dass sie Ausdruck der menschlichen Begrenztheit sind. »›Normal‹ ist es ..., dass Menschen mit Beeinträchtigungen leben« (Grewel 1991, 10). Dieser Interpretationsform lassen sich die Arbeiten von Hans Grewel, Michael Schibilsky, Anna-Katharina Szagun und Jürgen Seim zuordnen. Die Gefahr dieser Verstehensform besteht darin, behinderte Menschen mit einem bestimmten Aspekt menschlichen Lebens zu identifizieren und sie damit auf Begrenztheit und Schwäche festzulegen.

(4) Eine vierte Interpretationsweise fasst Behinderung als Teil der guten Schöpfung Gottes (Ulrich Bach), als Begabung zum Leben (Ottmar Fuchs) oder als Charisma in der Gemeinde auf (Jürgen Moltmann). Für Ulrich Bach lässt sich die Schöpfung Gottes nur unter Einbeziehung des Kreuzes Christi, d.h. im Horizont der Dreieinigkeit Gottes verstehen. Das Credo »ich glaube, dass Gott mich geschaffen hat« gelte deshalb für behinderte und nichtbehinderte Menschen gleichermaßen. Behinderungen sind keine Schöpfungspannen (Bach 1998, 88). »Auch der behinderte Mensch ist ein so von Gott gewolltes Geschöpf« (Bach 1986, 125). Ottmar Fuchs entwickelt seine Anthropologie auf dem Hintergrund einer inkarnatorischen Theologie: wer Gott ist, lässt sich an der Praxis und Verkündigung, am Leben, Sterben und Auferstehen Jesu Christi erkennen. Gott wird in Jesus als derjenige offenbar, der sich mit behinderten Menschen solidarisiert und sie

befreit – gleichzeitig als einer, der am Kreuz selbst zum Behinderten wird. An der befreienden Begegnung Jesu mit behinderten Menschen können diese ihre Kompetenzen und ihr Subjektsein erkennen. Deshalb kann »eine Behinderung ... zur Begabung werden« (FuchsO 1993, 69), ja Behinderung lässt sich als »Begabung zum Leben« (ebd., 67) verstehen. Auch für Jürgen Moltmann steht die Menschwerdung des dreieinigen Gottes im Mittelpunkt. In der Inkarnation habe Gott das ganze Menschsein angenommen und zum Teil seines eigenen göttlichen Lebens gemacht. Das gelte auch für das Leben mit einer Behinderung. Weil Gott die Menschen so annehme, wie sie sind und wo er sie erreicht, »als Mann oder Frau, Jude oder Heide, alt oder jung, schwarz oder weiß, behindert oder nicht-behindert usw.« (Moltmann 1997, 61), werden die individuellen Möglichkeiten der Menschen zu Charismen, die im Dienst des Reiches Gottes und seiner befreienden Liebe stehen. Auf diesem Hintergrund kommt Moltmann zu der Interpretation, »dass jede Behinderung zu einem Charisma werden kann« (ebd., 71). Dieses vierte Deutungsmodell wird der Tendenz der biblischen Überlieferung am besten gerecht, hat wiederum aber auch die Gefahr, Behinderung zu idealisieren.

Menschsein im Werden: Eine anthropologische Skizze

Die Aufhebung des TEZ und die Entstigmatisierung behinderter Menschen in der Praxis Jesu machen jede Sonderanthropologie für behinderte Menschen hinfällig. Anthropologische Überlegungen müssen vielmehr grundsätzlich *inklusiv* sein, d.h. für alle Menschen gleichermaßen gelten.
Im Mittelpunkt des christlichen Menschenbildes steht die Auffassung vom *Menschen als Bild Gottes,* wie sie im ersten Schöpfungsbericht zum Ausdruck kommt: »Und Gott schuf den Menschen zu seinem Bilde, zum Bilde Gottes schuf er ihn; und schuf sie als Mann und Weib« (Gen 1,27). Diese Vorstellung ist eine zentrale Wurzel für die moderne Idee der Menschenwürde. Entgegen einer verbreiteten defensiven Verwendung dieser Begriffe sind Gottebenbildlichkeit und Menschenwürde nicht nur zu verteidigen und zu bewahren, sondern auch zu verwirklichen und zu gestalten. Sie sind emanzipatorische und dynamische anthropologische Kategorien. Das wird mit einem Blick auf den biblischen und dogmatischen Sinn der Gottebenbildlichkeitsidee deutlich.
Die Vorstellung von der Gottebenbildlichkeit stammt ursprünglich aus der ägyptischen Königsideologie und diente hier der Machtlegitimierung des Pharao. Weil er von Gott geschaffen und Gottes Abbild war, konnte er seine Herrschaft als unantastbar behaupten. Er und nur er galt als Bild Gottes. Ganz anders in Israel.

Der erste Schöpfungsbericht revolutioniert die Ebenbildlichkeitsvorstellung, indem er sie auf alle Menschen ausdehnt. In Israel ist gewissermaßen jeder ein König; jede und jeder ist unendlich wertvoll. Das ist die Würde des Menschen. Der Gedanke einer *grundsätzlichen Gleichheit* aller Menschen gewinnt hier Kontur. Diese gilt es nicht nur zu verteidigen, sondern gestaltend zu verwirklichen. Deshalb wird der Gottebenbildlichkeit erst dort entsprochen, wo Menschen auch die *Rechte* gewährt werden, die ihrer Würdigung durch Gott entsprechen: das Recht auf Achtung ihrer Individualität genauso wie auf gesellschaftliche Teilhabe. Das Recht auf Persönlichkeitsentfaltung und Selbstbestimmung ebenso wie Verantwortlichkeit für die Rechte der anderen.

Die Gottebenbildlichkeit des Menschen muss theologisch konsequent vor dem Hintergrund der *Dreieinigkeit* Gottes gedeutet werden. Der Mensch ist – in Analogie – als Bild des dreieinigen Gottes zu verstehen. Das bedeutet:

- Der Mensch ist nicht nur als Bild Gottes geschaffen. In der Begegnung mit dem Evangelium Jesu Christi erfährt er vielmehr auch Befreiung und Erneuerung der Gottebenbildlichkeit. Die Gegenwart des Heiligen Geistes macht den Menschen im Glauben der Versöhnung gewiss und motiviert ihn zum Handeln in Freiheit und Solidarität.
- In der Menschwerdung Jesu Christi macht der dreieinige Gott die Situation des Menschen zu einem Teil seiner eigenen Geschichte. Gott tritt auf die Seite der Menschen und solidarisiert sich mit ihnen. Gott nimmt die menschliche Lebenssituation an.
- Die Gottebenbildlichkeit ist nicht als abgeschlossen zu verstehen. So sehr der Mensch bereits in der Schöpfung Gottes Ebenbild ist, so sehr erschließen sich ihm in der Begegnung mit der Person Jesu eine Tiefe Gottes und des Menschseins, die für ihn zu einer Erneuerung im Glauben führen.
- In Analogie zu diesem spirituellen Bildungsprozess ist der Mensch auch individuell und sozial ein entwicklungsfähiges und entwicklungsbedürftiges Wesen. Sein Menschsein ist immer zugleich im Werden. Er ist als Mensch in Bildung begriffen. Deshalb sind grundsätzlich alle Menschen als entwicklungsfähig und damit auch als bildungsfähig anzusehen. Zu einem unverkürzten Bildungsverständnis gehört stets auch die religiöse Bildung.
- Der Mensch wird in die Geschichte des dreieinigen Gottes hineingenommen. Seine eigene Lebensgeschichte wird dadurch zu einer Biografie, in der Schöpfung und Erhaltung, Befreiung und Versöhnung, Erneuerung und Gewissheit ihre Spuren hinterlassen.
- So wie Gott in der Menschwerdung Jesu den Weg in die Schwäche und Erniedrigung wählt und wiederum in der Auferstehung erhöht wird, so gehören auch Schwäche und Stärke, Ohnmacht und neue Kraft zu den grundlegenden

Lebensdimensionen des Menschen. Kein menschliches Leben ist auf eine dieser Dimensionen zu reduzieren. Vielmehr macht die Spannung beider Dimensionen die menschliche Entwicklung mit aus. Diese anthropologische Skizze gilt für behinderte und nichtbehinderte Menschen gleichermaßen.

Selbstbestimmung und Kompetenz: Pädagogische und politische Schlussfolgerungen

Wenn das von der Theologie ausgearbeitete Menschenbild für die Soziale Arbeit bedeutsam werden soll, muss es in ihre Handlungskonzepte und ihren Professionalitätsdiskurs hinein übersetzt werden. Dafür bietet sich das Konzept der Kompetenz an: »*Unter Kompetenz verstehen wir die Fähigkeit, individuelle und soziale Ressourcen so zu nutzen, dass eine gegebene Situation möglichst autonom bewältigt werden und ein soziales und sinnerfülltes Leben aufrechterhalten und weiterentwickelt werden kann*« (Theunissen 1997, 25). Die Kompetenz eines Menschen entscheidet sich nicht an statistischen Durchschnittswerten oder seinen körperlichen bzw. geistigen Merkmalen. Sie bestimmt sich vielmehr durch die individuelle Fähigkeit, eine gegebene Situation möglichst selbstbestimmt, selbstverantwortlich und sinnerfüllt zu bewältigen. Dafür sind einerseits Ressourcen erforderlich, die sich ein Mensch im Laufe seines Lebens angeeignet hat bzw. die er aktuell (wieder-) erwirbt. Andererseits ist dafür eine unterstützende, anregende und motivierende soziale Umgebung erforderlich.
Die christliche Theologie leistet mit ihrem Menschenbild einen Beitrag dazu, dass Menschen mit einer Behinderung sich von Gott angenommen wissen und selbst annehmen lernen, ihre Stärken entdecken und Kompetenzen entwickeln können. Sie setzt sich gleichzeitig für soziale und politische Bedingungen ein, unter denen Kompetenzen gefördert, stabilisiert und entwickelt werden können.
In Bezug auf das politische System geht es dabei um die Schaffung von Strukturen, die eine umfassende gesellschaftliche Teilhabe von Menschen mit Behinderung sicherstellen. Dafür ist die Umsetzung umfassender Gleichstellungs- und Teilhaberechte, des Diskriminierungsschutzes und des Nachteilsausgleichs erforderlich. Das Konzept der sozialen Integration sollte die Differenzperspektive individueller und sich unterscheidender Lebensentwürfe berücksichtigen und kein unreflektiertes Normalitätsverständnis zu Grunde legen.
In Bezug auf das Hilfesystem geht es um den konsequenten Ausbau dezentraler, ambulanter, kommunal integrierter und subjektbezogener Assistenzformen. Die Umsetzung des persönlichen Budgets ist ein wichtiger Schritt in diese Richtung. Auf dem Hintergrund des christlichen Menschenbildes verdient der so genannte Paradigmenwechsel in der Behindertenhilfe nachhaltige Unterstützung.

LESEHINWEISE

Adam, Gottfried/Kollmann, Roland/Pithan, Annebelle (Hg.), »Normal ist, verschieden zu sein«. Das Menschenbild in seiner Bedeutung für religionspädagogisches und sonderpädagogisches Handeln. Münster 1994. (Adam/Kollmann/Pithan 1994)

Bach, Ulrich, Dem Traum entsagen, mehr als ein Mensch zu sein. Auf dem Wege zu einer diakonischen Kirche. Neukirchen-Vluyn 1986. (Bach 1986)

Herbst, Hans R., Behinderte Menschen in Kirche und Gesellschaft. Stuttgart-Berlin-Köln 1999. (Herbst 1999)

Pithan, Annebelle/Adam, Gottfried/Kollmann, Roland (Hg.), Handbuch Integrative Religionspädagogik, Gütersloh 2002. (Pithan/Adam/Kollmann 2002)

Theunissen, Georg, Pädagogik bei geistiger Behinderung und Verhaltensauffälligkeiten: ein Kompendium für die Praxis. Bad Heilbrunn ³2000. (Theunissen 2000)

Theunissen, Georg/Plaute, Wolfgang, Handbuch Empowerment und Heilpädagogik. Freiburg i.Br. 2002. (Theunissen/Plaute 2002)

4. Sinngebung und Lebensqualität
Theologische Perspektiven in der Altenhilfe

Peter Orth

SUMMARY

Mit der zunehmenden Zahl an alten Menschen in unserer Gesellschaft stellen sich neue Aufgaben für die Soziale Arbeit. Aufbauend auf ein christlich fundiertes Menschenbild wird sie zum einen die Kompetenzen alter Menschen wahrnehmen und fördern, andererseits aber auch für die Menschenwürde und Lebensqualität jener eintreten, die – krank oder pflegebedürftig – keine Leistung mehr erbringen können und Kosten für die Gesellschaft verursachen. Theologie kann der Sozialen Arbeit helfen, sensibel für die religiösen Fragen und Bedürfnisse zu werden, die bei vielen angesichts des Alterns und vor allem im Blick auf die radikalste Grenzsituation, das Sterben, aufbrechen.

Zur Situation

Die rasch zunehmende Alterung der Gesellschaft gehört zu den großen Herausforderungen im eben begonnenen 21. Jahrhundert (vgl. z.B. Lehr 2003, 28–45):

- Der Anteil der über 65-Jährigen wird in Deutschland – ähnlich wie in weiten Teilen Europas – von 15,4% der Gesamtbevölkerung im Jahr 1996 auf ca. 30% im Jahr 2030 steigen.
- Die Anzahl der Kinder und Jugendlichen wird sinken; hundert Beitragszahlern werden 2042 hundert Rentner gegenüberstehen – mit allen Folgeproblemen für die Sozialsysteme.
- Die durchschnittliche Lebenserwartung wird weiter steigen – auf 82 Jahre bei Frauen und 77 Jahre bei Männern im Jahr 2020.
- Die Anzahl der Hochbetagten (80+) wird zunehmen – von 4% auf 12% in 2050. Für einen Teil werden chronische Krankheiten, fehlende Helfer in den Familien, fehlende stationäre, teilstationäre und ambulante Dienste zum Problem.

Europa wird so zum Altenhaus der Welt. Das ruft bei vielen negative Bilder über das Alter hervor, bestimmt durch den Abbau von Fähigkeiten oder gar Verfall. Damit verbundene Ängste werden verstärkt durch Beispiele von Altersdemenz und Pflegebedürftigkeit, durch die ökonomisch bestimmte Diskussion um eine nicht hinreichend zu finanzierende Pflegeversicherung, eine ungesicherte Rente bzw. zu hohe Rentenabgaben (Stichwort Generationengerechtigkeit) und durch Schlagworte der politischen Diskussion wie etwa »Altenberg« oder »Überalterung« (vgl. KBE 2002, 13–15). Die positiven Aspekte des Alters – ein reicher Schatz an Lebenserfahrung, gewachsenes Selbstbewusstsein, Unabhängigkeit, großer Fundus an Problemlösungsstrategien oder die Möglichkeiten, die sich im »dritten Alter« bieten – werden wenig gesehen.

Das »dritte Alter« ist nach dem englischen Soziologen Peter Laslett ein historisch neues Phänomen (vgl. Laslett 1995). Es bezeichnet die Lebensphase nach der Erwerbsarbeit, die durch relativ stabile Gesundheit, Überschuss an zeitlichen und materiellen Ressourcen und ein weites Feld möglicher Aktivitäten gekennzeichnet ist. Viele Menschen bleiben bis zum Lebensende in dieser dritten Phase, da wir sehr viel gesünder altern als frühere Generationen. Andere treten in das »vierte Alter« ein, das durch die Sorge um den täglichen Selbsterhalt und ein einigermaßen zufrieden stellendes Dasein angesichts physischer und psychischer Beeinträchtigungen bestimmt ist. Diese Phase bindet einen großen Teil der Aktivitäten und Ressourcen, mündet gegebenenfalls in Pflegebedürftigkeit und Abhängigkeit.

Eine zunehmende Alter(n)skultur erweist sich auch als Herausforderung für die Kirchen. Zum einen stellen sich pastorale Fragen: Wie müssen Seelsorge, diakonische Arbeit und kirchliche Bildungsarbeit für das dritte, aber auch das vierte Alter aussehen? Zum anderen sind die Kirchen von ihrem Selbstverständnis, ihrem Menschenbild und ihrer ethischen Tradition herausgefordert.

Inhalte eines christlichen Menschenbildes

Die Theologie muss folgende Aspekte im Gedächtnis der Menschen wach halten:

- Die Bibel deutet das Leben des Menschen als Unterwegssein, immer verbunden mit Aufbruch und mit (inneren) Wachstums- und Veränderungsprozessen (vgl. die Erzählungen von Abraham und Sara in Gen 12ff.).
- Das Alter ist Teil der natürlichen, von Gott geschaffenen Ordnung. Es ist notwendiger und sinnvoller Teil des Lebens, bedeutet Fortschreiten und offene Wegstrecke; es ist nicht nur bilanzierender und trauernder Abschluss.
- Das Alter ist eine »prächtige Krone«, verbunden mit Weisheit und Einsicht (z.B. Spr 16,31). So sind auch die Potenziale und Kompetenzen des Alters im Blick.
- Altern ist aber auch Folge und Zeichen von Gott gesetzter Endlichkeit, Einfallstor von Krankheiten und Ohnmachtserfahrungen (z.B. Koh 12,1–7). Das lässt die dunklen Seiten des Alters realistisch sehen (vgl. KBE 2002, 17f.).
- Die Verpflichtung, sich um die Alten zu sorgen, ist u.a. in den »Zehn Geboten« festgeschrieben, vgl. z.B. Ex 20,12: »Ehre deinen Vater und deine Mutter ...« Dieses Gebot richtet sich nicht an die Kinder, sondern an die Erwachsenen, die ihre alten Eltern nicht vernachlässigen sollen.

Zentrale Schlüsselbegriffe eines christlichen Menschenbildes wurzeln in jenen Bibelstellen, die unabhängig vom Lebensalter die Würde und Freiheit des Menschen grundlegen, z.B. in der ersten Schöpfungserzählung, Gen 1,1–2,4a, hier v.a. Gen 1,27f.: »Gott schuf ... den Menschen als sein Abbild; als Abbild Gottes schuf er ihn. Als Mann und Frau schuf er sie. Gott segnete sie ...«

- Der Mensch ist als Mann wie als Frau Abbild Gottes und besitzt damit eine unvergleichliche *Würde*. Diese ist unaufgebbar, da sie nicht in Leistung, Herkunft, Kompetenzen oder Ähnlichem gründet, sondern in seiner Gott-Ebenbildlichkeit.
- Der Mensch lebt in *Beziehungen*, ist ein relationales Wesen, das von Anfang an auf ein Du ausgerichtet ist. Er kann nur leben in Relation zu Mitmenschen, zu

seiner Geschichte, zu einer gestalteten Umwelt (Kultur) und zu seinem Ursprung, letztlich also zu Gott.
- Die ganze Stelle gibt Antwort auf die Frage, wie man angesichts des Unheils in der Welt leben kann. Die Welt ist trotz aller »Finsternis« gut. Gott hat Ordnung in das Chaos gebracht, sodass man der Schöpfung vertrauen kann; auf ihr liegt der *Segen* Gottes.

Andere Bibelstellen ergänzen diese Schlüsselbegriffe:

- Der Mensch ist zur *Freiheit* berufen und muss in Freiheit sein Leben gestalten können (vgl. die zahllosen Befreiungserzählungen, vor allem die Exodus-Erzählung).
- Der Mensch ist *schuldbeladen* und in einen Kreislauf des Bösen hineingeboren. Deswegen trägt er seinen Schatten mit sich, mit dem er sich am Ende seines Lebens versöhnen muss.
- Der Mensch ist ein *ganzheitliches* Wesen mit Leib, Seele, Geist (vgl. Gen 2). Die in der christlichen Tradition gebräuchliche Überbewertung der Seele bei gleichzeitiger Abwertung des Leiblichen sollte überwunden sein.
- Der Mensch besitzt einen Auftrag zur *(Mit-)Gestaltung* der Welt, dem er bis ins hohe Alter hinein nachkommen kann bzw. soll (Gen 2).
- Der Mensch ist angewiesen auf einen *Lebensraum* (vgl. Gen 2), den er gestalten und in dem er sich wohl fühlen kann.
- Der Mensch ist ein *schwaches und ungesichertes* Wesen, bedürftig des Schutzes und der Geborgenheit (vgl. z.B. Ps 46: Gott, unsere Burg).
- Der Mensch ist ein Wesen, dem *Heil zugesagt* ist. Ziel menschlichen Lebens ist ein »Leben in Fülle«, das z.T. bereits hier auf Erden Realität wird, aber sich letzten Endes erst verwirklicht im »Reich Gottes«, in einem Leben bei Gott (vgl. KBE 2002, 19f.). Der Mensch ist ein Wesen, das *auf Zukunft hin* ausgespannt ist – auch über den Tod hinaus (vgl. die Auferstehungserzählungen des Neuen Testaments).

Die abendländische Philosophie hat zahlreiche dieser Vorstellungen im Begriff der »*Person*« aufgehoben: Menschliches Personsein ist Sein-im-Werden, das seinen Wert durch sein Gewährtwerden und dessen Urheber, Gott, erhält. Menschliche Würde gründet in diesem Gewollt-Sein und Gewährtwerden durch Gott. Sie eignet dem Menschen von Anfang an, unaufhörlich und in jeder Hinsicht. Entsprechend wird kein Mensch erst Person durch sein Werden, sondern er wird als Person. Er ist Person vom Anfang seines individuellen Werdens an, dessen Bestimmung die Entfaltung und Reifung seines Personseins ist. Personsein erschließt sich also nicht über das Benennen bestimmter Eigenschaften oder Fähigkeiten (z.B. Selbstbewusstsein), denn dann müsste man z.B. bewusstlosen

oder dementen Personen das Personsein und die damit verbundene Würde absprechen. Stattdessen ist zentraler Ausgangspunkt das Gewährtwerden des Lebens durch Gott.
Als Person ist der Mensch für sein Personsein ebenso wie für das der anderen verantwortlich. Das gilt individualethisch für den Umgang mit sich selbst und mit anderen, aber auch sozialethisch für die Ordnungen des Zusammenlebens, die der Würde der Person Rechnung tragen müssen.

Theologie sensibilisiert für religiöse Fragen alternder Menschen

Theologie schärft grundsätzlich den Blick des Menschen für die Mehrdimensionalität der Wirklichkeit. Neben einer quantitativen, empirischen Ebene ist eine qualitative Ebene für unser Leben bedeutsam. Auf ihr werden Fragen nach dem Sinn, nach dem, was unser Leben »schön« und lebenswert macht, nach Herkunft, Leid und Tod wichtig. Der jüdisch-christliche Glaube tritt als dritte Ebene hinzu, bringt Gott ins Spiel und lädt dazu ein, auszuprobieren, ob Deutungen aus der Perspektive des Glaubens das Leben tragen können.
Über diese grundsätzliche Sensibilisierung hinaus vermag Theologie auf die existenziellen und religiösen Fragen alternder Menschen aufmerksam zu machen, sich auf sie einzulassen, gemeinsam mit ihnen nach Antworten zu suchen und – unaufdringlich, als Angebot – christliche Antworten ins Spiel zu bringen. Viele Mitarbeiterinnen und Mitarbeiter in der Sozialen Arbeit sind gerade darauf nur unzureichend vorbereitet. Dabei entscheidet sich die Professionalität des Sozialarbeiters oder der Sozialpädagogin nicht nur darin, dass er/sie sozialprofessionelle Hilfe bei psychosozialen Problemen bereitstellt oder Hilfe zur Selbsthilfe ermöglicht. Sie entscheidet sich auch daran, wieweit er damit verbundene existenzielle Fragen wahrnimmt, auf sie hört, sie manchmal nur aushält. Oft ist angesichts solcher Fragen allein schon geduldiges Zuhören oder einvernehmliches Schweigen tröstend, helfend, erleichternd. Und ist es so abwegig, dass in manchen Fällen auch ein gemeinsames Beten – mit gewohnten Texten oder frei formuliert – einem alten Menschen in Not helfen kann?
Gerade in Lebenskrisen wird auch die Religiosität älterer Menschen erschüttert. Ihr Glaube verändert sich in der Verarbeitung solch kritischer Prozesse – wird wenigstens massiv angefragt. Das Wissen um diese Erschütterungen kann helfen, sensibel auf den Wandel der Glaubensgestalt einzugehen.
Weiterhin kann Theologie zukünftige Sozialarbeiterinnen und Sozialarbeiter für die Wünsche alter Menschen nach Seelsorge sensibilisieren, sodass sie bei Bedarf

auf den Seelsorger hinweisen oder Kontakte zu ihm herstellen können. Vielen ist es ein Bedürfnis, sich auch im Glauben mit einem Leben zu versöhnen, in dem die Lebenszuversicht schwindet und die letzte Wegstrecke gegebenenfalls als Verfall empfunden wird. Manche wollen auf das sakramentale Angebot der Krankensalbung zurückgreifen, das immer noch gegen den Vorbehalt zu schützen ist, nur eine neue Art letzter Ölung zu sein. In einem anderen Fall mag der Hinweis auf Gottes Barmherzigkeit und das zugesagte Heil tröstlich sein. Durch die Kontaktaufnahme zu einem Fahrdienst der kirchlichen Gemeinde kann der Wunsch nach dem Besuch einer sonntäglichen Eucharistiefeier erfüllt werden.

Kirchliche Arbeit fördert engagiertes, selbstbestimmtes Leben

Die Entfaltung der eigenen Person hängt stark ab von kontextuellen Entwicklungsmöglichkeiten. Eine Gesellschaft, die alte Menschen »auf ein Altenteil abschiebt« und weder viel von ihnen erwartet noch entsprechende Partizipationsmöglichkeiten schafft, beschneidet diese. Hier sind Kirchen und Theologie gefordert zu helfen, dass ältere Menschen zu Subjekten gestalteter Alternskultur werden. Zum Beispiel werden sie

- Orte und Zeiten des Austauschs zur Verfügung stellen,
- soziale Lebensbezüge fördern, die in unterschiedlicher Weise Halt, Identität und Sinn geben (vgl. Fürst u.a. 2003, 168),
- Räume für ehrenamtliches Engagement eröffnen (das von alternden Menschen ohnehin schon in hohem Maße geleistet wird), um so die Charismen der Älteren zu entfalten,
- Symbolhandlungen und Deutungsmuster anbieten, aus denen Impulse für eine sinnvolle Kultivierung des Alterns erwachsen.

Mit solchen Angeboten zur Sinndeutung und zur Organisation von Lebensräumen und Aufgaben tragen die Kirchen mit dazu bei, dass arbeitsfreie Zeit nicht nur vom schwarzen Loch der Routinen geschluckt, sondern zur eigenen Entfaltung genutzt wird. Allerdings gilt auch hier wieder: Die Aufgabe von Theologie und Kirche besteht wesentlich darin, die Würde des Menschen im Alter unabhängig von jeder Leistung und Funktionalität hervorzuheben, solche Aussagen in caritativ-christlicher Praxis zu bestätigen und bei unausweichlichen Einschränkungen nach einer möglichst weitreichenden Freiheit und Selbstbestimmung zu suchen. Zudem werden Theologie und Pastoral darauf achten, dass die Aufmerksamkeit gegenüber der Gruppe der Alten nicht zu deren Isolierung führt. Der intergenerative Dialog und gemeinsame Angebote für mehrere Altersgruppen in einer Gemeinde sind deshalb zu fördern.

Diakonische Theologie als Anwalt des alten Menschen

Kirchen und Theologie sind wichtige Instanzen der Ethosbildung, indem sie auf Gerechtigkeit, Freiheit und Würde der Person als Kernfragen des Zusammenlebens und als unverzichtbares Gut biblischer und abendländisch-philosophischer Tradition hinweisen. Gerechtigkeit konkretisiert sich in den Sozialprinzipien der Solidarität, Subsidiarität und des Gemeinwohls. Ihr Ziel ist ein möglichst hohes Maß an Freiheit und Chancengerechtigkeit für alle – entsprechend der gegebenen Möglichkeiten. Eine biblisch begründete »Option für die Armen und Marginalisierten« tritt als Regulativ hinzu, wenn abstrakte Prinzipien in konkrete Verhaltensweisen überführt werden sollen (vgl. Marx/Nacke 2004, 41–44). Entsprechend solcher Grundoptionen werden sich Kirche und Theologie einsetzen

- für die Aufhebung spezifischer Diskriminierungen und Benachteiligungen Älterer, z.B. für verwitwete Frauen mit einem nur geringen Rentenanspruch. Hier hat ein gesellschaftskritischer Ansatz eine emanzipativ-befreiende und eine politisch-soziale Funktion.
- gegen eindimensionale Orientierungen, z.B. am Ökonomischen, welche die Nützlichkeit und Leistung des alternden Individuums zu sehr in den Blick nehmen. So richtig es ist, dass das Leitbild des produktiven Alter(n)s vehement gegen ein Defizit-Modell des Alters gesetzt wird, so wichtig ist es auch, diejenigen nicht zu vergessen, die – krank oder pflegebedürftig – solche Leistung nicht mehr erbringen können und der Solidargemeinschaft Kosten verursachen. So werden die Theologie und die Kirchen das Leitbild des aktiven Alten relativieren, »das Recht auf Eigensinn« betonen, gegen jede Form der Entsolidarisierung eintreten und Solidarität pflegen.
- gegen ein Klima extremer Selbstverwiesenheit unter Jungen und Alten, das Solidarität vermissen lässt und nur den eigenen Nutzen sucht.
- für ein Altenbild, das daran erinnert, dass ältere Menschen einen Gewinn für die Gesellschaft bedeuten – auch aufgrund der Kompetenzen, die sie sich im Laufe eines Lebens erworben haben. Solch ein positives Altersbild wird Konsequenzen haben für das Selbstbild älterer Menschen.

Notizen zu einer Theologie des Sterbens

Angesichts der radikalsten Grenzsituation, dem Sterben bzw. dem Tod, brechen die Fragen nach dem Sinn des Lebens, nach Gott und dem (un-)möglichen Heil radikal auf. Diese im Sterben offenkundig werdenden oder in der Reflexion vorweggenommenen Fragen haben eine besondere Affinität zu Religion und Theologie.

Christliche Theologie kann von Tod und Sterben als letztem Zeichen geschöpflichen Daseins nicht dispensieren, aber sie kann Deutungsversuche wagen, Antworten geben, die der Absurdität und der Sinnlosigkeit begegnen können. Diese Antworten gründen in der Zusage des befreienden Mitgehens Gottes durch alle Schluchten menschlichen Lebens (vgl. Ps 23), letztlich auch im Tod und in der Auferweckung Jesu. Diese Botschaft vom Heil darf nicht als billige Vertröstung verstanden werden, sondern als Einladung zum Vertrauen darauf, dass die individuelle Geschichte jedes Einzelnen in Gott Bestand hat und nicht mit dem Tod ausgelöscht ist, dass der Mensch nicht in der Vergänglichkeit endet.

Soll solches Reden glaubwürdig sein, muss es Konsequenzen haben für das Leben vor dem Tod. Es muss auch das Sterben als einen Lebens-Akt und als integralen Bestandteil des Lebens verstehen, der entsprechend zu gestalten ist – in der Anerkennung der Endlichkeit, durch eine reuevolle Rückschau auf das Leben samt einer Versöhnung mit dem Gewesenen und in der Hoffnung auf eine Teilhabe an der Auferweckung Jesu (vgl. Auer 1995, 105–131).

Die Sorge um die Kranken und Sterbenden war schon immer Aufgabe christlicher Krankenhäuser und (Ordens-)Gemeinschaften. So ist es nicht verwunderlich, dass die Hospizbewegung christliche Wurzeln hat. Die ganzheitliche Pflege Sterbender in der Gemeinschaft von Pflegenden und Gepflegten beruht auf grundlegenden christlichen Prinzipien wie der Aufrechterhaltung der Würde des Sterbenden, seiner Wahlfreiheit und dem Respekt vor ihm im Kontext einer praktizierten Mitmenschlichkeit. Im Zentrum der Hospizbewegung steht deshalb der Sterbende mit seinen Bedürfnissen, die nicht durch medizinisch optimal organisierte Betriebsabläufe überlagert werden dürfen (vgl. Schmitz-Scherzer 1994, 558f.). So erhebt Theologie auch die Begleitung Sterbender zur Aufgabe christlicher Barmherzigkeit und Nächstenliebe.

LESEHINWEISE

Auer, Alfons, Geglücktes Altern. Eine theologisch-ethische Ermutigung. Freiburg i.Br. 1995. (Auer 1995)

Baumgartner, Konrad, Alte Menschen. In: Haslinger, Herbert u.a. (Hg.), Handbuch Praktische Theologie Bd. 2: Durchführungen. Mainz 2000, 61–72. (Baumgartner 2000)

Gerling, Vera/Naegele, Gerhard, Alter, alte Menschen. In: Otto, Hans-Uwe/Thiersch, Hans (Hg.), Handbuch Sozialarbeit/Sozialpädagogik. Neuwied ²2001, 30–40. (Gerling/Naegele 2001)

Lehr, Ursula, Psychologie des Alterns. Wiebelsheim [10]2003. (Lehr 2003)

III. Spezifische soziale Dienste

1. Umkehr und Resozialisierung
Theologische Perspektiven in der Straffälligenhilfe

Hermann Deisenberger

SUMMARY

Gefängnisse bieten als totale Institutionen nur beschränkt den Raum zur ›Besserung‹ Straffälliger, sondern entlassen diese vielmehr durch ihr Regime von Ordnung und Reglementierung mit der Hypothek der Lebensuntüchtigkeit. Theologische Zugänge zum Feld der Straffälligenhilfe bagatellisieren keineswegs das Handeln von Straftätern. Sie drängen jedoch auf die Differenzierung von Tat und Täter, definieren Selbstbestimmung und Selbstverantwortung als Handlungsziele, drängen im Rückblick auf biblische Gerechtigkeitsvorstellungen auf Versöhnung und Wiedergutmachung statt Vergeltung.

Straffälligenhilfe umfasst sowohl soziale Hilfe in Justizvollzugsanstalten als auch Entlassenenhilfe. Erstere ist fast ausschließlich in staatlicher Trägerschaft, während letztere auf eine Vielzahl von Trägern verteilt ist. In der Praxis der Straffälligenhilfe lässt sich in den letzten Jahren eine »zunehmende Armut« beobachten (vgl. Nickolai u.a. 1996, 99). In der Untersuchungshaft, in den Justizvollzugsanstalten, unter den Haftentlassenen, bei den Bewährungshilfeprobanden und unter den Klienten der freien Straffälligenhilfe befindet sich ein extrem hoher Anteil von Menschen mit geringer beruflicher Qualifikation, vielfach wohnungslos, mit im Vergleich zur »Normalbevölkerung« weniger familiären Bindungen und höheren

Schulden usw. (vgl. Cornel 1996, 39ff.). Kriminalität ist zudem vor allem ein männliches Phänomen. 95% der zu einer Haftstrafe verurteilten Menschen sind Männer.

Der Strafvollzug

Vorrang von Sicherheit, Ruhe und Ordnung

Blickt man ins Gesetz, so geht es im Strafvollzug um Strafen und Bessern, um Resozialisieren und um sicheres Verwahren der Rechtsbrecher. Sicherheitsfragen haben im Strafvollzug Priorität. Sie können mühelos wichtige pädagogische und therapeutische Maßnahmen außer Kraft setzen. Sicherheit und Resozialisierung stellen widersprüchliche Grundanforderungen dar (vgl. Mührel, 2001, 1844). Was macht eine Institution um diesem Dilemma zu entgehen? Sie sucht sich eine neue, für sie handhabbare Grundanforderung, und die Lösung heißt: Ruhe und Ordnung.
Sicherheit, Ruhe und Ordnung sind verwandte Wertvorstellungen, sie gehören berufsideologisch zusammen: das eine tritt selten ohne das andere auf. Es gibt auch einen praktischen Zusammenhang. Sicherheit ist am ehesten zu gewährleisten in einem geordneten Regelmaß, sei dies nun räumlich und zeitlich. So gehorcht der Alltag in Justizvollzugsanstalten der formalen Idee von Sicherheit, Ruhe und Ordnung.

Das Gefängnis als totale Institution

Ungeachtet aller Reformen ist der Strafvollzug, zumindest was den geschlossenen Vollzug anbelangt, weiterhin eine klassische totale Institution (vgl. Mührel 2001, 1842). So sind die Strafvollzugsanstalten vom gesellschaftlichen Leben mehr oder weniger abgeschlossene Lebensräume, gekennzeichnet durch ein autoritäres System, einen streng geregelten Tagesablauf und das Zusammengeschlossensein vieler »Schicksalsgenossen«. Ein weiteres Kennzeichen ist die Differenz zwischen Insassen und Personal, verbunden mit einem eindeutigen Machtgefälle, das unumkehrbar ist. Total ist das Gefängnis auch in dem Sinne, dass der Gefangene einer gänzlichen Kontrolle unterliegt. Dieses System zwingt seinen Insassen eine von den bisherigen Gewohnheiten vollkommen abweichende Lebensweise auf. Was diese Situation für Insassen bedeutet, ist kaum nachvollziehbar. So wird die Gefängniszeit als »verlorene Zeit«, als »leere Zeit« als »bleierne Zeit« beschrieben.
Bis vor etwa zwanzig Jahren war der Besitz einer Armbanduhr in den österreichischen Gefängnissen verboten: eine konsequente Anordnung, da die Gefangenen

nicht über ihre Zeit verfügen können. Das Gefängnis bestimmt, wann Gefangene aufzustehen haben, frühstücken, wann und wie lange sie arbeiten, wann sie Mittag essen, wann sie spazieren gehen, Sport betreiben, duschen, wann sie Wäsche tauschen usw. Das Leben ist bis ins Detail für die Gefangenen reglementiert. Die Teilnahme am Vollzugsgeschehen ist als Unterwerfungsritual, als Anpassungsleistung an das Gefängnis zu deuten. Hier liegt einer der Gründe, wieso das Gefängnis als »Besserungsanstalt« so wenig erfolgreich ist. Sich bessern, nicht gebessert zu werden, würde selbstverantwortliches Handeln voraussetzen. Die perfekte Gefängnisanpassung bedeutet Lebensuntüchtigkeit (Gefängnissprichwort: »Er war ein guter Gefangener, er kommt wieder«). »Es gibt Hinweise, dass eine völlige Anpassung in der Haft gar mit einem höheren Rückfallrisiko verbunden ist als ein mittleres Maß an Renitenz« (Matt 2003, 502).

Rechte des Gefangenen

Der Gefangene ist im Gefängnis ein Objekt, über das verfügt wird, das der Macht und Gewalt der Institution unterworfen ist, das selbst aber außer dem Recht auf nachträgliche Beschwerden keinerlei Handlungsspielräume hat. Der Strafvollzug fordert strikt passive Anpassung des Inhaftierten, er duldet keine Form der aktiven Mitgestaltung durch den Gefangenen. Das drückt sich auch in der Sprache der Justizbeamten aus. Der Beamte bringt den Gefangenen »unter Verschluss«, er »bringt« ihn zu einer medizinischen Untersuchung, er »duscht« den Gefangenen, er »zieht ihn um«. Wie diese Beispiele veranschaulichen, findet eine deutliche Subjektverschiebung statt. Zwar duscht der Gefangene selbst, er zieht sich auch selbst an, doch in der Sprache tritt der Beamte häufig als Subjekt dieser Handlungen auf.

Schwierige Rahmenbedingungen

Die Arbeitsbedingungen für die Beamten und die Haftbedingungen für die Gefangenen werden immer angespannter. Mehrere Faktoren sind dafür verantwortlich:

- Die markante Steigerung der Häftlingszahlen führt in einzelnen Gefängnissen zu Überbelegungen in den Haftträumen.
- Die Zahl der Süchtigen in den Justizvollzugsanstalten steigt stetig an.
- Die Zahl der ausländischen Gefangenen ist sprunghaft angewachsen. Diese interkulturelle Situation ist eine kaum zu bewältigende Herausforderung. Die Justizvollzugsbeamten stoßen schnell an sprachliche Grenzen.
- Der Reformdruck der Politik auf die Justizvollzugsanstalten hat zugenommen, und gleichzeitig ist der Einsparungsdruck ebenso erhöht worden.

Dass unter diesen Rahmenbedingungen ein geregelter Strafvollzug auf hohem sozialem Niveau nur schwer möglich ist, wird wohl niemand bezweifeln. Dazu fehlt in vielen Anstalten therapeutisches, sozialpädagogisches und seelsorgliches Personal.

Die Situation der Haftentlassung

»Nach der Haft beginnt die eigentliche Strafe!« Diese Aussage eines Rückfalltäters ist unter den Inhaftierten ein geflügeltes Wort geworden. Der Haftentlassene kommt aus einer Situation der Totalversorgung in eine Freiheit, die vielfache Unsicherheit bedeutet. Er hat oft gute Vorsätze, aber häufig unrealistische Pläne. Einerseits ist er freudig erregt und voll Tatendrang, zum anderen prägen Ängstlichkeit, Anspannung und übertriebene Empfindlichkeit seine Gefühlslage.
Die Einrichtungen der Entlassenenhilfe (staatliche wie jene in freier Trägerschaft) sind überwiegend damit beschäftigt, die schädlichen Auswirkungen der Haft zu kompensieren. Während die Beschaffung von Wohnung und Arbeit vor 15 Jahren eher ein Nebenprodukt der psychosozialen Beratung Straffälliger darstellte, bilden existenzsichernde Maßnahmen inzwischen den Hauptteil der Entlassenenhilfe. Klassische Konzepte, die unter Anwendung therapeutischer und/oder pädagogischer Methoden »nur« auf eine Persönlichkeitsveränderung der Betroffenen hinzielen, laufen angesichts der materiellen und sozialen Notsituationen Straffälliger ins Leere. So ist es nicht verwunderlich, dass die Rückfallquote der Probanden der Bewährungshilfe bei 40% und insgesamt höher als 50% ist. Die Institution Strafvollzug zeigt sich nahezu unberührt von diesen hohen Rückfallziffern. Für sie beweist dies die Hartnäckigkeit der Verbrecher und die Notwendigkeit der Strafe.

Theologische Perspektiven

Im Bereich der Straffälligenhilfe sind die Kirchen sowohl durch Gefängnisseelsorge als auch durch Haftentlassungsprojekte und Initiativen Ehrenamtlicher vertreten. Deren Praxis sozialer Arbeit ist lang tradiert und wird durch Reflexion und Kooperation weiterentwickelt. Die folgenden vier theologischen Entwürfe zeigen exemplarisch Perspektiven für den Bereich der Straffälligenhilfe auf. Sie wurden zum Teil direkt von Gefängnisseelsorgern entwickelt, zum Teil stammen sie aus der Auseinandersetzung an Theologischen Fakultäten mit den seelsorglichen Erfahrungen vor Ort.

Anwaltschaft für die personale Würde

Das Gefängnis ist auch ein Spiegel der Gesellschaft. Der gesellschaftliche Umgang mit straffällig gewordenen Menschen zeigt jenes Menschenbild, das in der jeweiligen Gesellschaft leitend ist. Man kann diesen Zusammenhang in dem Motto zusammenfassen: Sag mir, wie du mit straffällig gewordenen Menschen umgehst und was du unter Strafe verstehst, und ich sage dir, was du vom Menschen hältst (vgl. Koch 1989, 276).

Das Gefängnis ist jener Ort, wo eine Differenzierung zwischen Tat und Täter nicht geschieht. Täglich aufs Neue bekommt der Inhaftierte zu spüren, dass er ein Rechtsbrecher ist und dafür büßen muss. Christliche Ethik hingegen betrachtet den Menschen nie einäugig, sondern immer mit zwei Augen. Einerseits rechnet sie beim Menschen ganz realistisch mit Vergehen und Schuld, andererseits legt sie ihn nicht auf seine Schuld und sein Vergehen fest, sondern glaubt, dass der Straftäter zur Einsicht in sein schuldhaftes Handeln kommt und in der Folge auch zur Umkehr bereit ist. Gleichzeitig ist aus Sicht christlicher Ethik die Bereitschaft der Gesellschaft zur Versöhnung geboten und dies immer wieder (vgl. Mt 18,22).

Es geht also um die fundamentale Unterscheidung im Menschsein des Menschen zwischen seinem Personsein und seinem Tätersein. Augustinus meint, man solle das Böse, die böse Tat hassen, den Menschen aber, der diese böse Tat begangen hat, lieben. Aus dieser Argumentation einerseits und der jesuanischen Praxis gegenüber Randgruppen und Außenseitern der Gesellschaft andererseits leiten viele Gefangenenseelsorger ihr Konzept der Anwaltschaft für die unzerstörbare Würde des Menschen ab. Es geht um ein menschliches Ernstnehmen, was auch immer gewesen sein mag. Der Mensch verliert nie seine Würde.

Selbstbestimmung

Der Pastoraltheologe Manfred Josuttis hat ein bemerkenswertes Konzept der Gefängnisseelsorge entwickelt (Josuttis 1991, 1–14). Ziel seelsorglichen Handelns im Strafvollzug ist für ihn Selbstbestimmung. Die Paradoxie dieser Zielsetzung enthält grundlegende Spannungen: Es geht erstens um das Verhältnis Individuum und Institution. Welche Chancen bleiben Individuen gegenüber den Zwängen einer totalen Institution? Damit hängt zweitens auch das Verhältnis von Fixierung und Wachstum zusammen: Welche Chancen bleiben dem Gefangenen in seiner fremdbestimmten Lebenssituation für inneres Wachstum? Josuttis nimmt den Kontext seelsorglichen Handelns im Gefängnis sehr ernst und beleuchtet in einem ersten Schritt das Phänomen »Fremdbestimmung« soziologisch, psychologisch und theologisch.

In einem zweiten Schritt lotet Josuttis theologisch die Chancen der Selbstbestimmung räumlich und zeitlich aus. Bemerkenswert radikal antwortet er auf die Inhaftierung als räumliche und zeitliche Einschränkung bzw. Fremdbestimmung. Er nennt seine Strategie »die Macht des Heiligen und die drei Räume und Zeiten«. Alle Personen, Bedienstete wie Insassen leben a) in der offiziellen Lebenswelt des Gefängnisses b) in einer inoffiziellen, in der privaten Lebenswelt des Milieus und c) in der privaten Lebenswelt der Individuen. Josuttis kommt zu dem Schluss, wenn Seelsorge in dieser differenzierten Lebenswelt der totalen Institution »die Macht des Heiligen« vertreten soll, so kann sie das nur auf der Basis einer grundsätzlichen Distanz zu diesen drei beschriebenen Räumen tun. D.h. Seelsorge kann sich nicht zur Erfüllungsgehilfin staatlicher Ziele machen, sie kann sich aber auch nicht einseitig als Anwältin für ein bestimmtes Milieu definieren, und sie kann sich nicht nur mit dem Innenleben der Gefangenen seelsorglich auseinander setzen.

Selbstbestimmung als Selbstdefinition erfolgt zunächst in der Gegenwart: ein Akzeptieren des Faktums, jetzt im Gefängnis zu sein. Selbstbestimmung bedeutet auch einen Rückgriff auf die Vergangenheit: in der Annahme der persönlichen Schuld. Selbstbestimmung geschieht drittens auch im Vorgriff auf die Zukunft. Seelsorge aus der Macht des Heiligen wird im Blick auf die Zukunft, auf die Zeit nach der Haft, dem Realitätsprinzip treu bleiben. Der Gefangene muss mit der Antinomie leben, seine Strafe gesellschaftlich gesühnt zu haben und trotzdem als Strafentlassener Sündenbock zu bleiben, auf dem viele Vorurteile abgeladen werden. Selbstbestimmung heißt demnach: Zukunftshoffnung ohne Illusionen. In einem Satz fasst Josuttis nochmals Selbstbestimmung in der Gefängnisseelsorge zusammen. »Aus der Kraft des Heiligen fließt die Bejahung des eigenen beschädigten Lebens« (Josuttis 1991, 14).

Selbstverantwortung

Straffällig gewordene Menschen haben in ihrer Kindheit oft nichts anderes kennen gelernt als Gewalt und Betrug. Ihnen fehlen Erfahrungen von Gehaltensein, Förderung ihrer Begabung und Sinngebung. Anstelle eines reifen Gewissens, das Schuld erkennt, Vergebung annehmen und Veränderung ins Auge fassen kann, sind sie oft einem Schwarz-Weiß-/Freund-Feind-Schema verhaftet, voller Projektionen und realitätsferner Träume (vgl. Rauchfleisch 1991, 82ff.).

Trotz dieser psychischen Determinationen und trotz der Enge des Gefängnisses als rigider Strafinstitution sind die Strafgefangenen verantwortlich für ihre Taten. Trotz all dieser Bedingtheiten ihrer Freiheit sind sie »Täter ihrer Tat«. Gefangenenseelsorge ist so gesehen eine »Täterpastoral«, die aber die Perspektive der

Opferrolle des Täters – in der Kindheit und im Gefängnis – beachtet, zulässt und in einem behutsamen und langsamen Gesprächsprozess relativiert. Die seelsorgliche Begleitung der straffällig gewordenen Menschen bedeutet Ohnmacht zu erleben, ratlos zu sein, zu schweigen, nicht vorschnell von der Vergebung zu reden, sondern zu versuchen, die Schwere der Schuld auszuhalten um der Gotteserfahrung Raum zu geben. Nach gesellschaftlichen Maßstäben ist das Leben gescheitert. Die Tatsache, dass die Grenze zum Menschsein dazugehört, darf aber nicht zu einer Fixierung auf diese Grenze führen. Gefangenenseelsorge ist transzendierend, immer wieder auch diese Grenze überschreitend.

Jenseits der Strafjustiz

Eine freie Straffälligenhilfe, die zu Recht dieses Attribut besitzt, kann die sozial- und justizpolitischen Gegebenheiten nicht kritiklos stehen lassen. Eine freie Straffälligenhilfe wird aktiv Gegenstrategien und Gegenangebote zu den freiheitsentziehenden Maßnahmen der Justiz entwickeln.
Der holländische Kriminologe Hermann Bianchi hat ein alternatives Modell des Rechtsdenkens auf der Grundlage des biblischen Gerechtigkeitsdenkens (Zedaka-Modell) geschaffen (vgl. Bianchi 1988). Die biblische Gerechtigkeit kennt sehr wohl auch Strafe, sieht aber Strafe nur als Mittel zum Zweck. Gericht und Strafe dienen pädagogischen oder therapeutischen Zielen, letztlich immer dem religiösen Ziel der Versöhnung, der Integration, dem Heil des Sünders. Versöhnung meint aber nicht nur Gerechtigkeit zwischen Gott und Menschen, sondern auch Gerechtigkeit unter den Menschen. Versöhnung ist ein Akt der Umkehr, kein passives Erleiden. Gerechtigkeit wird damit hergestellt in Form von Versöhnungsgesprächen, Schlichtungsbemühen und Wiedergutmachung. Die immer noch auf Strafe und Vergeltung setzende Rechtspraxis sollte demnach möglichst weitgehend vom biblischen Gerechtigkeitsdenken abgelöst werden. Bianchi fordert: »Man sollte zunächst daran arbeiten, das staatliche Monopol der Behandlung der Kriminalität aufzuheben. Der Staat wird sich daran gewöhnen müssen, dass dann, wenn Bürger selbst zu einer zufrieden stellenden Lösung von Konflikten gefunden haben, der Staat das Recht auf Strafverfolgung verliert, dann haben wir ein gutes Stück in der richtigen Richtung zurückgelegt« (Bianchi 1988, 171).
In Österreich wurde bereits 1987 im Rahmen der Diversion der außergerichtliche Tatausgleich für Jugendliche eingeführt. Der Erfolg war so groß, dass bereits fünf Jahre später der außergerichtliche Tatausgleich auch bei Erwachsenen in modifizierter Form beschlossen wurde. Diesen innovativen und humanen Reformansatz gilt es konsequent weiterzuentwickeln. Da die justizpolitische Großwetterlage verstärkt auf Abschreckung und Strafe setzt, sind gerade die christlichen Kirchen

herausgefordert, professionelle Öffentlichkeitsarbeit nach dem Motto »Information und Aufklärung ist besser als Diskriminierung« zu leisten. Zum Abschluss sei Kardinal Carlo M. Martini zitiert: »Repressive Systeme bessern den Schuldigen nicht, sie wecken im Gegenteil die niedrigsten Instinkte des Menschen: Aggressivität und Zorn, Hass und Rache, Verrat und Betrug, Gewalt und Unbarmherzigkeit. Durch äußere Gewalt auferlegte Strafe, auch wenn sie gesetzeskonform ist, aber vermeidbar gewesen ist, kann kaum ein Mensch gebessert werden« (Martini 1987, 7).

Ausblick

Die gegenwärtige Situation der Straffälligenhilfe ist sicherlich ernüchternd und lässt scheinbar wenig Hoffnung auf humane Weiterentwicklung zu. Für die Zukunft sehe ich zwei Herausforderungen:
Eine erste ist die Professionalisierung der Sozialen Arbeit in der Straffälligenhilfe. Es gilt, dass Mitarbeiter und Mitarbeiterinnen verschiedener Ausbildungen und Aufgaben gemeinsam Arbeitsgrundsätze und fachliche Standards erarbeiten. Die unterschiedlichen Sichtweisen des Wachepersonals, der Sozialarbeit, der Psychologie, der Seelsorge und der Pädagogik sind als Chance für eine ganzheitlichere Betrachtungsweise zu nützen. In einer verstärkten Vernetzung dieser verschiedenen Professionen liegt ein großes Entwicklungspotenzial.
Eine zweite Herausforderung liegt in einer gezielten und offensiven Öffentlichkeitsarbeit. Eine breit angelegte Werbekampagne nach dem Motto »Information und Aufklärung ist besser als Diskriminierung« erscheint mir erfolgsversprechend. Eine solche Initiative ist auch auf dem Hintergrund der in Amerika propagierten Devise »Zero tolerance« – null Toleranz gegenüber Rechtsbrechern –, die in Europa immer mehr salonfähig wird, höchst angebracht.

LESEHINWEISE
Deisenberger, Hermann, Schuld und Gewissen bei Dissozialen (Praktische Theologie im Dialog Bd. 13). Fribourg1996. (Deisenberger 1996)
Rat der evangelischen Kirche Deutschlands, Strafe: Tor zur Versöhnung? Eine Denkschrift der Evangelischen Kirche in Deutschland zum Strafvollzug. Gütersloh 1990. (Rat EKD 1990)
Rauchfleisch, Udo, Begleitung und Therapie straffälliger Menschen. Mainz 1991. (Rauchfleisch 1991)
Rollny, Dietmar, Pastoraler Dienst am straffälligen Menschen (Erfahrung und Theologie Bd. 12). Frankfurt am Main 1986. (Rollny 1986)
Stubbe, Ellen, Seelsorge im Strafvollzug. Historische, psychoanalytische und theologische Ansätze (Arbeiten zur Pastoraltheologie Bd. 15). Göttingen 1978. (Stubbe 1978)

2. Gastfreundschaft und Integration

Theologische Perspektiven in der Migrationsarbeit

Albert-Peter Rethmann

SUMMARY

Wie viele Zuwanderer verträgt unsere Gesellschaft, wird in vielen europäischen Staaten zunehmend gefragt. Der Umgang mit Migranten steht in der Spannung zwischen dem souveränen Recht der Staaten, Regeln für die Zuwanderung zu formulieren, und dem Anspruch, die Würde aller Menschen zu achten, aus christlicher Sicht zwischen der Universalität des Liebesgebots und der Begrenztheit seiner Einlösbarkeit. Wenn Menschen zugewandert sind, worauf im Fall von politischer Verfolgung ein Rechtsanspruch bestehen kann, dann gelten für sie gemäß dem Geist des Evangeliums die gleichen Gerechtigkeitskriterien wie für die einheimische Bevölkerung.

Beginnend mit dem Jahr 1955 gab es bis zum Jahre 1973 eine aktive Arbeitsmarktpolitik der Bundesrepublik Deutschland in Form der systematischen Anwerbung ausländischer Arbeiter aus den wirtschaftlich schwächeren und ärmeren Ländern der EWG und der Türkei (Anwerbevereinbarungen mit Italien 1955, Spanien und Griechenland 1960, Türkei 1961, Marokko 1963, Portugal 1964, Tunesien 1965, Jugoslawien 1968). Seit den 1990er-Jahren steht in Deutschland angesichts bis dahin ungewohnt hoher Asylbewerberzahlen und der verstärkten Zuwanderung von Aus- und Übersiedlern die Frage im Vordergrund: Wie viele Zuwanderer erträgt die deutsche Gesellschaft?

Inzwischen haben die politisch Verantwortlichen mehr oder weniger eingesehen, dass wir uns in allen europäischen Gesellschaften auf das Zusammenleben von Einheimischen und Zuwanderern einstellen müssen. Und das ist nicht nur ein Nachteil für die betreffenden Länder, im Gegenteil! Es kommt aber darauf an, wie wir das Zusammenleben und die gegenseitige Integration von Einheimischen und Zuwanderern gestalten. Das Zusammenleben von Einheimischen und Zuwanderern gelingt oder misslingt nicht automatisch, sondern hängt von Rahmenbedingungen ab – und von der Bereitschaft beider Seiten, aufeinander zuzugehen.

Anhand der drei Indikatoren Aufenthaltsstatus, Schulbildung und Beschäftigungsgrad zeigt der jährliche Bericht der Ausländerbeauftragten der Bundesregierung seit Jahren auf, dass die Integration von Zuwanderern in Deutschland noch große Defizite aufweist. Von gleichen Lebensverhältnissen für alle dauerhaft in Deutschland lebenden Menschen sind wir noch weit entfernt.

Die staatliche Souveränität und ihre Grenzen

Jedes Land hat im Prinzip das Recht, über begrenzte Einwanderung frei zu beschließen, z.B. auf der Basis von Quoten. Damit ist allerdings nicht gesagt, dass diese Beschlüsse der politisch Verantwortlichen auch schon richtig sind. Vielmehr dürfen und müssen die Zulassungskriterien unter moralischen, politischen und sachlichen Gesichtspunkten auf ihre Richtigkeit und Angemessenheit hin überprüft werden. Dabei werden die Bürger des Aufnahmelandes die Kriterienfrage vom Verständnis ihres eigenen Landes her diskutieren.

Gerade hier kommt den Christen und christlichen Kirchen eine besondere Verantwortung zu, wenn sie sich mit ihren Überzeugungen und Erfahrungen in den gesellschaftlichen Diskurs einbringen. Aus schöpfungstheologischer Sicht hat das Verständnis der Einheit der Welt Vorrang vor ihrer Einteilung in Nationalstaaten. Darauf hat der spanische Dominikanertheologe Francisco de Vitoria bereits im 16. Jahrhundert im Rahmen von Überlegungen zu ethischen Prinzipien der Migrationspolitik in seinen Relectiones de Indis hingewiesen (vgl. Justenhofen 1991). Neben der – damals keineswegs unhinterfragten – grundlegenden Überzeugung der Gleichberechtigung aller Menschen und Völker diente Vitoria die Auffassung von einer alle Völker umgreifenden Gemeinschaft (»totus orbis«) als Prinzip, von dem her er sein Recht auf Aus- und Einwanderung ableitete. Ausgangspunkt seiner Überlegungen ist die Überzeugung, dass am Anfang der Welt alle Dinge allen gemeinsam waren. Jedem sei es erlaubt gewesen, überall hinzugehen und sich dort niederzulassen.

Auch im 21. Jahrhundert können nationale Abgrenzung und Ausgrenzung nicht das einzige Anliegen einer zukunftsorientierten Migrationspolitik sein. Es ist eine Illusion zu meinen, Länder könnten sich als Inseln in einer sich um sie herum bewegenden aufgewühlten Welt von dieser abschotten. Für die Formulierung angemessener migrationspolitischer Regeln scheint deshalb in erster Linie eine weitreichende Bewusstseinsänderung in Bezug auf die Tatsache notwendig, dass inzwischen jedes Land in internationalen Zusammenhängen kommuniziert und eine Ordnung ethnisch einheitlicher Nationalstaaten eine Illusion des 19. Jahrhunderts geworden ist.

Dennoch hat eine Weltordnung mit souveränen Staaten gewisse pragmatische Vorteile. So lassen sich wichtige Probleme wie die Fragen distributiver Gerechtigkeit in den Bereichen Bildung, Sozialfürsorge etc. am besten im Rahmen abgegrenzter geographischer Einheiten lösen. Allerdings steht die ethische Frage im Raum, ob ein Gemeinwesen Menschen, die unter Armut und Not leiden, von der Zuwanderung in ihr Territorium legitimerweise abhalten kann. Im Unterschied zu dem Fall der individuellen Verpflichtung zur Nothilfe handelt es sich hier um ein politisch-strukturelles Problem. Es betrifft die Mitglieder des Gemeinwesens als ganze. Bei der Beurteilung einer möglichen Verpflichtung, Zuwanderung von Bevölkerungsgruppen ärmerer Länder zuzulassen, geht es um die verteilbaren Güter (Arbeit, Wohnraum, Bildungsmöglichkeiten etc.). Wie in Fragen der zwischenmenschlichen Moral gilt auch hier grundsätzlich das Prinzip »ultra posse nemo tenetur – niemand ist über seine Möglichkeiten hinaus zum Handeln verpflichtet«. Dabei ist jedoch zu beachten, dass politische Gemeinschaften zwingender zur wechselseitigen Hilfeleistung aufgefordert sind als Privatpersonen. Im Fall der Aufnahme von Fremden ist die Nähe zu ihnen bei weitem nicht so groß wie im Fall der Aufnahme in einen Verein oder die Zugehörigkeit zu einer Familie. Darüber hinaus ist es zudem zweifelhaft, ob überhaupt eine eindeutige Grenze der Aufnahmemöglichkeiten festlegbar ist bzw. wieweit die Verpflichtung besteht, vom eigenen Reichtum und den Grundlagen der eigenen materiellen Absicherung abzugeben. Benötigt werden sozialethisch verantwortete Kriterien für eine entsprechende Migrationspolitik.

In diesem Zusammenhang sei auf ein Argument hingewiesen, das wir schon beim Kirchenlehrer Augustinus und in einem Augustinuskommentar bei Thomas von Aquin finden. Auf der einen Seite weisen die christlichen Autoren auf die prinzipielle Unbegrenztheit (Universalität) des Liebesgebotes hin, das alle Menschen umfasst. Auf der anderen Seite ist es einem Menschen aufgrund der Begrenztheit von Zeit und Mobilität sowie aufgrund der Knappheit der sächlichen und finanziellen Mittel unmöglich, alle Menschen gleichzeitig und in gleichem Maß zu lieben. Liebe meint hier natürlich nicht emotionale Zuwendung, sondern den tätigen Willen einem jeden das zukommen zu lassen, was ihm zusteht. Der Mensch braucht also Vorzugsregeln, wem seine Liebe zunächst und wem sie erst sekundär zukommen soll. Erst diese Differenzierung und Unterscheidung ermöglicht die Einlösung des ethischen Anspruchs des Liebesgebots. Wie soll nun diese Unterscheidung erfolgen? Augustinus antwortet auf diese Frage folgendermaßen und Thomas greift seine Antwort auf: »Alle Menschen sind in gleicher Weise zu lieben. Da man aber nicht für jedermann sorgen kann, so muss man vornehmlich für jene Sorge tragen, die einem durch die Verhältnisse des Ortes, der Zeit oder irgendwelcher anderer Umstände gleichsam durch das Schicksal näher verbunden sind« (Augustinus, De doctrina Christiana I c.28; vgl. Thomas von Aquin, Summa Theologica II-II q.26 a.6).

Allerdings ist hier Vorsicht geboten. Der Anspruch der Universalität des Liebesgebotes bleibt bestehen! Der Mensch darf nicht so tun, als ob es die anderen Menschen – auch wenn sie weiter entfernt leben – nicht gäbe. Der Universalitätsanspruch des Liebesgebotes ist sozusagen der kritische Stachel, immer wieder danach zu fragen, wie auch die Situation derer verbessert werden kann, die nicht direkt in die Face-to-face-Zuständigkeit fallen. Dies betrifft nicht zuletzt auch die Struktur der Beziehungen über Gruppen- und Staatsgrenzen hinweg, z.B. in Form des internationalen Handels, dessen Regeln oder dessen Ungeregeltheit Gerechtigkeit fördern oder behindern bzw. verhindern kann. Das Liebesgebot will Egoismus, auch Gruppenegoismus und Nationalismus durchbrechen. Die Berechtigung staatlicher Souveränität in der Einwanderungspolitik darf nicht dazu führen, die Universalität des Anspruchs auf Achtung der Würde jedes Menschen, gerade des Menschen in Not, beziehungsweise – christlich gesprochen – die Universalität des Liebesgebotes zu domestizieren. Die hoffnungslose Situation von Menschen in einer großen Anzahl von Ländern Afrikas, Asiens und Lateinamerikas bleibt eine grundsätzliche Anfrage an die Handels-, Friedens- und Entwicklungspolitik der reichen und mächtigen Staaten. Auch wenn sich die Fragen von Armut und Unterentwicklung nicht im Rahmen der Migrationspolitik lösen lassen, ist der zunehmende Migrationsdruck auf die reichen Länder ein Signal für dringenden Handlungsbedarf auf vielen Politikfeldern.

Wenn Staaten nun Einwanderung zulassen, ist darauf zu achten, dass es sich um einwandernde Menschen handelt, nicht um die Einfuhr von Waren. So ist z.B. bei der Anwerbung von Arbeitskräften für bestimmte Wirtschaftssparten der Anspruch auf Lohngerechtigkeit und Familieneinheit zu beachten. Niedrigstlöhne und Lohndumping, wie wir sie auch in Deutschland in bestimmten Bereichen der Saisonarbeit oder im Dienstleistungsbereich vorfinden, sowie die unzureichende Integration der Familien von Zuwanderern (z.B. im Rahmen der so genannten Greencard) widersprechen dem Prinzip menschenwürdigen Verhaltens.

Grenzen der Souveränität in der Einwanderungspolitik

Unter allen potenziellen Einwanderern nehmen die Flüchtlinge, die in ihrem Heimatland wegen ihrer politischen Meinung oder Religion verfolgt werden, eine besondere Stellung ein. Die Aufnahmeverpflichtung wird deshalb im Allgemeinen im Extremfall politischer Verfolgung als kategorisch verpflichtend angesehen, weil die Betroffenen bei verweigerter Aufnahme getötet, gefoltert oder unterdrückt werden. Augenfällig ist diese Aufnahmeverpflichtung erst recht in solchen

Fällen, in denen der Aufnahmestaat selbst an der Fluchtsituation mitgewirkt hat (vgl. die Vietnamflüchtlinge in die USA nach dem Krieg in Indochina).

An diesem Punkt setzt das Verständnis des Asylrechts als Not-Menschenrecht im Sinne eines subjektiven Anspruchsrechts an. Es geht um das grundlegende Recht, Rechte zu haben. Wenn einem Menschen aufgrund politischer Verfolgung seine grundlegenden Rechte in seinem Herkunftsland verweigert werden, muss ihm ein anderer Staat die Rechte gewähren, auf die er als Mensch einen Anspruch hat. Hier geht es nicht um Bürger- sondern um Menschenrechte.

Die Genfer Flüchtlingskonvention aus dem Jahr 1951 begründet zwar den Individualanspruch auf Asyl noch nicht ausdrücklich, sondern regelt nur die Rechtsstellung des Flüchtlings im Gastland. Das Non-Refoulement-Prinzip bildet aber bereits einen Ansatz für die menschenrechtliche Ausgestaltung des Asylrechts – auch wenn es in seiner vorliegenden Fassung nicht das Recht auf Zugang zum Gebiet des Asyllandes umfasst. Es beinhaltet das Verbot der Rückführung eines Flüchtlings in ein Land, in dem er politische Verfolgung befürchten muss. Die Einigung auf das Refoulement-Verbot in Art. 33 der Genfer Konvention als Souveränitätsbegrenzung des Staates in bestimmten Fällen ist aber de facto schon heute eine prinzipielle Anerkennung des subjektiven Asylrechts, da die Staaten zur Einzelprüfung jedes Asylbegehrens verpflichtet sind und einen Asylantragsteller in definierte Situationen nicht zurückschicken dürfen. Es fehlt allein noch die notwendige politische Entscheidung, die es als solches auch ausdrücklich anerkennt.

Festgehalten kann werden: Die Asylpolitik liegt aus sozialethischer und rechtlicher Sicht nicht auf einer Ebene mit der allgemeinen Einwanderungspolitik, denn der Schutz für ungerecht Verfolgte gilt kategorisch. Der Asylgewährung für politische Flüchtlinge kommt strenge Priorität zu. Hier kann ein Staat nicht wählen, sondern er ist zur Aufnahme verpflichtet. Wer aufgrund politischer Verfolgung nicht in seinem Heimatland bleiben kann, hat einen Anspruch darauf, nicht abgeschoben zu werden. Daraus leitet sich aus ethischer Sicht auch ein Anspruch darauf ab, im Aufnahmeland das Angebot der Integration zu erfahren. Zudem liegt es im Eigeninteresse des Aufnahmelandes, die Aufgenommenen möglichst schnell (wirtschaftlich und gesellschaftlich) zu integrieren.

Wenn ein Zuwanderer – mit welchem rechtmäßigen Aufenthaltsstatus auch immer – sich länger in einem Land aufhält, entsteht durch die Dauer des Aufenthalts ein menschenrechtsanaloger Anspruch auf Einbürgerung und umfassende Integration. Kurz formuliert können wir sagen: Zeit schafft Recht (vgl. Winkler 1995). Menschen sind kein Material, das von einem Ort an einen anderen geschoben werden kann. Menschen haben Geschichte und verwurzeln sich an dem Ort, an dem sie leben.

Ebenso sind sie soziale Wesen und leben nicht als Monaden, sondern in Beziehungen. Zu den Beziehungen, die das Menschsein des Menschen wesentlich prägen, zählt die Familie. Deshalb gehört es seit langem zu den Forderungen christlicher Ethik (vgl. Der ausländische Arbeitnehmer 1976), mit der Einreiseerlaubnis immer auch das Zusammensein von Ehepartnern, von Kindern und Eltern zu ermöglichen. Mit dem Recht auf Familieneinheit (und dem Arbeitsrecht auch des Ehepartners) ist ein grundsätzlicher Anspruch auf menschenwürdiges Leben formuliert. Hier kann ein Staat nicht einfach auf sein Recht verweisen, Einwanderungspolitik souverän zu gestalten. Hier ist der Staat an grundlegende ethische Regeln – über das Asylrecht hinaus – gebunden.

Es gibt immer wieder Fälle, in denen die geltenden gesetzlichen Bestimmungen nicht zu einem angemessenen Verhalten gegenüber Menschen in akuter Not führen. Die Möglichkeit der Gewährung des Status eines Bürgerkriegsflüchtlings geht in die richtige Richtung. Es muss möglich sein, flexibel auf nicht erwartete Notsituationen zu reagieren, z.B. mit Kontingentregelungen oder großzügiger Gewährung eines legalen Aufenthaltstitels an Einzelne.

Ethische Anforderungen an die Integration von Zuwanderern

Mit der Aufnahme von Zuwanderern ist direkt auch die schwierige Frage nach ihrer Integration in die Aufnahmegesellschaft gestellt. Ethik erinnert dabei an die berechtigten Interessen aller Beteiligten und Betroffenen im politischen Prozess, wobei sie sich zum Advokaten jener macht, deren Stimme überhört zu werden droht. Christliche Ethik erinnert zudem an die für heutiges Handeln relevanten, kritisch-stimulativen Erfahrungen gelungenen Lebens, die in der Tradition der eigenen Glaubensgemeinschaft zu finden sind.

In den alttestamentlichen Gesetzen ist das grundsätzliche Anliegen zu erkennen, den Fremden (ger) in die einheimische Gesellschaft zu integrieren – und zwar, was zunächst überraschen mag, über das Leben und Feiern der Familie (vgl. Dtn 16,11; 14,28f.). Diejenigen, die miteinander religiöse Feste und Familienfeste feiern, so die Erfahrung, wachsen auch menschlich zusammen. Die Menschen im Alten Israel wussten, dass erst durch ein solches menschlich-alltägliches Miteinander die rechtlichen Regelungen, die nur einen Rahmen für die Integration bieten, auch inhaltlich gefüllt werden können. Der alttestamentliche Drang, auch rechtlich zu fixieren, was als richtig erkannt wurde, führte dazu, dass der Zuwanderer dem Einheimischen dann auch rechtlich zunehmend gleichgestellt wurde. Im Alten Testament bleibt aber noch eine eigenartige Spannung zwischen dem universalistischen Ideal der Öffnung Israels für Fremde und einem »De-facto-Partikularismus«: Der Migrant wurde immer noch als Fremder verstanden im Unterschied zum Bruder, der zum eigenen Volk gehört.

Die Verheißung des Neuen Testaments weckt die Erwartung, dass »in der Fülle der Zeiten« (Eph 1,10) eine neue Gesellschaft entsteht, die von universaler Geschwisterlichkeit geprägt ist. Für die frühen christlichen Gemeinden ist dann das Ethnische auch kein Definitions- oder Identitätselement mehr. Weil sich alle als Schwestern und Brüder verbunden fühlen, definieren sich Christen nicht zuerst als Römer, Griechen, Perser ... – mit anderen Worten: als Deutsche, Türken, Italiener, Griechen ... – das Neue Testament entgrenzt die Liebe zum Nächsten grundsätzlich. Die Herkunft soll innerhalb der christlichen Gemeinde gerade kein Kriterium für das Bewusstsein der Zusammengehörigkeit mehr bilden. Insofern versteht sich die junge christliche Gemeinde als Avantgarde für eine insgesamt neue Sicht der Welt und ihrer Völker.

Wenn wir akzeptieren, dass ein großer Teil der Zuwanderer zu bleibenden Mitgliedern unserer Gesellschaft geworden ist, und dazu gibt es keine Alternative, müssen gemäß dem Geist des Evangeliums die Gerechtigkeitskriterien, die wir für die einheimische Bevölkerung beanspruchen, auch für die Zuwanderer gelten. Dies bedeutet, dass wir nicht nur an die Zuwanderer Forderungen richten dürfen, sich bereitwilliger in die deutsche Gesellschaft zu integrieren. Vielmehr geht es hierbei um eine *strukturelle* Frage, nämlich um die Frage nach echter Beteiligungsgerechtigkeit. Das Stichwort »Beteiligungsgerechtigkeit« umfasst die politischen Mitwirkungsrechte ebenso wie die wirtschaftlichen Mitbestimmungsrechte und nicht zuletzt den Zugang zu Arbeits- und Beschäftigungsmöglichkeiten, differenzierte Bildungszugänge und eine soziale Mindestsicherung. In diesem Sinn ist dann Partizipation die Voraussetzung für Integration.

Was bedeutet »Integration«?

Kulturelle Integration ist zum einen eine Anpassungsleistung des Zuwanderers. Er muss neben vielem anderen die Sprache lernen, um in Kommunikation mit der Aufnahmegesellschaft treten zu können. Nur so kann er die kulturelle Prägung der Menschen verstehen, mit denen er zusammenlebt, und sich auf sie einstellen. Nur so ist er in der Lage, sich den Werten der Aufnahmegesellschaft zu nähern. Für die kulturelle Identität des Zuwanderers bedeutet diese Begegnung in der Regel ein krisenhaftes Ereignis. Die Selbstdefinition des Zuwanderers kommt durch die Auseinandersetzung mit zunächst fremden kulturellen Codes, Verhaltensweisen und Normen in Bewegung.

Integration ist zum anderen aber auch eine Leistung der Aufnahmegesellschaft, wenn sie sich bemüht, die Pluralisierung der Lebenswelten konstruktiv zu gestalten. Die Leistung der Aufnahmegesellschaft besteht im Idealfall darin, dass sie den

Prozess der Neudefinition der Identität aufseiten des Migranten ermöglicht; dass sie den Zuwanderer in die Lage versetzt, sich schöpferisch und angstfrei mit der neuen Umwelt auseinander zu setzen.

Vielleicht lässt sich der Prozess der zunehmenden Integration bei den türkischen Zuwanderern ganz gut mit Benennungen beschreiben wie »Türken in Deutschland« – das wäre die erste Integrationsphase –, dann: »Deutsch-Türken«, und schließlich wären die angesprochenen Zuwanderer »Deutsche türkischer Herkunft«. Biografien wie die des schwäbisch sprechenden Grünen-Politikers Cem Özdemir spiegeln diesen Prozess. Am – vorläufigen – Ende steht die Identifikation mit der bundesdeutschen Gesellschaft, bei möglicherweise bleibender Differenz z.B. bezüglich der Religionsbindung.

Diese Entwicklung muss aber nicht linear verlaufen. Ende der 1980er- und Anfang der 1990er-Jahre konnte, bedingt u.a. durch verstärktes ausländerfeindliches Verhalten von Teilen der deutschen Bevölkerung, eine »Reethnisierung« festgestellt werden, eine Rückorientierung von bereits weitgehend integrierten Ausländern in die ethnischen Infrastrukturen, die sie schon weitgehend verlassen hatten.

Integration als Aufgabe der Kirche

Integration ist auch eine Aufgabe der Kirche. Eindringlich wirkt in diesem Zusammenhang die Botschaft Johannes Pauls II. (1999). Der Papst schreibt z.B. zum Welttag der Migranten 1999: Der Pfarrgemeinde kommt eine »wesentliche Rolle (zu) ... für die Aufnahme von Fremden, die Integrierung von Getauften verschiedener Kulturen und den Dialog mit den Gläubigen anderer Religionen. Für die Pfarrgemeinde ist das keine freigestellte Aushilfstätigkeit, sondern eine auf ihrer institutionellen Aufgabe begründete Verpflichtung«.

Die Sendung der Kirche und ihr Integrationsauftrag bezieht sich nach Aussage des Papstes aber nicht ausschließlich auf den Binnenkreis der Getauften. »Katholizität kommt nicht nur in der brüderlichen Gemeinschaft der Getauften zum Ausdruck, sondern zeigt sich auch in der gastfreundlichen Aufnahme von Fremden, ungeachtet ihrer Religionszugehörigkeit, in der Ablehnung jeder rassebedingten Ausschließung oder Diskriminierung, und in der Anerkennung der persönlichen Würde jedes Einzelnen sowie dem sich daraus ergebenden Einsatz zur Förderung der unveräußerlichen Rechte.« Das betrifft die Pfarrgemeinden, selbstverständlich aber auch andere – informelle und institutionalisierte – Erscheinungsformen von Kirche, einschließlich kirchlicher Sozialarbeit im Rahmen von Caritas und Diakonie (vgl. Integration fördern 2004).

LESEHINWEISE

Angenendt, Steffen, Migration und Flucht. Aufgaben und Strategien für Deutschland, Europa und die internationale Gemeinschaft. München 1997. (Angenendt 1997)
Bade Klaus J., Deutsche im Ausland – Fremde in Deutschland. Migration in Geschichte und Gegenwart. München 1993. (Bade 1993)
Bade, Klaus J., Europa in Bewegung. Migration vom späten 18. Jahrhundert bis zur Gegenwart. München 2002. (Bade 2002)
Bade, Klaus J./Bommes, Michael/Münz, Rainer, Migrationsreport 2004. Fakten – Analysen – Perspektiven. Frankfurt 2004. (Bade/Bommes/Münz 2004)
»und der Fremdling, der in deinen Toren ist«. Gemeinsames Wort der Kirchen zu den Herausforderungen durch Migration und Flucht. Bonn-Frankfurt-Hannover 1997. (Gemeinsames Wort 1997)

3. Anwaltschaft und Solidarität

Theologische Perspektiven in der betrieblichen Sozialarbeit

Manfred Körber

SUMMARY

Arbeit und Betrieb tragen wesentlich zum Gelingen oder Scheitern des Lebens bei. Die Bemühungen von Sozialer Arbeit und kirchlicher Seelsorge, dieses Feld positiv mitzugestalten, haben sich entscheidend gewandelt. Doch auch heute kann es gemeinsamer Auftrag sein, Anwalt der Arbeitenden zu sein, Gesundheit und Heil(ung) in physischer und psychischer Hinsicht zu fördern, die künftigen gesellschaftlichen Rahmenbedingungen der Arbeitswelt mitzugestalten und sich kritisch mit pseudoreligiösen und menschenverachtenden Praktiken in den Betrieben auseinander zu setzen.

Eine Theologie, die in den Lebenswelten der Menschen zu Hause ist, kann die betriebliche Welt nicht leugnen. Hier verbringen Menschen einen großen Teil ihrer Zeit und machen elementare Erfahrungen. Und wer keine Erwerbsarbeit mehr hat, setzt alles daran, wieder in das betriebliche Geschehen hineinzukommen. Der Betrieb ist ein Ort, der Leben und Werte prägt. Was ist der Sinn meiner Arbeit? Was bin ich als Mensch wert?

Die betriebliche Welt beeinflusst unsere Lebenseinstellungen mehr, als wir uns meist eingestehen wollen. Leider ist ein kirchliches Engagement in dieser Welt keine Selbstverständlichkeit. Es fristet eher das Dasein eines Mauerblümchens. Vielen Verantwortlichen in Pastoral und Sozialer Arbeit ist die betriebliche Welt außerhalb des sozialen Bereichs letztlich fremd, und sie wird ihnen immer fremder.

Betriebssozialarbeit und Betriebsseelsorge

Mitte des 19. Jahrhunderts, als die sozialen Umwälzungen in Folge der Industrialisierung als Soziale Frage diskutiert wurden, sah dies kurze Zeit anders aus. Die Probleme wurden von Kirchenleuten nicht geleugnet und durchaus beherzt angegangen. Eingebettet in die Strategie, das eigene Milieu in den neuen Zeiten abzusichern, entstanden vielfältige Praxisansätze in der Arbeitswelt (vgl. Bucher 1990). Es war die Gründerzeit der großen Verbände und Werke wie z.B. Kolping, Caritas und Innere Mission; eine Zeit, in der Pfarrer die betriebliche Welt als Herausforderung erkannten, überzeugt davon, den Verfall der Sitten aufhalten zu können.

In diese Zeit fiel die Gründung der Betriebssozialarbeit und Betriebsseelsorge. In ihrer Anfangsphase unterschieden sich die beiden Bereiche kaum voneinander. Erst Anfang des 20. Jahrhunderts begann sich mit der Etablierung des Berufs der Fabrikpflegerin die betriebliche Sozialarbeit als eigenes Arbeitsfeld auszudifferenzieren. Vor und während des Ersten Weltkrieges gab es in Deutschland ca. 700 Fabrikpflegerinnen, die u.a. die in der Kriegswirtschaft berufstätigen Frauen unterstützten. 1929 führte Ilse Ganzert den Begriff »Soziale Betriebsarbeit« ein. Diese stellte in den 20er-Jahren noch eine bedeutsame Größe dar, konnte aber nach dem Zweiten Weltkrieg nicht mehr daran anknüpfen. Nur im Montanbereich gab es in den 50er-Jahren noch eine einflussreiche Praxis. 1957 fanden die Veränderungen des Berufsprofils – weg von der Fürsorge hin zur Beratung – ihren Ausdruck in der Umbenennung von »Werksfürsorge« in »Sozialberatung« (vgl. Klinger 2001).

War in den 50er-Jahren die betriebliche Sozialarbeit z.B. im Montanbereich fest in den Betrieben verankert, so ist die heutige Situation weit komplexer. Die betriebliche Sozialarbeit hat die Veränderungen im sozialen wie im ökonomischen Sektor nachvollzogen. Ihre institutionelle Anbindung an Wohlfahrtspflege oder Großbetriebe ist weit geringer geworden. Betriebe stellen kaum mehr Betriebssozialarbeiter ein, sondern kaufen – wenn überhaupt – die benötigten Dienstleistungen zu. Anbieter sind entstanden, die sich nicht dem Feld betrieblicher Sozialarbeit zuordnen würden, obwohl sie in dessen Tradition stehen und Soziale Arbeit im betrieblichen Kontext leisten.

Aus kirchlicher Perspektive gesehen, haben in den neuen Angeboten wie etwa Mobbingprävention, Suchthilfe, Konfliktbewältigung oder Internet-Beratung Betriebssozialarbeit und Betriebsseelsorge heute wieder eine größere Schnittmenge. Da beide Bereiche in ihren jeweiligen Kontexten, der Seelsorge wie der Sozialen Arbeit, keinen breiten Wirkungsstrom erzeugen konnten, könnte ihre gemeinsame Zukunftssorge darin liegen, dem Rückzug eines christlichen Engagements aus der betrieblichen Welt entgegenzuwirken. Sowohl Seelsorge als auch Soziale Arbeit sind schließlich dabei, sich aus einer der Kernzonen der gesellschaftlichen Entwicklung – dem betrieblichen Geschehen – zu verabschieden. Neben dieser mehr strategischen Aufgabe haben beide Bereiche aber auch gemeinsame theologische Perspektiven. Während die Seelsorge allerdings Gott unmittelbar ins Spiel bringen kann und in der katholischen Soziallehre und der Theologie der Arbeit über eine eigene theologische Reflexion verfügt, sieht dies bei der betrieblichen Sozialarbeit anders aus. Im Folgenden sind vier ihrer implizit theologischen Perspektiven erläutert. Intendiert ist dabei nicht eine theologische Vereinnahmung betrieblicher Sozialarbeit, sondern ein Impuls zu einer – meiner Ansicht nach anstehenden – notwendigen Profildebatte.

Theologische Perspektiven

Anwalt der Person im Betrieb

»Sozialberatung im Betrieb versteht sich heute als Beitrag zur Gestaltung einer humaneren Arbeitswelt« (vgl. Jente 2001, 22). Ein solches Grundverständnis betrieblicher Sozialarbeit berührt eine zentrale Forderung der katholischen Soziallehre, wonach »immer wieder die Würde und die Rechte der arbeitenden Menschen ins Licht zu stellen und die Verhältnisse anzuprangern sind, in denen diese Würde und die Rechte verletzt werden, und der Wandel der Dinge in die Richtung zu lenken ist, dass dabei ein echter Fortschritt für die Menschen und für die Gesellschaft herauskommt« (Laborem Exercens 1981, Nr. 6).

Betriebliche Sozialarbeit hat die Bedürfnisse des Arbeitenden in den wirtschaftlichen Strukturen im Blick. Von ihm als Subjekt ausgehend entwickelt sie ein Plädoyer für mehr Humanität in der Arbeitswelt und fragt nach dem Zusammenhang von Arbeit und Menschenwürde. Konkret geschieht dies etwa durch die Mitwirkung bei Vereinbarungen zum partnerschaftlichen Umgang im Betrieb, Maßnahmen gegen sexuellen Missbrauch und Fortbildungen zur Entwicklung sozialer Kompetenzen. Dabei ist sie selbst Teil der betrieblichen Welt. Sie tritt nicht als Prediger von außen auf, sondern ist mittendrin im Geschehen, sei es als Teil der betrieblichen Struktur oder als freier Anbieter einer Dienstleistung.

Für die Anbieter solcher Dienstleistungen (Supervision, Mediation etc.) ist – im Sinne der eigenen Glaubwürdigkeit – die Frage nach dem ethischen Profil ihres eigenen Angebotes und jenem des anbietenden Betriebes ein Thema. Die eigene betriebliche Ethik wird so zu einer wichtigen Profilfrage betrieblicher Sozialarbeit. Die Anbieter stehen vor der Herausforderung ihre Betriebe gemäß der Kultur, für die sie in ihren Angeboten stehen, zu gestalten. Dabei müssen sie Vernetzungen schaffen, die ihrer Wertebasis Ausdruck verleihen. Es stellt sich die Frage, warum es zwar viele theologisch gebildete und christlich inspirierte Anbieter gibt, aber nur wenige ethisch profilierte Vernetzungen. Der Einsatz für eine humanere Arbeitswelt jedenfalls ist nur in einem größeren Kontext möglich. Insofern stehen die Anbieter vor der Frage, ob sie auch Teil einer entsprechenden sozial-religiösen Bewegung sein wollen (vgl. Fricke 2003).

Arbeit und Gesundheit

Zu den bedeutenden Handlungsfeldern betrieblicher Sozialarbeit gehört die Gesundheitsförderung. Betriebliche Sozialarbeit hat wesentlich dazu beigetragen, dass es heute im modernen Arbeitsschutz auch um seelische und psychische Aspekte geht. Angesichts wachsender Ängste um den Arbeitsplatz und neuer Managementkonzepte will betriebliche Sozialarbeit gesundheitsfördernde Akzente setzen.

Man kann in dieser säkularen Zielsetzung einen theologischen Kern entdecken. Hintergründig werden Vorstellungen von Heilsein und die Frage nach der Bedeutung von (Erwerbs-) Arbeit für das Gesundsein aufgeworfen. Die Theologin Veronika Prüller-Jagenteufel verweist darauf, »dass es für uns moderne Menschen immer wieder schwer zu verkraften ist, dass wir das Gelingen des Lebens, das Heil, nicht selbst in der eigenen Verfügung haben, sondern immer wieder an Grenzen stoßen, an denen Abhängigkeit von anderen Menschen spürbar wird oder an denen wir sozusagen dem Schicksal ausgeliefert sind. Die Einsicht, dass wir auf andere angewiesen sind und gegenüber manchen Schicksalsschlägen machtlos sind, wird gerne beiseite geschoben« (Prüller-Jagenteufel 2003, 2). In christlicher

Sicht bedeutet »Heil und Freiheit, ein endlicher Mensch mit begrenzten Möglichkeiten zu sein: befreit davon, das eigene Heil selbst machen zu müssen« (ebd.).

Betriebliche Sozialarbeit kommuniziert diese Vorstellung in einer Welt der Machbarkeit, der Ökonomie, wo menschliche Grenzen und Bedürfnisse schnell unter die Räder geraten. Sie bietet hier etwa durch Lebensberatung und Sozialdienste konkrete Hilfen an. Sie kommuniziert einen theologisch begründbaren Arbeitsbegriff, wo Arbeit nicht alles ist, für den gesunden Menschen aber sehr wohl wichtig ist.

Die Zukunft der Arbeit

Betriebliche Sozialarbeit nimmt Einfluss auf das betriebliche Leben – sie will die Zukunft der Arbeitswelt aktiv mitgestalten. Diese Zukunft ist von Paradoxien geprägt. Einerseits ist die Lage in den Betrieben gekennzeichnet von wachsenden Ansprüchen an die Mitarbeiterinnen und Mitarbeiter, von einer Verdichtung der Arbeitsprozesse und hohen Anforderungen an Flexibilität. Andererseits gibt es nicht mehr genug Arbeit für alle. Die strukturelle Arbeitslosigkeit wächst. Erwerbsarbeit für alle wird zukünftig wohl nur erreichbar sein, wenn diese anders verteilt wird. In verschiedenen politischen, wirtschaftlichen und wissenschaftlichen Zirkeln findet seit Jahren eine intensive Debatte um die Zukunft der Arbeitsgesellschaft statt. An dieser Diskussion sind die Theologie und Ethik beteiligt. Die künftigen Herausforderungen beurteilen sie u.a. danach, ob es in der Arbeitsgesellschaft der Zukunft zu einer Neubestimmung im Verhältnis von Mensch und Arbeit kommen kann.

Dabei tritt die Frage nach dem Sinn von Arbeit ins Zentrum der Diskussion. Paradoxerweise erfährt im betrieblichen Geschehen die Sinnfrage als Instrument der indirekten Steuerung längst eine hohe Bedeutung. Mittels solcher Steuerungsmodelle soll ein neues Verhältnis zwischen den Angestellten und dem Unternehmen entworfen werden, um auf die veränderten globalen Bedingungen zu reagieren (vgl. Glißmann 2001). Die Betriebe wollen Einfluss nehmen auf die Kriterien und Maßstäbe der Sinnfindung der Beschäftigten mit dem Ziel, deren Arbeitskraft optimal zu nutzen. Konkret führt dies zum Phänomen des ›Arbeitens ohne Ende‹. Die Beschäftigten müssen Klarheit über die eigenen Lebensperspektiven gewinnen und ihre individuellen Entscheidungen im Rahmen der Steuerungsmodelle verteidigen. Bedrängend sind dabei die Fragen, ob sie auf dem Arbeitsmarkt der Zukunft bestehen können und wie sie angesichts fragiler werdender Arbeitsmärkte ihre berufsbiografischen Übergänge managen können. Betriebliche Sozialarbeit erarbeitet in diesem Kontext Konzepte und schafft Entlastung für die betroffen

Arbeitnehmerinnen und Arbeitnehmer. Teilweise gelingt ihr die Vermittlung einer anderen Werteebene wie z.B. beim kritischen Durchleuchten indirekter Steuerungsmodelle. Sie kann neue individuelle Perspektiven aufzeigen und nimmt Anteil an der Vision einer anderen Arbeitsgesellschaft, in der der Sinn tätigen Lebens nicht mehr alleine von der Erwerbsarbeit her gewonnen wird. So entfaltet sie einen Arbeitsbegriff, der handlungsleitend für die christliche Sozialethik war und ist (vgl. Körber/Staman 2001).

Unterscheidung der Geister

Ein vielleicht noch zu wenig beachtetes Feld betrieblicher Sozialarbeit stellt die ›Unterscheidung der Geister‹ dar. Dieser Terminus aus der geistlichen Begleitung meint das Aufdecken und Entschlüsseln der Absichten, Motive und Regungen von Handlungen. Es geht darum, herauszufinden und genau zu prüfen, wessen Geistes Kind ein Vorhaben ist, und angesichts dessen Entscheidungen zu treffen. Ignatius von Loyola (1491–1556) betont in diesem Zusammenhang, dass unter dem Deckmantel des Guten viel Brüchiges und Hohles zu Tage treten kann (vgl. Köster 1999).

In den Betrieben ist erlebbar, wie der permanente Wandel Menschen überfordert. Von der einfachen Mitarbeiterin bis zur Führungskraft gibt es den Wunsch nach ›klaren Antworten‹ und ein Interesse für Anbieter, die dauerhafte Motivation und schnellen Erfolg versprechen. Managementkonzepte und Persönlichkeitstrainings werden zu Ersatzreligionen und viele Sekten tummeln sich auf diesem lukrativen Feld. Dabei greifen sie zu »vereinnahmenden und manipulativen Methoden, mit denen sie Menschen mit ihren Überforderungen, Unsicherheiten, Ängsten und Orientierungsfragen, ihren körperlichen, psychosozialen und beruflichen Problemen in ein Netz von Abhängigkeiten verstricken und die freie Selbstbestimmung des Einzelnen bedrängen und untergraben« (Infosekta 2001). Auffallend ist die besondere Anfälligkeit von Führungskräften für diese Angebote. Politisch gefährlich können die Anbieter werden, wenn sie viele und einflussreiche Mitglieder haben, über Geld verfügen und sich politisch mit einem Konzept engagieren, das antidemokratisch-autoritär ist und keine Kritik und Opposition zulässt.

Betriebliche Sozialarbeit hat hier eine aufklärende Funktion. Neben der Sichtung von Anbietern sollte sie bei ihren eigenen Angeboten die Methoden Sozialer Arbeit offen ausweisen (vgl. Galuske 1999). So leistet sie einen Beitrag gegen pseudoreligiöse und menschenverachtende Praktiken und für Gewissens-, Meinungs- und Religionsfreiheit.

Ausblick: Kirche und Betrieb

Kirche-Sein und christliches Engagement am Ort der Arbeit fielen in der modernen Industriegesellschaft immer aus der Reihe. Klassische kirchliche Bezüge aus der bäuerlichen Existenz verloren ab der Mitte des 19. Jahrhunderts an Relevanz und moderne Kategorien wie etwa die Unterscheidung von Sozialer Arbeit und Seelsorge kommen heute im betrieblichen Geschehen an deutliche Grenzen. Prophetisches Engagement war und ist gefragt, wie z.B. bei den Arbeiterpriestern und ihrer Bewegung, bei der Solidarität mit den Zwangsarbeitern während des Nationalsozialismus oder beim heutigen Engagement in Arbeitslosenprojekten und in der Strukturentwicklung von Regionen. Hier entsteht Kirche auf andere Weise als im traditionellen Bezugsrahmen (vgl. Pohl-Patalong 2004).

Lernen könnte man in Seelsorge und Sozialer Arbeit hier etwa von der »Woodstock business conference« (WBC) in den USA. Dieses Netzwerk bietet Dienste an und organisiert insbesondere Führungspersonen in Gruppen. Seine Ziele sind es, Glaube, Familie und Beruf zu integrieren; eine Unternehmenskultur zu entwickeln, die mit jüdisch-christlichen Werten übereinstimmt und Einzelne oder Unternehmen zu bewegen, einen förderlichen Einfluss auf die Gesellschaft auszuüben (vgl. Lutz 1999).

Die Frage nach christlich verantwortetem Handeln in Ich-AGs, Kleinbetrieben oder den Kathedralen des Kapitals ist längst aufgeworfen. Theologische Implikationen der gegenwärtigen Praxis betrieblicher Sozialer Arbeit sind nicht zu übersehen und die Vernetzung unterschiedlicher Praxisfelder ist möglich. So bleibt die Hoffnung, dass christliche Praxis nicht den Rückzug aus diesem zentralen Bereich der Alltagswelt antritt. Es wird aber nicht zuletzt von den unterschiedlichen Anbietern betrieblicher Sozialarbeit wie von den Unternehmen abhängen, ob sie die sich ergebenden Chancen ergreifen, damit aus möglichen Perspektiven fruchtbare Realität wird.

LESEHINWEISE

Glißmann, Wilfried/Peters, Klaus, Mehr Druck durch mehr Freiheit. Die neue Autonomie in der Arbeit und ihre paradoxen Folgen. Hamburg 2001. (Glißman/Peters 2001)

Jente, Charlotte/Judis, Frank/Meiers, Ralf/Steinmetz, Susanne/Wagner, Stefan F. (Hg.), Betriebliche Sozialarbeit. Freiburg 2001. (Jente u.a. 2001)

Sozialwissenschaftliches Institut der EKD/Wissenschaftliche Arbeitsstelle im Nell-Breuning-Haus (Hg.), Kirche im Betrieb praktisch. Informationen, Impulse, Materialien. Bochum-Herzogenrath 2001. (Sozialwiss. Institut 2001)

4. Menschenwürde und Grundrechte

Theologische Perspektiven in der Wohnungslosenarbeit

Ulrich Thien

SUMMARY

Wohnungslos zu sein bedeutet zumeist Armut, Abbruch sozialer Beziehungen, einen Bruch in der Entwicklung personaler Identität und erfordert deshalb ein differenziertes Spektrum an gesellschaftlichen und professionellen Antworten. Eine diakonisch geprägte Wohnungslosenhilfe will dabei die befreiende Botschaft des Evangeliums vermitteln und den Menschen helfen, in ihrem oft verworrenen Leben Sinn, Würde und Lebensmut neu zu entdecken. Sie beschränkt sich nicht auf die Pflege der Opfer, sondern versteht sozialpolitisches Engagement an der Seite der Wohnungslosen als integralen Bestandteil ihres Handelns.

»Die Wohnung los« – Eine Situationsanalyse

Jeder Mensch braucht eine angemessene Wohnung zur Selbstentfaltung und Identitätsfindung, ob allein oder mit anderen, ob im beschützten oder betreuten Rahmen, ob im Eigenheim oder in der Mietwohnung. Die Wohnung ist »mein Zuhause« und »mein Lebensort«. »Nicht-mehr-wohnen-Können« ist vielfach das Ende sozialer Beziehungen und ein Bruch in der Entwicklung personaler Identität. Berücksichtigt man die verschiedenen Dimensionen des Wohnens wird schnell deutlich, welch massive Bedeutung der Verlust einer Wohnung in der Lebensbiografie eines Menschen darstellt (vgl. DCV 2003, 29).
Obwohl statistisch gesehen jede Person über 41,6 qm Wohnfläche verfügt (Stat. Bundesamt 2004, 146), ist die Versorgung der Bevölkerung mit Wohnraum höchst ungleich verteilt. Trotz aller Sättigung am Wohnungsmarkt fehlen bezahlbare Wohnungen mit entsprechend einfacher Ausstattung und besonderen (kin-

derfreundlichen) Zuschnitten für bestimmte Personengruppen wie allein Erziehende, Haushalte mit mehreren Kindern, für betreutes Wohnen von Wohnungslosen, Sucht- und Drogenabhängigen. Wenn man örtliche Entwicklungen von Wohnungsverlust verfolgt, werden Zahlen und Daten von den zuständigen Behörden eher heruntergerechnet, während der entwürdigende und menschenverachtende Umgang mit Wohnungslosen auf den Straßen immer extremere Formen annimmt.

Der Personenkreis

Zum Personenkreis der Wohnungslosen zählen allein stehende obdachlose Frauen und Männer, Drogenabhängige, Punks und Straßenkinder. Sie bilden keine homogene Gruppe, sondern leben in sehr unterschiedlichen Bedarfslagen. Die Zahl der Wohnungslosen – Zahlen basieren auf Schätzbasis, da noch immer keine Bundeswohnungsnotfallstatistik existiert – wird für 2002 auf 330.000 Menschen (55% Männer, 23% Frauen, 2% Kinder und Jugendliche) geschätzt. Etwa 20.000 Menschen leben in den Städten und Gemeinden auf der Straße, ca. 7.000 Kinder und Jugendliche halten sich im Bahnhofs- oder Szenemilieu auf und haben den Kontakt zu ihren Familien abgebrochen (vgl. www.bag-wohnungslosenhilfe.de/fakten 2002). Darüber hinaus sind viele Menschen akut vom Verlust ihrer Wohnung wegen Mietschulden, mietwidrigem Verhalten u.Ä. bedroht. Der größte Teil der Wohnungslosen lebt zeitlich befristet oder für sehr lange Zeit in Not- und Behelfsunterkünften, betreutem Wohnen oder in stationären Einrichtungen der Wohnungslosenhilfe.

Status und Begrifflichkeiten

In früheren Zeiten galt der, der keine Wohnung, kein Zuhause hatte, als rechtlos und zählte nicht als Bürger einer Stadt. Der Sozial- und Rechtsstaat beansprucht für sich, dass vor dem Gesetz alle gleich sind. Dieser Anspruch stimmt längst nicht mehr, denn täglich werden die Rechte Wohnungsloser verletzt, verleugnet oder nicht befolgt.
Wohnungslos ist, wer unmittelbar von Obdachlosigkeit bedroht ist, wer nicht über einen mietvertraglich abgesicherten Wohnraum verfügt, sich »vorübergehend« in Notunterbringungsformen, in Asylen, Frauenhäusern u.Ä. befindet, »Platte macht« oder aus sonstigen Gründen in unzumutbaren Wohnverhältnissen lebt. Die Begriffe »Obdachlosigkeit, obdachlos« und »Wohnungslosigkeit, wohnungslos« werden oft synonym gebraucht, was der Begriffstradition in der Verwaltungspraxis, in Rechtsprechung und Literatur Rechnung trägt (vgl. Deut-

scher Städtetag 1987, 14). In der Sozialen Arbeit hat sich der Begriff »wohnungslos« durchgesetzt.

In diesem Zusammenhang muss auf den noch immer benutzten Begriff »Nichtsesshaftigkeit« kritisch hingewiesen werden. Diese Bezeichnung wurde im Nationalsozialismus geprägt. Die so bezeichneten Menschen wurden als »entartete Naturen« und arbeitsscheue Parasiten, als volksschädigend und minderwertig difamiert. Das Wort »nichtsesshaft« ist zudem falsch, weil damit eine unpassende Lebensform festgeschrieben wird. Aufgrund der vertreibenden Hilfen des institutionellen Hilfesystems handelt es sich eigentlich um eine »Zwangsmobilität«. In verschiedenen Untersuchungen ist nachgewiesen, dass wohnungslose Menschen zu etwa 93% ortsgebunden sind und nur zu etwa 4% (mit sinkender Tendenz) umherziehen (vgl. Landessozialbericht 1993, 20).

In größeren Städten geschieht Wohnungslosen immer wieder großes Unrecht, wenn sie durch die Polizei oder zunehmend durch private Sicherheitskräfte aus den Fußgängerzonen und Innenstädten vertrieben oder gar in Nachbarstädte ausgesiedelt werden. Seit 1974 ist das Betteln strafrechtlich nicht mehr verboten, aber in den so genannten Straßensondernutzungssatzungen taucht es als Ordnungswidrigkeit immer wieder auf. Zunehmend mehr Bürger, auch die Kaufmannschaft und sonstige Institutionen fühlen sich durch die größer werdende Zahl der auf der Straße lebenden Menschen belästigt, gestört oder gar bedroht. Sie verurteilen die »Straßengestalten«, die auf der städtischen Parkbank Schlafenden, die Bettelnden in der Fußgängerzone, die umherstreunenden Junkies im Bahnhofsbereich mit regional unterschiedlichen, z.T. diskriminierenden Begriffen wie z.B. Penner, Stadtstreicher, Landstreicher, Nichtsesshafte, Clochards.

Zusammenhänge

Der öffentliche Verkehrsraum Straße ist zur unfreiwilligen Heimat von wohnungslosen Menschen geworden, wo die Privatsphäre zur Schau gestellt werden muss. Wer keine Wohnung hat, ist darauf angewiesen, sein Leben mit Essen, Trinken, Schlafen, Musizieren, Betteln öffentlich zu leben. Die Lebenslage »wohnungslos« führt die betroffenen Menschen in Isolation, Entwurzelung, Diskriminierung, in Unterversorgung und Ausgrenzung und schließlich in eine Spirale der Armut, aus der es allein kaum ein Zurück gibt. Soziale Ausgrenzung erleben die Betroffenen immer wieder, aktuell besonders bei der psychosozialen und medizinischen Versorgung. Wohnungslose werden derzeit sehr zögerlich in die (neue) Krankenversicherung aufgenommen, medizinische Versorgung wird nur in absoluten Ausnahmefällen gewährt. Bei fehlendem Geld und fehlender Meldeadresse haben sie erhebliche Probleme bei der Zahlung von Gebühren usw.

In der Fachdiskussion besteht (inzwischen) Einigkeit darüber, dass drohender Wohnungsverlust und Wohnungslosigkeit nicht ausschließlich mit individuellem Fehlverhalten (»selbstverschuldet«) erklärt werden können. Wohnungslosigkeit ist immer ein Ergebnis von verschiedenartigen, kumulativen Wirkungen aufgrund struktureller und sozioökonomischer Ursachen (z.B. der Wohnungsmarkt und die Struktur des Mietrechts, der Arbeitsmarkt, das Rechts- und Wirtschaftssystem) und aufgrund individueller Lebensumstände (z.B. familiäre strukturelle Umbruchsituationen, unvorhergesehene Schicksalsschläge, die Einkommenssituation).

Die Wohnungslosenhilfe im Wandel

Menschen ohne Wohnung wurden und werden auch heute überregional in (meist am Rande der Städte liegenden) stationären Einrichtungen oder Arbeiterkolonien mit Wohnen und Arbeit versorgt, oft ohne hinreichende Integration in ein gesellschaftliches Umfeld. Zwischenzeitlich haben sich in den Städten und Gemeinden die Hilfen in verschiedenartigen Wohn- und Unterbringungsformen durch neue Kooperationen und vernetzte Konzepte weiter differenziert (vgl. §§72, 11, 39 Bundessozialhilfegesetz). Heute wird davon ausgegangen, dass die Betreuung und Versorgung wohnungsloser Menschen in der jeweiligen Stadt und größeren Gemeinde, in der sie leben oder wohnungslos geworden sind, langfristig sicherzustellen ist. Allerdings werden auch die Grenzen der Hilfen und Helfer für diesen Personenkreis in den praktischen Lebensvollzügen oftmals deutlich. Darüber hinaus weisen die sozialen Sicherungssysteme für Wohnungslose große Lücken auf. So machen Menschen die Erfahrung, dass ihnen aufgrund der fehlenden Wohnung die Hilfe zum Lebensunterhalt in manchen Städten oder Kreisen willkürlich gekürzt oder nur als Sachleistung gewährt wird.
Die Hilfen für Wohnungslose bewegen sich in vielfältigen Spannungsfeldern: zwischen alten und immer jünger werdenden Betroffenen, zwischen Männern und Frauen, Paaren und (Über-)Lebensgemeinschaften, zwischen allein stehenden Wohnungslosen und Familien in städtischen Notunterkünften oder sozialen Brennpunkten, zwischen Besuchern und Nutznießern, zwischen Wohnungslosen, Junkies und Punkern, zwischen Klienten und Bettlern, zwischen Sozialleistungs- und Almosenempfängern, zwischen Armen und Reichen.
Kennzeichnend sind verschiedenartige Formen von Sozialer Arbeit wie Zuhören und Einweisen, Wegschicken und »'nen Euro geben«, ordnungsrechtliche und sozialarbeiterische Hilfen, fachlich-therapeutische Standards und christlich motivierte, spontane Hilfen, vertreibende und sesshaft machende Hilfen, Wohnung

und Arbeit, u.Ä. Das Angebotsprofil für Wohnungslose besteht aus professionellen stationären Einrichtungen und städtischen Notübernachtungsstellen, sozialpädagogischen Übergangswohnheimen und betreuten Wohngruppen, städtischen Sozialhilfe-Auszahlungsstellen und ambulanten Beratungsstellen eines Freien Trägers, dem Angebot von Kirchengemeinden, studentischen Initiativgruppen oder anderen Gruppen und Institutionen.

Theologische Impulse für wirksame Hilfen für und mit Wohnungslosen

In einem konfessionellen Verband wie der Caritas ist die Wohnungslosenhilfe mehr als fachlich qualifizierte Soziale Arbeit. Sie gehört zum Spezifikum einer von der »Option für Arme« geleiteten Caritas. Leider sind diese Fachdienste nicht überall gut ausgestattet und fallen als Erstes Sparmaßnahmen zum Opfer. Das Motto des Jesus Sirach »Niemand darf seine Wohnung, seine individuellen Lebens- und Schutzrechte verlieren!« (vgl. Sir 29,21–28) gilt auch heute als Mahnung und Verpflichtung. Wer die Wohnung verliert, kann allein und ohne fremde Hilfen in der Regel nicht mehr aus dem Teufelskreis der Armut ausbrechen. Das sollte die Wohnungslosenhelfer zu kreativem Handeln – im Sinne der betroffenen Menschen und nur zusammen mit ihnen – stets neu herausfordern.

Lebensorte anbieten und das Recht auf Wohnen verwirklichen

Die äußeren Merkmale wie »keine Wohnung« oder »körperlich sehr heruntergekommen« verweisen auf ein oft sehr vielschichtiges Armutssyndrom. Ausgegrenzte Menschen, die in bestimmten gesellschaftlichen Nischen »ihr Dasein fristen«, möchten auch »wohnen« bzw. (über)leben. Viele leben auf der Straße, auch auf der Straße ihres Lebens, wo sie ihre Identität suchen. Sie können ihr Leben nur bruchstückhaft und zerstückelt verwirklichen, da die Befriedigung verschiedener Bedürfnisse und Notwendigkeiten meist über eine ganze Stadt verstreut ist: Armenküche, zölibatärer Mehr-Betten-Raum, Parkbank, Fußgängerzone, Schließfach am Bahnhof u.Ä. Menschen ohne Zuhause benötigen in jeder Stadt »ihren« Raum oder Räume (z.B. Tagesaufenthaltsmöglichkeiten, ambulante Beratung), wo sie ihre Grundbedürfnisse wie Ernährung, Hygiene, Kleidung, Sich-Aufhalten erfüllen können. Eine diakonisch geprägte Wohnungslosenhilfe vermittelt die befreiende Botschaft des Evangeliums, hilft den Menschen in ihrem oft verworrenen Leben Sinn, Würde und Lebensmut neu zu entdecken.

Nach der Schöpfungstheologie erhält jeder Mensch genügend Lebensraum zum individuellen Wohnen, zur Nutznießung, für Ruhe, zur eigenen Sicherheit, für individuelle Entfaltungsmöglichkeiten und zur freien Selbstbestimmung (vgl. Thien 1998, 157–162). Menschen, die zu Wohnungsnotfällen gemacht werden, möchten in Frieden leben und sich in einer angemessenen Wohnung niederlassen. »Eine Bank ist kein Zuhause«, ein Zelt stellt für einen Wohnungslosen nach rechtskräftigem Urteil keine Wohnung dar. Wohnungslose haben wie jeder Bürger einen durch das Grundgesetz geschützten Anspruch auf eine menschliche Behandlung in allen Lebenslagen. Deshalb sind christlich motivierte soziale Hilfen auf mehr Verlässlichkeit, Garantie und Rechtsschutz bei der Grundversorgung auszurichten, sie sollten stärker individuelle Hilfeplanungen berücksichtigen und sich als aktivierende und weniger reagierende, versorgende Hilfen verstehen.

Nicht nur die Opfer pflegen

In den vergangenen Jahren sind neben den professionellen Angeboten der Caritas und anderer Verbände engagierte Einzelpersonen, Pfarrhäuser, Ordensniederlassungen, Krankenhäuser und Tafelvereine zu mehr oder weniger attraktiven Anlaufstellen für wohnungslose Menschen geworden. All diese Hilfen sind eher geprägt vom Charakter einer Almosenverteilung und stehen in dem Dilemma, dass sie vielfach losgelöst von rechtsstaatlich garantierten Ansprüchen durchgeführt werden und zum Teil Standards professioneller christlicher Wohnungslosenhilfe und gesetzlicher Rahmenbedingungen unterlaufen. Hier ist zu prüfen, ob die Opfer der Gesellschaft, der Wohnungsnot nur gepflegt und ruhig gestellt werden oder – was weitaus schwieriger ist – ob ihnen Wohnungen angeboten, sie ins soziale Umfeld integriert werden. »Der Mensch lebt nicht nur vom Brot allein ...« (Mt 4,4).
Professionelle Hilfen stehen in dem oft schwer auszuhaltenden Widerspruch von verschiedenartigen, vermeintlich konträren Hilfeformen. Die Angebote der privaten Almosenorganisierer wie die professionellen Hilfen stehen oft ungleichzeitig nebeneinander, aus beiden ergeben sich weitere Möglichkeiten für menschenwürdige Hilfen, für eine Verbesserung des Klimas in einer Stadt, für eine Atmosphäre des Verstehens und der Akzeptanz. Jede Suppenküche kann den Weg zu einem »Lobby-Restaurant« ebnen, wenn die kostenlose Almosenausgabe umgewandelt wird zu einer jedermann zustehenden und die menschliche Würde achtenden Serviceleistung, für die entsprechend dem Geldbeutel zu zahlen ist. Der Einkauf in einem Großmarkt, wo Arme »super« einkaufen können (z.B. Carisatt-Läden), in einem von der Kleiderkammer weiterentwickelten »Secondhand-Shop« oder in einem als Beschäftigungsprojekt geführten »Möbelhaus« zeigen Richtungen und

Wege, erfordern Kreativität bei der Korrektur eigener Werte und Normen sozialen Helfens.

Nach der kirchlichen Soziallehre sind die Wohnungsarmen selbst Träger und Adressaten der Frohen Botschaft und sollten als Subjekte ihrer Problemlösung ernst genommen werden. Ein ausschließlich defizitorientierter Blickwinkel verstellt den Blick für brachliegende Ressourcen und Fähigkeiten. Es fällt oft schwer, Betroffene als gleichwertige Partner in Gruppen oder als »Freunde von der Straße« anzunehmen, sie nicht zu degradieren zu Betreuungsbedürftigen. Dafür stehen hoffnungsvolle Beispiele wie die Betroffenenbeteiligung bei Planungen von neuen Anlaufstellen, von Wohnungen, Veränderungen in stationären Einrichtungen. Initiativen können davon erzählen, wie die Betroffenen selbst Solidarität untereinander erleben, wie sie mit ihren Erfahrungen Liturgie feiern u.Ä. Dies bedeutet, die Lebensbotschaft der Armen zu hören und mitzuhelfen, sie zu realisieren, nicht so lange zu warten, bis die Armut zum Himmel schreit oder die Betroffenen schon jahrelange Benachteiligungen, Ausgrenzungen oder Diffamierungen erlitten haben. Gemeint ist eine »Kultur der Berührbarkeit« im Sinne des Teilhabens am Leben, an der Freude und Hoffnung, Trauer und Angst der Menschen von heute.

Perspektivenwechsel auf die Seite der Wohnungslosen

Das sozialpolitische Engagement diakonischen Handelns gilt als integraler Bestandteil des Hilfesystems, um durch Öffentlichmachen einer weiteren Ausgrenzung Wohnungsloser entgegenzuwirken und durch Einmischung in kommunalen Gremien, in Stadtteilkonferenzen, in Kirchengemeindeverbänden u.Ä. politisch notwendige Rahmenbedingungen (z.B. geeignete Aufenthalte, sozialpädagogische Begleitung, angemessene Versorgung) einzufordern. Langzeit-Wohnungslose, Menschen, denen der Verlust der eigenen Wohnung droht oder die nur notfallmäßig vorübergehend untergebracht sind, gehören ähnlich wie Langzeit-Arbeitslose zu den Extremfällen der Gesellschaft, die auf dem freien Markt von sich aus keine Chancen haben.

Parteilichkeit mit Ausgegrenzten, Leidenden und Fremden hat eine aktuelle Bedeutung und beinhaltet eine solidarische Praxis sowohl innerhalb der Kirchen als auch eine solidarische Praxis, die Wirkung nach außen zeigt. Das bedeutet konkret, sich für Wohnungslose und andere Arme in Widerspruch zu gesellschaftlichen Meinungen, ökonomischen Handlungszwängen u.Ä. zu setzen. An Not-Unterkünfte, die Menschen vorübergehend Schutz und Sicherheit gewähren, darf sich die Gesellschaft nicht gewöhnen. Besonders präzise und deutlich fallen Analyse und Handlungsperspektiven in dem Dokument »Was hast du für deinen obdachlosen Bruder getan?« der Kommission Justitia et Pax aus (Justitia et Pax 1988, 1). Hier werden die Strukturen sozialer und wirtschaftlicher Sünden von Wohnungslosigkeit und Wohnungsnot als Ergebnisse des Handelns von Politikern, Staats- und Wirtschaftsvertretern, eben als strukturelle Ungerechtigkeiten, eingeordnet.

Dieses bewusste »Stehen auf der Seite der Armen« begnügt sich nicht mit einem »faulen Versorgungsfrieden«, der weiterhin von einem Leben in privilegierten Verhältnissen profitiert (vgl. Mette/Wintels 1999, 11), sondern führt nach der Soziallehre der Kirche zu einem radikalen Standort- und Perspektivenwechsel auf die Seite der Wohnungslosen, wobei die theologische Idee der »Option für die Armen« konkret wird (vgl. Steinkamp 1999a, 178). Aus ihrer Perspektive werden lebensbedrohliche Unrechtsstrukturen in Gesellschaft, Staat und Kirche analysiert und zum Maßstab christlichen Handelns. Der daraus abzuleitende Perspektivenwechsel bedeutet konkret:

- von einer individualisierenden Sichtweise von Problemen zu einer systemischen Sichtweise, einer Orientierung auf den Lebensraum, das Gemeinwesen, den Orts- und Stadtteilbereich im Umfeld der Betroffenen (Hinsehen, unter welchen Bedingungen Menschen leben);
- neben einer fürsorglichen Arbeit zur Verbesserung der materiellen Situation Einzelner eine Beteiligung an der Ursachenbekämpfung, eine Arbeit an strukturellen Veränderungen (Wie wirken die vielen individuellen Hilfen, Wundversorgung, Suppenküche, Wohnung für Wohnungslose? Sind sie heute noch an den richtigen Orten? Stabilisieren sie das bestehende System bzw. verstärken sie gesellschaftliche Gerechtigkeitslücken? – vgl. das Samaritergleichnis);
- von einer an Defiziten orientierten Arbeit hin zu einer an betroffenen Menschen orientierten Arbeit, die neben den Ressourcen der Menschen die vorhandenen Ressourcen von caritativen Institutionen, Gemeinden und Selbsthilfegruppen kompetent nutzt (Verändern neue Projekte wie z.B. Straßenzeitungen traditionelle Rollen- und Helfermuster?).

LESEHINWEISE

Bundesarbeitsgemeinschaft Wohnungslosenhilfe (Hg.), Zeitschrift »wohnungslos«. Aktuelles aus Theorie und Praxis zur Armut und Wohnungslosigkeit. Bielefeld 1995 ff. (BAG 1995 ff.)

Deutscher Caritasverband, Integrieren statt ausgrenzen. Wider die Verdrängung und Kriminalisierung von sozialen Randgruppen im öffentlichen Raum der Innenstädte. In: neue caritas 13 (2003) 21–38. (DCV 2003)

Ministerium für Arbeit, Gesundheit und Soziales des Landes NRW (Hg.), Landessozialbericht Band 2: Wohnungsnot und Obdachlosigkeit. Soziale Folgeprobleme und Entwicklungstendenzen. Düsseldorf 1993. (Landessozialbericht 1993)

Thien, Ulrich, Wohnungsnot im Reichtum. Das Menschenrecht auf Wohnung in der Sozialpastoral. Mainz 1998. (Thien 1998)

IV. Gemeinde- und Gemeinwesenarbeit

1. Gemeinschaft und Teilhabe
Theologische Perspektiven in der Sozialen Arbeit in Kirchengemeinden

Ulfrid Kleinert

SUMMARY

Es ist unabdingbarer Bestandteil der Lebenspraxis christlicher Gemeinden, soziale Probleme in ihrem Umfeld wahrzunehmen und Antworten zu finden. Die Tradition einer eigenständigen gemeindlichen Sozialarbeit reicht in die Ursprünge der Kirchen zurück, sie bringt auch heute innovative Impulse in die Arbeit der Wohlfahrtsverbände ein und erhöht Qualität und Konfliktfähigkeit kirchlicher Sozialer Arbeit. Am Beispiel einschlägiger Rahmenordnungen und Projekte in der Evangelischen Kirche in Deutschland zeigt sich die Vielfalt und Vitalität dieser Form einer gemeinwesenbezogenen, sozialräumlichen Sozialarbeit.

Soziale Arbeit in kirchlicher Trägerschaft findet heute in Deutschland zum größten Teil in den Einrichtungen und Häusern der Diakonischen Werke und des Caritas-Verbandes sowie der ihnen angeschlossenen Vereinigungen, also im Rahmen zweier großer Wohlfahrtsverbände, statt. Über Kuratoriums- bzw. Vorstandsmitglieder und Mitarbeiter bestehen vielfältige Verbindungen zu den verfassten Kirchen. Der Kontakt zu und die Zusammenarbeit mit den örtlichen Kirchengemeinden wird aber oft als mangelhaft beklagt; meist handelt es sich eher um ein Nebeneinander anstelle eines Miteinanders beider Seiten. Verantwortlich dafür sind nicht nur Personen, von deren guter Zusammenarbeit viel abhängt, sondern auch Strukturen, an deren Verbesserung gearbeitet werden muss.

Im Folgenden werden dazu Überlegungen und Praxiserfahrungen vorgestellt, die zwar im Kontext deutscher evangelischer Landeskirchen stehen, aber auch auf katholische Diözesen analog übertragen werden können. Dabei wird auf Konzepte Bezug genommen, die im Rahmen von Studienschwerpunkten und -projekten an den Evangelischen Fachhochschulen in Hamburg und Dresden sowie in Organisationsberatungs- und Fortbildungskursen insbesondere in den Evangelisch-Lutherischen Landeskirchen Thüringens und Sachsens entwickelt worden sind.

Das Arbeitsfeld

Das Arbeitsfeld ist in diesem Fall nicht eine bestimmte Zielgruppe, sondern ein Sozialraum, also ein Gemeinwesen. Die Grenzen dieses Sozialraums sind bestimmt durch die kirchliche Raumaufteilung in Parochien bzw. Pfarreien und durch deren Zusammenschlüsse in Kirchenkreise oder -bezirke, Dekanate bzw. Diözesen. Die Anstellung der Sozialarbeiterinnen und Sozialarbeiter in diesem Arbeitsfeld ist unterschiedlich geregelt. In der Fachaufsicht unterstehen sie überwiegend einem Fachverband, in der Dienstaufsicht oft einem im selben Sozialraum tätigen Pfarrer, Dekan oder Superintendenten. Verantwortung haben sie nicht für eine von vornherein feststehende Gruppe von Menschen (auch nicht für die Gruppe der Kirchenmitglieder!), sondern für soziale Infrastruktur und Arbeit in einer bestimmten, kirchlicherseits festgelegten Region und für die Vernetzung kirchengemeindlicher pastoraler Arbeit mit der sozialen Arbeit des kirchlichen Wohlfahrtsverbandes und der übrigen Sozialarbeit im Gemeinwesen.

In evangelischen Kirchen heißen sie Gemeinde- oder Stadtteildiakone, Kirchenkreis- oder Kirchenbezirkssozialarbeiter oder auch Sozialarbeiter(-innen) der Kirchlichen Allgemeinen Sozialarbeit der Diakonie (vgl. Kleinert 1999a, 8f.). In der katholischen Kirche werden vergleichbare Aufgaben von Gemeinde-Sozialarbeitern(-innen) der Caritas oder – sofern sozialarbeiterisch ausgebildet – von Pastoral- oder Gemeindereferenten(-innen) übernommen.

Historische Herkunft

Wie schon in der hebräischen Bibel (»Altes Testament«) und im Judentum, so gehört auch in der griechischen Bibel (»Neues Testament«) und im Christentum die »Option für die Armen« zu den fundamentalen Ausdrucksformen des Glaubens an den Gott, der aus dem Sklavenhaus Ägypten befreit und in Christus Knechtsgestalt zur Befreiung aller Menschen angenommen hat. Nach paulinischer (Phil 1,1; vgl. auch 1 Tim 3) und lukanischer Überlieferung hat es deshalb zur Wahrnehmung der sozialen Gestaltungskraft des Glaubens bereits früh neben dem Apostelamt das Diakonenamt gegeben, nach Apg 6,1 etwa zur täglichen Versorgung einer sozial besonders schwachen Gruppe, der Witwen. Dass es damals ein für soziale Probleme in der Gemeinde zuständiges Diakonenamt gegeben haben muss, spiegelt diese Notiz wider, auch wenn der in Apg 6 beschriebene Konflikt heute historisch anders zu interpretieren ist als bei Lukas selbst.

Konsequenterweise enthalten alte syrische Kirchenordnungen Bestimmungen sowohl für episkopale als auch für diakonische Aufgabenfelder und Zuständigkeiten. Mit der Möglichkeit, eigene Gebäude zu errichten, gehört es in einzelnen Gemeinden ab dem 4. Jahrhundert zum Bauprogramm, neben der Kirche, in der der Bischof das Hausrecht hat, ein Hospital für Kranke, Fremde und Obdachlose zu bauen, in dem der Diakon das Hausrecht hat.

Andernorts aber dominiert das Bischofsamt, dem sich der Diakon schließlich durchgängig zuzuordnen und unterzuordnen hat. Die soziale Kompetenz löst sich zusehends von den Gemeinden und wandert in spezielle Orden und Klöster aus, auch wenn in den Gemeinden nach wie vor Almosen gesammelt werden. In gewisser Weise können die bürgerlichen Vereine, die im 19. Jahrhundert entstehen und sich im sozialen Feld engagieren, als Erben der Orden und Klöster angesehen werden. Kirchlicherseits schließen sich diese Vereine zur »Inneren Mission« (1848) und zum Caritas-Verband (1897) zusammen und werden im 20. Jahrhundert zu großen Wohlfahrtsverbänden im deutschen Sozialstaat (vgl. zur Geschichte insgesamt: Kleinert 2000, 481–484).

Auf evangelischer Seite fordert insbesondere Johann Hinrich Wichern (in seinem Monbijou-Gutachten von 1856) die Wiederherstellung des Gemeindediakonats (vgl. Kleinert 1999b, 76–101). Es soll die spezifisch kircheneigene Sozialarbeit gestalten, die neben der staatlichen (bei Wichern der sog. bürgerlichen Diakonie) und der »freien« (das heißt der überwiegend in christlichen Vereinen und Verbänden gestalteten) Diakonie notwendig ist. Wicherns Gemeindediakonat setzt sich nur an wenigen Stellen durch; so gibt es z.B. in Hamburg bis in die 70er-Jahre des vorigen Jahrhunderts in jeder Gemeinde einen Sozialdiakon, der genauso wie der Pfarrer Residenzpflicht hat und verbeamtet ist. Angesichts von Sparzwängen wird in den Verfassungen bzw. Ordnungen besonders der evangelisch-lutherischen Kirchen das, was sozialdiakonisch (nicht religionspädagogisch) verstandenes Gemeindediakonat war, auf die Ebene der Kirchenkreise/Kirchenbezirke/Dekanate verlagert, also stellenplanmäßig auf ein Minimum reduziert. Gleichwohl bleiben diese Stellen sowohl aus theologischer als auch aus sozialpädagogischer Sicht unverzichtbar.

Theologische und sozialarbeitstheoretische Notwendigkeit

Die christlichen Kirchen können auf eine von ihnen selbst getragene und finanzierte Soziale Arbeit nicht verzichten, weil und solange es Menschen gibt, denen die elementaren materiellen (Nahrung, Wohnung), kulturellen (Bildung) und sozialen (Teilhabe und Gemeinschaft) Lebensgrundlagen entzogen sind. Der Glaube an den in Christus offenbaren und allen Menschen zugewandten Gott ist in dem liebe- und fantasievollen, energischen Engagement für diese und mit diesen Menschen wirksam (vgl. Gal 5,6), er hat hier sein vorrangiges Erfahrungs- und Bewährungsfeld. So wie niemand allein Christ sein kann, so braucht eine Gemeinschaft von Christen eine Lebenspraxis, die sich gesellschaftlichen Konflikten stellt, in denen die Würde eines Menschen als Gottes Kind und Ebenbild auf dem Spiel steht. Die Verkündigung des Wortes Gottes ist Voraussetzung für diese Praxis, ersetzt sie aber nicht.
Die Verantwortung für eine solche Lebenspraxis kann von den verfassten Kirchen nicht wegdelegiert werden, auch wenn die Möglichkeit besteht, mit anderen Gleichgesinnten gemeinsame Sache zu machen. Politisch unabhängige Initiativen aus Kirchengemeinden und Basisgruppen sind schon deshalb notwendig, um die kirchlich-verbandlich e Sozialarbeit gesellschaftlich konfliktfähig zu machen (vgl. die Kirchenasylbewegung und die Ausländerarbeit der kirchlichen Wohlfahrtsverbände).
Aber nicht nur für die Glaubwürdigkeit der Kirchen und die Konfliktfähigkeit der kirchlichen Wohlfahrtsverbände, sondern auch für die Qualität der Sozialarbeit insgesamt ist es notwendig, dass es möglichst flächendeckend wenigstens einige Professionelle gibt, deren Stellen nicht von einer Finanzierung durch Kunden, durch Versicherungen oder staatliche Subventionen abhängig sind. Im Interesse freier Sozialer Arbeit, die zunächst die betroffenen Menschen und nicht zuerst die Refinanzierungsmöglichkeiten der Arbeit im Blick hat, bedarf es einer Anzahl kirchlich angestellter Sozialarbeiter und Sozialarbeiterinnen, die unabhängig von Marktgesetzen wahrnehmen (können), was sozialarbeiterisch und sozialpolitisch erforderlich ist und zu seiner zukünftigen Finanzierung gegebenenfalls neuer

staatlicher und versicherungsrechtlicher Regelungen bedarf. In diesem Sinn kann kirchliche Sozialarbeit auch in Zukunft wie in der Vergangenheit eine der gesamten Sozialarbeit dienliche und für sie notwendige Funktion ausfüllen (vgl. Kleinert 1999c, 102–107).

Konzepte

Nach einem mehrjährigen Klärungsprozess haben die zuständigen Referenten aus den Landesverbänden der Diakonischen Werke innerhalb der Evangelischen Kirche in Deutschland auf ihrer turnusmäßigen Konferenz im Oktober 2001 eine »Rahmenkonzeption für die Allgemeine Sozialarbeit der Diakonie« verabschiedet, die den genannten Notwendigkeiten zu entsprechen versucht (veröffentlicht als Diakonie-Korrespondenz 05/2003). Es handelt sich um einen Fachdienst, dessen Spezifikum das Allgemeine ist (vgl. Münchmeier 1999, 108–121).
Dieser Dienst ist erstens charakterisiert durch »Nähe zur Alltags- und Lebenswelt von Menschen in schwierigen sozialen Situationen« und erfüllt als eine »erste Anlaufstelle im Netzwerk« sozialer Dienste die Aufgabe eines niederschwelligen Beratungsangebots. Er nimmt zweitens Einfluss »auf die soziale Qualität des Umfeldes, in dem die Menschen leben« und erfüllt darin in Zusammenarbeit mit anderen (einschließlich freiwillig sozial Engagierten) ein »sozialpolitisches Mandat«. Und er arbeitet drittens eng mit den Kirchengemeinden zusammen (Rahmenkonzeption, 1). Inhaltlich geht es diesem Fachdienst um »solidaritäts- und gemeinschaftsstiftende Aktivitäten«, um Verhinderung von »Ausgrenzung« und Abbau sozialer »Polarisierung« und »Diskriminierung« (Rahmenkonzeption, 4). Als Handlungsfelder werden Einzelberatungen, sozialräumlich orientierte Arbeit, Befähigung von Kirchengemeinden zum Handeln im sozialen Feld sowie Unterstützung ehrenamtlichen und bürgerschaftlichen Engagements genannt (Rahmenkonzeption, 5f.). Finanziert wird der Fachdienst aus kirchlichen Mitteln; »damit erhält dieser Fachdienst Handlungsspielräume für die Gestaltung des kirchlich-diakonischen Grundauftrags, unabhängig von anderen Auftrags- oder Geldgebern« (Rahmenkonzeption, 7). Ausdrücklich wird die Festlegung von Qualitätsstandards, ihre Evaluation, Sicherung und Weiterentwicklung sowie die »Vernetzung auf der Landesebene« als verbindlicher Rahmen vorgegeben (Rahmenkonzeption, 8).
Wegen der prebyterial-synodalen Verfassung der Evangelischen Landeskirchen hat diese Rahmenordnung nur Empfehlungscharakter. Sie ist auf die konkrete Umsetzung in den einzelnen Landeskirchen angewiesen. Deshalb seien in knapper Form die Konzepte zweier hier deutlich unterschiedlich verfahrender Landeskirchen vor-

gestellt: die Stadtteildiakonie in Hamburg im Bereich der Nordelbischen Evangelisch-Lutherischen Kirche und die Thüringer Kirchenkreissozialarbeit.

1976 ist die Alt-Hamburgische Landeskirche Teil der neu gegründeten Nordelbischen Evangelisch-Lutherischen Kirche geworden. Schon in den Jahren zuvor hatte sich das landeskirchlich finanzierte Gemeindediakonat Wichernscher Prägung aufzulösen begonnen. Anders als in der Evangelisch-Lutherischen Landeskirche Hannover, in der es auf Gemeindeebene neben dem Pfarrer nur Gemeindepädagogen gab und in der die kirchliche Sozialarbeit frühzeitig (beginnend 1954) auf Kirchenkreisebene verankert wurde (vgl. Wesenick 1999, 150–156), hat sich in der Übergangszeit zur neuen, größeren Landeskirche in Hamburg keine Kirchenkreissozialarbeit etabliert. Da aber trotzdem der Notwendigkeit einer gemeindenahen Sozialarbeit entsprochen werden sollte und musste, wurde im Diakonischen Werk eine Referatsabteilung für »Stadtteildiakonie« eingerichtet. Von dieser Abteilung wird die Sozialarbeit in Hamburger Gemeinden professionell begleitet, koordiniert und bei deren Entwicklung unterstützt – unabhängig davon, ob diese von sozialpädagogischen Fachleuten, durch freiwilliges Engagement oder von Pastoren und anderen Gemeindemitarbeitern getragen wird. Lose verbunden sind die verschiedenen Initiativen in einem »Arbeitskreis Stadtteildiakonie«. Insbesondere in der Stadtteilentwicklung und bei Projekten gegen Arbeitslosigkeit und Armut hat sich die Arbeit der Dienststelle bewährt (vgl. die Beiträge von Bollmann 1999; Brasch 1999a, 157–164; Brasch 1999b, 180–183).

In der Evangelisch-Lutherischen Kirche Thüringen gab es nach dem Ende der DDR unter Einbeziehung aller betroffenen Mitarbeiter einen jahrelangen Klärungsprozess darüber, wie es mit der gemeindebezogenen Sozialarbeit, insbesondere mit den Kreisstellen der Inneren Mission, weitergehen solle. Am Ende vieler Gespräche, einem Organisationsberatungsprozess und einer Reihe sozialpädagogischer und theologischer Fortbildungsseminare wurde 1998 eine Rahmenkonzeption »Kirchenkreissozialarbeit« vom Diakonischen Werk verabschiedet und die Kirchenkreissozialarbeit und ihre Finanzierung im Diakoniegesetz der Kirche vom 18.11.2000 in §4 fest verankert. Im für 2005 geplanten Zusammenschluss der Diakonischen Werke der Evangelischen Landeskirchen von Thüringen, der Kirchenprovinz Sachsen und der Kirche von Dessau-Anhalt sollen diese und darüber hinausgehende Regelungen Aufnahme finden (vgl. Minimalkonsens der »Projektgruppe Diakonie und Gemeinde« vom 11. 5.2004).

Konzept, Profil und Perspektiven der Thüringer Kirchenkreissozialarbeit hat der Altenburger Kirchenkreissozialarbeiter Lars Eisert-Bagemihl öffentlich zur Diskussion gestellt (vgl. Eisert-Bagemihl 1999, 122–149). Das Konzept lässt sich in Modellform darstellen als Kombination von zwei Dreiecken: ein inneres, auf dem Kopf stehendes Dreieck mit drei Kernaufgaben, die für alle Stelleninhaber verbindlich sind, und ein dieses umgebendes äußeres Dreieck mit drei weiteren Aufgaben, die inhaltliche Akzentuierungen enthalten, »zwischen welchen unter Beachtung gewachsener regionaler Angebote und neuen sozialpolitischen Herausforderungen gewichtet werden soll« (ebd., 138). Zu den verbindlichen Kernaufgaben gehören erstens die allgemeine Sozial- und Lebensberatung, zweitens die kirchlich-diakonische Vernetzung und drittens das sozialpolitische Mandat in Kirche und Gesellschaft. Je nach Situation unterschiedlich zu gewichten sind die drei im äußeren Dreieck hinzukommenden Aufgaben »Diakonischer Gemeindeaufbau« (Anregung, Beratung und Begleitung von diakonischen Aktivitäten einzelner Ortsgemeinden), »Projektentwicklung« (Entwicklung, Begleitung und Beratung von innovativen, noch nicht »marktfähigen«, d.h. anderweitig finanzierbaren Projekten) und »Arbeit mit Selbsthilfegruppen«. Im Rahmen dieser Konzeption lässt sich die konkrete Arbeit jeder Kirchenkreissozialarbeitsstelle darstellen und reflektieren. Kirchlich finanziert wird jeweils (mindestens) eine Sozialarbeitsstelle und eine anteilige Verwaltungskraft. Da mit ihrer Hilfe neue Projekte und Stellen marktfähig, also anderweitig (re)finanzierbar gemacht werden können, ist die Streuung der Anzahl hauptamtlicher Mitarbeiter einer Kreisstelle groß; sie reicht von einer bis zu über zwanzig Stellen.

Aus- und Fortbildung

Für die Besetzung der Kern-Stelle(n) der Kirchenkreissozialarbeit ist eine erfahrene Fachkraft, die sich in kirchlichen Kontexten bewegen kann, am besten geeignet (vgl. Münchmeier 1999, 107). Studentinnen und Studenten können von ihr exemplarisch lernen, was für zukunftsfähige Sozialarbeit nötig ist. Die in Kirchengemeinden und -kreisen verorteten Studienprojekte und Studienschwerpunkte vermitteln insbesondere Erfahrungen und Erkenntnisse für offene Arbeitsformen, für sozialräumliche, gemeinwesenbezogene Sozialarbeit, für Sozialpolitik und Öffentlichkeitsarbeit. Zum Programm der in Dresden durchgeführten Projekte gehören:

- *Untersuchungen* wie die Analyse eines Sozialraums nach Partizipations- und Exklusionsstrukturen im Blick auf Formen der Teilhabe sozialer Gruppen (Kinder, Jugendliche, Wohnungs- und Arbeitslose, alte, behinderte und fremde Menschen); die Erhebung vorhandener und fehlender Unterstützungsstrukturen in der Infrastruktur des Ortes; Beobachtungen zu den Ressourcen der sozialen Gruppen und zu Unterstützungsstrukturen durch haupt- und ehrenamtliche, intentionale und beiläufige Sozialarbeit; teilnehmende Beobachtung bei kirchlichen Veranstaltungen in der Region unter der Leitfrage nach ihrer sozialarbeiterischen Relevanz.

- *Sondierungen* von sozialarbeiterischen Interventionsansätzen und -strategien zur Verbesserung der Situation, die in den geschilderten Untersuchungen erhoben wurde.
- *Erprobungen* eines ausgewählten Interventionsansatzes bzw. einer ausgewählten Interventionsstrategie, die bei den Sondierungen in den Blick gekommen ist.
- *Evaluation* der erprobten Intervention im Blick auf Lernerfahrungen zur eigenen Kompetenz, zur Zusammenarbeit der hauptamtlichen Sozialarbeiter und Sozialarbeiterinnen in der Region untereinander und mit der Praktikantin bzw. dem Praktikanten, zur Zusammenarbeit der Professionellen mit Betroffenen und mit freiwilligen Mitarbeitern (»Ehrenamtlichen«), zur sozialen, kirchlichen und kulturellen Arbeit in der Region, und schließlich zur überregionalen Sozial-, Kultur- und Kirchenpolitik als Rahmenbedingung für die örtliche Arbeit.

Teil des Projekts ist die Vermittlung von Kenntnissen und Fähigkeiten zum Qualitäts-, Personal-, Zeit- und Projektmanagement, zum Marketing, zur Leitbild- und Organisationsentwicklung sowie zur Ökonomie unter Gesichtspunkten des Managements und der Theologie. Um die angestrebten Ziele realisieren zu können, arbeiten Praktikanten, Anleiter, Methodiker und die beiden Projektleiter (je ein Professor für Sozialmanagement und für Theologie) zusammen, so gut die Studienorganisation es ermöglicht.

Dieses Projekt hat sich auf die Entwicklung der Arbeit in einzelnen Landeskirchen erkennbar positiv ausgewirkt. An einem Ort wurde von den am Projekt beteiligten Personen ein Workshop gemeinsam mit Pfarrern der Region zur Entwicklung der Gemeindediakonie in der dortigen Superintendentur mit guter Resonanz durchgeführt. Die Verbindung von theologischer Reflexion und Management- Knowhow hat sich bewährt und soll weiterentwickelt werden.

LESEHINWEISE

Berthold, Martin (Hg.), Offene Sozialarbeit der Diakonie. Stuttgart 1990. (Berthold 1990)

Eisert-Bagemihl, Lars/Kleinert, Ulfrid (Hg.), Mandat statt Mission – Soziale Arbeit in Kirchenkreisen. (Reihe Akzente der Entwicklung sozialer Arbeit in Gesellschaft und Kirche Bd. 5). Leipzig 1999. (Eisert-Bagemihl/Kleinert 1999)

Kleinert, Ulfrid (Hg.), Mit Passion und Profession: Zukunft der Gemeindediakonie – Markierungen und Perspektiven. Neukirchen 1992. (Kleinert 1992)

Kleinert, Ulfrid, Sozialarbeit. In: Theologische Realenzyklopädie Bd. 31. Berlin-New York 2000. 481–487. (Kleinert 2000)

2. Nächstenliebe und Empowerment

Theologische Perspektiven in der Gemeinwesenarbeit

Bernhard Vondrasek

SUMMARY

Die Grundprinzipien und Grundhaltungen der Gemeinwesenarbeit, wie sie sich im Bereich Sozialer Arbeit entwickelt hat, finden sich bei Menschen, die sie als christlichen Auftrag in der Nachfolge Jesu leben, ebenso wie bei jenen, die ihre sozialarbeiterische Tätigkeit auf andere anthropologische Prinzipien gründen. Diese Gemeinsamkeiten der Prinzipien, Haltungen und Zielsetzungen sind zwar vielen Sozialarbeitern und vielen pastoralen Mitarbeitern nicht bewusst, sie bieten aber Chancen und Möglichkeiten für eine bessere und intensivere Kooperation beider Berufsgruppen, wodurch das Ziel einer verbesserten Lebensqualität aller Bewohner eines Stadtteils bzw. einer Gemeinde effektiver erreicht werden könnte.

Hinführung: Christen und Gemeinwesenarbeit

Seit über 40 Jahren existiert die Gemeinwesenarbeit (GWA) als ein Teilbereich der Sozialen Arbeit in der Bundesrepublik Deutschland. Allerdings wird sie von keiner konsistenten Theorieentwicklung oder von systematischen Zusammenschlüssen von Praktikern begleitet (vgl. Hinte 2002, 539), was die sozialarbeitswissenschaftliche Auseinandersetzung erschwert. Nachdem 1975 bei einer Tagung in Berlin der Tod der GWA verkündet wurde (vgl. Müller 1992, 131), scheint sie zu Beginn des 21. Jahrhunderts wieder eine Renaissance zu erleben. »Die Todesanzeige der Gemeinwesenarbeit war verfrüht« (Müller 2000, 18).

Von Anfang an wirkten Christen maßgebend an der Entwicklung der GWA mit. So gründete das Pastorenehepaar Barnett 1884 in London die »Toynbee Hall«, ein Nachbarschaftszentrum, das zu einer der historischen Wurzeln der GWA zählt.

Im Bereich der Fortbildung spielte seit Anfang der 1970er-Jahre das von der Evangelischen Kirche Deutschland finanzierte Burckhardthaus eine zentrale Rolle. Vor allem kirchliche Mitarbeiter wurden in Gemeinwesenarbeit fortgebildet, um unter den veränderten gesellschaftlichen Rahmenbedingungen nach 1968 Gemeinwesenarbeit und Gemeindeaufbau voranzutreiben (vgl. Müller 1992, 119ff.). Zu einer breiten theologischen Auseinandersetzung mit der GWA kam es aber nie. Die Kirchen selbst verhielten sich immer etwas distanziert zur GWA. Die Kritik an der GWA bezog sich vor allem auf Konzepte konfliktorientierter bzw. aggressiver GWA, wo der Konflikt zur eigentlichen GWA-Strategie wurde. Damit hatten viele Christen ein Problem, weil diese Strategie u.a. mit dem Aspekt der Versöhnung im Widerspruch lag. »Dieser Konflikt über die Anwendung des Konflikts hat ein großes Dilemma geschaffen für den engagierten Christen, der erkennt, dass die Gemeinwesenarbeit ein wertvolles Mittel zur Erlangung sozialer Gerechtigkeit und zur Entwicklung der menschlichen Anlagen sein kann« (Schaller 1972, 56).

Gemeinwesenarbeit in der Sozialen Arbeit

Sozialarbeiter haben gelernt: Die Gemeinwesenarbeit oder »Community Organization« gilt neben der Einzelfallhilfe »Casework« und der Gruppenarbeit »Groupwork« als eine Methode der Sozialen Arbeit. Soziale Arbeit war aber immer schon einem ständigen Weiterentwicklungsprozess unterworfen, galt doch seit den Anfängen professioneller Sozialer Arbeit das Grundprinzip, auf aktuelle und sich ständig verändernde gesellschaftliche und soziale Rahmenbedingungen zu reagieren. Die GWA wird daher heute immer mehr als ein Arbeitsprinzip und letztlich als eine Haltung verstanden, als »die zusammenfassende Bezeichnung verschiedener, vor allem nationaler und im Lauf der Entwicklung der letzten Jahrzehnte unterschiedlicher Arbeitsformen, die auf die Verbesserung der sozio-kulturellen Umgebung als problematisch definierter, territorial oder funktional abgegrenzter Bevölkerungsgruppen (Gemeinwesen) gerichtet ist« (Schwendtke 1995, 166).
So verstanden kann sie in unterschiedlichen Handlungsfeldern angewendet werden und integriert in ihren Strategien Methoden der Sozialarbeit, der Sozialforschung, der Kulturarbeit und des politischen Handelns. Sie schließt eine ausschließlich individualisierende Sichtweise aus und erkennt, erklärt und bearbeitet die sozialen Probleme in ihrer historischen und gesellschaftlichen Dimension. Ausgehend von den Ressourcen der Einzelnen und des Gemeinwesens liegt der zentrale Aspekt auf der Aktivierung der Menschen in ihrer Lebenswelt, wobei sie als Subjekte politisch aktiven Lernens und Handelns angesehen werden (vgl. Oel-

schlägel 1993, 73f.). Bewohner eines Stadtteils oder einer Gemeinde sollen ermutigt und befähigt werden, gemeinsam Probleme zu erkennen und deren Lösung selbsttätig und öffentlich anzugehen. Die GWA will eine Veränderungsstrategie von unten mit dem Ziel einer Verbesserung und setzt dazu bei Alltagserfahrungen an, interpretiert diese und führt sie zu gemeinsamen Aktionen. Durch diese Art von Selbstorganisation und Solidarität sollen alle Bewohner letztlich einen Zuwachs an Emanzipation und eine verbesserte Lebensqualität erhalten.

Eine abschließende Bemerkung zur GWA im Kontext der Sozialen Arbeit: Seit den 1970er-Jahren tauchen Begriffe wie Stadtteilarbeit und Stadtteilmanagement, Quartiersmanagement, Grätzlarbeit, Stadtteilbezogene Sozialarbeit oder Gemeindeentwicklung auf. All diese neuen Konzepte können nach Ansicht des Autors als Weiterentwicklungen bzw. Spezifizierungen der GWA verstanden werden.

Gemeinwesenarbeiter im Kontext der Pastoral

Nach Hinte lassen sich professionelle Gemeinwesenarbeiter wie folgt skizzieren: Sie lassen sich auf das Leben der Menschen ein, auf ihre Empfindungen, ihre Lebensdefinitionen, ihre Ängste und Handlungsmotive in ihrer ganzen Vielfalt, Brüchigkeit und Widersprüchlichkeit. Das Wohnumfeld wird als Lebens- und Lernort gesehen und damit zum primären Handlungsfeld der Professionellen. Alle Initiativen und Schritte des Gemeinwesenarbeiters sind vom Interesse geleitet, mit den Menschen und ihren Organisationsstrukturen gemeinsam Schritte zur Verbesserung der Lebensbedingungen ›vor Ort‹ zu tun (vgl. Hinte 2002, 542).

Auch Konzepte heutiger Gemeindepastoral orientieren sich an den Lebens-, Arbeits- und Wohnbedingungen der Menschen vor Ort. Nicht nur die einzelnen Individuen werden in den Blick genommen, sondern auch ihre Beziehungen und Verflechtungen im jeweiligen Lebensumfeld. Dass der Mensch nicht losgelöst von seiner Umwelt gesehen werden kann, ist heute auch in der Pastoral eine Selbstverständlichkeit. In vielen Pfarreien gehört es daher zu den Kernaufgaben, sich für eine lebensfördernde Entwicklung des entsprechenden Stadtteils bzw. der entsprechenden Gemeinde einzusetzen.

Dass sich aber pastorale Mitarbeiter als Gemeinwesenarbeiter verstehen, ist öffentlich kaum wahrnehmbar. In den 1970er- und 1980er-Jahren gab es immer wieder Versuche, die Gemeinwesenarbeit als Methode gemeindlicher Diakonie zu etablieren. In Österreich gab es Ansätze im Bereich der kirchlichen Jugendarbeit (vgl. Lehner 1997, 294). In Deutschland kam es in den 1970er-Jahren zu einer reflektierten Erprobung des Einsatzes von Gemeinwesenarbeitern in christlichen Gemeinden (vgl. Steinkamp 1985, 79f.). GWA innerhalb dieses Kontextes wurde eingehend analysiert und beschrieben, konnte sich aber nicht durchsetzen, und Steinkamp zieht 1985 sehr nüchtern Bilanz: Es gelang nicht, »die Gemeinde als solche und als Ganze als Trägerin beziehungsweise Subjekt von GWA-Prozessen zu mobilisieren, vielmehr scheiterten die wohlgemeinten Initiativen letztlich an den Konflikten (mit) der Gemeinde(-leitung) selbst« (Steinkamp 1985, 81). Vor allem ging es um Zielkonflikte, die sich an der unterschiedlichen Definition des kirchlichen Auftrags zwischen Gemeinwesenarbeitern und Gemeinden entzündet hatten (vgl. Lehner 1997, 294).

Nikolaus Sidler benennt sehr klar die Problem- und Konfliktbereiche, die letztlich dazu führten, dass sich die Idee des Gemeinwesenarbeiters in christlichen Gemeinden nicht durchgesetzt hat: »Betonung einer Priorität des ›Sakralen‹ vor dem Sozialcaritativen bzw. Gesellschaftlichen, Beschränkung der gesellschaftlichen Aktivität auf unpolitische Symptombehandlung, Beschränkung der sozialen Tätigkeit auf die Gemeinde im Sinne einer ebenfalls unpolitischen Selbsthilfeorganisation im Binnenbereich. In dem Maß, in dem sich die Sozialarbeit nicht an die geforderte Beschränkung hielt, kam sie mit den Personen und Gruppen in Konflikt, die ein von ihnen angestrebtes bzw. verteidigtes eher herkömmliches Kirchenbild in Gefahr sahen« (Sidler o.J. [1974], 123).

Geht man nun davon aus, dass sich in den letzten 20 Jahren die GWA weiterentwickelt hat und es eine Vielzahl von begrifflichen Umschreibungen sowie Sozialarbeitern und pastoralen Mitarbeitern gibt, die ihr Arbeiten auch auf die Grundideen der GWA zurückführen, dann kann festgestellt werden, dass der »klassische« Gemeinwesenarbeiter der 1960er- und 1970er-Jahre kaum im kirchlichen Kontext präsent ist, aber dass die Ideen und Prinzipien heute so präsent sind wie eh und je. Zum einen gibt es genuin theologische Zugänge zur GWA, andererseits gibt es theologische Grundoptionen, die für die GWA von Bedeutung sein können.

»Bemüht euch um das Wohl der Stadt ...« (Jer 29,7)

Das Christentum ist keine Jenseitsreligion in dem Sinne, dass sie das konkrete menschliche Leben gering schätzt und sich von der Welt absondert. Besonders die Menschwerdung Gottes in Jesus Christus ist das deutlichste Sinnbild dafür, dass Gott seine geschaffene Wirklichkeit angenommen und erlöst hat. Christen sind daher dazu aufgefordert, sich in der Nachfolge Christi für soziale Gerechtigkeit einzusetzen und in der Welt konstruktiv mitzuarbeiten.

Dabei trägt der Christ neben weltweitem Engagement (z.B. für die Menschenrechte, für einen gerechten Ausgleich zwischen Arm und Reich oder für den Einsatz im

Umweltschutz) und der Verantwortung gegenüber seinem engsten familiären bzw. sozialen Umfeld auch Verantwortung für das konkrete lokale Territorium, in dem er lebt. Sich um das Wohl der Stadt zu bemühen (vgl. Jer 29,7), ist nicht der Beliebigkeit freigegeben, sondern ein fundamentaler Auftrag für Christen und die von ihnen gebildeten Gemeinschaften und Vereinigungen. Der Prophet Jeremia spricht in seinem Brief an die deportierten Israeliten in Babylon eine klare Sprache. Er fordert sie auf, sich in dem fremden Land einzurichten, Familien zu gründen und Häuser zu bauen, aber auch – und das ist doch bemerkenswert –, sich für die Stadt, in der sie nun eigentlich als Fremde leben, einzusetzen. Sie sollen durch ihre Arbeit und ihr Gebet am Aufbau einer lebensförderlichen Umwelt im Exil beitragen.

Heutzutage leben Christen besonders in den Städten oft in einem pluralen und entkirchlichten Kontext. Die Versuchung liegt nahe, sich wie die Israeliten in Babylon um die »Kerngemeinde« zu kümmern, den Blick auf das »vertriebene Volk Gottes« zu richten und das konkrete Lebens- und Wohnumfeld auszublenden. Doch auch heute geht es darum, sich als Christen im Sinne der GWA für eine lebensförderliche Umwelt und eine Verbesserung der Lebensqualität aller Bewohner des Stadtteils oder der Gemeinde einzusetzen. So verfolgen Christen und GWA bewusst oder unbewusst ein gemeinsames Ziel. Christen, die sich in GWA-Projekten engagieren, tragen gleichzeitig dazu bei, am Aufbau des Reiches Gottes für alle Menschen mitzuwirken.

Zivilisation der Liebe als theologisches Ziel

GWA hat immer eine gesellschaftlich-politische Dimension und möchte Missstände und soziale Ungerechtigkeiten im Lebens- und Wohnumfeld der Menschen nachhaltig beseitigen. Bewohner eines Stadtteils sollen sich einerseits für ihre eigenen Interessen und Bedürfnisse, andererseits aber auch für jene der anderen einsetzen. Solidarität und Gemeinwohl gewinnen daher in GWA-Prozessen eine herausragende Bedeutung. GWA unterstützt und moderiert solche Demokratisierungs-, Solidarisierungs- und politischen Partizipationsprozesse, damit sich ein Stadtteil zum Wohle aller Bürger entwickeln kann.

Theologisch gesprochen kann das Ziel eines solchen Veränderungsprozesses als eine »Zivilisation der Liebe« bezeichnet werden. Dieser Ausdruck, den Papst Paul VI. prägte und sein Nachfolger Papst Johannes Paul II. weiterführte, will Aspekte der Nächstenliebe sowie der Geschwisterlichkeit in unserer modernen Kultur verankert wissen (vgl. Carrier 1985, 226). »Die Christen müssen es lernen, als Ferment zu wirken innerhalb der gesellschaftlichen Strukturen und auf allen Gebieten, die sich mit der Verbesserung des menschlichen Daseins befassen« (Carrier 1985, 234). Das Dokument »Jugend, Kirche und Veränderung. Ein pastoraler Entwurf zum Aufbau der Zivilisation der Liebe« des lateinamerikanischen Bischofsrates aus dem Jahr 1984 nimmt diesen Begriff ebenfalls auf. In diesem Dokument werden – wie für einen befreiungstheologischen Ansatz üblich – die beiden ideologischen Systeme Kapitalismus und Marxismus kritisch analysiert und ihnen der Aufbau einer Zivilisation der Liebe als die kirchliche Vision gegenübergestellt, die theologisch konsequent von der Reich-Gottes-Vision hergeleitet wird (vgl. Steinkamp 1986, 660).

Die beteiligten Subjekte, alle Akteure eines lokalen Gemeinwesens, die am Aufbau einer Zivilisation der Liebe mitarbeiten wollen und sich deswegen im Bereich der GWA engagieren, haben bei dieser theologischen Zielperspektive in der GWA eine klare Option zu treffen: Zunächst geht es um einen bedingungslosen Vorrang des menschlichen Lebens vor jedem anderen Wert und Gewinn (vgl. Lateinamerikanischer Bischofsrat 1988, 67). Wie geht ein Stadtteil mit Fragen des ungeborenen Lebens, mit den Bedürfnissen von Kleinkindern, Jugendlichen, kranken, alten und einsamen Menschen, aber auch mit dem Tod um? Gibt es Initiativen im Bereich der Nachbarschaftshilfe oder eines organisierten Besuchsdienstes? Gibt es Räume und Zeiten, in denen existenzielle menschliche Fragestellungen Platz haben? Sterben Menschen ohne Begleitung, anonym und einsam? All diese Fragen und die daraus ableitbaren Initiativen im Rahmen der GWA tragen dazu bei, dass in jedem Augenblick der menschlichen Existenz das menschliche Leben verteidigt wird, denn unser »Gott ist der Gott des Lebens, der einer von uns geworden ist, damit wir das Leben haben und es in Fülle haben« (Lateinamerikanischer Bischofsrat, 67). Für den Aufbau einer Zivilisation der Liebe gilt auch zu berücksichtigen, dass rein marktwirtschaftliche Interessen auf Kosten von einzelnen Personen und Familien nicht den Vorrang haben dürfen. Das Dokument spricht davon, dass jede Autorität, jedes Wirtschaftssystem und jede Ideologie untauglich ist, die an der Person vorbei, über sie hinweg oder gegen sie aufgebaut wird.

Diese Zivilisation der Liebe wird mehr durch das Positive bestimmt, das sie ankündigt, als durch das Negative, das sie zurückweist, was auch einer Grundbedingung der GWA entspricht. Denn auch in der GWA können Veränderungsprozesse nur dann in Gang gesetzt und erfolgreich gestaltet werden, wenn man mit den Stärken eines Stadtteils arbeitet, seine vielfältigen positiven Potenziale kreativ und innovativ nutzt und sich vom häufig defizitorientierten Blickwinkel der Sozialen Arbeit verabschiedet.

Aus dem Blickwinkel der Zivilisation der Liebe wird die sozialpolitische Sprengkraft dieser Zielvorstellung für die GWA deutlich. Sie zielt auf die Transformation einer rein marktwirtschaftlichen Gesellschaftsordnung zu einer Gesellschaftsordnung, die Profit und Gewinn zwar fördert, aber dies nicht zum alleinigen Strukturelement einer Gesellschaft werden lässt. Es geht letztlich um die Option für soziale Gerechtigkeit. Daher müssen gerade Christen in Mitteleuropa daran mitwirken, die vorhandenen sozialen Spaltungstendenzen und Entsolidarisierungsprozesse zu überwinden.

Bereits in Jesu Haltung grundgelegt: Empowerment

Kernelemente professioneller GWA sind die Aktivierung, Mobilisierung und Unterstützung der Selbsthilfekräfte und der Eigeninitiativen eines gesamten lokalen Systems und die Nutzung aller Ressourcen eines Stadtteils. Die biblisch-theologische Grundlage dieser Arbeitsweise besteht in der Überzeugung, dass Gott dem Menschen zutraut, in sich jene Fähigkeiten zu entdecken, die ihn frei und eigenmächtig handeln lassen. Dieses Zutrauen Gottes dem Menschen gegenüber befähigt ihn, seine Selbsthilfepotenziale zu erkennen und diese zu nutzen. Dies ist die wesentliche Voraussetzung für ein selbstbestimmtes Leben. Am Wunderwirken Jesu kann dies deutlich gemacht werden. Er hatte die Gabe, in anderen Menschen heil-machende Fähigkeiten zu wecken (vgl. Theißen 1977, 104). Die Jünger damals und Christen heute erhalten dadurch die Legitimation, sich der Menschen heilend und sorgend anzunehmen. Diese Partizipation am Heilshandeln Gottes gilt aber nicht nur im Blick auf den professionellen Helfer, sondern auch im Blick auf den Hilfebedürftigen selbst. »Von ihm wird insofern Mitwirkung erwartet, als Glaube – und das heißt hier speziell: die Bereitschaft, Widerstände und Grenzen zu überwinden – erwartet wird« (Seibert 1985, 38).
Jesu heilendes Handeln kann daher auch als Auslöser von Empowerment-Prozessen bezeichnet werden. Dem Empowerment-Konzept liegt die Annahme zugrunde, dass Menschen über Stärken, Fähigkeiten und Potenziale verfügen, die im alltäglichen Leben nur teilweise genutzt werden. Christlich motivierte Gemeinwesenarbeit kann daher im Kontext dieser biblischen Tradition gedeutet werden. Jesu Handeln unterschied sich dadurch von dem der Magier oder Amtscharismatiker seiner Zeit, dass es nicht elitär-esoterisch war, sondern grundsätzlich partizipativ und andere ermächtigend (vgl. Seibert 1985, 38). Mit einem theologischen Begriff bezeichnet man dies als »exousia-teilend«. Gemeint ist damit die Vollmacht, Menschen heil zu machen, Krankheiten zu heilen, Versöhnung zu stiften und neue Anfänge zu schaffen. Dieses Anteilhaben am Wirken Gottes gilt für den Helfer wie für den Hilfebedürftigen.
Dieses Empowerment-Geschehen ist ein zentraler Aspekt jeder GWA. Empowerment »beinhaltet wechselseitige Achtung und Fürsorge, kritische Reflexion und

Bewusstwerdung der Akteure, durch die eine Form der Teilhabe für Personen oder Gruppen ermöglicht wird, die einen unzureichenden Zugang zu wichtigen sozialen Ressourcen haben. Durch diesen Prozess können sie diesen Zugang verbessern und die für sie wesentlichen sozialen Ressourcen stärker kontrollieren« (Stark 1996, 16f.). Ein solcher pastoraler sowie sozialarbeiterischer Ansatz unterstützt die Bewohner eines Stadtteils, eigene Lösungskompetenzen zu erlangen. Es geht um ein gelingendes Lebensmanagement im Sinne der Verantwortung des Individuums für sein eigenes Leben, für das seiner Umwelt und gegenüber Gott.

LESEHINWEISE

Dennig, Walter/Kramer, Hannes (Hg.), Gemeinwesenarbeiter in christlichen Gemeinden. Berichte – Analysen – Folgerungen. Freiburg i.Br.-Gelnhausen-Berlin 1974. (Dennig/Kramer 1974)

Hinte, Wolfgang, Von der Gemeinwesenarbeit über die Stadtteilarbeit zum Quartiersmanagement. In: Thole, Werner (Hg.), Grundriss Soziale Arbeit. Ein einführendes Handbuch. Opladen 2002, 535–548. (Hinte 2002).

Steinkamp, Hermann, Diakonie. Kennzeichen der Gemeinde. Entwurf einer praktisch-theologischen Theorie. Freiburg 1985. (Steinkamp 1985)

Teil D

AUSSICHTEN UND ERINNERUNGEN EINER THEOLOGIE SOZIALER ARBEIT

Einführung

Rainer Krockauer

In den Prozessen gesellschaftlicher Differenzierung, kultureller Pluralisierung und lebensgeschichtlicher Individualisierung scheint mit dem Bedeutungsverlust des institutionellen Christentums auch das Unsichtbar- und Unkenntlichwerden der Theologie verbunden zu sein. Dies ist ein nachhaltiger Stachel in ihrem Fleisch und fordert sie heraus, diakonisch im umfassenden Sinne zu sein und sich auf die entkirchlichten und pluralen Lebensformen außerhalb ihres vertrauten Terrains einzulassen. Einer Theologie Sozialer Arbeit (im Zwischenraum zwischen gesellschaftlichen und kirchlichen Bezügen) kommt hierbei eine markante Rolle zu. Mit der konstitutiven Bezogenheit auf die aus der Sozialen Arbeit kommenden Fragen können christliche Traditionen, insbesondere ihre spirituellen und prophetischen (vgl. Krockauer 2004), neu belebt und artikuliert werden. Theologie vermag dabei nicht nur zur Profilierung von Sozialer Arbeit (z.B. verstanden als Menschenrechtsprofession, vgl. IFSW 2000 bzw. Lob-Hüdepohl 2003b) beizutragen, sie leistet auf diesem Wege auch einen originären und originellen Beitrag zu einer auf die »Zeichen der Zeit« (Pastoralkonstitution 1966, Nr. 4) bezogenen Theologie und dadurch zu einem für Kirche und Theologie konstitutiven Weltdienst.

Mehr denn je provozieren aktuelle Fragen der Sozialen Arbeit und krisenhafte Erfahrungen in und mit der Moderne eine originär diakonische Theologie, die ihre Solidaritäts- und Gerechtigkeitsbezogenheit aus einem reflektierten Glaubensverständnis heraus zu begründen weiß (vgl. Götzelmann, I., 3). Eine besondere Bedeutung gewinnt dabei die Sensibilisierung für die untrennbare Einheit von Solidarität und Spiritualität bzw. von »Kampf und Kontemplation« (Frère Roger). Sie in Erinnerung zu rufen bzw. zur Diskussion zu stellen, macht einen profilierten theologischen Beitrag in einer Zeit aus, in der beides (auch und gerade in der Sozialen Arbeit) vielfach unvermittelt nebeneinander steht und ein spiritualitätsskeptisches soziales Engagement ebenso wie ein solidaritätsscheuer Spiritualismus neu zu hinterfragen ist.

Darüber hinaus wird eine »diakonische und politisch-befreiende Theologie« (Lienkamp, I., 1) neben dem Rückgriff auf biblische Traditionen vor allem auf die Theologietraditionen eines Sozialkatholizismus bzw. Sozialprotestantismus zu verweisen haben, die, z.B. ausgedrückt in den Soziallehren der beiden Kirchen, maßgeblich auf bestimmte gesellschaftliche Entwicklungen, gerade in Deutschland, eingewirkt haben. Diesbezügliche theologische Identifizierungsversuche Sozialer Arbeit dürften gegenwärtig ein nicht zu unterschätzendes Denk- und Argumentationsreservoir beispielsweise in der Diskussion um aktuelle sozialstaatliche Entwicklungs- und Umstrukturierungsprozesse darstellen. Eine Theologie Sozialer Arbeit kann hier – in bester Tradition kirchlicher Soziallehre und um deren sozialpolitischen Optionen willen – gemeinsam mit den sozialcaritativen Einrichtungen der Kirchen eine nicht zu unterschätzende Rolle als zivilgesellschaftliche Vorhut in der Gesellschaft spielen, die in den Raum der Gesellschaft hineinwirkt, Zeichen setzt und Anstöße vermittelt, welche eine um Solidarität und Gerechtigkeit ringende Gesellschaft gerade heute dringend braucht.

Die zahlreichen Vorgängereinrichtungen Katholischer und Evangelischer Fachhochschulen in Deutschland sind – rückblickend gesehen – als ein solches Zeichen in die Gesellschaft hinein zu verstehen. Sie verdanken sich den Initiativen zahlreicher namhafter Persönlichkeiten (wie etwa Helene von Dungern in Darmstadt oder Helene Weber in Aachen). Diese versuchten, den gesellschaftlichen Umwälzungen, vor allem hervorgerufen durch Industrialisierung und Modernisierung, durch Entwicklung unterschiedlichster Ausbildungs- und Beschäftigungsstrukturen für soziale Dienste zu begegnen (vgl. Lehner, III., 2). Sie wussten sich dabei von einer Vielfalt ehrenamtlicher Initiativen und Hilfeformen bzw. von zahllosen (zum Teil neu entstandenen) Ordensgesellschaften ermuntert und getragen, die das 19. Jahrhundert hervorgebracht hatte. Besonders die Erfahrungen mit den durch den Ersten Weltkrieg hervorgerufenen Nöten und Sorgen hatten neue Vorstellungen von einer planmäßigen Wohlfahrtspflege heranwachsen lassen, sodass in dessen Gefolge zahllose Soziale Frauenschulen entstanden waren. Deren Absicht war, im Vertrauen auf die aufbauenden Kräfte des religiösen und konfessionellen Lebens, sich als Christen und als Kirche organisiert und bewusst »in den Streit um Menschenglück und -heil« (Hedwig Dransfeld, 1871–1925) einzumischen. Dies ist ein bleibender Auftrag und eindrückliches Vermächtnis für eine Theologie, in deren Mittelpunkt der Mensch steht (vgl. Bohlen, III., 1) und die sich auf eine diakonische Spiritualität bezogen weiß (vgl. Krockauer, III., 3)

Parteinahme für eine Solidarität mit den Armen, Wegbegleitung der Integration von Sozialer Arbeit und Pastoral und Brückenbau für eine diakonische Kirche: Unter diesen Leitgedanken versuchen die Autoren in Kapitel I Impulse einer Theologie Sozialer Arbeit für Gesellschaft und Kirche zu entwickeln. Die Erinnerung an zwei, exemplarisch ausgewählte, Pioniere kirchlicher Sozialgeschichte in Kapitel II eröffnet – eher skizzenhaft – das offene Forschungsterrain »einer kritisch-aufklärenden und darin motivierenden Geschichtsarbeit«, welche

»einen wertvollen Baustein zu einer Institutionalisierungstheorie Sozialer Arbeit leisten« (Lechner 2000, 197) kann. Dem schließen sich am Ende (Kapitel III) – im Bemühen, einige durchgehende Verbindungslinien im Leitfaden aufzugreifen – drei erkennbare Konturen einer Theologie Sozialer Arbeit an: Die durchgängige Bezogenheit auf den Menschen und seine Menschwerdung, auf spezifische institutionelle Orte und schließlich auf eine Theorie und Praxis tragende diakonische Spiritualität.

I. Impulse einer Theologie Sozialer Arbeit für Gesellschaft und Kirche

1. Parteinahme für eine Solidarität mit den Armen

Impulse einer Theologie Sozialer Arbeit für die Gesellschaft

Andreas Lienkamp

SUMMARY

Nach einer Klärung der hier vertretenen, konvergierenden Profile von Theologie (als diakonischer und politisch-befreiender Glaubensreflexion) und Sozialer Arbeit (als Menschenrechtsprofession) werden wesentliche Impulse einer Theologie (im Kontext) Sozialer Arbeit für die Gesellschaft formuliert. Diese beziehen sich auf die Menschenwürde und Heiligkeit des Lebens, die Ehrfurcht vor dem Leben, die vorrangige Option für die Armen, die Befähigung zur Subjektwerdung, auf das Verhältnis von Schuld, Barmherzigkeit und Vergebung, auf universale Solidarität, prophetische Sozialkritik, ethische Orientierung sowie die Hoffnung auf Vollendung.

Wird nach Impulsen gefragt, die die (christliche) Theologie der (bundesdeutschen) Gesellschaft heute zu geben vermag, so muss zuvor der »immense Bedeutungsverlust des Christentums und seiner Theologie in der Postmoderne« (Krockauer 2000a, 60) zur Kenntnis genommen werden, der nicht durch die bloße, kontrafaktische Behauptung eigener Wichtigkeit überwunden werden kann. Um wieder öffentlich ernst und wahrgenommen zu werden, könnte die Theologie der Versuchung erliegen, sich durch Erfüllung gesellschaftlich nachgefragter Funktionen – etwa als Kontingenzbewältigungsagentur – nützlich zu machen. Durch solche Anpassung an ungeprüfte soziale Erwartungen liefe die Theologie jedoch Gefahr, ihren ureigensten Auftrag zu verraten. Worin dieser besteht und wie Theologie unter den Bedingungen des »Unsichtbar- und Unbrauchbarwerdens« (ebd.) neue Relevanz erlangen kann, ohne ihr Profil preiszugeben, dem soll an dieser Stelle nachgegangen werden.

Theologie (im Kontext) Sozialer Arbeit: eine diakonische und politisch-befreiende Theologie

Zunächst ist allerdings darzulegen, was hier unter Sozialer Arbeit bzw. unter Theologie verstanden wird. Für die Soziale Arbeit greife ich auf die noch relativ junge Definition zurück, die die International Federation of Social Workers (IFSW) im Juli 2000 vorgelegt hat: »Die Profession Sozialer Arbeit setzt sich ein für sozialen Wandel, die Lösung von Problemen in menschlichen Beziehungen sowie die Befähigung [empowerment] und Befreiung [liberation] von Menschen mit dem Ziel, das Wohlergehen zu fördern. Gestützt auf Theorien menschlichen Verhaltens und sozialer Systeme interveniert Soziale Arbeit an den Stellen, wo Menschen mit ihrer Umwelt interagieren. Grundlage Sozialer Arbeit sind die Prinzipien der Menschenrechte und der sozialen Gerechtigkeit« (Vgl. IFSW 2000; eigene Übersetzung).
Nach dem offiziellen Kommentar zu dieser normativ äußerst gehaltvollen Begriffsbestimmung wurzelt Soziale Arbeit in humanitären und demokratischen Idealen. Ihre Werte gründeten auf dem Respekt vor der Gleichheit, dem Wert und der Würde aller Menschen. Seit ihren Anfängen ziele Soziale Arbeit auf die Erfüllung der Bedürfnisse und die Entwicklung der Fähigkeiten der Menschen. Menschenrechte und soziale Gerechtigkeit dienten als Motivation sowie als Legitimation sozialarbeiterischen Handelns. In Solidarität mit den Benachteiligten kämpfe Soziale Arbeit dafür, Armut zu lindern sowie die Wehrlosen und Unterdrückten zu befreien, um soziale Inklusion zu fördern (vgl. IFSW 2000). Schon 1988 betonte die IFSW, dass »die Soziale Arbeit ihrem Selbstverständnis nach eine Men-

schenrechtsprofession ist, da sie vom Grundsatz des unteilbaren Wertes jedes einzelnen menschlichen Wesens ausgeht und da eines ihrer Hauptziele die Förderung gerechter sozialer Verhältnisse ist, die den Menschen Sicherheit und Entfaltungsmöglichkeiten bieten, während sie ihre Würde schützen« (zit. nach Vereinte Nationen u.a. 2000, 3). Es ist dieses Wertefundament, durch das Soziale Arbeit – neben der Mandatierung durch die »Klientinnen« und »Klienten« wie durch die Gesellschaft – ein »unabhängiges, d.h. drittes, eigen- bzw. professionsbestimmtes Mandat« erhält, das sich an menschenrechtlich erfassbaren Unrechtserfahrungen orientiert, wer auch immer deren Verursacher ist (Staub-Bernasconi 2003, 1f.).
Ganz ähnlich wie die wissenschaftlichen Disziplinen der Sozialen Arbeit (Sozialarbeitswissenschaft, Sozialpädagogik, Heilpädagogik) ist auch die Theologie – hier in einem christlichen Sinne verstanden – eine praktische Wissenschaft. Als solche bedenkt sie den christlichen Glauben in seiner Doppelstruktur als Bekenntnis und Zeugnis sowie in seinem jeweiligen historischen und sozial-ökologischen Zusammenhang. Glaube ist demnach kein bloßes Für-wahr-Halten von dogmatischen Sätzen, sondern »eine Praxis in Geschichte und Gesellschaft, die sich versteht als solidarische Hoffnung auf den Gott Jesu als den Gott der Lebenden und der Toten, der alle ins Subjektsein vor seinem Angesicht ruft« (Metz 1980, 70). Von konkreten Akteurinnen und Akteuren betrieben, ist Theologie – ob bewusst oder unbewusst – immer eine subjekthafte und kontextuelle Reflexion dieses, in der kirchlichen Gemeinschaft geteilten Glaubens an den Gott der Bibel. Ein Gott, der sich selbst als Schöpfer und Befreier, als Gott des Lebens, der Liebe und der Gerechtigkeit erweist und den Menschen mitteilt, wie sich dies in Jesus, dem Christus, d.h. dem Messias, in besonderer Weise ereignet hat.
Aus solchem befreienden Glauben folgt notwendig die Verpflichtung zu einem befreienden Handeln, das elementarer Bestandteil des christlichen Glaubens ist. Erst wenn die geglaubte Wahrheit in solcher Praxis be-wahr-heitet wird, wird der Glaube auch glaub-würdig. Eine Wissenschaft, die diesen Glauben bedenkt, nimmt dann notwendig eine entsprechende Gestalt an: »Theologie als kritische Reflexion auf die historische Praxis ist also eine befreiende Theologie, eine Theologie der befreienden Veränderung von Geschichte und Menschheit und deshalb auch die Umgestaltung jenes Teils der Menschheit, der – als *ecclesia* vereint – sich offen zu Christus bekennt. Theologie beschränkt sich dann nicht mehr darauf, die Welt gedanklich zu ergründen, sondern versucht, sich als ein Moment in dem Prozess zu verstehen, mittels dessen die Welt verändert wird, weil sie – im Protest gegen die mit Füßen getretene menschliche Würde, im Kampf gegen die Ausbeutung der weitaus größten Mehrheit der Menschen, in der Liebe, die befreit, und bei der Schaffung einer neuen, gerechten und brüderlichen [oder besser: geschwisterlichen; A.L.] Gesellschaft – sich der Gabe des Reiches Gottes öffnet« (Gutiérrez 1984, 21). Für die Theologie der Befreiung, wie sie im Kontext der lateinamerikanischen Kirche der

Armen entstanden ist, ist die Theologie allerdings erst der zweite Akt. »Das Erste ist die Verpflichtung zu Liebe und Dienst« (ebd., 17).

Nicht jedes christliche Glaubensverständnis ist mit jedem Zuschnitt Sozialer Arbeit, nicht jede christliche Theologie mit jeder Ausprägung von Sozialarbeitswissenschaft kompatibel. Deshalb gilt es, gemäß dem Modell konvergierender Optionen (vgl. Steinkamp 1983, 170), Bündnispartnerinnen und Referenztheorien danach auszuwählen, ob grundlegende Übereinstimmungen hinsichtlich der erkenntnisleitenden Interessen, der Menschenbilder, Werte, Ziele und Normen vorliegen bzw. ob die jeweils explizit oder implizit vertretenen Überzeugungen zumindest der Prüfung anhand der Maßstäbe Menschenwürde und Verallgemeinerbarkeit standhalten. Die hier vertretenen Typen von Sozialer Arbeit und christlichem Glauben, von Sozialarbeitswissenschaft und Theologie decken sich weitestgehend – so wurde sichtbar – bezüglich ihrer Menschenbilder, ethischen Optionen sowie im Blick auf ihre Ziele: die Befreiung und Befähigung der Armen und Ausgeschlossenen sowie die Humanisierung der Gesellschaft.

Theologie (im Kontext) Sozialer Arbeit ist aber weder »Dienstmagd« (in der Art, wie die Philosophie lange als »ancilla« der Theologie betrachtet wurde) noch »Vormünderin« Sozialer Arbeit. Das heißt, sie ist weder bloße Hilfs- noch hegemoniale Superwissenschaft, sondern – analog zu Sozialwissenschaften, Philosophie, Recht, Pädagogik, Psychologie oder Medizin – eine fachlich notwendige, gleichberechtigte Disziplin. Doch nicht als »Light-Version« im Sinne einer »eingedampften« Universitätstheologie, sondern als eine auf die Anforderungen der Sozialen Arbeit subsidiär ausgerichtete, in diesen Kontext integrierte Bezugswissenschaft. Als solche steht sie in solidarisch-kritischer, interdisziplinärer »Weggefährtenschaft«. Sie kann dabei an einen in der Sozialen Arbeit bereits gelebten Glauben sowie an – den Wissenschaften der Sozialen Arbeit immanente – anthropologisch-ethische und auch theologische Reflexionen anknüpfen (vgl. Lechner 2000, 17, 20f., 37f., 135, 221, 306). Denn »theologische Reflexion als verstandesmäßiges Durchdringen des Glaubens« ist kein Privileg »professioneller« Theologinnen und Theologen. Sie entsteht vielmehr in jeder und jedem Glaubenden und jeder christlichen Gemeinschaft (Gutiérrez 1984, 6). Das heißt, auch Soziale Arbeit kann als ein »theologiegenerativer Ort« betrachtet werden (Krockauer 1998).

Theologie (im Kontext) Sozialer Arbeit wird hier verstanden als eine diakonische und politisch-befreiende Theologie, und zwar in mehrfacher Hinsicht: Sie steht erstens im Dienst an den Menschen, der Gesellschaft und der Schöpfung, zweitens im Dienst an der Sozialen Arbeit (sowie ihrer wissenschaftlichen Reflexion) und drittens im Dienst an Gott und seinem Wort. Dies sind allerdings weder getrennte Sphären noch Aufgaben. Sie bedingen und durchdringen sich vielmehr insofern, als jeder echte Dienst an den Menschen, der Gesellschaft und der Schöpfung zugleich Gottesdienst ist und jeder Dienst an der Sozialen Arbeit (und ihrer wissenschaftlichen Reflexion) zugleich deren Dienst an den Menschen, der Gesellschaft und der Schöpfung fördert.

Um diesen anthropologischen, sozialen und ökologischen Dienst wird es im Folgenden gehen. Dabei erheben die nachstehenden Überlegungen keinen Anspruch auf Vollständigkeit, wohl aber darauf, zumindest einige wesentliche Impulse zu benennen. Damit ein Impuls jedoch etwas anstoßen oder anregen kann, muss er Resonanz finden. Für die (christliche) Theologie als Glaubensreflexion in einer weltanschaulich und religiös pluralen Umwelt heißt dies, dass sie ihre Aussagen in die Sprache von Menschen anderer Konfession oder ohne ausdrückliches religiöses Bekenntnis sowie in eine im interdisziplinären Dialog kommunizierbare Begrifflichkeit übersetzen muss. Dies kann hier nur begrenzt geleistet werden, was jedoch nicht von der Aufgabe entbindet.

Impulse für die Gesellschaft

Welches sind nun die wichtigsten Impulse, die eine Theologie (im Kontext) Sozialer Arbeit vor allem der bundesdeutschen Gesellschaft als Typ westlich-industrialisierter, marktwirtschaftlich-demokratischer, rechts- und sozialstaatlich ausgerichteter Gesellschaften im 21. Jahrhundert zu geben vermag?

Impuls 1: Die Würde des Menschen achten

In einer Gesellschaft, deren normatives Fundament – das auf der Menschenwürde als höchstem, vorpositivem Wert basiert – wiederholt nicht nur praktisch, sondern auch theoretisch relativiert und in Frage gestellt wird (vgl. Reiter 2004, 8ff.), besteht ein wichtiger Dienst, den eine Theologie (im Kontext) Sozialer Arbeit leisten kann, darin, ihr eigenes Menschenbild in die öffentlichen Debatten einzuspeisen, um Orientierung zu ermöglichen, aber auch um vorhandene (latente und offene) Menschenbilder zu irritieren und zu kritisieren. Nach biblischer Überlieferung ist jeder Mensch von Gott geschaffen, als sein Bild, und damit ein bevorzugter Ort der Gegenwart Gottes (vgl. Gen 1,27). »Bild Gottes« meint dabei, dass die Menschen als »eine Art lebendige Götterstatue« betrachtet werden, »durch die der Schöpfergott in seiner Schöpfung wirkmächtig da ist« (Zenger 2004, 18). In dieser Gottebenbildlichkeit liegt nach jüdischer und christlicher Überzeugung die Würde des Menschen begründet. Von Beginn der menschlichen Existenz an, also mit der Verschmelzung der elterlichen Chromosomensätze, ist der Mensch ausgestattet mit einer gleichen und unveräußerlichen Würde, einer Würde, die selbst den Tod überdauert. Er ist zur Freiheit fähig und berufen zur Verantwortung, von Gott gewollt, d.h. von Gott bejaht und angenommen (vgl. Gen 1,31; Ps 8,4–9), und zwar unabhängig von bestimmten Eigenschaften, Fähigkeiten, Leistungen, Nützlichkeit oder Verdienst (vgl. Joh 8,11). Jede Einzelne und jeder Einzelne ist darum in sich wertvoll und heilig. Zum Menschen gehört aber auch die Erfahrung von Schmerz und Leid, Endlichkeit und Tod, Scheitern und Schuld. Auch darauf hat eine Theologie (im Kontext) Sozialer Arbeit im Sinne eines realistischen Menschenbildes und entgegen allen Machbarkeits- und Selbstvollendungsfantasien – wie sie gegenwärtig vor allem im Rahmen der »Lebenswissenschaften« laut werden – hinzuweisen.

Impuls 2: Dem Leben mit Ehrfurcht begegnen

In einer Gesellschaft, in der der Respekt vor der Heiligkeit nicht nur des außerhumanen, sondern auch des menschlichen Lebens keineswegs selbstverständlich ist, kann eine Theologie (im Kontext) Sozialer Arbeit den Dienst erweisen, die Ehrfurcht vor dem Leben als eine Basistugend nachhaltiger Entwicklung (wieder) ins Bewusstsein zu bringen (vgl. Lienkamp 2003a). »Ehrfurcht« verstehe ich hier mit Gerhard Mertens als »eine Grundeinstellung, die es mit dem Achtbaren, Bewundernswürdigen und zugleich Verletzlichen zu tun hat, das es gegebenenfalls vor drohenden Übergriffen zu schützen gilt« (Mertens 1998, 529). Der Gedanke der »Ehrfurcht vor dem Leben« geht auf den evangelischen Theologen, Philosophen und Arzt Albert Schweitzer zurück, der den Begriff geprägt und eine darauf basierende Ethik universaler Verantwortung entworfen hat. »Als gut gilt ihm, Leben erhalten, Leben fördern, entwickelbares Leben auf seinen höchsten Wert bringen. Als böse: Leben vernichten, Leben schädigen, entwickelbares Leben niederhalten.« Dies sei das »denknotwendige, universelle, absolute Grundprinzip des Ethischen« (Schweitzer 1994, 52). Eine daran orientierte Haltung sowie ein daraus resultierendes Handeln stehen nach Schweitzer zugleich in der Nachfolge Jesu Christi. In diesem Sinne urteilen auch die christlichen Kirchen in Deutschland: »Die Ehrfurcht vor dem Leben setzt voraus, dass Leben ein Wert ist und dass es darum eine sittliche Aufgabe ist, diesen Wert zu erhalten. Das Leben ist dem Menschen vorgegeben; es ist seine Aufgabe, dieses Leben zu achten und zu bewahren« (Verantwortung wahrnehmen für die Schöpfung 1985, Ziffer 34). Dies gilt nicht nur für menschliches Leben. Darüber hinaus ist zu betonen, dass nur die bzw. der Einzelne ein zutreffendes Urteil über die Qualität des eigenen Lebens fällen kann. Zuschreibungen Dritter im Sinne von »lebenswert« oder »lebensunwert« sind damit unzulässig.

Impuls 3: Für die Armen Partei ergreifen

In einer Gesellschaft, in der Menschen, die arm, anders oder fremd sind, an den Rand gedrängt werden, in der Menschen (z.B. im frühen pränatalen Entwicklungsstadium oder mit schwerer Beeinträchtigung) zu »Nicht-Personen« erklärt werden, kann eine Theologie (im Kontext) Sozialer Arbeit den Dienst leisten, klar zu machen, was die (Selbst-) Verpflichtung auf Menschenwürde und soziale Gerechtigkeit bedeutet (vgl. u.a. Krockauer 1993). Gott selbst hat nach dem biblischen Zeugnis eine Option für die Armen, Benachteiligten und Ausgeschlossenen getroffen (vgl. etwa Ps 9,13; 12,6; 14,6; Jak 2,5). Er erweist sich als der Schutzgott der Armen, ja, »die Armen sind ... der ›Ort‹, an dem Gott zu finden ist« (Zenger 2004, 1052). Diese Haltung Gottes findet ihre Entsprechung in der Selbstidentifikation Jesu mit den Armen (vgl. Mt 25,40), die von ihm selig gepriesen (Lk 6,20) und mit besonderer Wertschätzung behandelt werden (vgl. FuchsO 1990, 31–38). In der Erfüllung des Auftrags, als Bild Gottes in der Welt zu wirken und Jesus nachzufolgen, ist auch von den Christinnen und Christen eine entsprechende Ausrichtung von Bewusstsein und Handeln verlangt. Die Liebes- und Solidaritätspraxis gegenüber und mit den Armen wird damit zum entscheidenden Kriterium christlicher Existenz und Glaubwürdigkeit.

Darum ist immer wieder zu prüfen, wer konkret die Armen und Nichtbeteiligten sind und was der (strukturelle) Grund ihrer Armut und Ausgrenzung ist, den es zu überwinden gilt. So schließt die Option für die Armen heute eine politische Lobbyarbeit für die Benachteiligten und Ausgeschlossenen ein und damit auch für gefährdete Menschen in ihrer pränatalen und letzten Lebensphase, für Menschen, die scheitern, krank oder beeinträchtigt sind, sowie die anwaltliche Wahrnehmung der Rechte derjenigen, die ihre Interessen noch nicht, nicht oder nicht mehr selbst wahrnehmen können. In dieser Hinsicht kann die Option für die Armen als Forderung der Gerechtigkeit im Sinne einer advokatorischen Parteinahme für die Nichtbeteiligten auch für die zukünftigen Generationen Geltung beanspruchen. Das heißt, der Schutz ihrer mutmaßlichen Bedürfnisse und Interessen wird in die moralische Verpflichtung der heutigen Generationen gelegt (vgl. Lienkamp 2003b).

Zwei Gefahren gilt es allerdings vorzubeugen: Zum einen könnte eine Option »für« die Armen leicht in entmündigenden Paternalismus umschlagen, der die Armen zu Objekten der Fürsorge degradiert und in diesem Status fixiert. Um dem zu begegnen, muss die Option für die Armen nicht nur eine Option gegen deren Armut, Benachteiligung und Ausgrenzung, sondern auch die Option für ihre Subjektwerdung notwendig einschließen (Stichwort: Empowerment). Zum anderen wurden und werden die Armen und Ausgeschlossenen nicht selten als bloßes Mittel zum Zweck der Gottesliebe missbraucht, das heißt, die Hinwendung galt und gilt dann im Grunde nicht ihnen um ihrer selbst willen. Eine Liebe zum Nächsten, die diesen nicht selbst meint, sondern ihn nur als Vehikel der Gottesliebe verzweckt, verfehlt damit allerdings nicht nur den Menschen, sondern auch Gott.

Impuls 4: Zur Subjektwerdung befähigen

In einer Gesellschaft, in der die Schwachen oder Schwach-Gemachten häufig Opfer von Nicht-Beachtung, Stigmatisierung oder Fremdbestimmung sind, kann eine Theologie (im Kontext) Sozialer Arbeit den Dienst leisten, aus der Option für die Armen heraus deren (Selbst-) Bemächtigung (Empowerment) zu unterstützen. Empowerment umfasst dabei nicht nur einen »kollektiven Prozess der Selbstaneignung von Lebenskräften«, wie der Begriff in den Sozialen und Selbsthilfe-Bewegungen verstanden wird, sondern kann auch als ein »professionelles Handlungskonzept« im Sinne der »Konstruktion von Möglichkeitsräumen für Selbstbestimmung« begriffen werden (Herriger 1997, 29, 31). Doch trotz aller Notwendigkeit auch fürsorglicher Praxis vertritt eine Theologie (im Kontext) Sozialer Arbeit eine betont freiheitliche, partizipative und subsidiäre Sicht. Sie will dazu beitragen, die Menschen und Gruppen zu befähigen, Subjekte der Gestaltung ihrer Lebensverhältnisse und ihres Sozialraums zu werden. Theologie (im Kontext) Sozialer Arbeit orientiert sich deshalb nicht nur an den Bedürfnissen der Menschen, sondern vertraut auch auf deren politisches Potenzial und die vorhandenen Formen von Alltagssolidarität. Dahinter stehen die Anerkennung der anderen in ihrem Anderssein, ein Respekt vor der Autonomie der Menschen, die Achtung ihrer Würde, Verantwortungsfähigkeit und Gewissensentscheidung.

Impuls 5: Schuld eingestehen – Vergebung gewähren – Neubeginn ermöglichen

In einer Gesellschaft, in der das Eingeständnis eigener Schuld und die daraus erwachsende Bitte um Vergebung kaum vernehmbar sind, in der »Wiedergutmachung« selten oder gar nicht geschieht, hat eine Theologie (im Kontext) Sozialer Arbeit die Aufgabe, auf der Basis des skizzierten Menschenbildes die Möglichkeit des Schuldigwerdens, die Vergebungs- und Erlösungsbedürftigkeit des Menschen ebenso wach zu halten bzw. erst einmal bewusst zu machen wie seine Pflicht, verursachten Schaden so weit wie möglich auszugleichen. Aber die Theologie hat auch die befreiende Botschaft vom barmherzigen Gott ins Gespräch zu bringen, der zur Einsicht und Umkehr aufruft, Schuld vergibt, zur Vergebungsbereitschaft auffordert (vgl. u.a. Sir 28,2; Mt 6,12; 18,21f.; Lk 11,4; 17,4) und dadurch einen echten Neuanfang ermöglicht.

Impuls 6: Solidarität entgrenzen

In einer Gesellschaft, in der die Reichweite anerkannter Solidaritätspflichten angesichts der Gefahr von Wohlstandseinbußen kürzer zu werden droht und vielen das »Hemd« des unmittelbaren sozialen Nahbereichs näher ist als der nationale, internationale oder gar intergenerationelle »Rock«, weist eine Theologie (im Kontext) Sozialer Arbeit darauf hin, dass die unbedingte und universale Solidarität mit den anderen die »konstitutive Bedingung der Möglichkeit des eigenen Menschseins« darstellt (Peukert 1978, 309), dass folglich die Solidaritätspflichten nicht an den Grenzen von Familie und Freundeskreis, des lokalen bzw. nationalen Gemeinwesens oder bei den jetzt Lebenden enden. Solidarität gewinnt dadurch einen universalen Charakter. Darüber hinaus kann die Theologie das historische Gedächtnis der Menschen und Gesellschaft stützen, indem sie verdeutlicht, dass sich diese Solidarität – als »anamnetische« – auch »im ›Eingedenken‹, in der Erinnerung an die Toten, die Erschlagenen« bewähren muss (ebd., 308).

Impuls 7: Sozialkritik üben

In einer Gesellschaft, in der Markt und Macht, Waren und Geld, Kapital und Rendite, Besitz und Eigentum, Wachstum und Fortschritt, Liberalisierung und Deregulierung, nationale Sicherheit und Nichteinmischung, Jugendlichkeit und Makellosigkeit, Gesundheit und Wellness und anderes mehr wie »Götter« verehrt werden, deren Tempel, Priester, Kulte und Opfer mitunter »zum Himmel schreien«, hat eine Theologie (im Kontext) Sozialer Arbeit in der Tradition der biblischen Propheten – gelegen oder ungelegen – eine ideologie- und götzenkritische Funktion. Theologie ist »nie einfach politisch unschuldig« (Metz 1986, 150). Ihr Tun und Unterlassen, ihre Beteiligung und Enthaltung haben angesichts individueller und gesellschaftlicher Leid- und Unrechtserfahrungen immer auch politische Implikationen. Sie muss sich entscheiden zwischen den »Götzen der Unterdrückung und dem befreienden Gott« (Assmann u.a. 1984). Sie muss ihren gesellschaftlichen Ort überdenken und sich gegebenenfalls neu positionieren. Macht sie Ernst mit ihrer Option für die Armen, dann knüpft sie an deren »Sinn für Ungerechtigkeit« an (Shklar 1997), dann betrachtet und beurteilt sie alle gesellschaftlichen Phänomene und Prozesse aus der Perspektive der Ausgeschlossenen, wozu auch die christlichen Kirchen in Deutschland in ihrem Gemeinsamen Wirtschafts- und Sozialwort auffordern: »Alles Handeln und Entscheiden in Gesellschaft, Politik und Wirtschaft (muss) an der Frage gemessen werden, inwiefern es die Armen betrifft, ihnen nützt und sie zu eigenverantwortlichem Handeln befähigt« (Für eine Zukunft in Solidarität und Gerechtigkeit 1997, Ziffer 107). Von diesem Gradmesser her erhebt eine Theologie (im Kontext) Sozialer Arbeit zusammen mit den von Ungerechtigkeit Betroffenen sowie deren sozialprofessionellen Anwältinnen und Begleitern ihre Stimme vor allem gegen strukturelle Armut, Gewalt, Benachteiligung und Ausgrenzung.

Impuls 8: Ethische Orientierung anbieten

In einer Gesellschaft, in der nicht nur Einzelne, sondern auch kollektive Akteure nach Orientierung und Sinn, nach einem tragenden Grund ihres Daseins und Handelns suchen, können eine christliche Theologie und Ethik (im Kontext) Sozialer Arbeit den Dienst leisten, im Dialog, also kommunikativ (vgl. Lob-Hüdepohl 2003a, 78ff.), Orientierung und Sinn zu erschließen sowie in ethischen Problem- bzw. Dilemmasituationen (wissens-, werte- und forschungsbasiert) auch politisch beratend tätig zu werden – nicht im Sinne nachträglicher Legitimationsbeschaffung für bereits getroffene Entscheidungen, auch nicht allein im Sinne rein methodisch-technischer Hinweise bezüglich der optimalen Erreichung vorgefasster Zwecke (dies nur dann, wenn die Zwecke mit den eigenen ethischen Grundwerten übereinstimmen), sondern primär im Sinne der Konsultation vor und bei der Festlegung der Ziele sowie der Erarbeitung einer tragfähigen ethischen Begründung. Gerade hier, so die Erfahrung, ist Theologie bzw. theologische Ethik mehr denn je gefragt. Wir haben es in diesem Bereich also weniger mit einer Flaute auf der Nachfrageseite zu tun, als vielmehr mit einem beklagenswerten Engpass beim Angebot an qualifizierter ethischer Beratung, den es zu beseitigen gilt (vgl. dazu etwa das neu gegründete »Institut für christliche Ethik und Politik« an der Katholischen Hochschule für Sozialwesen Berlin).

Impuls 9: Hoffnung auf Vollendung wach halten

In einer religions- bzw. mythenfreudigen Gesellschaft, die zunehmend »gott-los« geworden ist (vgl. Metz 1991, 22ff.), erweist eine Theologie (im Kontext) Sozialer Arbeit Menschen und Gesellschaft einen Dienst, wenn sie die Erinnerung an den Gott der Bibel und seine noch unabgegoltenen Verheißungen für die Schöpfung als Ganze wach hält. Es gibt noch jemanden und etwas, den bzw. das die Christinnen und Christen erwarten: das Wiederkommen des Messias und die Vollendung des Reiches Gottes, eines Reiches des Friedens und der Gerechtigkeit, eines Reiches des Lebens für alle (vgl. Lienkamp 2004). Nach dem Niedergang des »Realsozialismus« Ende der 80er-Jahre wurde – in hegelscher Manier – das »Ende der Geschichte« beschworen (vgl. Fukuyama 1992). (Kapitalistische) Marktwirtschaft und (repräsentative) Demokratie schienen auf der Ebene ökonomisch-politischer Systeme alternativlos die beste der möglichen Welten zu markieren. Allerdings, dies gibt Peter Rottländer zu bedenken, resultierte die Krise oder das Scheitern der Alternativen nicht aus einer Widerlegung der Kritik an den bestehenden Verhältnissen, die zu diesen Alternativen gedrängt hatten: »Die Schwierigkeiten mit der Alternative signalisieren eben nicht das Ende ihrer Notwendigkeit, sondern fordern ... zu erneuten Anstrengungen, einen Weg zu entdecken, der aus der *doppelten Krise* der Alternativen wie der des Bestehenden hinausführt!« (Rottländer 1989, 120f.).

Ein Blick auf die vielfältigen Krisen des Bestehenden genügt, um zu erkennen, dass die Geschichte keineswegs an ihr Ziel gelangt ist, selbst dann nicht, wenn man bezogen auf Werte wie Menschenwürde, Freiheit, Gerechtigkeit und Nachhaltigkeit bescheidene Maßstäbe anlegt. Societas semper reformanda – nicht nur die Kirche, auch die (Welt-) Gesellschaft ist und bleibt stets erneuerungsbedürftig. Aus theologischer Sicht steht jede ihrer konkreten Ausgestaltungen unter dem eschatologischen Vorbehalt des Gottes, an den sich die christliche Hoffnung auf Vollendung knüpft. Dennoch weist die Theologie mit dem Wort von der Vollendung durch Gott darauf hin, »dass das menschliche Tun nicht schlechthin vergänglich und vergeblich ist, sondern ›Erträge‹ zeitigt, die vollendet werden können und sollen« (Vorgrimler 2000, 666).

Eine aus dem Dialog mit der Praxis Sozialer Arbeit inspirierte und im interdisziplinären Gespräch stehende diakonische und politisch-befreiende Theologie als Bezugswissenschaft menschenrechtsorientierter Sozialer Arbeit und ihrer wissenschaftlichen Reflexion ist m.E. am ehesten in der Lage, eine auf die Humanisierung von System und Lebenswelt angelegte Praxis Sozialer Arbeit im Sinne des Modells konvergierender Optionen theologisch-ethisch zu informieren, zu motivieren und solidarisch-kritisch zu begleiten. Zusammen können sie dann mit ihren je eigenen Perspektiven und Kompetenzen einer Gesellschaft Impulse geben, die es nötig hat und die um ihrer Permanenz, ihrer Humanität und ihres solidarischen Zusammenhalts willen diese Anregungen aufgreifen und umsetzen sollte.

LESEHINWEISE

Fuchs, Ottmar, Heilen und befreien. Der Dienst am Nächsten als Ernstfall von Kirche und Pastoral. Düsseldorf 1990. (FuchsO 1990)

Gutiérrez, Gustavo, Theologie der Befreiung. München-Mainz ⁷1984. (Gutiérrez 1984)

Krockauer, Rainer, Kirche als Asylbewegung. Diakonische Kirchenbildung am Ort der Flüchtlinge (Praktische Theologie heute Bd. 11). Stuttgart-Berlin-Köln 1993. (Krockauer 1993)

Lechner, Martin, Theologie in der Sozialen Arbeit. Begründung und Konzeption einer Theologie an Fachhochschulen für Soziale Arbeit (Benediktbeurer Studien Bd. 8). München 2000. (Lechner 2000)

Lesch, Walter/Lob-Hüdepohl, Andreas (Hg.), Einführung in die Ethik der Sozialen Arbeit. Paderborn-München-Wien-Zürich 2005 (im Druck). (Lesch/Lob-Hüdepohl 2005)

Lienkamp, Andreas, Systematische Einführung in die christliche Sozialethik. In: Furger, Franz/Ders./Dahm, Karl-Wilhelm (Hg.), Einführung in die Sozialethik (Münsteraner Einführungen – Theologie Bd. 3). Münster 1996, 29–88. (Lienkamp 1996)

Metz, Johann Baptist, Glaube in Geschichte und Gesellschaft. Studien zu einer praktischen Fundamentaltheologie. Mainz ³1980. (Metz 1980)

2. Wegbegleitung der Integration von Sozialer Arbeit und Pastoral

Impulse einer Theologie Sozialer Arbeit für die katholische Kirche

Martin Lechner

SUMMARY

Lange Zeit stand die Theologie an den konfessionellen Fachhochschulen für Soziale Arbeit im Schatten der kirchlichen Aufmerksamkeit. Mittlerweile hat sie sich nicht nur als Bezugswissenschaft im Studium, in der Berufspraxis und Fort- und Weiterbildung Sozialer Arbeit etabliert, mehr und mehr wird auch ihre spezifische Bedeutung in der Ausbildung von Sozialberufen gesehen und zugleich der daraus fließende Nutzen für die katholische Kirche und ihre sozialcaritativen Einrichtungen erkannt. Die diesbezügliche Wirkung der Theologie in der Sozialen Arbeit zeigt sich in der diakonischen Erinnerungsarbeit, in ihrer Bedeutung für eine soziale Wahrnehmungs-, Kommunikations- und Spiritualitätsschule, in ihrer hermeneutischen Bedeutung für das Verständnis kirchlicher Einrichtungen und schließlich in ihrem Beitrag zur Formation künftiger pastoraler Mitarbeiterinnen und Mitarbeiter, zu denen auch und gerade die Sozialberufe zählen.

I. Impulse einer Theologie Sozialer Arbeit für Gesellschaft und Kirche

Welche Anstöße und Impulse erhält die Kirche von einer Theologie an Fachhochschulen für Soziale Arbeit? Um diese Frage kreisen die folgenden Überlegungen, die sich auf den Kontext der katholischen Kirche beziehen und beschränken. Aufgrund der Tatsache, dass sich diese nicht mehr als eine geschlossene und einheitliche Größe, sondern als eine plurale Assoziation – als »ein Ensemble divergenter, locker verkoppelter Sozialformen und wechselnder Koalitionen« (Ebertz 2000b, 64) – darstellt, kann dieser Versuch nur fragmentarischen Charakter haben. Mit dieser Einschränkung will ich mich auf die Suche machen, um schon wahrnehmbare und vielleicht auch nachhaltige Wirkungen einer Theologie der Sozialen Arbeit auf die katholische Kirche zu erspüren. Vier Impulse sind aus meiner Sicht zu nennen.

Impuls 1: Die Identität einer diakonischen Kirche wach halten

Eine Theologie an Fachhochschulen für Soziale Arbeit ist durch den Ort, an dem sie lehrt, geradezu prädestiniert, die Identität einer diakonischen Kirche wach zu halten, die – wie die Geschichte zeigt – in der Kirche immer wieder mühsam und oft gegen Widerstände errungen werden muss. Während etwa die offizielle katholische Kirche des 19. Jahrhunderts mit allen dogmatischen, disziplinären und diplomatischen Mitteln versuchte, ihre eigene Machtposition gegenüber der Moderne zu verteidigen, erneuerte sie sich – »von oben« kaum bemerkt oder manchmal auch misstrauisch beäugt – durch das Engagement zahlreicher Laien, Priester und Ordensleute, die der damaligen Not mit einem Netzwerk von caritativen Vereinen, Helferkreisen und Ordensgründungen begegneten. Der Konstrukteur des Caritasverbandes für das Katholische Deutschland, Lorenz Werthmann (1858–1921), der all diese neuen Aufbrüche an der Basis der Kirche zu koordinieren sich anschickte, war sich ganz offensichtlich darüber bewusst, dass »die aus religiösen Gründen um Gottes willen geübte Nächstenliebe« (Werthmann 1910, 1) das Herzstück kirchlicher Identität darstellt. Folgerichtig sprach er von der Caritas als »schönstem Edelstein, der in der Ehrenkrone unserer Mutter, der hl. Katholischen Kirche, prangt« (ebd.). Soziale Arbeit, in der Sprache Werthmanns die Caritas, sei keine beliebige Tätigkeit der Kirche, sondern das höchste Gebot Christi, das dem der Gottesliebe gleichgestellt ist, »Teilnahme am Erlösungswerk Christi« (ebd., 5) und »Mitarbeit bei der Heilstätigkeit der Kirche« (ebd.).
In einer ganz anderen Zeit, nämlich im Nationalsozialismus, als die Kirche durch die äußeren Umstände bedingt wiederum allzu sehr mit sich beschäftigt

und um sich besorgt schien, rief der Jesuit und christliche Blutzeuge Alfred Delp (1907–1945) in einem prophetischen Text die Kirche seiner Zeit zur »Rückkehr in die Diakonie« auf. Seiner tiefsten Überzeugung nach wird das »Schicksal der Kirchen ... in der kommenden Zeit« von ihrer »Rückkehr in die Diakonie« abhängen: »Es wird kein Mensch an die Botschaft vom Heil und vom Heiland glauben, solange wir uns nicht blutig geschunden haben im Dienste des physisch, psychisch, sozial, wirtschaftlich, sittlich oder sonst wie kranken Menschen«, solange die Kirche ihm nicht in allen Situationen beisteht, ihm nachgeht auch »in die äußersten Verlorenheiten und Verstiegenheiten«, und solange sich die Kirche nicht »um einen menschentümlichen Raum und eine menschenwürdige Ordnung« sorgt (Delp 1985, 89).

Im Zweiten Vatikanischen Konzil (1962–1965) hat die katholische Kirche insgesamt diesen Identitätswandel weg von einer »Mutter und Lehrmeisterin« hin zu einer »Dienerin der Menschheit« vollzogen. Für das »Aggiornamento« (die »Verheutigung«) des Konzils war ebenfalls eine prophetische Person maßgeblich prägend: der Konzilspapst Johannes XXIII. In seinem geistlichen Testament schrieb er der Kirche ins Stammbuch: »Mehr denn je, bestimmt mehr als in den letzten Jahrhunderten, sind wir heute darauf ausgerichtet, dem Menschen als solchem zu dienen, nicht bloß den Katholiken, darauf, in erster Linie und überall die Rechte der menschlichen Person zu verteidigen und nicht nur die der katholischen Kirche« (zit. nach Hübner 2002, 216). Die Neuentdeckung der Diakonie als Auftrag der Kirche, der Einsatz für die Menschenwürde und Menschenrechte sowie die Option für die Armen sind Frucht dieses Christentums der Tat, dem es darum geht, nicht nur Wahrheiten zu formulieren, sondern diese auch zu tun.

Eine Theologie an Fachhochschulen für Soziale Arbeit basiert und lehrt auf dieser ekklesiologischen Basis, die immer wieder neu durch Erinnerung zu erringen ist. Indem sie als theologische Bezugswissenschaft diese diakonische Identität der Kirche am Beispiel von exemplarischen Personen vor Augen führt, nimmt sie per se eine prophetische Aufgabe innerhalb und für die Kirche wahr. Denn diese darf angesichts der in allen Institutionen lauernden Gefahr einer Selbstverzweckung nie aus den Augen verlieren, dass sie nicht für sich, sondern für das Reich Gottes da ist, das unter den Menschen in der Welt von heute Gestalt gewinnen soll.

Impuls 2: Soziale Wahrnehmung, Kommunikation und Spiritualität lehren und lernen

Theologie an Fachhochschulen für Soziale Arbeit hat es mit jungen Menschen zu tun, die am Beginn ihres beruflichen Lebens stehen. Die meisten von ihnen studieren das Fach Soziale Arbeit aus einer inneren Überzeugung, die sich aus positiven biografischen Erfahrungen und häufig auch aus einer christlichen Grunderfahrung speist. Das Soziale ist ihre Passion. Von dieser Ressource aus kann die Theologie ohne große Mühe den Bogen zur biblischen Idee der »Compassion« (einer »Mitleidenschaft«, vgl. Lk 10,25–37) schlagen. Diese stellt für Johann Baptist Metz den Schlüssel für das Weltprogramm des Christentums dar. Der christliche Glaube biete »eine Mystik der Compassion. Ihr kategorischer Imperativ lautet: aufwachen, die Augen öffnen.« Das Christentum lehre eine »Mystik der offenen Augen. Im Entdecken, im Sehen von Menschen, die im alltäglichen Gesichtskreis unsichtbar bleiben, beginnt die Sichtbarkeit Gottes, öffnet sich seine Spur« (Metz 1997, 57). Metz rechnet zwar damit, dass heute viele eine solche Spiritualität und eine solche Kirche der Compassion für eine »vage Pastoralromantik« halten; aber er gibt sich dennoch davon überzeugt, dass die Fähigkeit und die Bereitschaft, fremdes Leid wahrzunehmen, »die unbedingte Voraussetzung aller Friedenspolitik, aller neuen Formen sozialer Solidarität angesichts des eskalierenden Risses zwischen Arm und Reich und aller verheißungsvollen Verständigung der Kultur- und Religionswelten« darstellen. Wem, so fragt er, wenn nicht gerade jungen Menschen, könne man »diese primäre Provokation der Botschaft Jesu und das Übertreibende an ihr« (ebd.) zumuten?

Fachhochschulen für Soziale Arbeit sind Orte der Ausbildung einer professionellen Wahrnehmungskunst. Not wahrzunehmen, Notlagen richtig zu verstehen und eine sachgerechte Hermeneutik der Lebenswelt der Klienten als Voraussetzung helfender Begleitung vornehmen zu können, das sind grundlegende Ziele des Studiums. Wo die Theologie als Bezugswissenschaft in diese Ausbildung integriert ist, kann sie gegen die Tendenzen eines »Expertentums ohne Liebe« (Silvia Staub-Bernasconi) die spirituelle Ressource der biblischen Compassion – in der kirchlichen Tradition auch Barmherzigkeit genannt – als Motiv und Korrektiv Sozialer Arbeit einbringen. Barmherzigkeit setzt nämlich »Wahrnehmung der Person in ihrer Ganzheitlichkeit voraus«. Sie ist »nicht ausschließlich rational, sie erfasst intuitiv, begreift den ganzen Menschen in seinem Leid, lässt sich von diesem Leid anrühren, betroffen machen. Barmherzigkeit ist offen für Empathie, die Sympathie übersteigt« (ZdK 1995, 12).

Theologie in der Sozialen Arbeit wirbt bei den Studierenden für diese ganzheitliche Sicht Sozialer Arbeit, die in der Komplementarität von Gerechtigkeit und

Barmherzigkeit ihr Profil entwickelt. Als großer Arbeitgeber im Sozialbereich kann die katholische Kirche von diesen Ausbildungsbemühungen insofern profitieren, als sie auf Absolventinnen und Absolventen zurückgreifen kann, für die Soziale Arbeit nicht nur einen fachlichen und politischen, sondern auch einen kommunikativen und – darin verborgen – einen theologischen Aspekt besitzt: den Verweischarakter auf den voraussetzungslosen Beziehungswillen Gottes und auf seine zuvorkommende, unerschöpfliche Compassion mit uns Menschen. In dieser Spur kann dann inmitten eines von Ökonomie, Professionalität und Rentabilität dominierten sozialen Dienstleistungssystems an einer Sozialen Arbeit gebaut werden, die sich durch ihre ganzheitliche Praxis auszeichnet – an einer Sozialen Arbeit also, die unbeschadet ihrer fachlichen Professionalität »die Güte und die Beziehungsdimension einer Dienstleistung in den Vordergrund« stellt und »zuerst das Gelingen von Beziehung und Begegnung zwischen Menschen« intendiert (Deutscher Caritasverband 2003, 3). So kann die Kirche der identitätsgefährdenden Gefahr wehren, dass ihr sozialcaritativer Dienst für die Menschen »im bloß Fachlichen stecken bleibt und seine ›sakramentale‹ Seele verliert« (Caritas als Lebensvollzug 1999, 20).

Impuls 3: Kirche als Ressource entdecken und wertschätzen

Ob man es wahrhaben will oder nicht: Die Kirchen sind eine feste Größe in der Gesellschaft, und sie besitzen eine große öffentliche Relevanz. Sie sind sogar »weit stärker Teil der sie umgebenden Gesellschaft, als sie selber wahrhaben wollen: sie genießen in der Bundesrepublik Deutschland einen im internationalen Vergleich außergewöhnlichen staatskirchenrechtlichen Schutz, sie sind mit die größten Arbeitgeber, sie erheben Steuern mithilfe der staatlichen Finanzämter, und die kirchliche Aktivität konzentriert sich immer stärker [...] auf Personen, die direkt oder indirekt in einem kirchlichen Dienstverhältnis stehen« (Kaufmann 1989, 7). Wer das Studium der Sozialen Arbeit absolviert, kommt an der Kirche nicht vorbei – egal ob jemand die Kirche schätzt oder nicht, ob er konfessionell gebunden ist oder nicht. Zunächst einmal ist die katholische wie auch die evangelische Kirche der größte Arbeitgeber im Sozialsektor, allein im Bereich des Deutschen Caritasverbandes mit knapp einer halben Million hauptamtlicher Mitarbeiterinnen und Mitarbeiter (vgl. www.caritas.de). Die Wahrscheinlichkeit, als Sozialarbeiter oder als Sozialpädagogin später einmal bei einem kirchlichen Träger zu arbeiten, ist relativ groß. Selbst im Falle einer Tätigkeit bei einem nichtkonfessionellen Träger ist es heute im Sinn einer sozialräumlichen Vernetzung und Kooperation

geboten, mit kirchlichen Institutionen oder Kollegen aus kirchlichen Institutionen umgehen zu können. In beiden Fällen braucht es eine Kenntnis über Kirche, über deren Selbstverständnis, Zielsetzung und über deren Ressourcen.
Der Schweizer Sozialarbeitstheoretiker Peter Lüssi hat die Institution als »Mittel der Sozialarbeit« bezeichnet (Lüssi 1992, 142). Sozialarbeit sei, so meint er, ein institutioneller Beruf. Vom Sozialarbeiter werde »die Identifikation mit der Funktion der Institution« verlangt, denn seine Tätigkeit verkörpere und verwirkliche die Aufgabe der sie beschäftigenden Stelle. Er sei geradezu »diese Institution gewissermaßen in Aktion« (ebd., 143). So sehr Lüssi zum einen den Sozialarbeiter als Repräsentant und Agent der Trägerinstitution denkt, so sehr reflektiert er umgekehrt auch die Institution als ein Mittel des Sozialarbeiters. Diese sei »das *Basismittel*« (ebd., 144) schlechthin, ohne das der Sozialarbeiter gar nicht arbeiten könne. Die Institution verfüge nämlich über materielle und immaterielle Ressourcen, sie biete ein bestimmtes »Potenzial an gesellschaftlichem Einfluss, und das alles sind Mittel für die soziale Problemlösung, und zwar die naheliegendsten überhaupt«. Ein Sozialarbeiter habe »umso besseren Zugang zu den Ressourcen einer solchen Institution, je enger er in diese integriert ist« (ebd., 152). Lüssi nennt in diesem Zusammenhang explizit die Kirchen und die großen Wohlfahrtsverbände, die trotz gewisser Beschränkung der Handlungsautonomie – etwa durch bürokratische Handlungszwänge oder moralische Vorentscheidungen – dennoch ihren Mitarbeiterinnen und Mitarbeitern zahlreiche »besonders leicht zugängliche bzw. einsetzbare Mittel« (ebd., 153) der sozialen Problemlösung und vielfältige Ressourcen zur Qualifizierung ihrer Arbeit bieten.
Die katholische Kirche, die wie viele andere gesellschaftliche Gruppen (Gewerkschaften, Parteien, Kommunen etc.) ein Interesse an der Ausbildung an Fachhochschulen für Soziale Arbeit hat, verbindet damit das Anliegen, allen Studierenden eine fachlich qualifizierte Ausbildung zu vermitteln, innerhalb der auch eine solide und objektive Information über die Kirche als gesellschaftliches Teilsystem und als theologische Größe ihren originären Platz hat. Die Theologie als Bezugswissenschaft an kirchlichen Fachhochschulen für Soziale Arbeit steht per se für die Verbindung zur Kirche und für die Repräsentation dieses Interesses der Kirche. Mit ihren ekklesiologischen Lehrveranstaltungen möchte sie zum einen jene Studierenden ansprechen, die eine berufliche Tätigkeit im sozialcaritativen Dienst in Betracht ziehen oder bewusst anstreben. Ihnen vermittelt sie eine vertiefte Kenntnis vom Wesen und Auftrag der Kirche und ihrer Sozialen Arbeit. Zum anderen versucht die Theologie auch jene Studierenden für die Kirche als Träger sozialer Dienste zu interessieren, die fernab kirchlicher Bezüge sozialisiert wurden oder sich von der Kirche distanziert haben. Hier wirbt sie für Grundkenntnisse in Sachen Kirche und Religion, und zwar als berufliche Basiskompetenz für eine lebensweltorientierte Soziale Arbeit, die kirchliche und religiöse Ansprüche von

Klienten nicht missachtet und abwehrt, sondern wahrzunehmen und adäquat darauf zu reagieren imstande ist. Theologie an Fachhochschulen für Soziale Arbeit steht dafür, dass die Studierenden in dieser differenzierten Zielsetzung ausgebildet werden. Die katholische Kirche, die »Expertin in der Menschlichkeit« (Instruktion der Kongregation für die Glaubenslehre 1986, 40) sein will, hat von einer solchen Bildung und Formation künftiger Sozialberufe großen Nutzen.

Impuls 4: Soziale Arbeit als Pastoral verstehen

Mit programmatischen Einleitungsworten hat das Zweite Vatikanische Konzil den Auftrag der Kirche von der Situation der Menschen her bestimmt: »Freude und Hoffnung, Trauer und Angst der Menschen von heute, besonders der Armen und Bedrängten aller Art, sind auch Freude und Hoffnung, Trauer und Angst der Jünger Christi. Und es gibt nichts wahrhaft Menschliches, das nicht in ihren Herzen seinen Widerhall fände« (Pastoralkonstitution 1966, Nr. 1). Damit hat die Kirche einen klaren Akzent gesetzt: Ihre Sendung kreist um die Frage, was sie – inspiriert von der Frohen Botschaft Jesu Christi – zur »Rettung der menschlichen Person« und zum »rechten Aufbau der menschlichen Gesellschaft« (ebd., Nr. 3) beitragen kann. So wie Jesus »nicht eine neue Religion in die Welt gebracht (hat), sondern neues Leben« (Moltmann 1997, 215), so muss auch die Aufmerksamkeit der Kirche dem Leben der Menschen gelten. »Christus ist die göttliche Lebensbejahung [...]. Und so ist nach den Evangelien auch die Sendung der Frauen und Männer, die in seinem Geist leben, beschaffen (Mt 10,7–8)« (ebd.). Gemäß dem Auftrag Gottes hat die Kirche die göttliche Lebensbejahung, die ungeschuldete und bedingungslose Güte, Liebe und Menschenfreundlichkeit Gottes in Tat und Wort zu bezeugen. Ihre Mission besteht nicht im erobernden »Zugriff aufs Ganze«, sondern in der »Einladung zum Leben« (ebd., 212f.). Im Namen Gottes laden die Christen alle religiösen Menschen und alle Menschen guten Willens ein »zur Bejahung des Lebens, zum Schutz des Lebens, zum gemeinsamen Leben, zum ewigen Leben« (ebd., 216).
Wenn in der Pastoraltheologie heute der Begriff Pastoral verwendet wird, dann in eben diesem genannten Sinne. Pastoral bezeichnet dann nicht mehr nur die »versorgende« Tätigkeit der Priester und Theologen, sondern die Tätigkeit aller Christinnen und Christen im Einsatz für Mensch und Welt. Pastoral ist »eine Handlung der Kirche selbst im Zeugnis aller ihrer Mitglieder« (Klinger 1990, 100). Damit wird eine klerikalistische Engführung dieses Begriffs überwunden, und es kann zugleich behauptet werden, dass auch die berufliche Praxis von Sozialpädagoginnen und Sozialarbeitern im Dienst der Kirche grundlegend im Kontext der Pasto-

ral zu verorten ist. Soziale Arbeit im kirchlichen Dienst wäre dann nicht nur eine professionelle Tätigkeit bei einem konfessionellen Träger, sondern eine pastorale Tätigkeit im Sinne einer spezifischen Teilhabe am Auftrag und an der Sendung der Kirche.

Kirchliche Sozialberufe mit einer derartigen pastoralen Identität auszubilden, das gehört – bei aller Arbeit in die Breite – zur originären Aufgabe einer Theologie an Fachhochschulen für Soziale Arbeit. Zugegebenermaßen wendet sich die Theologie hier nur an einen begrenzten Kreis von Studierenden mit einer expliziten religiös-kirchlichen Sozialisation und Motivation; auch arbeitet sie diesbezüglich nicht selten gegen ein in der Kirche sich hartnäckig behauptendes klerikales Pastoralverständnis an. Aber aus der grundlegenden Überzeugung, dass das gelebte Zeugnis der Tat zwar eine »stille, aber sehr kraftvolle und wirksame Verkündigung der Frohbotschaft« ist und somit eine »vorrangige Bedeutung für die Evangelisierung« besitzt (Evangelii nuntiandi 1975, Nr. 21), leistet die Theologie an Fachhochschulen eine grundlegende Formationsarbeit für künftige pastorale Mitarbeiter und Mitarbeiterinnen mit sozialberuflicher Fachkompetenz. So bereitet sie den Boden für das Wachstum einer diakonischen Kirche – bildet sie doch bereits jetzt im kirchenamtlichen Sinn zwar ›uneigentliche‹, im theologischen Sinn aber die ›eigentlichen‹ Diakone und Diakoninnen aus.

Vinzenz von Paul (1581–1660) hat bereits zu seiner Zeit über das entscheidende Profil der kirchlichen sozialen Arbeit, in seiner Sprache der Caritas, nachgesonnen. Seine Einsicht ist auch heute – im Zeichen von Profildebatten und Qualitätssicherungsprozessen – höchst orientierend und zeigt uns abschließend noch einmal wie in einem Brennglas die fundamentale Bedeutung einer Theologie als Bezugswissenschaft an Fachhochschulen für Soziale Arbeit. Er schreibt: »Wir müssen uns über das Wesen der Caritas im Klaren sein, um sie nicht mit einer allgemeinen Sozialarbeit zu verwechseln. Caritas ist das Erbarmen Gottes, der sich in der Person Jesu Christi dem Menschen, der arm ist, zuwendet. Wer sich liebend zum Herrn bekennt, wendet sich deshalb wie er in Liebe dem Menschen zu, um ihn aus seinem seelischen und materiellen Elend herauszuführen« (Vinzenz von Paul 1980, 32). Der kleine, aber doch so große Unterschied zwischen dieser Caritas und der Sozialen Arbeit im Allgemeinen liegt also nicht im Fachlichen, sondern allein im Motiv: im Glauben an die vorausgehende Barmherzigkeit Gottes zu uns als Voraussetzung christlicher Nächstenliebe. Anwalt dieser (gnaden-)theologischen Prämisse von christlich motivierter Sozialer Arbeit zu sein, das ist die entscheidende Aufgabe der Theologie an Fachhochschulen. Ohne sie kann die Kirche nicht sein, was sie zu sein beansprucht: »Expertin der Menschlichkeit«.

LESEHINWEISE

Delp, Alfred, Das Schicksal der Kirchen, in: Ders., Kirche in Menschenhänden (hg. von Roman Bleistein). Frankfurt/M. 1985, 87–92. (Delp 1985)

Klinger, Elmar, Armut als Herausforderung Gottes. Der Glaube des Konzils und die Befreiung des Menschen, Zürich 1990. (Klinger 1990)

Metz, Johann Baptist/Kuld, Lothar/Weisbrod, Adolf (Hg.), Compassion. Weltprogramm des Christentums. Soziale Verantwortung lernen. Freiburg i.Br. 2000. (Metz/Kuld/Weisbrod 2000)

Paul, Vinzenz von, Worte des Erbarmens, Freiburg i.Br. 1980. (Vinzenz von Paul 1980)

3. Brückenbau für eine diakonische Kirche

Impulse einer Theologie Sozialer Arbeit für die evangelische Kirche

Arnd Götzelmann

SUMMARY

Eine einseitige Theologie fixierte die evangelischen Kirchen auf die innere Glaubenshaltung und demotivierte die Übernahme sozialer Verantwortung. Theologie Sozialer Arbeit stößt erstens eine Neuausrichtung der theologischen Rechtfertigungslehre an, denn innere Überzeugung und soziales Handeln sind prinzipiell untrennbar. Der biblisch verwurzelte soziale Auftrag des Christentums verpflichtet die Kirchen zur Diakonie. Eine Theologie in der Sozialen Arbeit baut folglich zweitens Brücken für eine diakonische Kirche. Da Evangelium und Bildung zusammengehören, übernehmen die Kirchen Bildungsverantwortung in der Gesellschaft und speziell im Bezugsfeld Sozialer Arbeit. Aus diesem Grund ist drittens an der Unverzichtbarkeit dieser Verantwortung in der Trägerschaft von kirchlichen Fachhochschulen festzuhalten.

I. Impulse einer Theologie Sozialer Arbeit für Gesellschaft und Kirche

Die folgenden Impulse einer Theologie Sozialer Arbeit beziehen und beschränken sich auf den Kontext der evangelischen Kirche. Um es vorweg zu sagen: Es geht dabei nicht um den etwa normativen Geltungs- und Machtanspruch der Theologie als wissenschaftlicher Theorie, die der verfassten Kirche als zugehörigem Praxisfeld über- und vorgeordnet wäre. Vielmehr soll vonseiten theologischer Theoriebildung und wissenschaftlicher Praxisreflexion gefragt und untersucht werden, welche Problemstellungen, Forschungsgegenstände und Handlungsoptionen sich für die evangelische Kirche ergeben. Es geht also um eine Sichtweise von der Theologie Sozialer Arbeit auf die evangelische Kirche, genauer auf die verfassten evangelischen Landeskirchen und die Evangelische Kirche in Deutschland als ihre Dachorganisation, aber auch auf das protestantische Christentum über die Grenzen hiesiger Kirchlichkeit hinaus. Die folgenden Impulse implizieren darüber hinaus manche Anregung für andere christliche Denominationen und Konfessionen.

Impuls 1: Den Zusammenhang von innerer Überzeugung und sozialem Handeln bewusst machen

Die »Geburt« des Protestantismus und der evangelischen Kirchen wird theologisch auf die Erkenntnis Luthers und der anderen Reformatoren, wie Bucer, Calvin oder Zwingli, zurückgeführt, dass der Mensch allein aus Glauben an die Gnade Gottes vor Gott gerechtfertigt ist, wie sie uns im biblischen Zeugnis des Alten und Neuen Testaments und in Jesus Christus offenbar wird. Diese Gedanken werden zum Kern des Protestantismus erhoben und als Rechtfertigungslehre bezeichnet. Im Verlauf der Theologie- und Kirchengeschichte wurde die evangelische Rechtfertigungslehre immer wieder polemisch gegen die so genannte »Werkgerechtigkeit« des römischen Katholizismus gewandt. Dem warf oder wirft man vor, die Erlösung und das Heil von menschlichem Handeln abhängig zu machen und damit Gottes Gnade als ergänzungsbedürftig und von menschlichen Faktoren abhängig zu verstehen. Für die Situation Luthers zu Beginn des 16. Jahrhunderts war solche Polemik verständlich, denn sie richtete sich dagegen, dass Ablassbriefe von Agenten der Kirche verkauft wurden, mit denen sich die Leute von ihrer Schuld loskaufen und sozusagen einen Platz im Himmel sichern bzw. das Schmoren in der Hölle verhindern wollten, faktisch damit aber kirchliche Bauten und Luxusgüter wie den Petersdom zu Rom finanzierten. Martin Luther kämpfte gegen den Ablasshandel und das ihm zugrundeliegende theologische Dogma, dass man sich Gottes Gnade durch das Tun von »guten Werken« erwerben könne.

Diese urprotestantische Kritik ist zur Zeit Luthers notwendig gewesen. Sie hat sich aber verselbstständigt und dazu geführt, dass man sich im Protestantismus stärker um die rechte Glaubenslehre (Orthodoxie) als um das richtige Handeln (Orthopraxie) kümmerte. Die evangelische »Kirche des Wortes« hat oft tatenlos zugesehen, wie sich Armut und Ungerechtigkeit verbreiteten: Hauptsache die dogmatische Lehre, die Predigt und der Gottesdienst haben gestimmt. So führte eine nur innerlich verstandene Rechtfertigungslehre, die keine ethischen Konsequenzen für das alltägliche Handeln zog, wegen der Abgrenzung von der so genannten »Werkgerechtigkeit« des Katholizismus zu einem Ausbluten der sozialen Verantwortung evangelischer Kirchen. Die so missverstandene Rechtfertigungslehre hat dadurch oft nur noch innerliche oder gar egozentrische Konsequenzen.

Angesichts dieser Entwicklung wird eine Theologie Sozialer Arbeit Impulse dahingehend geben müssen, dass der Glaube, und das heißt jede innere Überzeugung und Wertehaltung, ohne den praktischen Dienst am Nächsten, und das heißt, ohne praktisches Handeln im Sinne einer »Politik des Sozialen«, ebenso wertlos ist wie eine Münze, deren eine Seite nicht geprägt ist. Von den Erfahrungen Sozialer Arbeit mit konkretem, drängendem Leid, psychischer und materieller Not sowie gesellschaftlicher Ausgrenzung kann sich die evangelische Kirche mit ihren Verantwortungsträgern und Gliedern anrühren und zu guten und gerechten Taten bewegen lassen. Die Theologie Sozialer Arbeit nimmt dabei eine Brücken- und Transferfunktion zwischen Sozialer Arbeit und evangelischer Kirche ein. Damit steht die Theologie Sozialer Arbeit jedoch nicht allein, sondern Seite an Seite mit einer Theologie der Befreiung, der Diakonie und anderer theologischer Ansätze, die sich von Armut und Ausgrenzung berühren lassen und die vorrangige Option für die Armen formulieren. Eine solche Theologie gibt also Impulse dafür, eine neue evangelische Sozialtradition – möglicherweise im Sinne der Ethik der hebräischen Bibel bzw. der jüdischen Tradition und im Sinne einer Heiligungslehre – theologisch zu fundieren und kirchlich umzusetzen. Dabei werden wir Protestanten von unseren katholischen und auch jüdischen Geschwistern lernen können. Denn eine Annäherung bzw. gegenseitige Befruchtung katholischer »Sozialtheologie« und evangelischer Rechtfertigungslehre würde eine gute gemeinsame Basis für ein theologisches Fundament Sozialer Arbeit und für ein diakonisches Fundament evangelischer Kirchlichkeit bedeuten.

Aber auch in die umgekehrte Richtung kann eine Theologie Sozialer Arbeit der evangelischen Kirche und im Grunde der Leistungsgesellschaft als ganzer, in deren Kontext sich die Kirche bewegt, wichtige Impulse geben. Denn allem ethischen Impetus, aller Motivation zur guten und helfenden Tat, aller menschlichen Möglichkeit zu helfen und etwas für die gesellschaftlich ausgegrenzten Nächsten zu tun, aller Möglichkeit als Kirche, eine bedeutsame Akteurin des Sozialstaats und religiöse Wertegeberin in der Gesellschaft zu sein, geht doch voraus, dass

Christen sich angenommen wissen, dass sie Vertrauen in sich selbst haben, das nicht zuerst und immer wieder abhängig ist, von dem, was sie leisten können und wie ihr Verhalten und Handeln von der Gesellschaft und von sich selbst bewertet wird. Am Anfang steht das Urerlebnis des Angenommen- und Gewolltseins, das bestehen bleibt trotz aller Schuld und Fehler, trotz aller Bedrohung und Gefährdung von außen und innen. Man kann dieses Urdatum als Entwicklung eines Urvertrauens psychologisch deuten, man mag es in der Liebe einer Partnerschaft finden oder es religiös im Sinne der Rechtfertigung aus Glauben begründen – immer gibt es etwas, was unserem individuellen Vermögen oder Unvermögen vorausgeht und positiv zugrunde liegt, etwas, das vor Aktivismus und Burn-out, vor dem Diktat der Bewertung des Lebens nach Leistung oder Status bewahren kann.

Insofern trägt die Rechtfertigungslehre dazu bei, gesellschaftliche Teilhabe für alle zu begründen und niemanden aufgrund seiner Leistungsmängel oder -verweigerung auszugrenzen. Auch das ist ein wesentlicher Impuls für die durch die bürgerliche Mittelschicht geprägte evangelische Kirche. Diese Impulse gegen eine bloße Innerlichkeit und Sozialvergessenheit evangelischer Kirchlichkeit im beginnenden Zeitalter der Industrialisierung sind vonseiten der Erweckungsbewegung im 19. Jahrhundert bereits gegeben worden. Anknüpfend an die diakonischen-sozialen Impulse des Pietismus von Spener und Francke haben die wesentlichen Persönlichkeiten der Erweckungsbewegung im 19. Jahrhundert die so genannte Innere Mission der deutschen evangelischen Kirche begründet, eine Missions- und Sozialbewegung, die die Landeskirchen daran erinnerte, dass das protestantische Christentum eine ureigene diakonisch-soziale Verantwortung trägt. Die Innere Mission zielte zugleich darauf, die soziale Motivation und Verantwortung bei jedem Einzelnen zu wecken und zu fördern und in geeignete organisatorische Formen zu überführen. So steht diese Bewegung am Beginn zahlreicher Organisationsformen und Institutionen der Sozialen Arbeit, ja die Innere Mission des 19. Jahrhunderts bildet für viele Handlungsfelder neuzeitlicher Sozialer Arbeit eine wesentliche historische Ausgangsbasis.

Impuls 2: An den sozialen Auftrag der Kirche und dessen biblische Begründung erinnern

Die Theologie Sozialer Arbeit hat die eigene Kirche immer wieder an ihren sozialen Auftrag zu erinnern, der in der Bibel Alten und Neuen Testaments, dem Fundament des Christentums begründet ist. Die grundlegenden sozialen bzw. diakonischen Motive finden sich in der hebräischen Bibel des Judentums, dem in die christliche Bibel übernommenen *Alten Testament*. Sie sind jüdisch-christliches Gemeingut:

- Das Exodusmotiv meint Gottes Befreiungshandeln aus gesellschaftlicher, sozialer und religiöser Unterdrückung. Damit wird der Auszug aus dem Sklavenhaus Ägyptens zum Grunddatum Israels. Unterdrückte sind zu befreien, weil man selbst befreit wurde: »Ich bin der Herr, dein Gott, der ich dich aus Ägyptenland, aus der Knechtschaft geführt habe« (Ex 20,2).
- Im Selbstbeschreibungsmotiv definiert Gott sich bzw. das Gottsein als soziales Sein in Barmherzigkeit und Gerechtigkeit zugunsten der Ausgegrenzten: »Gott, der Recht schafft denen, die Gewalt leiden, der die Hungrigen speiset ...« (Ps 146,5.7; vgl. Ps 82).
- Das Barmherzigkeitsmotiv kommt mit dem hebräischen Schlüsselwort *gemilut chassadim* bzw. *chässäd*, d.h. Erweis von Erbarmen, Güte, Gunst, gnädige Zuwendung, Liebe, an zentralen biblischen Stellen und auch im rabbinischen Judentum vor: »Auf drei Dingen steht die Welt – auf der Tora (d.h. den fünf Büchern Mose als jüdischem »Gesetz«; A.G.), auf dem Gottesdienst und auf gemilut chassadim« (Rabbi Schim'on der Gerechte nach dem Talmud, avot 1,2).
- Das Gerechtigkeitsmotiv gilt als das grundlegende biblische Sozialgebot. Dabei wird der hebräische Begriff *tsedaqa* verstanden als Gerechtigkeit im Sinne einer erwartbaren, allgemein verbindlichen, verlässlichen und konkreten Hilfe, als Pflicht zur und Recht auf Zuwendung: »Gott ... verschafft Witwen und Waisen ihr Recht.« (Dtn 10, 18); »Wird er, mein Knecht, den Vielen Gerechtigkeit schaffen« (Jes 53,11).

Barmherzigkeit und Gerechtigkeit bedingen sich nach jüdisch-alttestamentlichem Verständnis gegenseitig. Der Heidelberger Judaist und Diakoniewissenschaftler Klaus Müller fasst das in das Bild zweier konzentrischer Kreise: Barmherzigkeit als innerer Kern, der nach außen über sich hinaus zur Gerechtigkeit als äußerem drängt, die wiederum nach innen auf die Barmherzigkeit weist (vgl. Müller 1999). Beide Begriffe finden sich zusammen etwa in Sprüche 21,12; Ps 36,11; Hos 10,12.

Das *Neue Testament* knüpft daran an und erweitert die oben genannten um soziale Motive aus dem Leben und der Botschaft Jesu Christi:

- Die diakonisch-soziale Praxis Jesu zeigt den Anbruch des Reiches Gottes; dabei knüpft Jesus schon bei seiner ersten Predigt an die prophetische Sozialkritik (Jes 61,1f.) an: »Der Geist des Herrn ist auf mir, weil er mich gesalbt hat, zu verkündigen das Evangelium den Armen« (Lk 4,18).
- Die Selbstbeschreibung Jesu als Diakon zeigt seine Person als Urtyp des sozialen Helfers, d.h. Jesus ist Subjekt der Diakonie. Der Diakon Jesus ist zugleich ein Bote der Gerechtigkeit Gottes und ein Diener der Niedrigsten und Ausgegrenzten: »Ich bin unter euch als diakonos« (Lk 22,27).

- Die Umwertung der Werte kehrt die Herrschaftsverhältnisse um. Jesus sagt nach dem Lukasevangelium zu seinen Jüngern (Lk 22,25f.): »Die Könige führen sich als Herren über ihre Völker auf, und die Mächtigen lassen sich Wohltäter nennen. Bei euch soll es nicht so sein. Im Gegenteil: Der Größte unter euch soll sich auf eine Stufe stellen mit dem Geringsten, und wer in führender Stellung ist, soll sein wie der, der dient.«
- Der Zusammenhang von Gottesliebe und Nächstenliebe wird in der Beispielgeschichte vom barmherzigen Samariter als Doppelgebot der Liebe eingeführt und gilt als Zusammenfassung aller christlicher Ethik. Zugleich wird ein Perspektivenwechsel auf den Nächsten angezeigt, d.h. der Nächste ist zu Anfang der Samaritererzählung Objekt, an ihrem Ende aber plötzlich Subjekt der Hilfe (Lk 10,25–37).
- Der Zusammenhang von Gerechtigkeit, Barmherzigkeit und Glaube steht für Jesus im Zentrum seiner Lehre. Einmal klagt er die Schriftgelehrten und Pharisäer, d.h. die Gebildeten und Religionsführer seiner Zeit, an, weil sie »das Wichtigste im Gesetz« beiseite lassen: »das Recht, die Barmherzigkeit und den Glauben« (Mt 23,23).
- Die Identifizierung Jesu mit den Armen wird als Christusbegegnung im Nächsten gedeutet. In der apokalyptischen Weltgerichtsrede (Mt 25,31–46), die als Magna Charta christlicher Diakonie gilt, sagt Jesus: »Was ihr den Geringsten getan habt, das habt ihr mir getan.« Hier werden die sechs Werke der Barmherzigkeit als damals besonders wichtige soziale Aufgaben formuliert: Hungrige speisen, Dürstende tränken, Fremde aufnehmen, Nackte bekleiden, Kranke besuchen und Gefangene befreien. Später kommt als siebtes Werk noch hinzu: Tote begraben.
- Das Versöhnungshandeln Christi und seiner Nachfolgerinnen und Nachfolger formuliert auch ein Grundprinzip der Konfliktbewältigung: Christus hat uns mit Gott versöhnt, deshalb sollen wir einander auch versöhnen, vergeben und verzeihen, um wieder neu miteinander beginnen zu können. Diese »Diakonie der Versöhnung« (2 Kor 5,18f.) umfasst die Diakonie des Wortes und die Diakonie an den Tischen (vgl. Götzelmann/Herrmann/Stein 1998, 15–21).

Kirche muss also diakonisch sein und diesem biblischen sozialen Auftrag nachkommen, wenn sie Kirche im Sinne Jesu sein will. Eine Theologie Sozialer Arbeit, die sich angesichts sozialer Deprivation, Armut und gesellschaftlicher Ausgrenzung mit Fragen sozialer und politischer Gerechtigkeit, Befreiung und Solidarität befasst, gibt der eigenen Kirche immer wieder Impulse, sich der ureigensten Sozialtradition zu vergewissern und den biblischen sozialen Auftrag in ihre Botschaft und ihr Handeln umzusetzen.

Dabei muss die Theologie Sozialer Arbeit *erstens* zum Versuch kritisch Stellung nehmen, die kirchlichen Aufträge zur Evangeliumsverkündigung (martyria), zum Gottesdienst (leiturgia) und zur Glaubensgemeinschaft (koinonia) als die ausschließlichen Kernfunktionen von Kirche zu definieren und den sozialen Auftrag (diakonia) als nachrangig zu deuten. Im Gegenteil: Die Bibel ist ein grundlegend diakonisch-soziales Buch und eine Kirche des Diakons Jesus ist ohne sozialen Auftrag undenkbar.

Zweitens sind immer wieder kritische Impulse zum Umgang der Kirche mit ihren eigenen Mitarbeitenden, zur Benachteiligung von Frauen, zur einseitigen Orientierung an einer bürgerlichen Mittelschicht oder der sog. »Kerngemeinde« etwa als sonntäglicher Gottesdienstgemeinde zu geben. *Drittens* sind die Kirchen an ihren sozialen Auftrag im Kontext des deutschen Sozialstaates, der europäischen Einigung und der Globalisierung zu erinnern, besonders auch an die christliche weltweite Gemeinschaft und unsere Verantwortung für die Menschen in der sog. Dritten oder Vierten Welt (vgl. Für eine Zukunft in Solidarität und Gerechtigkeit 1997).

Mit all den oben genannten biblischen Motiven ist zugleich deutlich geworden, dass die soziale Praxis der Kirche eine deutliche theologische Begründung hat, an der sie sich immer wieder messen lassen und neu ausrichten muss. Der Zusammenhang mit den biblischen Wurzeln, die Verbindung von Kirche und Diakonie, der Konnex der oben genannten vier Aufträge bzw. Grundfunktionen von Kirche bedingt, dass das diakonisch-soziale Handeln der Kirche nicht bloße soziale Dienstleistung sein kann, sondern immer zugleich auch prophetisch-politischer Dienst an den Strukturen der Gesellschaft und der Kirche selbst zu sein hat. Die Kirche darf also weder auf dem sozialen Auge blind, noch in ihrem diakonischen Handeln für das Evangelium taub sein.

Impuls 3: Am Bildungsauftrag der Kirchen im Bereich des Sozialen festhalten

Die evangelische und katholische Kirche haben im Bildungsbereich ein erhebliches Engagement übernommen. Es reicht von der Gemeindepädagogik und Erwachsenenbildung, von der Elementarerziehung und Sozialpädagogik des Vorschulbereichs, über den Religionsunterricht als verfassungsmäßig gesichertes Regelfach an allgemein bildenden Schulen und die Trägerschaft von Privatschulen sowie rehabilitationspädagogischen Einrichtungen wie Berufsbildungs- und Berufsförderungswerke, bis zu Ausbildungsstätten für soziale Berufe und Fachhochschulen für Sozial- und Gesundheitswesen sowie kirchlichen Hochschulen für die Theologenausbildung. In all diesen Bildungseinrichtungen wird beides zugleich versucht: die pädagogische Grundlage für den Glauben zu legen und den sozialen Auftrag der Kirchen zu realisieren. Beides benötigt den fortwährenden Dialog zwischen Theologie und Sozial- bzw. Humanwissenschaften.

Eine Theologie Sozialer Arbeit kann in diesem Zusammenhang der evangelischen Kirche folgende Anstöße geben. Sie kann dazu beitragen, das allgemeine Diakonentum aller Getauften zu entwickeln, oder anders gesagt, die einzelnen Christen und auch die weltanschaulich anders Gebundenen zur sozialen Verantwortung zu motivieren. In einer Gesellschaft, die zunehmend von sozialer Kälte, Individualismus und Entsolidarisierung geprägt ist, nimmt die systematische Erziehung zur Übernahme sozialer Verantwortung an Bedeutung zu. Ist dieses Bildungsziel bereits gewachsener Teil der sozialpädagogisch ausgerichteten Kindergartenerziehung, und gilt es prinzipiell auch für den Bereich der Regelschulen im Primar- und Sekundarbereich, so sind seit den 1990er-Jahren dennoch spezielle Formen und Projekte sozialen und diakonischen Lernens entwickelt worden. Das speziell »diakonische Lernen« wird in der Regel an kirchlichen Schulen durchgeführt (vgl. von Schubert 2003). Es steht idealerweise im Kontext der Schulkultur und wird in einen umfassenden Unterrichtszusammenhang gestellt.

Die evangelische Kirche als Trägerin privater Schulen und diakonischer Einrichtungen zugleich bekommt damit einen wichtigen Impuls zur Entwicklung ihres diakonischen Bildungsauftrags und zur Vernetzung ihrer Tätigkeitsbereiche und gesellschaftlichen Funktionen. Eine Theologie Sozialer Arbeit begleitet diese Projekte wissenschaftlich und trägt dazu bei, die beruflichen Felder Sozialer Arbeit, speziell in diakonisch-kirchlicher Trägerschaft, und die evangelischen Schulen und Kirchengemeinden bezüglich der diakonisch-sozialen Bildungsaufgabe zu integrieren. Sie trägt dazu bei, die evangelische Kirche nicht allein als predigende Kirche des Wortes zu verstehen, sondern ihr Impulse zu geben, die sie zu einer diakonischen Kirche machen, zur Kirche sozialer Tat der Nächstenliebe, die auf sozialer Erziehung und diakonischem Erfahrungslernen basiert.

Heute stellen die elf evangelischen und acht katholischen Fachhochschulen (incl. der Fakultät für Soziale Arbeit an der Kath. Universität Eichstätt-Ingolstadt) ca. 40% aller Studienplätze für das Sozialwesen, d.h. für Studierende mit sozialpädagogischen bzw. sozialarbeiterischen Abschlüssen. Sie bieten darüber hinaus u.a. Studiengänge der Pflege, der Heilpädagogik, der Religions- und Gemeindepädagogik und diverse Masterstudiengänge im Bereich Soziales, Gesundheit und Management an. Staatskirchenrechtlich unterliegen sie nicht dem Subsidiaritätsprinzip, sondern gelten als »res mixtae«, d.h. als gemeinsame Angelegenheiten von Kirchen und Staat. Der initiale Anstoß zur Gründung von kirchlichen Fachhochschulen für Sozialwesen wurde von staatlicher Seite gegeben. Hatte sich in den 1960er-Jahren doch auf der Basis eines international bedingten bildungspolitischen Akademisierungsschubs und wesentlich angeregt vonseiten der Ingenieurausbildung ein hochschulrechtlicher Rahmen ergeben, der seit Ende der 1960er-Jahre die Gründung von Fachhochschulen ermöglichte und eine Gründungswelle auslöste. In diesem Kontext gab es für die »Höheren Fachschulen für Sozialarbeit und Sozialpädagogik«, die ihrerseits aus den »Frauenschulen der Inneren Mission« bzw. aus den »Sozialen Frauenschulen« in katholischer Trägerschaft hervorgegangen waren, nur die Alternative, als Fachhochschulen neu gegründet und damit in den Hochschulbereich überführt oder ganz abgeschafft zu werden, denn die Höheren Fachschulen waren im staatlichen Bildungssystem nun nicht mehr vorgesehen. Diese Neugründung in kirchlicher Trägerschaft hat eine aus meiner Sicht einmalige Chance für die Kirchen eröffnet.

Insgesamt bieten die Fachhochschulen in kirchlicher Trägerschaft auf der Basis einer Universalisierung der biblischen Botschaft, des Heraustretens aus kultisch-religiöser Introversion, des diakonischen Auftrags und der ethischen Schärfung des Gewissens einen eigenen Beitrag zum Bildungssystem und zum Sozialstaat. Dieser Beitrag nötigt die Kirchen, sich angesichts der Legitimationsbedürftigkeit der kirchlichen Trägerschaft von Fachhochschulen mit neuen sozialen Fragen auseinander zu setzen, sich den genannten Dialogen zu stellen, die eigene Glaubensüberzeugung bekannt zu machen und zur Diskussion zu stellen, sich in Beziehung zu gesellschaftlichen Wandlungsprozessen zu setzen und die eigenen Lehrenden und Studierenden als Boten zu verstehen, die ihre spezifischen Erfahrungen und Perspektiven in die eigene Kirche einbringen können.

LESEHINWEISE

Für eine Zukunft in Solidarität und Gerechtigkeit. Wort des Rates der Evangelischen Kirche in Deutschland und der Deutschen Bischofskonferenz zur wirtschaftlichen und sozialen Lage in Deutschland. Eingeleitet und kommentiert von Marianne Heimbach-Steins und Andreas Lienkamp (Hg.), unter Mitarbeit von Gerhard Kruip und Stefan Lunte. München 1997. (Für eine Zukunft in Solidarität und Gerechtigkeit 1997)

Götzelmann, Arnd/Herrmann, Volker/Stein, Jürgen, Diakonie der Versöhnung. Eine Einführung. In: Diess. (Hg.), Diakonie der Versöhnung. Ethische Reflexion und soziale Arbeit in ökumenischer Verantwortung. Stuttgart 1998, 15–37. (Götzelmann/Herrmann/Stein 1998)

Götzelmann, Arnd (Hg.), Diakonische Kirche. Anstöße zur Gemeindeentwicklung und Kirchenreform. Festschrift für Theodor Strohm zum 70. Geburtstag. Heidelberg 2003. (Götzelmann 2003)

II. Erinnerungen an Pioniere kirchlicher Sozialgeschichte

1. Sozialreform als Diakonie
Erinnerung an Theodor Lohmann
(1831–1905)

Renate Zitt

Theodor Lohmann kann als profilierter Vorreiter einer christlich motivierten Sozialreform und Sozialethik gelten. Juristisch und soziologisch geschult, analysierte er die Soziale Frage in der zweiten Hälfte des 19. Jahrhunderts und entwickelte im Dialog mit theologischen Kriterien wie Geschöpflichkeit, Nächstenliebe und Verantwortung vor Gott, sozialreformerische und sozialrechtliche Impulse zur gesellschaftlichen Gestaltung. Ziel jeder Sozialreform musste es seiner Ansicht nach sein, jedem seinen kulturellen und sozialen Platz in der Gesellschaft zu ermöglichen, um seine Rechte und Verantwortung verwirklichen zu können. Insofern handelt es sich bei Theodor Lohmann um einen engagierten Juristen und Sozialreformer seiner Zeit, der in verschiedenen Dimensionen versuchte, den Beitrag der evangelischen Kirche zur Sozialen Frage im Sinne eines Modells gesellschaftlicher Diakonie zu erarbeiten und in Kirche, Innerer Mission und Sozialpolitik mit zu verwirklichen. Lohmann begriff seinen Standpunkt in erster Linie als einen christlich motivierten, überparteilichen und der Gesellschaftsreform verpflichteten.

Sozialreformerisches Wirken aus der »zweiten Reihe«

Heute ist Theodor Lohmann im Verhältnis zu den anderen Größen der Diakonie eher unbekannt. Bekannter sind Amelie Sieveking (1764–1859) oder Johann Hinrich Wichern (1808–1881), als Gründer des Rauhen Hauses Hamburg (1833) und als christlich motivierter sozialpädagogischer Innovator. Dessen bekannte Wittenberger »Stegreifrede« von 1848 führte zur Gründung der Inneren Mission, der Vorläuferinstitution des heutigen Diakonischen Werks. Bekannter sind auch Theodor Fliedner, der zusammen mit seiner Frau Friederike die weibliche Diakonie der Diakonissen in Kaiserswerth 1836 institutionalisierte, oder Friedrich von Bodelschwingh mit seinem legendären christlichen Gemeinwesen Bethel und die Größen des christlich-sozial und evangelisch-sozial engagierten Protestantismus, wie etwa Rudolf Todt, Viktor Aimé Huber, Adolf Stoecker, Friedrich Naumann oder Paul Göhre.

Allerdings kannte Lohmann die Akteure des Sozialen Protestantismus der damaligen Zeit sehr genau, war zum Teil mit ihnen bekannt und korrespondierte mit ihnen und studierte sehr genau ihre Schriften. Dass Lohmann ihnen gegenüber an Bekanntheitsgrad zurücktritt, hängt wohl auch damit zusammen, dass er als Jurist, »Laientheologe« und vor allem als Beamter und Schöpfer von sozialpolitischen Gesetzesvorlagen eher zurückhaltend auf der öffentlichen und politischen Bühne wirkte (vgl. Zitt 1997). Von Beamten, zumal solchen in Spitzenpositionen, wurde dies damals auch so erwartet. Seit 1871 arbeitete Lohmann im preußischen Handelsministerium und seit 1881 im Reichsamt des Inneren. Einige Kontakte verbanden ihn auch mit der katholischen Zentrumspartei, in der er Elemente seines sozialreformerischen Konzepts wiederfand. Über den wohl wichtigsten sozialpolitisch engagierten Zentrumspolitiker dieser Zeit – Georg Freiherr von Hertling – lancierte Lohmann seine Ideen inoffiziell in die Reichtagskommissionen und Debatten.

Ein Nachruf aus der von Friedrich Naumann herausgegebenen Zeitschrift »Die Hilfe« von 1905 bündelt die wichtigsten Aspekte von Lohmanns Wirken: »Unterstaatssekretär Lohmann. Im Alter von 74 Jahren verstarb der verdiente Vertreter der Sozialpolitik im Handelsministerium, einer von den tüchtigen hannoverschen Beamten, die Preußen übernommen hat. Er war die eigentliche Arbeitskraft bei der bismarckschen Versicherungsgesetzgebung und besonders unter dem Ministerium des Herrn von Berlepsch. (...) Volkswirtschaftlich galt er als Schüler von Lorenz v. Stein. Seine Herzensbeteiligung an den Kämpfen der Arbeiterschaft war viel größer, als man es von einem Beamten seiner Stellung erwartet, nur war er nicht stark genug, der Regierung seine Farbe aufzudrücken. Für ihn hingen juristische, volkswirtschaftliche und religiöse Reform innig zusammen, und deshalb war er trotz vieler Amtsarbeit zu allen Zeiten lebhaft an der Leitung der Inneren Mission beteiligt. Das Beste, was der Zentralausschuss für Innere Mission veröffentlicht hat, die Denkschrift aus dem Jahre 1884: ›Die Aufgabe der Kirche und ihrer inneren Mission gegenüber den wirtschaftlichen und gesellschaftlichen Kämpfen der Gegenwart‹ stammt aus seiner Feder. Er war ein vielseitig gebildeter Kopf, und es war nicht unverdient, dass dieser arbeitsreiche Jurist auch Doktor der Theologie wurde.«

Berufliches und ehrenamtliches Engagement

Theodor Christian Lohmann wurde als zweitjüngstes von acht Kindern in zweiter Ehe des Kaufmanns und Ziegeleibesitzers Ernst Heinrich Lohmann (1797–1856) mit Johanna Juliana, geb. Hardegen, am 18.10.1831 in Winsen/Aller geboren. Theodor Lohmann, der seine Mutter früh verlor, wuchs in ländlichen, bäuerlich-patriarchalisch geprägten Verhältnissen im Königreich Hannover auf und wurde stark geprägt durch die Frömmigkeit der Erweckungsbewegung. Nach Unterricht durch Hauslehrer und Besuch des Gymnasiums in Celle studierte Lohmann seit 1850 Rechts- und Staatswissenschaften an der hannoverschen Landesuniversität Göttingen. In einem Studentenverein bei dem Theologieprofessor Friedrich Ehrenfeuchter beschäftigte er sich mit der 1848 von Johann Hinrich Wichern gegründeten Inneren Mission und der Sozialen Frage und hielt dort einen stark von der Lektüre Lorenz von Steins geprägten Vortrag über »Communismus, Socialismus, Christenthum«.

1854 trat Theodor Lohmann in den königlich-hannoverschen Verwaltungsdienst ein und bestand 1858 sein zweites Examen mit Auszeichnung. 1862 heiratete er Louise Wyneken (1839–1879), mit der er drei Kinder hatte. Im Kultusministerium Hannover wurde er 1863 Regierungsassessor und beschäftigte sich vor allem mit der Neuordnung der Hannoverschen Kirchenverfassung. 1866 wurde Lohmann Referent in der Kultusabteilung des neu gegründeten Hannoverschen Landeskonsistoriums und nahm als Generalsekretär an der ersten Landessynode der evangelisch-lutherischen Kirche Hannovers 1869 teil. Ehrenamtlich war Theodor Lohmann für die Innere Mission im Rahmen der Gründung des Evangelischen Vereins (1865) und der Diakonenanstalt Stephansstift (1869) Hannover sowie durch Vorträge engagiert.

Infolge der Annexion Hannovers durch Preußen (1866) wurde Theodor Lohmann 1870 zunächst nach Minden/Westfalen, 1871 dann als Referent für die gewerbliche Arbeiterfrage in das preußische Handelsministerium nach Berlin versetzt, wo er Gesetzesvorlagen, internationale Gesetzesvergleiche und umfassende Regierungsenqueten zur Situation von jugendlichen Fabrikarbeitern und Arbeiterinnen erarbeitete. Auch gestaltete er die obligatorische Gewerbeaufsicht in der Gewerbeordnungsnovelle von 1878 aus.

Die Kaiserliche Novemberbotschaft von 1881 kündigte eine Unfall-, Kranken- und Invalidenversicherung an. Auf diesem Gebiet wurde Theodor Lohmann, seit 1880 im Reichsamt des Inneren, Bismarcks wichtigster Mitarbeiter, jedoch auch sein konzeptioneller Widersacher, da ihm die Stärkung der Selbstverantwortung und Interessenvertretung der Arbeiter sowie der Arbeiterschutz wichtiger erschienen. 1883 konnte er sein Anliegen in der Ausarbeitung der Krankenversicherung durchsetzen. Die Kassen wurden als Selbstverwaltungskörperschaften organisiert und umfassten Beitrags- und Verwaltungsbeteiligung der Arbeiter. Über die Unfallversicherung, besonders die Frage des Umlageverfahrens, des Reichszuschusses und die nach Lohmanns Ansicht sozialpolitisch fatalen »Zwangsberufsgenossenschaften«, kam es 1883 jedoch zum Bruch zwischen ihm und Bismarck, in dessen Folge Theodor Lohmann weitgehend kaltgestellt wurde. In verstärktem Maß wandte er sich in dieser Zeit seinen Ehrenämtern zu. Vor allem aber war er von 1880–1905 in dem 1848 von Wichern gegründeten »Central-Ausschuß für die innere Mission der deutschen evangelischen Kirche« aktiv.

1891 wurde unter Lohmanns Beteiligung im preußischen Handelsministerium die Zentralstelle für Arbeiterwohlfahrtseinrichtungen zur Koordinierung der Bestrebungen der freien Wohlfahrtspflege gegründet, die Vorläuferorganisation der späteren Zentralstelle für Volkswohlfahrt. Seit 1892 wurde er Unterstaatssekretär und 1900 Leiter der Handelsabteilung im preußischen Handelsministerium. Er wirkte als stellvertretender Vorsitzender in der neu gegründeten Kommission für Arbeiterstatistik und als Vorsitzender der Technischen Deputation für Gewerbe sowie ab 1898 in der Kommission zur Reform der Wohnungsfrage. Seit 1890 war er Mitglied und seit 1902 Vorsitzender des »Central-Vereins für das Wohl der arbeitenden Klassen«. Als besondere Auszeichnungen erhielt Theodor Lohmann 1901 die Ehrendoktorwürde der Theologischen Fakultät Kiel und 1904, anlässlich seines 50-jährigen Dienstjubiläums, den Wilhelmsorden für besondere sozialpolitische Verdienste. Theodor Lohmann starb am 31.8.1905 in Tabarz/Thüringen.

Theodor Lohmanns sozialethisches Konzept einer gesellschaftlichen Diakonie

Lohmanns Modell von Sozialreform setzte auf verantwortliche Arbeitgeber und Sozialpartnerschaft in den Betrieben. Dafür sollte der Rechtsstaat die gesetzlichen Rahmenbedingungen schaffen. Vielleicht könnte man pointiert sagen: Lohmann wollte einen Staat, der die rechtlichen Rahmenbedingungen für eine verantwortliche Gesellschaft auf der Grundlage von Freiheit, Gleichberechtigung und Mitverantwortung schaffen sollte. Den Gebildeten sprach er in diesen Transformationsprozessen eine zentrale Rolle zu. Lohmanns Staatsverständnis ging von einem Rechtsstaat aus, der die Aufgabe hat, die (Menschen-)Rechte der sozial Schwächeren zu schützen und die nötige materielle und sittliche Grundlage zur Selbstverantwortung und Mitverantwortung in der Gesellschaft zu ermöglichen. Der Staat als überparteiliche Instanz sollte die Institutionen schaffen, die für einen Interessenausgleich zwischen Kapital und Arbeit notwendig waren. Lohmann begründete diesen seiner Ansicht nach richtigen Weg im Rahmen der Kulturentwicklung geschichtstheologisch im Gedanken der Entwicklung des Reiches Gottes als sittliches Gemeinwesen auf Erden.

Seine sozialpolitische, juristische und nationalökonomische Kompetenz brachte Lohmann in die Innere Mission ein und sorgte dort für eine fundierte Behandlung der industriellen Arbeiterfrage. In der maßgeblich von ihm ausgearbeiteten Denkschrift von 1884 »Die Aufgabe der Kirche und ihrer inneren Mission gegenüber den wirtschaftlichen und gesellschaftlichen Kämpfen der Gegenwart« analysierte er die gesellschaftlichen Probleme und Herausforderungen im Horizont der biblischen Überlieferung und entwickelte christlich bestimmte Handlungsrichtlinien sowie konkrete Handlungsanweisungen für verschiedene gesellschaftliche Gruppierungen (Arbeitgeber, Arbeiter, Kirche, Innere Mission) und für den Staat. Lohmann formulierte damit Ansätze einer Sozialethik für die Kirche und die Innere Mission. Sein Modell hat die Gesellschaft als Handlungsfeld nicht nur für die Sozialreform, sondern auch für die Theologie realistisch wahrgenommen. Das war in der Theologie zu seiner Zeit keinesfalls selbstverständlich.

Die Veröffentlichung und Verbreitung dieser Denkschrift durch den Central-Ausschuss für Innere Mission zeigte breite Wirkung in vielen Gesellschaftsbereichen. Rund 10.000 Exemplare wurden in vier Auflagen in den ersten beiden Jahren gedruckt und verteilt. Außerdem ließ der Central-Ausschuss die Denkschrift ins Englische, Französische und Russische übersetzen.

Theodor Lohmann entwickelte viele Aktivitäten in der Linie seiner Denkschrift auf dem Podium der Inneren Mission. Er wirkte für die Verbreitung der Denkschrift, setzte sich 1884/85 für eine Behandlung der Thematik von Frauenarbeit und Familienwohl ein und forderte 1888 auf dem Kasseler Kongress für Innere Mission eine staatliche Initiative in der Wohnungsfrage. Außerdem setzte er sich für das Streben nach Gleichberechtigung in der Arbeiterbewegung ein. Einen großen Erfolg für sein Konzept von Sozialreform erreichte Theodor Lohmann in der Durchsetzung weitgehender Arbeiterschutzbestimmungen in der Gewerbeordnungsnovelle von 1891, in der auch eine Aufwertung und ein Ausbau der Gewerbeaufsicht erfolgte. Ein wichtiges Etappenziel wurde mit der Durchführung einer internationalen Arbeiterschutzkonferenz erreicht. Alle diese Initiativen lagen auf der Linie der Denkschrift von 1884. Theodor Lohmanns Denkschrift inspirierte auch Friedrich Naumann. 1889/90 legte er sie in einer Aufsatzfolge aus und publizierte das Ergebnis 1891 in Buchform als »Das soziale Programm der evangelischen Kirche«. Es ging also darum, dass Diakonie und Kirche nicht nur dem Einzelnen helfen, sondern auch auf die wirtschaftlichen und gesellschaftlichen Rahmenbedingungen einwirken sollten.

Für Lohmann bildete die Soziale Frage seit den 1850er-Jahren die herausragende gesellschaftlich zu gestaltende Herausforderung, die er in Gänze als Kulturfrage und damit auch als theologische Bildungsfrage betrachtete: Gesellschaft und Bildung der Gesellschaft tragen dazu bei, dass die Gesellschaft dem Einzelnen die Spielräume eröffnet, sich in Solidargemeinschaften zu organisieren, die den Schwächeren kulturelle Mitgestaltung ermöglichen, worauf dieser ein Recht hat und Verantwortung dafür trägt. Subsidiarität, Solidarität und Verantwortung unter dem Paradigma des Schutzes der Schwächeren waren für Lohmann Leitkriterien seines Konzeptes. Er formulierte damit Ansätze einer Sozialethik für die protestantische Kirche, die in manchen Punkten Parallelen mit der Sozialenzyklika »Rerum Novarum« von Papst Leo XIII. von 1891 aufweist.

Lohmann verband Wohlfahrtspflege untrennbar mit der Forderung nach den nötigen rechtlichen und materiellen Grundlagen, um Selbst- und Mitverantwortung innerhalb der Gesellschaft wahrnehmen zu können. Das theoretische und praktische Engagement für die Soziale Frage als Kulturfrage und für die Innere Mission bildet ein Leitmotiv in Lohmanns Leben. Theodor Lohmann wollte durch sein Konzept einer »versöhnenden Arbeiterpolitik« die Arbeiter als mündige Subjekte in die Gesellschaft integrieren. Dies umfasste für ihn individuelle und strukturelle Bildungsfragen. Konkret forderte er vom Staat in diesem Zusammenhang – ähnlich wie die so genannten Kathedersozialisten – Arbeitervertretungsorgane, den Schutz des Schwächeren im Arbeitsvertragsverhältnis, umfassende Arbeiterschutzmaßnahmen (unter Einschluss eines Maximalarbeitstages) und Arbeiterversicherungsgesetze, die den Beitrag des Arbeiters zum festen Lohnbestandteil machen sollten. Mit dieser Konzeption gehört Lohmann zu den Architekten des Systems sozialer Sicherung in Deutschland und zu den theologischen Vordenkern einer neuen, den Bedingungen der Industrialisierung entsprechenden Sozialverfassung.

LESEHINWEISE

Lohmann, Theodor, Mut zur Moral. Aus der privaten Korrespondenz des Gesellschaftsreformers Theodor Lohmann. Bd. 1 (1850–1883), hg. von Lothar Machtan, Bremen 1995. (Lohmann 1995)

Zitt, Renate, Zwischen Innerer Mission und staatlicher Sozialreform. Der protestantische Sozialreformer Theodor Lohmann (1831 – 1905). Eine Studie zum sozialen Protestantismus im 19. Jahrhundert, Heidelberg 1997. (Zitt 1997)

2. Sozialarbeit als Diakonie

Erinnerung an Hannes Kramer
(1929–2001)

Michael Manderscheid

Im Denken und Handeln von Hannes Kramer bildeten Sozialarbeit und Diakonie, Caritas und Pastoral, aber auch Ökumene und Dritte Welt eine außerordentlich komplexe Einheit, was nicht bei wenigen seiner Mitstreiterinnen und Mitstreiter immer wieder das Bedürfnis wachrief, die unterschiedlichen Dinge und Stränge auseinander zu halten. Die Komplexität seiner Lebens- und Berufspraxis ließe sich narrativ näher bringen – in den Geschichten seiner Begegnungen mit heimatlosen Ausländern nach dem Ende der Nazizeit, mit den Sintis und Romas in Freiburg, mit jugendlichen Delinquenten, mit Freunden aus Afrika und Lateinamerika, mit Juden und Palästinensern im Caritas Baby-Hospital in Bethlehem, mit Mitarbeiterinnen und Mitarbeitern und den Führungspersonen der Caritas in Ost und West und bis zuletzt mit den »Freunden von der Straße« in Freiburg – denen er ein Leben lang zum Freund geworden war.

Hannes Kramer glaubte an das Sakrament der Armen, an die Realpräsenz Christi in den Armen. Nachfolge Christi, das bedeutete für ihn vor allem auch die Praxis der Tischgemeinschaft mit »Zöllnern und Sündern«. Seine Theologie der Sozialen Arbeit verdichtete sich infolgedessen in sozialer, politischer Praxis und in Symbolhandlungen, die er selbst immer wieder explizit in Verbindung mit den jüdisch-christlichen Überlieferungen brachte.

»Amtliche« Sozialarbeit als Diakon – Sozialmanagement als Referatsleiter

Hannes Kramer wurde 1929 in Oberschwaben geboren, studierte nach ersten Jahren als Förster im Allgäu am Seminar für Wohlfahrtspflege in Freiburg. Nach ersten Berufsjahren beim Landescaritasverband Bayern in München von 1954 bis 1959 arbeitete Hannes Kramer von 1959 bis zu seinem Ruhestand 1990 in der Zentrale des Deutschen Caritasverbandes (DCV) in Freiburg – davon von 1969 bis 1976 und von 1980 bis 1990 als Leiter des Referats »Caritas und Pastoral« im Generalsekretariat des DCV. Er war verheiratet, Vater von vier Kindern, und bis zu seinem Tod im Jahr 2001 als ständiger Diakon mit Zivilberuf in einer Freiburger Pfarrgemeinde tätig. In der Auseinandersetzung mit dem Hitlerfaschismus und in der Begegnung mit toten und lebenden Vertretern des Widerstandes – das waren vor allem die Münchener Jesuiten wie P. Alfred Delp SJ und P. Augustin Rösch SJ – war in ihm unmittelbar nach Kriegsende der Wunsch herangewachsen, Diakon zu werden. Bereits damals lernte er Karl Rahner kennen, der ihm zum Studium für einen sozialen Beruf riet und als bedeutender katholischer Theologe seine Bestrebungen um die Wiedereinführung des Diakonats bis in die Konzilszeit und darüber hinaus förderte.

Bereits im Jahr 1951, noch während des Studiums, begann Kramer mit dem Aufbau eines Diakonatskreises, aus dem sich dann später das mit dem Deutschen Caritasverband verbundene Internationale Diakonatszentrum Freiburg bildete. Im folgenden Jahr begründete er mit dem »Werkblatt des Diakonatskreises« ein Publikationsorgan, um die Diakonatsidee verbreiten und Verbündete im In- und Ausland gewinnen zu können. Kramer war Motor einer Gruppe, der neben Karl Rahner auch die Caritaspräsidenten Dr. Georg Hüssler und Monsignore Jean Rodhain angehörten. Diese erarbeiteten die Konzilsvorlage, die dann zur Neubelebung des Diakonates in der lateinischen Kirche führte. Kramer setzte sich bis zuletzt kämpferisch und konsequent für ein diakonisches Profil dieses Amtes ein und verankerte dies in der tiefen Überzeugung von der Gleichrangigkeit der gemeindlichen Grundfunktionen Verkündigung, Liturgie und Diakonie. Neue publizistische Plattform für dieses Anliegen und die spirituelle Vertiefung des Diakonats wurde später die vom Internationalen Diakonatszentrum herausgegebene Zeitschrift »Diaconia Christi«. Hier sowie in den Jahrbüchern des Deutschen Caritasverbandes finden sich viele Zeugnisse von Kramers publizistischem Wirken.

1959 hatte der damalige Generalsekretär des Referates »Ausland«, Georg Hüssler, Kramer als Mitarbeiter gewonnen, um die von nun an intensivierte und ausgeweitete Arbeit des DCV in der Dritten Welt aufzubauen und zu entwickeln. Die Begegnungen mit den jungen Kirchen in der Dritten Welt und Erfahrungen mit dem Gemeindeaufbau in der Zusammenarbeit mit Gemeinwesenarbeitern in community work und community organization wurden in einer nächsten beruflichen Phase für die Arbeit im Inland bedeutsam. Im Jahre 1969 – zwischen dem Zweiten Vatikanischen Konzil und der Synode der deutschen Bistümer (1971–1975) – richtete der DCV in seiner Zentrale ein neues Referat mit dem Namen »Caritas und Pastoral« ein. H. Kramer wurde zu dessen erstem Leiter berufen. Dieses Referat bildete, wie es von Kramer federführend konzipiert und geprägt wurde, die deutlichste organisationale Antwort des DCV auf die im Konzil vollzogene ekklesiologische Wende der Caritastheologie. Theologisch wurde diese Wende vor allem von dem Freiburger Caritaswissenschaftler Richard Völkl begleitet, der persönlich eine Entwicklung von einem primär moraltheologisch geprägten Caritasverständnis zu einem biblisch fundierten, ekklesiologischen Verständnis vollzogen und die Caritaswissenschaft neu als praktisch-theologische Disziplin begründet hat (vgl. Völkl 1987). Damit Hand in Hand entwickelten sich das Konzept und die Praxis des Referats »Caritas und Pastoral«.

In dessen Zentrum standen die Option für die Armen und die auch für die katholische Kirche wieder entdeckte »brüderliche Gemeinde«. Die christliche Gemeinde galt nun wieder als primärer Ort und Subjekt der Caritas, sie sollte ihre diakonische Dimension wieder gewinnen. Die Diakonisierung der Gemeinden durch den Dienst ständiger Diakone und die Unterstützung der verbandlichen Caritas wurde zu einem Hauptziel der Arbeit von Hannes Kramer und seiner Mitstreiter (vgl. Kramer/Thien 1989). Die gesamte Arbeit der verbandlichen Caritas und ihrer Mitgliedsorganisationen sollte gemeindeorientiert umgestaltet werden. Diakonisierung der Gemeinden und Gemeindeorientierung des Verbandes sollten zur immer wieder angesprochenen Integration von Caritas und Pastoral beitragen. Das war das von Kramer leitmotivisch fortwährend wiederholte Ziel, für das er den DCV, Bischöfe und Theologen gewinnen wollte. Er ging dabei von einer Analyse der historisch entstandenen Kluft zwischen Caritas und Pastoral aus, die er im Widerspruch zur biblischen Botschaft, zu den Zeugnissen vom Leben der frühen Gemeinden und zu den Bedürfnissen der »Armen« und der Gesellschaft nach gelebter Solidarität sah.

Wie jedes Innovationsvorhaben stieß auch Kramer mit seinem Ansatz auf zahlreiche Widerstände in Caritas und Kirche. Innerverbandliche Kritiker sahen in der Kombination seiner Weihe zum Ständigen Diakon, dem Eintreten für den Ständigen Diakonat als Geschäftsführer des Internationalen Diakonatszentrums und für die Integration von Caritas und Pastoral als Referatsleiter eine Bedrohung der Eigenständigkeit der verbandlichen Caritas in der Kirche. Kramer stand fest auf dem Boden des im 19. Jahrhundert entstandenen Verbändekatholizismus, verbandliche Autonomie war für ihn bedeutsam und sein Verständnis von Kirche und Caritas komplexer und polyzentrisch. Praktisch erweisen konnte er das auch dadurch, dass die Caritasmitgliedschaft zu seinem Portefeuille gehörte. Er interpretierte die aus den Emanzipationsbewegungen des 19. Jahrhunderts herrührende Rechtsform des eingetragenen Vereins als Verfassung der meisten Caritasverbände theologisch als Ausdruck des innerkirchlichen Koalitionsrechts und wendete sie gesellschaftlich zeitgemäß hin zum Ansatzpunkt einer versuchten Demokratisierung der verbandlichen Caritas.

Berufliche und ehrenamtliche Sozialarbeit in sozialen Brennpunkten

Bei Professor Hans Wollasch in Freiburg hatte Kramer Sozialarbeit studiert, mit Professor Karl Häringer hatte er sich dann schon als Studierender am Aufbau des Jugendhilfswerks in Freiburg beteiligt, einer Pioniereinrichtung der Arbeit mit jugendlichen Delinquenten. Danach setzte er seine Arbeit mit Staatenlosen und heimatlosen Ausländern in Bayern fort. Diese Begegnungen mit von Not und Leid gezeichneten Menschen, mit durchkreuzten Lebensläufen nahmen seiner Option für die Armen alles Abstrakte. Konsequent trat Kramer dann als Sozialarbeiter in einer Führungsaufgabe für die Betroffenen- und Bedürfnisorientierung der Caritasarbeit in Gemeinde und Verband ein. Die Zentrierung seines Denkens und Handelns auf das Wohl der Armen – verstanden sowohl im sozioökonomischen Hier und Jetzt wie im Horizont der erwarteten Gottesherrschaft – fand ihre Ergänzung im Prinzip des gemeinwesenarbeiterisch verstandenen Gemeinwohls. Durch die nationalsozialistische Gewaltherrschaft war auch die Methodenentwicklung in der Sozialen Arbeit unterbrochen worden. Kramer engagierte sich nachdrücklich bei der Wiedereinführung von Methoden der Sozialen Arbeit, vor allem aus den USA und den Niederlanden. In diesen Prozessen spielten Emigranten wie Louis Lowy eine wichtige Rolle.

Für die Entwicklung zur »brüderlichen Gemeinde«, für ihre Diakonisierung, setzte Kramer nicht primär auf die Weckung ehrenamtlichen Engagements, sondern auf die Aktivierung der Bürger, die sozialen Probleme und Ressourcen ihres Gemeinwesens selbst wahrzunehmen und anzugehen. Es ging ihm mehr um die Aktivierung von Selbsthilfe als um die von Fremdhilfe. Kramer strebte eine Caritas an, die die auf der Mikroebene der Gesellschaft entstandenen sozialstrukturellen Probleme kollektiv in Konzepten der Gemeinwesenarbeit angeht. Damit korrespondierte ein kirchliches Gemeindeverständnis, das durch eine starke Betonung sowohl der Funktion der Diakonia wie der Koinonia profiliert war. Kramer sah ein solches Konzept in der in den 1970er-Jahren aufkommenden Basisgemeindebewegung verwirklicht. Praktisch-theologisch gefasst wurde ein gemeinwesenarbeiterisch geprägtes Verständnis von Gemeindeentwicklung vor allem von Hermann Steinkamp, der damals Berater des Referats »Caritas und Pastoral« und des Internationalen Diakonatszentrums war.

Für die Umsetzung seiner Konzepte in die verbandliche Praxis nutzte Kramer die 1973 neu gegründete Fortbildungs-Akademie des DCV. Er förderte deren methodisch-konzeptionelle Ausrichtung an den ähnlich wie die Gemeinwesenarbeit neu oder wieder nach Deutschland gekommenen Konzepten der angewandten Gruppendynamik und der Supervision. Beide stellten Verfahren und psychoanalytisch grundierte Verstehenshorizonte bereit, die in hohem Maß geeignet schienen, Professionalisierungsprozesse zu begünstigen, die Sozialarbeiter und Sozialpädagoginnen befähigen, Selbsthilfe- und Gemeinwesenentwicklungsprozesse zu initiieren und zu begleiten. Flankiert und fortgeführt wurde die Bildungsarbeit dann zunehmend durch Projektarbeit und lokale Projektberatung in Prozessen der Diakonisierung von Gemeinden. Ergänzt wurden diese Projekte zunehmend durch Initiierung von Gemeindeentwicklungsprozessen an sozialen Brennpunkten und durch das Bemühen um Brückenschläge zwischen Pfarreien und Wohnsiedlungen mit Brennpunktcharakter.

Neben seiner beruflichen Arbeit auf der Bundesebene war Kramer immer auch – und das war für ihn eine formelle Deklaration dem Arbeitgeber gegenüber – immer selbst ehrenamtlich tätig. Ohne Basisarbeit in der Gemeinde, im Brennpunkt der Armen und in der unmittelbaren Arbeit mit den Armen könne er keine Arbeit im DCV tun. Das war zusammen mit dem ökumenischen Prinzip ein zentraler Artikel in seinem persönlichen »Credo«. Zu den wichtigsten und bleibenden Hinterlassenschaften gehören vor allem die Arbeit im Nachbarschaftswerk, mit den Freiburger Sinti und Roma an der Verbesserung ihrer Lebens- und Wohnverhältnisse – ein bundesweit beachtetes Projekt. So war es kein Zufall, dass Sinti an seinem Grab aufspielten. Wichtige andere Freunde der letzten Jahre waren zahlreiche Freiburger Wohnungslose, an denen er im wörtlichen Sinne barmherzig im Sinne des Matthäus-Evangeliums (vgl. Mt 25, 31–46) handelte. Er glaubte an das Sakrament der Armen, an die unveräußerliche Würde, die Gott in Jesus gerade den Armen gegeben hat. Dieser Glaube weist über ihn hinaus.

LESEHINWEISE

Kramer, Hannes/Thien, Ulrich (Hg.), Gemeinde und Soziale Brennpunktarbeit. Soziotop von Not und Hoffnung. Freiburg i.Br. 1989. (Kramer/Thien 1989)

Völkl, Richard, Nächstenliebe – die Summe der christlichen Religion. Beiträge zu Theologie und Praxis der Caritas. Ausgewählt und eingeleitet von Michael Manderscheid. Freiburg i.Br. 1987. (Völkl 1987)

III. Konturen einer Theologie Sozialer Arbeit

1. Im Mittelpunkt der Mensch

Stephanie Bohlen

SUMMARY

Nach der Bestimmung des Gegenstandes der Sozialarbeitswissenschaft wird nach dem Beitrag der Theologie für die wissenschaftliche Fundierung Sozialer Arbeit gefragt. Im Rückgriff auf die Beiträge, die im vorliegenden Buch vereinigt wurden, wird verdeutlicht, dass eine Theologie, die den Menschen in den Mittelpunkt ihres Sprechens stellt, einerseits die Wahrnehmung sozialer Probleme und die Sensibilisierung für menschliches Leid fördern kann. Andererseits ermöglicht sie eine kritische Beurteilung der Gesellschaft, aus der sich Perspektiven für deren Veränderung ergeben können. Und sie gibt der Hoffnung einen Grund, dass eine andere, menschlichere Gesellschaft verwirklicht werden kann, auch wenn das Scheitern eine der Grunderfahrungen sozialer Berufstätigkeit sein mag.

Theologie als Bezugswissenschaft der Sozialen Arbeit

Die Artikel, die das vorgelegte Handbuch vereinigt, setzen die Theologie in den Bezug zu jener Berufspraxis, in der Sozialarbeiter und Sozialpädagoginnen tätig sind und die Studierende an Fachhochschulen des Sozialwesens anstreben. Dadurch sprechen sie der Theologie den Status einer Bezugswissenschaft der Sozialen Arbeit zu, der andere Bezugswissenschaften an die Seite zu stellen sind.

Wo Theologie als eine Bezugswissenschaft Sozialer Arbeit verstanden wird, erfährt sie sich aufgefordert, ihre Bedeutung für die sozialarbeiterische Berufspraxis einerseits, ihre Anschlussfähigkeit an die anderen Bezugswissenschaften Sozialer Arbeit andererseits unter Beweis zu stellen. Dieser Aufforderung gerecht zu werden, dürfte für die Theologie von fundamentaler Bedeutung sein. Denn in einem Studium der Sozialen Arbeit werden künftig nur noch solche wissenschaftlichen Erkenntnisse zur Sprache kommen können, deren Relevanz für die Berufspraxis nicht in Frage zu stellen ist und die mit denen anderer Wissenschaften zu vereinigen sind, ohne auf sie reduziert werden zu können. Soll die Theologie dort überhaupt einen Ort haben, muss sie sich als eine mögliche Perspektive in dem durch Multiperspektivität bestimmten Diskurs der Sozialarbeitswissenschaft etablieren. Das aber setzt die Anschlussfähigkeit ihres Sprechens an das, was andere Wissenschaften zu sagen haben, die Irreduzibilität ihrer eigenen Perspektive und die Möglichkeit ihrer Fokussierung auf die Soziale Arbeit als Praxis voraus.

Der Gegenstand der Sozialarbeitswissenschaft und der Theologie

Um die Implementierung der Sozialarbeitswissenschaft in Studiengängen der Sozialen Arbeit zu fördern, wurde vorgeschlagen, sich in einem ersten Schritt über den Gegenstand Sozialer Arbeit zu verständigen (vgl. Puhl 1996). Worum geht es also in der Sozialen Arbeit?
Zwar unterscheiden sich die Formulierungen, mittels derer der Gegenstand Sozialer Arbeit benannt wird. Im Grunde geht es aber stets um den Menschen und den Hilfebedarf, der sich aufgrund seiner Probleme ergibt. Im Mittelpunkt der Sozialen Arbeit als Praxis und der Sozialarbeitswissenschaft kann daher nur der Mensch stehen. Es kann nur um ihn, um seine Probleme, die Hilfsbedürftigkeit, die aus ihnen folgt, sowie um die Möglichkeiten der Bearbeitung von Problemen gehen.
Unterscheidet sich der Gegenstand der Sozialarbeitswissenschaft von dem der Theologie? Dem Begriff nach ist die Theo-logie jene Wissenschaft, die von Gott spricht. Als solche setzt sie ein Subjekt voraus, das nach Gott fragen kann. Darum kann von Gott als dem »Gegenstand« der Theologie überhaupt nur dort gesprochen werden, wo auch vom Menschen als einem fragenden Wesen gesprochen wird. Folglich geht es auch in der Theologie stets um den Menschen. Der Gegenstand der Theologie ist kein schlechthin anderer als der des sozialarbeitswissenschaftlichen Diskurses. Das aber bedeutet, dass die Theologie nicht erst von der Sozialarbeitswissenschaft auf den Menschen fokussiert werden muss. Sie ist es von

sich aus. Denn aufgrund ihres Selbstverständnisses steht der Mensch für sie im Mittelpunkt jedes wissenschaftlichen Diskurses.

Darin unterscheidet sich die Theologie nicht von den Humanwissenschaften. Auch deren Interesse gilt dem Menschen. Doch aufgrund dessen, dass Humanwissenschaften sich als empirische Wissenschaften verstehen, kann man die Perspektive, in der die Theologie den Menschen sieht, nicht auf die der Humanwissenschaften reduzieren. Die empirischen Wissenschaften sehen ihre Aufgabe in der Deskription der Realität. Sie erforschen die Fakten und stellen uns vor Augen, was der Fall ist. Die Frage nach dem, was denn sein soll, kann aber empirisch weder beantwortet werden, noch ist es Aufgabe der empirischen Wissenschaften, eine solche Frage zu stellen. Im Kontext der wissenschaftlichen Reflexion der Sozialen Arbeit, die Veränderungen problematischer Bedingungen menschlichen Daseins intendiert, kann die Verständigung darüber, was denn der Fall sein sollte, aber nicht einfach ausgeklammert werden. Folglich müssen im sozialarbeitswissenschaftlichen Diskurs auch solche Wissenschaften ihren Ort haben, welche die Deskription dessen, was der Fall ist, auf die Frage nach dem, was der Fall sein sollte, transzendieren.

Daraus, dass der Theologie die Aufgabe zugesprochen wird, die Realität, die von den empirischen Wissenschaften erforscht wird, zu transzendieren, darf nun aber nicht gefolgert werden, bei ihr handle es sich um eine »Wissenschaft«, welche die Realität einfach überspringt. Um des Menschen willen muss die Theologie an der Welt und ihrer empirischen Erforschung Interesse haben. Will sie nicht zu einer Fremdsprache werden, die für die Menschen unverständlich ist, kann sie ihr Sprechen nur im Ausgang von dem, was der Fall ist, konzipieren.

Das Konzept der Theologie, für das sich die Autoren des Handbuches daher aussprechen, kommt mit dem Selbstverständnis der Kirche überein, das in den Texten des Zweiten Vatikanischen Konzils greifbar wird. Dort wird zum Auftrag der Kirche mitgeteilt, sie habe an einer Gesellschaft mitzuarbeiten, die der Berufung des Menschen entspricht (vgl. Pastoralkonstitution 1966, Nr. 3). Dazu müsse sie die »Zeichen der Zeit« erforschen und sie »im Lichte des Evangeliums« deuten (ebd. Nr. 4). Aus dem Auftrag der Kirche ergeben sich daher für die Theologie drei Schritte. In einem ersten Schritt geht es stets darum, die Zeichen der Zeit zu erforschen. Dabei weiß sich die Theologie an die empirischen Human- und Sozialwissenschaften verwiesen, sehen sie es doch als ihre Aufgabe an, die Zeit, in der wir leben, mit dem Ziel der differenzierten Wahrnehmung der Gesellschaft zu erforschen. In einem zweiten Schritt soll das Erforschte dann im Licht des Evangeliums gedeutet werden. Darin transzendiert die Theologie eine reine Deskription der Gesellschaft auf ihre Beurteilung zu. Als Kriterium der Beurteilung fungiert ihr »das Licht des Evangeliums«. Dort, wo im Licht des Evangeliums deutlich wird, dass Menschen in unserer Gesellschaft auf eine Art leben, auf die man theologisch den Begriff der Erlösungsbedürftigkeit anwenden würde, kann sich ein Impuls zur Gesellschaftskritik ergeben, die auf eine Veränderung der Gesellschaft zielen kann und um des Menschen willen zielen muss.

Differenziert wahrnehmen, kritisch beurteilen und die Veränderung der Menschen und der Gesellschaft ermöglichen – das ist der Dreischritt, den die Theologie im Dienst des Menschen zu gehen hat.

Zur theologischen Reflexion sozialen Handelns

Die Lebenswelt der Menschen differenziert wahrnehmen

Wer in einem sozialen Beruf tätig ist, kennt die Menschen und ihre Probleme. Er weiß davon zu erzählen, was sie bewegt und umtreibt. Den Gedanken zum Selbstverständnis der Theologie zufolge kann davon ausgegangen werden, dass sie an der sozialarbeiterischen Praxis interessiert ist, an jener vor-wissenschaftlichen Reflexion, die im Erzählen der beruflich Tätigen selbst geschieht, und an der wissenschaftlichen Erforschung sozialer Probleme. Wie stellt sich ihnen die Lebensrealität der Menschen, mit denen sie beruflich zu tun haben, dar?

Die Frage ist nicht einfach zu beantworten. Denn die beruflichen Tätigkeiten und mit ihnen auch die Erfahrungen, die sich darin ergeben, sind recht unterschiedlich. Den Erzählungen derer, die in der Sozialen Arbeit tätig sind, zufolge, erfährt man sich jedoch als Praktiker oft mit der Tatsache konfrontiert, dass es für Menschen zum Problem geworden ist, Brüche in ihrer Biografie zu verarbeiten. Solche Brüche können sich ergeben durch Todesfälle, durch den Verlust des Arbeitsplatzes, das Scheitern der Ehe, Konflikte in der Familie. In den Aufsätzen des vorliegenden Buches ist an unterschiedlicher Stelle von solchen Brüchen die Rede.

In der Perspektive der empirischen Sozialforschung wird deutlich, dass die Zerbrechlichkeit menschlicher Biografien ihr Korrelat in jener Komplexität unserer Gesellschaft hat, die in den Prozessen der Differenzierung fundiert ist, die konstitutiv für die Moderne sind (vgl. Beck 1986). Wo sich eine Gesellschaft in unterschiedliche Subsysteme differenziert, erfährt sich das Individuum mit pluralen, zum Teil auch divergierenden Anforderungen konfrontiert. Selbstsein geschieht dann nur noch im steten Übergang von dem einen zum anderen Subsystem, in der Konfrontation mit unterschiedlichen Codes, Rollen und Normen. Ihnen gerecht zu werden, kann nur bedeuten, ein Selbst auszubilden, dessen Kontur von fluktuierender Art ist.

Darin kann man insofern eine Chance für das Individuum erkennen, als sich die Grenzen der Möglichkeiten zur Gestaltung der eigenen Biografie erweitern. Die darin begründete Freiheit aber begründet ein Risiko. Denn wo das Ganze der Möglichkeiten grenzenlos wird, wird die Gestaltung der eigenen Biografie, welche die Wahl unter den unterschiedlichen Möglichkeiten voraussetzt, aufgrund der Unübersichtlichkeit des Möglichen zum Problem. Biografien werden brüchig, Freiheit wird zum Risiko scheiternder Lebensgestaltung.

Die Lebenswelt im Lichte des Evangeliums kritisch beurteilen

Die Theologie hat nun die Aufgabe, die Erzählungen der in den Arbeitsfeldern Sozialer Arbeit Tätigen, in denen menschliche Biografien in ihrer Zerbrechlichkeit zur Sprache kommen, in den Kontext des Evangeliums einzustellen. An der Stelle ist es nun erforderlich, den Kerngedanken des Evangeliums zu benennen. Dazu sei auf die ältesten Texte des Neuen Testamentes verwiesen, jene Formeln, die von Jesus als dem Herrn sprechen (Phil 2,11; 1 Kor 12,3; Röm 10,9). Wer in Jesus den Herrn erkennt, sieht in ihm den, in dessen Handeln das Reich Gottes, das die Schriften des Alten Testamentes ankündigen, anbricht. In Jesus geschieht der Anbruch des Reiches Gottes, die Durchsetzung der göttlichen Gerechtigkeit. In ihm erweist sich Gott selbst als der Herr.

Das Evangelium vom Anbruch des Reiches Gottes ist nur im Rückgriff auf das Alte Testament zu verstehen. Von Bedeutung sind in dem Kontext vor allem die Schriften der alttestamentlichen Prophetie. Wer die Zeit, in der wir leben, in das Licht des Evangeliums stellen will, kommt daher auch nicht umhin, sie mit der Welt der Propheten zu konfrontieren. Inwiefern sich daraus dann eine Möglichkeit ergibt, unsere moderne Gesellschaft kritisch zu beurteilen, sei paradigmatisch an dem Propheten Amos verdeutlicht.

Die Welt der Propheten des Alten Testaments ist keine moderne Welt. Doch auch zur Zeit der alttestamentlichen Propheten gab es die Differenz von Arm und Reich. Mit deutlichen Worten kritisiert der Prophet Amos die Bereicherung der Mächtigen. Er spricht die Unterdrückung der Schwachen an, ihre Entrechtung durch die Mächtigen. Der Untergang einer Gesellschaft, in der die Reichen »die Kleinen in den Staub treten und das Recht der Schwachen beugen« (Am 2,7), wird kommen, daran gibt es für Amos keinen Zweifel. Das bedeutet nun aber, dass Amos die Differenz von Arm und Reich nicht nur als ein Faktum benennt. Er fragt nach ihrem Grund und thematisiert als solchen die Differenz von Legalität und Legitimität, von Recht und Gerechtigkeit. Es mag legitim sein, den Boden zu verpachten. Wer jedoch durch Verpachtung, die sich in Ausbeutung verwandelt, Abhängigkeiten produziert, aus denen es keinen Ausweg gibt, handelt illegitim. Denn er handelt wider das Solidarethos, dessen Geltung Amos einfordert. Dort, wo der Gerechtigkeit der Boden entzogen wird, indem legales Handeln ohne Solidarität mit den Schwachen und Schwächsten praktiziert wird, kann der Botschaft des Propheten zufolge eine Gesellschaft keinen Bestand haben. Denn, so begründet Amos seine Worte, nur Gott selbst kann einer Gesellschaft Bestand geben. Er aber will Gerechtigkeit. Vor ihm wird man nur bestehen können, sofern seine Gerechtigkeit als Grundgesetz allen Handelns anerkannt wird.

Von daher wird man die Aktualität der prophetischen Botschaft des Alten Testaments mit Andreas Lob-Hüdepohl (2003c) darin erkennen können, dass die Propheten Gerechtigkeit und Solidarität als ethische Normen thematisieren, die ihr Fundament im Willen Gottes selbst haben, daher vorgängig zu dem staatlichen Recht gelten. Mit ihnen wäre dann auch das Kriterium benannt, von dem her eine kritische Beurteilung gesellschaftlicher Praktiken einerseits, des sie ermöglichenden staatlichen Rechtes andererseits erfolgen könnte. Gibt es auch in unserer Gesellschaft Praktiken, die zwar legal sind, aber dem Solidaritätsethos widersprechen?

Es ist an der Stelle unmöglich, das Ganze solcher Praktiken vor Augen zu stellen. Darum begrenze ich mich darauf, nur an einem sozialen Problem zu verdeutlichen, welche Folgen sich aus der Differenz von Legalität und Legitimität ergeben können. Es gibt Arbeitsverträge, deren Legalität außer Frage steht. Die Gestaltung der Arbeitsbedingungen, die durch sie vertraglich geregelt wird, kann aber das Leben in familialen Bezügen zum Problem machen. Wenn eine Gesellschaft Menschen vor die Wahl stellt, ob sie ihr Leben an der Familie ausrichten oder den Anforderungen der Arbeitswelt gerecht werden wollen, ist zu verstehen, dass nicht nur die Zahl derer, die sich gegen eine Familie entscheiden, da sie für sich keine Möglichkeit sehen, Familie und Beruf zu vereinen, zunimmt, sondern auch die Zahl der Familien, die daran zerbrechen, dass einer der Partner sich in dem Bestreben überfordert, der Familie trotz eigener Berufstätigkeit gerecht zu werden. Da es vor allem die Frauen sind, die sich sowohl für die Familie als auch für den Beruf engagieren, sind sie es auch, denen die stete Überforderung Anlass gibt, ihre Partnerschaft und die Strukturen ihrer Familie in Frage zu stellen. Wo aber die Familie zerbricht, zerbrechen auch jene Strukturen der Solidarität, die sich aus den familialen Bezügen ergeben.

Hans-Günther Gruber und Elisabeth Jünemann haben in ihren Buchbeiträgen verdeutlicht, dass das Risiko einer Familiengründung paradigmatisch ist für jene Risiken, die sich für Menschen in modernen Gesellschaften ergeben. Die Verantwortung für das Scheitern einer Partnerschaft und das Zerbrechen einer Familie kann nie nur dem Individuum zugesprochen werden. Denn sie haben ihren Grund auch in den politischen Strukturen der Gesellschaft, in den Anforderungen, mit denen die Gesellschaft das Individuum konfrontiert in dem Bewusstsein, das Recht sei auf ihrer Seite.

Es kann nicht die Aufgabe der Theologie sein, das angesprochene Problem zu lösen. Aber die Theologie wird die Zunahme der zerbrochenen Familien auch nicht nur wahrnehmen. Sie wird thematisieren, dass sie ihren Grund unter anderem in legalen Praktiken hat, die unsere Arbeitswelt konstituieren. Sie wird solche Praktiken und das Recht, dem sie folgen, kritisieren und um der Ermöglichung von Solidarität willen die Forderung nach einer Veränderung der Rahmenbedingungen, unter denen Familien leben, fordern. Solidarität kann politisch nicht verordnet werden (vgl. Habermas 2004, 2). Doch wo die Freiheit des Individuums, welche die Moderne postuliert, nicht mit einer Solidarität, die durch die politischen Strukturen gefördert wird, in eins gelebt werden kann, wird eine Gesellschaft keinen Bestand haben. Ihrem eigenen Selbstverständnis zufolge ist es die Aufgabe der Theologie, Solidarität um des Menschen willen, der nur mit anderen Mensch sein kann, als eine der »vorpolitischen Grundlagen der modernen Gesellschaft« einzufordern (vgl. Habermas 2004, Böckenförde 1991). Dazu muss sie einerseits an das Evangelium erinnern, andererseits aber die Korrelation ihres im Evangelium verwurzelten Sprechens vom Leid der Menschen, von Schuld, Umkehr und der Möglichkeit des neuen Anfangs, von Recht, Gerechtigkeit und Erlösung zu den »modernen« Begriffen der Menschenwürde und Solidarität verdeutlichen, um sich den Menschen unserer Zeit verständlich zu machen. Theologie, die sich der Aufgabe stellt, an die ethischen Fundamente menschlichen Daseins zu erinnern, ist also zur Über-setzung ihrer Begrifflichkeit in unsere Zeit herausgefordert. Die Fachhochschulen des Sozialwesens könnten Orte sein, an denen die Herausforderung angenommen wird.

Die Hoffnung auf eine menschlichere Welt begründen

Soziale Arbeit ist Engagement für eine solidarische Gesellschaft, in deren Mittelpunkt der Mensch und jene Rechte stehen, die aus seiner personalen Würde folgen. Doch gehört es zu den Grunderfahrungen aller, die in sozialen Berufen tätig sind, dass ihr Engagement nur allzu oft vergeblich ist. Die Hilfsangebote, die sie machen, verfehlen ihre Wirkung. Sie scheitern an der mangelnden Bereitschaft der Klienten, sich selbst zu verändern, oder an der Gesellschaft, die den Willen zur Beseitigung von Ungerechtigkeit ihrem Interesse an Erhaltung der gegebenen Strukturen nachordnet. Von daher ist es unstrittig eine Aufgabe des Studiums an Fachhochschulen des Sozialwesens, angehenden Sozialarbeitern und Sozialpädagoginnen zu helfen, sich persönliche Ressourcen zu erschließen, die ihnen die produktive Bearbeitung auch ihrer eigenen Erfahrungen der Vergeblichkeit ihres Engagements und des Scheiterns ermöglichen. Solche Ressourcen können ganz unterschiedlicher Art sein. Ein Fundament sozialen Handelns, das auch für die Geschichte des Berufs von besonderer Bedeutung ist, ist die christliche Spiritualität.

»Spiritualität führt zu mehr Professionalität«, lautet eine der Thesen, die Andrea Tafferner in ihrem Beitrag zu diesem Buch ausarbeitet. Sie begründet ihre These, indem sie die Wahrnehmung als einen Grundvollzug Sozialer Arbeit thematisiert und verdeutlicht, dass die Arbeit an der Sensibilität des Wahrnehmens konstitutiv für die Einübung in eine eigene Spiritualität ist. Damit ist ein fundamentaler Aspekt christlicher Spiritualität angesprochen: sie macht sensibel für das, was wahrgenommen werden muss – sensibel für das Leid und die Probleme der Menschen. Doch das ist nur ein Aspekt. Die christliche Spiritualität unterscheidet sich dadurch von anderen Formen religiösen Lebens, dass sie ein Dasein in der Hoffnung auf Erlösung begründet. Indem die Theologie die Reflexion der Erfahrungen mit dem beruflichen Handeln in Feldern der Sozialen Arbeit und mit ihnen auch die Erfahrungen des Scheiterns in den Kontext des Sprechens von Erlösung einstellt, dürfte sie nicht zuletzt dazu beitragen, dass in den Studierenden der Sozialen Arbeit die Hoffnung lebendig wird, dass ihre Arbeit an der Lösung sozialer Probleme und das mit ihr verbundene Engagement für den Menschen und für eine menschlichere Gesellschaft letztlich nicht vergebens sein kann, da sich mit Gottes Reich, das in Jesus angebrochen ist, seine Gerechtigkeit durchsetzen wird, eine Gerechtigkeit, die jedem Menschen dadurch gerecht wird, dass sie ihn von allem erlöst, was es ihm unmöglich macht, er selbst zu sein. Mit Andreas Lob-Hüdepohl, auf dessen Beitrag im Buch nochmals verwiesen sei, sehe ich darin eine »unbedingte Sinnhaftigkeit« zugesagt, die alle Erfahrungen des Scheiterns und der scheinbaren Absurdität transzendiert und als solche eine entscheidende Ressource für die sein könnte, die in sozialen Berufen professionell tätig werden wollen.

LESEHINWEISE

Beck, Ulrich: Risikogesellschaft. Auf dem Weg in eine andere Moderne. Frankfurt/M. 1986. (Beck 1986)
Böckenförde, Ernst-Wolfgang, Die Entstehung des Staates als Vorgang der Säkularisation. In: Ders., Recht, Staat, Freiheit. Frankfurt/M. 1991. (Böckenförde 1991)
Habermas, Jürgen, Stellungnahme zum Thema: Vorpolitische moralische Grundlagen eines freiheitlichen Staates. In: Zur Debatte 34 (2004), 2–4. (Habermas 2004)
Lob-Hüdepohl, Andreas, Botschaften der biblischen Propheten – Botschaft für Soziale Arbeit? In: Soziale Arbeit 52 (2003), H. 9, 343–349. (Lob-Hüdepohl 2003c)
Pastoralkonstitution »Die Kirche in der Welt von heute«. In: Rahner, Karl/Vorgrimler, Herbert, Kleines Konzilskompendium. Freiburg i.Br. 1966, 423–552. (Pastoralkonstitution 1966)
Puhl, Ria (Hg.), Sozialarbeitswissenschaft. Neue Chancen für theoriegeleitete Soziale Arbeit. Weinheim 1996. (Puhl 1996)

2. Orte einer Theologie Sozialer Arbeit

Markus Lehner

SUMMARY

Professionsentwicklung und Disziplinwerdung im Bereich Sozialer Arbeit spielen sich im Zusammenhang von Ausbildung, Theorie und Praxis ab. An diesen Orten muss auch die Theologie ihren Platz finden. Die Theologie hatte traditionell in Ausbildungsinstitutionen eine wichtige Rolle, aktuell kommt sie vorwiegend im Umfeld der konfessionellen Fachhochschulen vor. Im universitären Umfeld hat sie sich als Caritas- und Diakoniewissenschaft an einigen Universitäten einen Platz erobert. Ihr ursprünglicher Ort ist allerdings die Praxis selbst, und bei den konfessionellen Trägern Sozialer Arbeit kommt sie im Bereich von Weiterbildung, von Leitbildentwicklung und Qualitätsmanagement auch explizit zur Sprache.

Theologie braucht einen Ort. Wenn Menschen sich darum bemühen, ihre existenziellen Erfahrungen mit Gott in Verbindung zu bringen, dann tun sie das in ganz konkreten institutionellen Zusammenhängen. In unserem Falle einer Theologie Sozialer Arbeit handelt es sich um Institutionen, die in einem Zusammenhang mit der Realität Sozialer Arbeit stehen – einem Feld, auf dem sich eine Vielzahl von sozialen Berufen tummelt.

Welche Berufsgruppen konkret zu den ›Sozialberufen‹ zu zählen sind, darüber lässt sich trefflich streiten. Ralph Christian Amthor kommt in Abgrenzung zu Gesundheitsberufen, psychotherapeutisch orientierten Berufen und pädagogischen Berufen zu folgenden Berufsgruppen: der Kinderpflegerin, der Familienpflegerin/Dorfhelferin, der Erzieherin, dem Heilerziehungspfleger, der Altenpflegerin, dem Heilpädagogen, dem Diplom-Sozialpädagogen/Diplom-Sozialarbeiter, dem Diplompädagogen. Seelsorger, Theologen und Pastoren zählt er wegen ihrer primär religiösen Ausbildung nicht zu den sozialen Berufen, »obgleich sich in der Gegenwart und insbesondere in der geschichtlichen Entwicklung ein maßgebliches Engagement dieser Berufe in den Arbeitsfeldern der Sozialen Arbeit unschwer nachweisen lässt. Hingegen erfordern andere geistliche Berufe eine differenziertere Betrachtung, hier insbesondere Diakonissen, Diakone/Diakoninnen und Ordensschwestern, die in der Sozialen Arbeit zweifelsohne wichtige Funktionen übernehmen« (Amthor 2003, 59f.).

Man mag in diese Aufzählung den einen oder anderen Beruf hinein- oder herausreklamieren, gemeinsam ist in jedem Fall allen relevanten Berufen, dass sie ihre spezifischen Ausbildungen auf Basis theoretischer Grundlagen entwickelt haben, die sich zunehmend in eigenen Wissenschaftsdisziplinen verdichten. Professionsentwicklung und Disziplinwerdung spielen sich überall im Zusammenhang von Theorie, Praxis und Ausbildung ab. Dieses ›disziplinäre Dreieck‹ (vgl. Mühlum/Bartholomeyczik/Göpel 1997, 15f.) gibt auch die Landkarte ab, auf der nach Orten einer Theologie Sozialer Arbeit zu suchen ist. Zunächst richtet sich der Blick auf den Bereich der Ausbildungsinstitutionen, dann auf Institutionen, die sich schwerpunktmäßig der wissenschaftlichen Theoriebildung verschrieben haben, schließlich auf die Praxis Sozialer Arbeit selbst.

Theologie in Ausbildungsinstitutionen

Das Christentum hat die Entwicklung Sozialer Arbeit im europäischen Kontext entscheidend geprägt, dies ist unumstritten. Damit einher geht eine lange Tradition der Suche nach theologischen Begründungsmustern für den Umgang mit Bettlern, Kranken, Fremden, behinderten und alten Menschen. Die Rolle der Theologie ist dabei allerdings keineswegs jene der über die Jahrhunderte hinweg normgebenden Instanz, auch wenn sie sich auf das Fundament einer schriftlich niedergelegten Grundlage, der Bibel, beruft. Vielmehr selektiert jede Epoche biblische Texte nach den Bedürfnissen der aktuell gängigen Begründungsmuster für soziale Probleme (vgl. Lehner 1997, 90ff.; 192ff.; 286ff.).

In der jeweiligen aktuellen Situation ist die Theologie allerdings bis ins 20. Jahrhundert hinein eine anerkannte Instanz in Fragen der Gestaltung des sozialen Lebens, auch wenn man sich in der Praxis nicht unbedingt nach ihren Forderungen richtet. Auch als die ersten formalen Ausbildungsinstitutionen für einzelne Bereiche der Sozialen Arbeit ab der zweiten Hälfte des 19. Jahrhunderts entstehen, spielt die Theologie noch eine tragende Rolle. In vielen Fällen sind es ja auch kirchliche Initiativen und Institutionen, welche als Anstellungsträger dominieren und ihre Anforderungen in die Ausbildung einbringen. Dazu kommt das ganz banale Problem des Fehlens einschlägig ausgebildeten Lehrpersonals. So wurde im Rahmen der Reformen der Heimerziehung im evangelischen Bereich durch August Hermann Franke (1663–1727) zur Qualifizierung des Personals in den

Anstalten auf bedürftige Studenten der Theologie zurückgegriffen (vgl. Amthor 2003, 141). Auch im 1836 gegründeten Gehilfeninstitut Johann Hinrich Wicherns, das der Ausbildung von sozialpädagogisch geschultem Personal für die Erziehungshäuser in der Tradition des Rauhen Hauses in Hamburg dienen sollte, waren Theologen neben Elementarlehrern tätig. Von Bewerbern wurde als erste Anforderung »eine wahrhaft christliche Gesinnung« gefordert (ebd., 147). Als mit den »Sozialen Frauenschulen« Anfang des 20. Jahrhunderts ein entscheidender Schritt in Richtung der Verberuflichung der Sozialarbeit gelang, hatten in Deutschland wie auch in Österreich Institutionen mit konfessionellem Hintergrund wesentlichen Anteil an dieser Innovation: in Deutschland 1909 die »Soziale Frauenschule der Inneren Mission« in Berlin, 1911 die katholische »Soziale Frauenschule Heidelberg«, in Österreich 1916 die »Social Caritative Frauenschule der Katholischen Frauenorganisation für Wien und Niederösterreich« und 1918 die »Evangelische Soziale Frauenschule« in Wien (vgl. ebd., 268; Steinhauser 1994, 118ff.; 180ff.).

Die sozialen Folgen der Urbanisierung stellten die Kirchen ab der zweiten Hälfte des 19. Jahrhunderts vor völlig neue Herausforderungen. Die relativ geschlossenen ländlichen Milieus, welche auch die soziokulturelle Grundlage des kirchlichen Lebens bildeten, drohten mit der massiven Landflucht nach und nach auszubluten. Der im Umkreis städtischer industrieller Zentren sich ansammelnde soziale Sprengstoff und die Proletarisierung breiter Bevölkerungsschichten provozierten die Frage nach der Rolle der Kirche und geeigneten Formen ihrer Seelsorge in ganz neuer Weise. Im katholischen Bereich suchte man Antworten in neuen Formen der beruflichen Tätigkeit unter Begriffen wie »Caritashilfe in der Seelsorge«. Mit der Gründung der ›Freien Vereinigung für Caritashilfe in der Seelsorge‹ in Hannover 1911 wurde auch bald eine Institution geschaffen, die sich dieses Anliegens annahm. Durch Tagungen und Schriften suchte man die Idee zu verbreiten und initiierte erste Ausbildungskurse. Im Laufe der folgenden Jahrzehnte wird das Selbstverständnis jedoch zunehmend weniger von ›Caritashilfe‹ als von den Begriffen ›Laienapostolat‹ und ›Seelsorgehilfe‹ geprägt. Die ursprünglich gebräuchliche Berufsbezeichnung Gemeindepflegerin, die noch sehr deutlich die Herkunft aus dem Bereich sozialer Fürsorge widerspiegelte, verliert sich mit der Zeit völlig, auch wenn die Caritas noch den institutionellen Rahmen abgibt, indem die Vereinigung dem Deutschen Caritasverband angegliedert ist. Dass heute an Katholischen Fachhochschulen die Fachbereiche »Theologie bzw. Religionspädagogik« und »Sozialwesen« getrennt existieren, ist das vorläufige Endergebnis dieser Entwicklung.

In dem Maß wie sich spezifisch theologisch geprägte Berufsausbildungen für den kirchlichen Bereich entwickeln, kommt es zu einer ›Entsakralisierung‹ der Ausbildungsgänge für soziale Berufe. Zum einen hängt dies gewiss damit zusammen, dass sich der Bereich Sozialer Arbeit zunehmend als eigenes gesellschaftliches System ausdifferenziert, seine eigene Logik entwickelt und sich vom Religionssystem abnabelt. Zum anderen hat die Theologie auch Bilder entwickelt und stabilisiert, die im Zuge der Professionalisierung Sozialer Arbeit zunehmend fragwürdig wurden. So war das Frauenbild, das in den Diakonissen-Mutterhäusern des 19. Jahrhunderts (aber auch in den katholischen Ordensgemeinschaften) gepflegt wurde, geprägt von Weltverleugnung und Selbst-Aufopferung. »Frau-Sein wird ein Tun, das aus allen Poren der Frau strömt, wo immer sie sich befinden mag; eine Arbeit, die ausschließlich als Sein für andere begriffen wird ... eine Arbeit, die gekennzeichnet ist von einer tiefen Welt- und Selbstverachtung und -Enthaltung ...« (zit. nach Mühlum/Bartholomeyczik/Göpel 1997, 63). Wenn ein derartiges Bild der sozialberuflichen Tätigkeit von Frauen mit theologischen Begründungen untermauert und stabilisiert wird, dann darf man sich nicht wundern, dass sich eine derartige Theologie mit der Zeit selbst desavouiert. Nur eine Theologie, welche die Zeichen der Zeit ernst nimmt und sie zu deuten sucht, wird von den Akteurinnen und Akteuren im Bereich Sozialer Arbeit ernst genommen werden.

Neben der breiten Palette an Fachschulausbildungen sind es heute vor allem die Fachhochschulen, an denen für soziale Berufe ausgebildet wird. Wieweit diese ein Ort für Theologie Sozialer Arbeit sind, hängt vorwiegend von der Trägerschaft ab. Die konfessionellen Fachhochschulen in Deutschland – im übrigen deutschsprachigen Raum gibt es nur staatliche Fachhochschulen – bekennen sich offen zu einem christlichen Profil (vgl. etwa: Sekretariat der DBK 1984, 8; Arbeitsgemeinschaft der Rektoren und Präsidenten katholischer Fachhochschulen (ARKF) 2005). Dass aus diesem Anspruch durchaus unterschiedliche praktische Konsequenzen gezogen wurden, hat Martin Lechner in einer Untersuchung des Personal- und Lehrangebots in den 1990er-Jahren gezeigt. Sein Resümee fiel nicht gerade freundlich aus: »Nicht an allen katholischen Fachhochschulen für Soziale Arbeit gibt es Lehrstühle für Theologie. Lehraufträge werden von wechselnden Personen wahrgenommen, die das Feld der sozialen Arbeit nur bedingt kennen und kein Problembewusstsein über eine spezifische Form der Theologie haben« (Lechner 2000, 52). Inzwischen hat sich einiges gebessert, und auch seine Klage, es gebe so gut wie keinen Kontakt und Austausch zwischen den Dozenten an Katholischen Fachhochschulen, ganz zu schweigen von einem interkonfessionellen Gespräch, hat sich inzwischen erübrigt. Ein jährliches Werkstattgespräch für Theologen an Hochschulen für Soziale Arbeit bietet ein Forum des wissenschaftlichen Diskurses auf ökumenischer Ebene. Das Internetportal *www.soziale-theologie.net* bietet einen Überblick über die Szene, ihre Akteure und deren wissenschaftliche Arbeit.

Die Forderung Martin Lechners, Theologie müsse als notwendige und gleichrangige Bezugswissenschaft an allen – nicht nur den konfessionellen – Fachhochschulen verankert werden, hat bis dato kaum Gehör gefunden. Im Zuge der Umstellung von Diplom- auf Bachelor-Studiengänge ist dafür Sorge zu tragen, dass die Räume für die Theologie an den konfessionellen Fachhochschulen erhalten bleiben bzw. ausgeweitet werden. Auf der Ebene der Masterstudiengänge wären hier allerdings durchaus neue Spezialisierungen mit theologischem Profil denkbar. Im Bereich der staatlich getragenen Fachhochschulausbildung bieten sich Ansatzpunkte für theologische Reflexion wohl eher unter dem Stichwort der Spiritualität – ein Begriff, der in einer multikulturellen und multireligiösen Gesellschaft eine gemeinsame Basis bietet. Das Manual »Menschenrechte und Soziale Arbeit« des Internationalen Verbands der Sozialarbeiter und Sozialarbeiterinnen und der Internationalen Vereinigung der Schulen für Sozialarbeit fordert eine Berücksichtigung dieses Themas ausdrücklich ein. Demnach ist der spirituelle Kontext Sozialer Arbeit neben dem geografischen, dem politischen, dem sozialökonomischen und dem kulturellen Aspekt ein konstitutives Element der Ausbildung: »Für die Soziale Arbeit und eine humanere Praxis ist entscheidend, dass man dem Geist, den Werten, Einstellungen, Moralvorstellungen wie auch den Hoffnungen und Idealen der KlientInnen Beachtung schenkt und dass den SozialarbeiterInnen zugleich ihre eigenen Wertvorstellungen bewusst sind« (Vereinte Nationen/IFSW/IASSW 1992, 7). Wie christliche Theologinnen und Theologen ihre Kompetenz in diesen überkonfessionellen und interreligiösen Kontext einbringen können, das wird eine wesentliche Herausforderung für die Zukunft sein.

Theologie Sozialer Arbeit im universitären Umfeld

An der Wiege vieler sozialer Institutionen, die im 19. Jahrhundert in den katholischen und protestantischen Milieus gegründet wurden, standen Kleriker mit theologischer Ausbildung. Über Zusatzstudien, beliebt war vor allem die Nationalökonomie, suchten sie sich für diese neuen Aufgaben zu qualifizieren. Andererseits wurde der Ruf immer stärker, die soziale Frage und Lösungsansätze dafür auf politischer Ebene, aber auch in Form der konkreten Arbeit von Caritas und Diakonie (damals noch unter dem Begriff Innere Mission) von vorneherein in das theologische Studium zu integrieren (vgl. Lehner 1997, 198ff.). Etwa zeitgleich mit der Gründungsphase der Sozialen Frauenschulen entstanden erste einschlägige Dozenturen an theologischen Fakultäten, so etwa 1910 an der Theologischen Fakultät Paderborn. Ihr Inhaber, Wilhelm Liese, erstellte im Jahr 1919 eine Denkschrift unter dem Titel »Die Vorbildung der Theologen für die großen Caritasaufgaben der Zeit«, in der weitere Dozenturen gefordert und Caritasvorlesungen skizziert werden (vgl. Haslinger 2004, 149).

Treibende Kräfte für die Institutionalisierung sind jedoch nicht die Verantwortlichen für die Priester- und Pastorenausbildung, sondern die großen konfessionellen Verbände. In Freiburg, wo auch die Zentrale des Deutschen Caritasverbandes angesiedelt ist, kommt es im Jahr 1925 zur Gründung des Caritaswissenschaftlichen Instituts an der Theologischen Fakultät (vgl. Krabbe 1997, 421ff.), nur zwei Jahre später im Jahr 1927 gründet Reinhold Seeberg auf Anregung des Central-Ausschusses für die Innere Mission in Berlin das Institut für Sozialethik und Wissenschaft der Inneren Mission, die Vorgängereinrichtung des 1954 errichteten ›Diakoniewissenschaftlichen Instituts‹ an der Theologischen Fakultät der Universität Heidelberg. Ein breiter Durchbruch an den Theologischen Fakultäten gelang jedoch nie. Das Freiburger Institut, seit 1981 als »Arbeitsbereich Caritaswissenschaft und Christliche Sozialarbeit« institutionalisiert, bietet einen Diplomaufbaustudiengang Caritaswissenschaft an, das Heidelberger Institut einen »Diplom-Ergänzungsstudiengang Diakoniewissenschaft«. In den 1990er-Jahren kamen an den Katholisch-Theologischen Fakultäten in Passau und Paderborn weitere caritaswissenschaftliche Studiengänge dazu, in Münster ein Lizenziatsstudiengang Diakonik. Im Evangelischen Bereich geht die Kirchliche Hochschule Bethel neue Wege mit einem Kompetenzzentrum Diakoniewissenschaft, das einen Bachelor- und einen PhD-Studiengang Diakoniewissenschaft plant. Dem Trend der Zeit entsprechend bieten neben den Katholischen und Evangelischen Fachhochschulen die universitären Einrichtungen auch Studiengänge im Managementbereich an: Bethel einen Studiengang »master of arts in diaconic management«, Heidelberg einen Master of Arts »Unternehmensführung im Wohlfahrtsbereich«, das Institut für interdisziplinäre und angewandte Diakoniewissenschaft an der Universität Bonn einen Masterstudiengang Sozialmanagement.

In Österreich haben Initiativen zur Institutionalisierung einer Theologie Sozialer Arbeit erst 1999 Erfolg mit der Gründung des Instituts für Caritaswissenschaft an der Katholisch-theologischen Privatuniversität Linz. Bereits seit 1991 wurde dort ein einschlägiger Hochschullehrgang angeboten, seit 1997 in ökumenischer Trägerschaft als Hochschullehrgang Caritas/Diakonie, der sich auch an Verantwortungsträger konfessioneller Sozialorganisationen in Mittel- und Osteuropa richtet. In der Schweiz hat das Institut für Sozialethik an der Universität Luzern einen Arbeitsschwerpunkt im Bereich Caritasethik.

Caritas- und Diakoniewissenschaft verstehen sich dezidiert als theologische Spezialdisziplinen mit einem intensiven Bezug zu relevanten Sozialwissenschaften. Herbert Haslinger formuliert: »Caritaswissenschaft nimmt die Praxis der Caritas in ihren realen Gestalten und mit ihren Erfahrungen wahr; untersucht die Praxis der Caritas auf ihre Bedingungen und Wirkungen; formuliert die im christlichen

Glauben enthaltenen theologischen Grundlagen und Maßgaben; zeigt die Relevanz sozialwissenschaftlicher Theorien für die Caritas auf; entwickelt Orientierungen und Konzepte für die Praxis der Caritas« (Haslinger 2004, 152). In ähnlicher Weise sieht Heinz Schmidt Diakoniewissenschaft gekennzeichnet durch die Verschmelzung einer explikativen Perspektive, die zur Verknüpfung von humanwissenschaftlichen und theologischen Konzepten nötigt, mit einer produktiven Perspektive, die zur handlungsrelevanten Neukonzipierung dieser Praxis führt (vgl. Schmidt 2002, 52). Er sieht Diakoniewissenschaft als Modul eines stufenweisen Ausbaus von Qualifikationen im Bereich Sozialer Arbeit, wo »der Weg von der Fachschulausbildung über eine praxisbezogene wissenschaftliche Fachhochschulausbildung zu ethischen und praktisch-theologischen Studien und zu wissenschaftstheoretischer Grundlagenreflexion in einer universitären Diakoniewissenschaft« führt (ebd., 54).

Soll dies nicht zu einer Stufenleiter von ›niederer‹ und ›höherer‹ Theologie Sozialer Arbeit führen, sondern zu einem alle bereichernden wissenschaftlichen Diskurs, dann ist eine Intensivierung des fachlichen Austausches von Theologinnen und Theologen an Fachhochschulen und universitären Einrichtungen ein Gebot der Stunde. Nur gemeinsam kann eine Theologie Sozialer Arbeit vorangebracht werden.

Die Praxis Sozialer Arbeit als theologischer Ort

In der Praxis Sozialer Arbeit sind es vor allem die konfessionellen Träger, die unter einem theologischen Legitimierungsdruck stehen. Zum einen stehen sie von Seiten ihrer Kirchen unter dem Anspruch, ihre Praxis als ›kirchliche‹ bzw. ›christliche‹ Praxis auszuweisen. Kirchliche Aufsichtsgremien und das Angewiesensein auf kirchliche Zuschüsse (auch wenn diese im Schwinden begriffen sind) verleihen diesen Forderungen Nachdruck. Zum anderen stellt sich in den Institutionen selbst zunehmend die Frage, wieweit nicht ein ›christliches Profil‹ durchaus ein Wettbewerbsvorteil auf dem Markt sozialer Dienstleistungen sein könnte.

Ein wichtiger institutioneller Ort für einschlägige Bemühungen sind die Fortbildungseinrichtungen der Verbände. Neben den großen zentralen Institutionen wie der Fortbildungsakademie des Deutschen Caritasverbands in Freiburg, der Diakonischen Akademie in Berlin oder dem Diakonie-Kolleg Bayern in Nürnberg wäre hier eine Vielfalt von Institutionen auf regionaler Ebene wie auch in Fachverbänden zu nennen, und gerade in diesem Bereich sind häufig Mitarbeiter mit theologischer Ausbildung angestellt. Sieht man sich einschlägige Fortbildungsprogramme an, so liegt zwar der Schwerpunkt eindeutig auf der fachlichen Qualifizierung und der Vermittlung von Führungskompetenzen, doch auch Angebote zu theologischen Themen und Fragen christlicher Spiritualität sind vertreten. Zielgruppe der Veranstaltungen sind normalerweise Mitarbeiterinnen und Mitarbeiter der Verbände selbst.

Im Organisationsleben der konfessionellen Träger ist zudem die Entwicklung von Leitbildern zu einem Ort theologischer Reflexion geworden (vgl. Lehner 2001a, 245). Sowohl der Deutsche Caritasverband als auch das Diakonische Werk führten Ende der 1990er-Jahre umfangreiche Leitbildprozesse durch. Während in früheren Zeiten die Herkunft der Mitarbeiterschaft aus einem einigermaßen geschlossenen konfessionellen Milieu eine gemeinsame Sprache und gemeinsame Grundüberzeugungen sicherten, ist dies heute kaum mehr der Fall. Durch eine breite Beteiligung von Mitarbeiterinnen und Mitarbeitern an einem Leitbildprozess, durch die Auseinandersetzung über gemeinsame Werte, Ziele und Zukunftsorientierungen kann Identifikation und Profilbildung gezielt gefördert werden. »Weniger die Alltagsarbeit ist es, die zur Identifikation einlädt, mehr sind es Visionen und Zukunftsorientierung, die verbinden und motivieren. Das Leitbild gibt die Basis für die gemeinsame Zielorientierung, aus der sich die konkreten Zielvereinbarungen auf allen Ebenen ableiten. Insofern ist es auch die Voraussetzung für die jeweilige Qualitätspolitik des Unternehmens. Ebenso verdeutlicht es das die Organisation leitende Menschenbild, indem es den Umgang von Führung und Mitarbeiterschaft prägt« (Schröer 1997, 211). Wenn es gelingt, im Rahmen von Leitbildprozessen auch theologische Aspekte diskutierbar zu machen und verständliche Formulierungen in den Texten zu finden, dann liegt hier ein durchaus ansehnliches Potenzial für eine Verortung von Theologie Sozialer Arbeit, denkt man an die Zahl der involvierten Mitarbeiter und der angesprochenen Klienten und Kunden.

Im Arbeitsalltag, so zeigt die Erfahrung, werden Leitbilder allerdings oft allzu schnell »schubladisiert« (Heller 1997, 13). Instrumente des Qualitätsmanagements greifen dagegen nachhaltiger in die alltägliche Praxis Sozialer Arbeit ein. Der Druck zu qualitätssichernden Maßnahmen kommt zum einen von öffentlichen Kostenträgern, zum anderen entsteht er aus einer zunehmend spürbaren Markt- und Konkurrenzsituation im Bereich sozialer Dienste. Die herkömmliche Frage nach dem spezifischen Profil von christlich geprägter Sozialer Arbeit wird zunehmend abgelöst von der konkreteren Frage danach, was denn die spezifische Qualität dieser Arbeit sei und wie man diese gewährleisten könne. In Deutschland haben der geschäftsführende Vorstand des Deutschen Caritasverbandes und die Leitung des Diakonischen Werkes ein gemeinsames Vorgehen beider Verbände in Bezug auf Qualitätssicherung, Qualitätsentwicklung und Qualitätsmanagement vereinbart: »Es sollen gemeinsame Positionen zu den christlich orientierten Grundlagen und Standards von Qualität bei Caritas und Diakonie entwickelt und in Qualitätsleitlinien gefasst werden« (zit. nach Lehner 2001b, 18). Wenn in den Qualitätshandbüchern und anderen Instrumenten grundlegende Aspekte der Wertorientierung und des Menschenbildes auf theologischer Basis angesprochen werden, dann kann dies zum Ansatzpunkt einer regelmäßigen Auseinandersetzung in der alltäglichen Arbeit werden.

Eben diese alltägliche Arbeit ist der eigentliche Ausgangsort jeglicher Theologie Sozialer Arbeit. Die in Teil C des vorliegenden Bandes aufgezeigten theologischen Perspektiven in unterschiedlichen Arbeitsfeldern zeigen eindrucksvoll, welche grundlegenden theologischen Fragen sich aus der Praxis ergeben. Leben, Zuwendung, Hoffnung, Liebe, Befreiung, Gerechtigkeit, Gottebenbildlichkeit, Sinngebung, Umkehr, Gastfreundschaft, Anwaltschaft, Menschenwürde, Gemeinschaft, Nächstenliebe – all dies sind Erfahrungen, die aus der sozialen Praxis herauswachsen. Um diese Erfahrungen in Begriffe zu bringen und sie einer theologischen Reflexion zu eröffnen, braucht es den Dienst der Theologinnen und Theologen. Doch nur wenn diese sich diesen Praxiserfahrungen stellen und sich nicht in den elfenbeinernen Turm akademischer Wissenschaftlichkeit zurückziehen, kann sich daraus eine lebendige Theologie Sozialer Arbeit entwickeln.

LESEHINWEISE

Amthor, Ralph Christian, Die Geschichte der Berufsausbildung in der Sozialen Arbeit. Auf der Suche nach Professionalisierung und Identität. Weinheim und München 2003. (Amthor 2003)

Haslinger, Herbert, Was ist Caritaswissenschaft. In: Theologie und Glaube 94 (2004) 145–164. (Haslinger 2004)

Lechner, Martin, Theologie in der Sozialen Arbeit. Begründung und Konzeption einer Theologie an Fachhochschulen für Soziale Arbeit. München 2000. (Lechner 2000)

Lehner, Markus, Caritas – Die Soziale Arbeit der Kirche. Eine Theoriegeschichte. Freiburg i.Br. 1997. (Lehner 1997)

Netzwerk Soziale Theologie: www.soziale-theologie.net

3. Diakonische Spiritualität
Brennpunkt einer Theologie Sozialer Arbeit

Rainer Krockauer

SUMMARY

Im Horizont komplexer und weit reichender Organisations- und Personalentwicklungsprozesse in der Sozialen Arbeit verschafft sich das Anliegen Gehör, spirituellen Fragen und Potenzialen mehr Raum und Aufmerksamkeit zu schenken, und das nicht nur im Studium, sondern auch im Berufsalltag und in der Fort- und Weiterbildungsarbeit. Die Frage und Suche nach dem Profil einer christlichen und damit evangeliumsorientierten Spiritualität von Mitarbeitern und Einrichtungen weist dabei über den Raum der Sozialen Arbeit in kirchlicher Trägerschaft hinaus. Denn es ist die Frage und Suche nach einem zentralen Brennpunkt in der Arbeit mit leidenden oder marginalisierten Menschen, ohne den Soziale Arbeit nicht auszukommen vermag: »Wir brauchen Können, aber wir brauchen auch Inspiration« (Hermanns 2003, 150). Eine inspirierende Spiritualität, christlich-theologisch übersetzt als engagiertes Leben und Arbeiten im Geist Jesu, ist ein zentrales Qualitätsmerkmal christlich motivierter Sozialarbeit, die auch Inspiration für nicht-kirchlich gebundene oder andersgläubige Menschen in der Sozialen Arbeit sein kann und wird.

Anstoß zur Plausibilisierung christlicher Spiritualität

Nach hundert Jahren gibt ein caritativer Frauenorden die Trägerschaft einer großen Jugendhilfeeinrichtung auf. Der eklatante Nachwuchsmangel zwingt ihn, sich auf wenige Standorte zu konzentrieren. Jahrzehntelang hat die Ordensspiritualität den Alltag der professionellen Arbeit mit delinquenten oder verwaisten Jugendlichen geprägt und war mit der schrittweisen Professionalisierung der Sozialen

Arbeit verzahnt. Im Wochenablauf gab es regelmäßige Gebetszeiten, zudem stellten die Ordensfrauen vielfältige Bezüge zu umliegenden Kirchengemeinden her. In der Einrichtung wurden Kinder und Jugendliche getauft und gefirmt, es wurden regelmäßig Gottesdienste gefeiert, es gab sogar einen Bibelkreis für die zahllosen nicht kirchlich sozialisierten Mitarbeiter, die gerade in den Ordensfrauen wichtige Ansprechpersonen für ihre auch spirituellen Fragen fanden. – Verlässt mit ihrem Weggang auch ihr inspirierender Geist die von anderen weiterzuführende Arbeit? Wer übernimmt Verantwortung für eine jahrzehntelang selbstverständlich gewordene Spiritualität, die schon allein durch die Ordenskleidung sichtbar wurde? Oder erledigt sich diese Frage, wenn die Einrichtung in nicht-kirchliche Trägerschaft übergeht?

Die Aufgabe von Einrichtungen in Trägerschaft von Orden und der dramatische Rückgang von Ordensleuten als Mitarbeiter(-innen) in der Sozialen Arbeit ist nur ein aktueller Anstoß zur Plausibilisierung von Spiritualität. Vielfach verknüpft sich damit in der kirchlichen Sozialen Arbeit die Frage nach der Spiritualität bzw. Christlichkeit der zahlreich gewordenen (Laien-)Mitarbeiter und nach dem Stellenwert sozialcaritativer Einrichtungen im Gesamtgefüge von Kirche (vgl. Krockauer 2005b). Die aktuelle Neuthematisierung von Spiritualität beschränkt sich allerdings nicht auf diese binnenkirchlichen Fragen. Sie erwächst vielmehr aus den Alltagserfahrungen der Sozialen Arbeit selbst, die neu nach dem *Geist* von Menschen und Organisationen fragen lassen. Dazu gehören die Überforderungs- bis Burn-out-Erfahrungen von Mitarbeitern, dazu gehört beispielsweise auch die alltägliche aufreibende Vermittlung zwischen den Geltungsansprüchen moderner Dienstleistungslogik und der eigenen weltanschaulichen Denk- und Handlungslogik. Im Schatten einer dominant gewordenen Ökonomisierung Sozialer Arbeit zeichnet sich so unverkennbar eine Renaissance spiritueller Fragestellungen (vgl. Ebertz 2004b) ab. Die Frage nach dem leitenden Menschenbild angesichts einer von allen Seiten geforderten stärkeren »Kundenorientierung«, die Frage nach angemessenen sozialethischen Optionen bei rigorosen Einsparmaßnahmen oder nach einer religiösen Identitätssicherung in einem dynamischen Globalisierungsprozess lassen nach der geistigen Orientierung aller Einrichtungen und Dienstleistungen der Sozialen Arbeit und damit nach ihrer *inneren* Achse fragen. »Spiritualität« (in einem zunächst weit gefassten Sinne) wird damit zu einer Herausforderung ersten Ranges für die Soziale Arbeit. Wenn diese »über das Gegebene nicht hinausdenkt und hinausgeht, gäbe sie sich selbst auf, wäre sie doch vor der Normativität des Faktischen nicht mehr zu retten« (Ebertz B, I.2).

Sicherlich begibt man sich bei der Neuthematisierung von Spiritualität auf ein schwieriges Terrain. Ist den einen der Begriff zu offen und vieldeutig und fordern sie deshalb eine verbindlichere Präzisierung im Blick auf eine an eine Religionsgemeinschaft bzw. Konfession gebundene und von dorther inhaltlich gefüllte Spiritualität, so ist »Spiritualität« für andere in einem bewusst weiter gefassten Sinne eine offene »Chiffre für Religiösität in einer Welt, die vom Sichtbaren, Messbaren, Wahrnehmbaren dominiert wird« (Weismayer 1983, 711), welche von einem dezidierten Freiheits- und Autonomieverständnis her zu begründen versucht wird. Beiden Zugängen ist gemeinsam: Mitten in einer durch und durch professionalisierten und säkularisierten Sozialen Arbeit »meldet sich ein neues, ein anderes Bewusstsein zu Wort« (Gmelch 1996, 11), das selbstbewusst auf den Begriff »Spiritualität« zugreift und ihn, wie es eine Sozialarbeiterin in einem Interview ausdrückt, als »eine Dimension des Lebens« ansieht, »die in die Dynamik des Beziehungsgeschehens mit eingeht« (Krömer 2000, 146). Eine spannende Gesprächsbasis eröffnet sich mit der diskursiven Verständigung über die von ihr gemeinte Dimension.

Hier ist Theologie gefordert. Denn als eine dem Menschen an sich und seiner Suche verpflichtete und (als christliche Theologie) zugleich kirchengebundene Disziplin wird sie beiden Zugängen Rechnung zu tragen haben – auch und gerade im Bewusstsein der fundamentalen Entplausibilisierung einer kirchenbezogenen Spiritualität. Denn war für viele Pioniere vor hundert Jahren die Eingebundenheit in eine kirchliche Spiritualität, verankert in Gemeinde- und Gottesdienstleben, ein selbstverständlicher »Leben spendender Anschluss« (Neuhaus 2000a, 165) für ihre Tätigkeit, so muss eine solche heute mühsam übersetzt und plausibilisiert werden. Haben doch immer weniger Mitarbeiter, auch und gerade in der kirchlichen Sozialen Arbeit, im Laufe ihrer kirchlichen Sozialisationsgeschichte die Chance, »wirklich zum Glauben zu finden« (Zerfaß 1994, 59), und können oder wollen somit von sich her die Eigenart christlichen und kirchlichen Denkens und Lebens nachvollziehen. Zugleich sind auch sie tagtäglich damit konfrontiert, wie in der Sozialen Arbeit überhaupt ein spirituelles Selbstverständnis zum Tragen kommen kann, wo dem doch jeglicher traditionelle Nährboden als Legitimationsgrundlage entzogen ist.

Mehr und mehr offenbart sich so heute ein mühevoller und sensibler Verzahnungsbedarf nicht nur einer in komplexe Organisationsformen eingebundenen Logik Sozialer Arbeit mit theologischen Grundeinsichten (vgl. Gärtner 2002b), sondern gerade auch ein (oft sehr persönlicher) Verzahnungsbedarf eines professionellen *und* spirituellen Selbstverständnisses von Mitarbeitern. Was sich in der Geschichte Sozialer Arbeit im Verlauf der Jahrzehnte auseinander entwickelt hat, ist heute in Lernprozessen neu zu vermitteln. Gefordert ist hier eine hinhörende Theologie, ist doch gerade Spiritualität »eine geheimnisvolle und zarte Sache, die nur sehr schwer ins Wort zu bringen ist und als intensiver Selbstvollzug des Christlichen im einzelnen Menschen ... unvermeidlich sehr verschieden ist« (Rahner 1980, 368).

Auf der Suche nach einer alltags- und arbeitsfeldbezogenen Spiritualität

Wenn, gnadentheologisch gedacht, die Einsicht zutrifft, dass Gott und sein Geist nicht nur vor der Sozialpädagogin, sondern auch vor dem ihre Soziale Arbeit reflektierenden Theologen kommt, dann gilt es, umzudenken. Spiritualität ist dann nicht »so etwas wie ein im Laufe der Zeiten geronnenes Konzentrat, das man relativ leicht und mit etwas gutem Willen nach Art eines vorgefertigten Instant-Getränkes zubereiten und einnehmen könne, ... ohne die Erkenntnisse und Erfahrungen des betroffenen Subjekts in Erwägung zu ziehen« (Gmelch 1996, 41). Denn gerade den Erkenntnissen und Erfahrungen, in denen Menschen in der Sozialen Arbeit Gott und seinem Geist auf die Spur kommen, ist dann besondere Aufmerksamkeit zu schenken.

Es sind ja auch nicht nur Sozialpädagoginnen, sondern auch Therapeuten oder Erzieherinnen, und es sind vor allem Kinder, Frauen und Männer bzw. die Adressaten Sozialer Arbeit, die von ihren spirituellen Einsichten berichten (vgl. Hermanns 2003). Sie erzählen von Erfahrungen mit der aufbauenden Wirkung von Meditation und Beten, z.B. am Krankenbett, von der ermutigenden Wirkung, die von der Glaubenshaltung eines Patienten ausgeht, Pflegekräfte erzählen von ihrer stillen Klage vor Gott – angesichts des tagtäglichen Anblicks von unschuldig Leidenden, andere erzählen von der heilenden Wirkung gewisser Organisationsstrukturen, die einen ganz bestimmten Geist zu verkörpern versuchen, beispielsweise in der Sterbe- und Trauerbegleitung. Vor allem formulieren sie offene Fragen und artikulieren eine glaubwürdige Suche nach einer alltags- und arbeitsfeldbezogenen Spiritualität *in* der Sozialen Arbeit, d.h. im Prozess der sozialen Dienstleistung, in der Pflege oder psychosozialen Beratung, am Ort der Erziehungsarbeit oder der (Heil-)Therapie.

Angesichts der Vielfalt des Spirituellen geht es, so Klaus Hemmerle, beim Wort »Spiritualität« um »die spezielle Übersetzung des eigenen Glaubens in die Lebenspraxis, in die Weise, Gott unmittelbar oder mittelbar ins Spiel zu bringen beim eigenen Reden, Reagieren, Handeln und Planen. Und da entwickeln sich bestimmte Typen, ... an denen man ablesen kann, wie das geht: Leben mit Gott« (Hemmerle 1983, 13). Spiritualität in der Sozialen Arbeit ist eine so verstandene kontextuelle »Übersetzung des eigenen Glaubens« in die Arbeit mit behinderten, kranken oder vernachlässigten Menschen. Anton Rotzetter hat vor vielen Jahren die hilfreiche Kennzeichnung einer so verstandenen kontextuellen Spiritualität als »Kategorialspiritualität« eingeführt. Im Unterschied zu einer »Fundamentalspiritualität«, die beispielsweise in Katechese oder im Gemeindeleben »eine Basisausrüstung« in der Aneignung der christlichen Tradition liefere, wird diese jeweils neu und anders von den spezifischen Lebensumständen und Milieus gefordert und herausgefordert, sich diesbezüglich kontextuell auszugestalten (vgl. Rotzetter 1979, 9).

Eine solche kontextuelle Spiritualität existiert in der Sozialen Arbeit bei näherer Betrachtung zum einen als explizite (»Übersetzungs«-)Praxis des Glaubens. In Caritaseinrichtungen, in kirchlichen Krankenhäusern oder Behindertenheimen wird gemeinsam gebetet und Gottesdienst gefeiert, dort werden die Sakramente gespendet, es werden behinderte Kinder auf die Kommunion vorbereitet oder kranke Menschen gesegnet. Es arbeiten dort Priester, Diakone, Ordensleute und andere pastorale Mitarbeiter(-innen) (zwar in stark rückläufiger Zahl), die versuchen, für eine explizite Spiritualität als Praxis eines konfessionell beheimateten Glaubens einzustehen. Aber Spiritualität als eine alltags- und prozessbezogene »Übersetzung des eigenen Glaubens« umfasst zum anderen auch eine unkonkretere (eine gewissermaßen »un-alphabetisierte« und folglich oft übersehene) Lebenspraxis, die nicht zu schnell unter gängige Spiritualitätsverständnisse wie »Glaubenspraxis« oder »Leben aus dem Geist Gottes« zu fassen ist. Diese Spiritualität hat unmittelbar mit den Akteuren der Sozialen Arbeit und mit dieser selbst zu tun.

Zweifelsohne ist diese eher unscheinbarer Natur. »Es ist eine Spiritualität der Gegenwart, die damit zu tun hat, in der Nähe zu sein, aufmerksam zu sein, verfügbar zu sein, einfach da zu sein« (Cassidy 1995, 18). Es ist eine Spiritualität »auf leisen Sohlen«, wenig Ausdrückliches haftet ihr an – und doch etwas Entschiedenes. Denn sie ist ein nicht zu unterschätzender Bestandteil der professionellen Haltung vieler Mitarbeiter und verbindet sich bei aller Wertschätzung oder auch Eingebundenheit in eine explizite Praxis eines konfessionell beheimateten Glaubens (z.B. durch Teilnahme an Gottesdienst und Bibelarbeit) entscheidend mit dem »Mut zum persönlichen Erleben, mit der Ehrlichkeit des freien Denkens und dem Recht, aus den eigenen Gefühlen und Erfahrungen im Umgang mit Gott und den Menschen zu lernen«. Eingefordert wird eine solche personal verantwortete Spiritualität von den Adressaten Sozialer Arbeit selbst. »Alles Aufgesetzte, Floskelhafte und nicht persönlich Angeeignete, alles, was nicht durch den Filter der eigenen Biografie hindurchgegangen ist, wirkt ... wie ein ungedeckter Scheck, mit dem sie (erg. z.B. die Kranken, R.K.) nichts anfangen können« (Gmelch 1996, 27f.).

Soziale Arbeit im Horizont des Gottesgeheimnisses

Spiritualität als eine von einem persönlich verantworteten Glauben getragene und reflektierte Lebenshaltung und Lebenspraxis eröffnet, so Gilbert Adam,»eine sehr viel weitere Vision« (Kappmeier 2000, 87). Als Sozialpädagoge und Priester der von Jean Vanier gegründeten Archegemeinschaft (vgl. Joseph 2003) arbeitet er seit vielen Jahren in der spirituellen Begleitung von Schwerstbehinderten und deren professionellen Helfern:»Die Spiritualität erweitert den Blick in dem Sinne, dass jemand die menschliche Person wirklich mit allen diesen Dimensionen des Herzens, des Geistes, der Intelligenz, des Willens und der Freiheit wahrnimmt« (Kappmeier 2000, 87). Dies gelte für das eigene Selbstbild, aber natürlich auch für das Bild, das der Professionelle vom Gegenüber, in diesem Falle vom Behinderten, hat. Der Interviewte nennt dann Luc, einen schwerstbehinderten Jugendlichen, der von Geburt an weder hören noch sprechen noch eigenständig gehen und stehen kann, und fügt hinzu:»Wenn ich mich zum Beispiel vor Luc wieder finde und sage, dass er gewaschen werden muss und man ihm zu essen geben soll, was will man dann mehr? (Dann) ist meine Vision von Luc sehr reduziert. ... Wenn ich aber sage, dass Luc jemand ist, der ein spirituelles Leben, eine Geschichte, ein wirkliches inneres Leben hat, dann ist mein Wahrnehmungsvermögen automatisch ein anderes.« Denn wenn der Helfer den anderen als Person betrachte, »unter diesem Blickwinkel, dass sie ein geliebtes Kind Gottes ist, dass Jesus selbst in ihr wohnt, dann wird die Person für mich automatisch ein Geheimnis: Sie wird also zum Beispiel viel mehr als ihre Krankheit. Sie wird viel mehr, als die Pflege, die ich ihr bieten könnte. Es gibt etwas darüber Hinausgehendes, das ich in ihr erahne« (ebd.).

Ein solcher Glaube an die Mitgeschöpflichkeit des anderen und eine dementsprechende Haltung der erwartungsvollen Offenheit ihm gegenüber entspringt einem »zweiten Blick« auf Menschen. Dieser Blick sucht das innere Geheimnis in und hinter der äußeren Gestalt von Menschen, besonders der »Armen und Bedrängten aller Art« (Pastoralkonstitution 1966, Nr. 1), und lehrt, sie (und sich selbst) als sichtbares Zeichen einer verborgenen Anwesenheit Gottes in der Welt sehen zu lernen. In der theologischen Fort- und Weiterbildungsarbeit erzählen Mitarbeiterinnen und Mitarbeiter häufig, dass sich ihnen der Blick für diese Dimension (oft erst nach vielen Jahren) nicht nur in der unmittelbaren Begegnung mit den Adressaten Sozialer Arbeit, sondern auch mittelbar durch die Erfahrung von Gebet und Gottesdienst unmittelbar am Ort der Sozialen Arbeit eröffnet. Das Bewusstsein und der Sinn für den zweiten Blick kann von der Theologie nicht nur in Lehrveranstaltungen, sondern auch in Supervision und Praxisbegleitung geschärft werden, in denen es um die (nachträgliche) Verarbeitung von Erfahrungen in der Begegnung von Begleitern und Begleiteten, von Helfern und Hilfsbedürftigen geht. Die Einsicht, dass zwischen beiden »so etwas wie eine Gratuität ... entsteht, eine Gnade, weil solche Tiefenerfahrungen, die sich im solidarischen Handeln selbst ereignen, als Geschenk erlebt werden« (FuchsO 1998, 22), ist dabei ein wesentlicher Anschlusspunkt für theologische Reflexion, beispielsweise eines christlichen Gnaden- und auch Gottesverständnisses.

Denn die Wahrnehmung, dass es in der Sozialen Arbeit etwas darüber Hinausgehendes gibt, das in der Begegnung mit dem anderen zu erahnen ist, das einem letztlich als Geschenk zukommt, eröffnet nicht nur eine transzendente Dimension im Prozess Sozialer Arbeit, sie eröffnet auch die Suche und Frage nach Gott. Beides wird in den Begegnungsprozessen Sozialer Arbeit besonders durch die Person des Armen und anderen angestoßen. Jean Vanier resümiert im Blick auf seine jahrzehntelange Arbeit mit schwerst geistig und körperlich Behinderten, es seien vor allem diese selbst gewesen, die nicht nur seine eigene Beziehungsfähigkeit als Mensch, sondern auch seine eigene Spiritualität reifen ließen. Als Mensch sozialprofessionell tätig sein und in seiner Spiritualität angesprochen zu werden, gehörten für ihn unmittelbar zusammen (vgl. Vanier 2001, 8). Noch mehr: Der tagtägliche Umgang mit diesen Menschen provoziere geradezu eine spirituelle Entwicklung, weil die Armen auf eine geheimnisvolle Weise Quelle des Lebens seien. »Wenn wir ihnen nahe kommen, bringen sie uns auf eine geheimnisvolle Weise zum Wesentlichen. Sie rufen uns zur Wahrheit, zur Kompetenz, zur Barmherzigkeit und zur Ausrichtung auf die Mitte« (Vanier 1995, 11f.). In ihrer Nähe beginnen Menschen zu ahnen, dass die Gegenwart des anderen, gerade *dieses unscheinbaren anderen*, auch an Gottes geheimnisvolle Gegenwart in der Welt und im Menschen rührt: »Gott ist die Heimat aller Menschen. Er ist ... im Innersten aller Kreatur verborgen und ruft uns. Das ist die geheimnisvolle Ausstrahlung, die von allen Wesen ausgeht« (Cardenal 1985, 21).

Unter diesem spezifischen theologischen Blickwinkel leben und arbeiten Menschen in der Sozialen Arbeit in der unmittelbaren Nähe eines Gottesgeheimnisses. Die damit verbundenen Themen und Fragen (u.a. auch die Theodizeefrage) suchen nach Begleitung einer wortwörtlich »supervisorischen« Theologie, die diese Erfahrungen wahrzunehmen und zu deuten vermag. Spirituelle Ressourcenorientierung ist ihr Stichwort. Das heißt: Es geht ihr um die Wahrnehmung und Wertschätzung, die Förderung und Begleitung der spirituellen Fragen und Potenzialen von Studierenden und Mitarbeitern in der Sozialen Arbeit (vgl. Krockauer 2000b) – und dies mit dem Ziel, dass sie in ihrer Frage nach Gott, in ihrem Gespür für das Gottesgeheimnis oder in ihrem expliziten Glauben an den menschgewordenen Gottessohn gestärkt werden. Theologie Sozialer Arbeit ist hier Wegbegleiterin und Brückenbauerin eines Prozesses, in dem deutlich werden kann, wie ein Weg von spiritueller Neugier und Aufmerksamkeit zur religiösen Verwurzelung bis zur Glaubensgewissheit, beheimatet in religiösen und kirchlichen Traditionen, gelingen kann.

Nächstenliebe und Gottesliebe, Kampf und Kontemplation, Soziale Arbeit und Spiritualität

Theologie schärft den Sinn für eine Soziale Arbeit, die in Spiritualität gründet, und für eine Spiritualität, die mit Sozialer Arbeit einhergeht. »Da heutzutage das Wort Spiritualität oftmals als eine Art Kampf- und Programmwort gebraucht wird, das einen notwendigen Gegensatz zu gesellschaftlich-politischer Verantwortung suggeriert«, beharren die Überlegungen zu einer *diakonischen* Spiritualität (im Sinne einer christlich verantworteten Spiritualität in der Sozialen Arbeit) darauf, »dass christlicher Glaube sich nicht weltflüchtig und spiritistisch verwirklichen kann. ... Spiritualität, christlich verstanden, meint immer jene geschenkte, erlittene, erbetene und erkämpfte Spannungseinheit von Gottesbezug und Weltverantwortung, von Kampf und Kontemplation, von Gebet und Tat, hier und jetzt« (FuchsG 1986a, 33). Das eine gibt es nicht ohne das andere. Das in einem Menschen wirkende Wort Gottes, so der Mystiker Meister Eckhart, warte ständig auf die tätige Antwort des Menschen. Jeder »achte auf diese Geburt in sich und in dem Grunde: dann werden alle Kräfte erleuchtet und der äußere Mensch dazu. Denn, sobald Gott den Grund innen mit der Wahrheit berührt, wirft sich das Licht in die Kräfte, und der Mensch kann dann bisweilen mehr, als ihn irgendwer zu lehren vermöchte« (Eckhart 1979, 427). Die Soziale Arbeit gläubiger Menschen ist, so gesehen, »Beiwort« ihres Gottesbezugs. Je intensiver der Mensch diesen in sich sucht und pflegt, desto mehr drängt ihn der Geist Gottes selbst nach außen, in die Welt. Zugleich wird er dort fortwährend den in ihm wirkenden Geist zu suchen haben, um mitten in der Welt glaubend präsent bleiben zu können, wie es der ehemalige UNO-Generalsekretär Dag Hammarskjöld in seinen spirituellen Aufzeichnungen ausdrückt: »Mitten im Gelärm das innere Schweigen bewahren. Offen, still, feuchter Humus im fruchtbaren Dunkel bleiben, wo Regen fällt und Saat wächst – stapfen auch noch so viele im trockenen Tageslicht über die Erde in wirbelndem Staub« (Hammarskjöld 1965, 50).
Meister Eckhart verdeutlicht den Stellenwert einer »spirituell sensiblen Sozialen Arbeit« (Tafferner B, II.4) in einer erhellenden Interpretation der neutestamentlichen Geschichte von Martha und Maria (Lk 10, 38–42; vgl. Eckhart 1979, 280–289). Während die eine, Martha, ganz in der (Sozialen) Arbeit aufgeht, d.h. Jesus bewirtet,

hört ihm die andere, Maria, »nur« aufmerksam zu. Beide Personen sind in der Geschichte der Christenheit zu Sinnbildern einer aktiven, anderen Menschen dienenden Lebenshaltung und zu einer in sich versunkenen, spirituellen Lebenshaltung geworden. Während von vielen die Haltung Mariens als die höherwertigere und wesentlichere betrachtet wird, die tätig-dienende jedoch als die zwar notwendige, aber der Spiritualität nachgeordnete Haltung bezeichnet wird, stellt Eckhart »die noch unfertige Maria an den Anfang des geistlichen Lebens, während die tätige Martha viel weiter ist« (Sölle 1997, 253). Der Mystiker Eckhart identifiziert sich also ganz mit der (sozial) aktiven Martha, obwohl im biblischen Text Maria »der beste Teil« zugeschrieben wird. Maria »saß (noch) im Wohlgefühl und süßer Empfindung und war in die Schule genommen und *lernte* (erst) leben. Martha aber stand ganz wesenhaft da. Daher sprach sie: ›Herr, heiß sie aufstehen‹, als hätte sie sagen wollen: ›Herr, ich möchte, dass sie nicht da säße im Wohlgefühl; ich wünschte (vielmehr), dass sie leben lernte, auf dass sie es (= das Leben?) *wesenhaft* zu Eigen hätte: heiß sie aufstehen, auf dass sie vollkommen werde‹« (Eckhart 1979, 288).

Eckharts Bibelinterpretation verteidigt auf ungewöhnliche Weise eine diakonische Spiritualität: »Nun (aber) wollen gewisse Leute es gar *so weit* bringen, dass sie der Werke ledig werden. Ich (aber) sage: Das kann nicht sein! *Nach* dem Zeitpunkt, da die Jünger den Heiligen Geist empfingen, da erst fingen sie an, Tugenden zu wirken. Daher: als Maria zu Füßen unseres Herrn saß, da *lernte* sie (noch), denn noch erst war sie in die Schule genommen und lernte leben. Aber späterhin, als Christus gen Himmel gefahren war und sie den Heiligen Geist empfangen hatte, da erst fing sie an zu dienen und fuhr übers Meer und predigte und lehrte und ward eine Dienerin der Jünger. Wenn die Heiligen zu Heiligen werden, dann erst fangen sie an, Tugenden zu wirken; denn dann erst sammeln sie einen Hort für die ewige Seligkeit« (ebd., 288f.). Eine so verstandene diakonische Spiritualität bleibt nicht auf eine explizite »Übersetzungs-Praxis« des Glaubens in Gebet und Gottesdienst beschränkt. Sie ergreift die ganze, die persönliche und gemeinschaftsbezogene Existenz des Menschen: »Ein Lebensstil gibt unserem Beten, Denken und Handeln seine tiefe Einheit« (Gutiérrez 1986, 99f.). Beten und Handeln, Spiritualität und Soziale Arbeit sind darin nicht zwei voneinander getrennte oder zu trennende Existenzweisen. *Im* Handeln, *in* der Sozialen Arbeit ist nach dem Geist zu fragen, der beides trägt und antreibt. Das Spirituelle, verstanden als das Geist-liche, tritt demnach nicht zur Sozialen Arbeit hinzu, sondern ist in ihr konstitutiv vorhanden, beispielsweise als Kraft, die Menschen Leiden durchhalten lässt, als ausdrückliches oder sprachloses Gebet im Angesicht des Leidens, als Klage- und Protestschrei gegen eine ungerechte Behandlung oder als Erfahrung von grenzüberschreitender Verbundenheit. Ein solcher Geist lässt Menschen in der Sozialen Arbeit dabei nicht nur zu Anwälten der Betroffenen, sondern eben und gerade auch zu Anwälten der Sache Gottes selbst werden.

Diakonische Spiritualität als »Mystik der Erde«

Eine diakonische Spiritualität nährt sich vom Leitbild der Diakonie Jesu. Dieser »war Gott gleich, hielt aber nicht daran fest, wie Gott zu sein, sondern entäußerte sich und wurde wie ein Sklave ... Sein Leben war das eines Menschen, er erniedrigte sich ...« (Phil 2,6–8). Das Johannesevangelium (13,1–20) zeigt diese paulinische Einsicht über Jesus in einem eindrucksvollen Bild: Der Gottessohn beugt sich herab, die Füße seiner Jünger zu waschen. In seinem letzten Zusammensein mit ihnen hinterlässt er so zeichenhaft den zentralen Grundsatz seiner Spiritualität: »Ich habe euch ein Beispiel gegeben, damit auch ihr so handelt, wie ich an euch gehandelt habe« (Joh 13,15). Während die anderen Evangelien das Brotbrechen als letztes Vermächtnis Jesu beschreiben, zeigt Johannes »nur« dessen »Diakonia«, den »bedingungslos für die anderen ... eintretenden Dienst« (Mette 1995, 185), der in seinen Augen dieselbe Botschaft wie die der anderen Evangelien beinhaltet: Im Leben geht es letztendlich um eine Haltung dieses Dienstes an anderen – aus Liebe!

Das Bild des vor den Menschen in die Knie gehenden Gottessohnes begründet eine diakonische Spiritualität. Denn diese Hingabe Gottes an den Menschen inspiriert nicht nur die Hingabe des Menschen an Gott, sondern auch dieselbe aufmerksame und wertschätzende Präsenz bei anderen Menschen und die Bereitschaft, auch ihnen den »letzten Dienst« zu erweisen. Wer heute seine Zeit und Kraft beruflich darin investiert, sich Menschen in Liebe zuzuwenden, die unheilbar krank, behindert oder ständig einer menschlichen Zuwendung bedürftig sind, wer anderen beisteht, wieder »auf die Füße zu kommen« und neu gestärkt durchs Leben zu gehen, wird selbst zur sichtbaren Botschaft für deren Wertschätzung. In einer Welt, in der der Mensch oft nur nach seiner verwertbaren Stärke geschätzt zu werden scheint und schon allein körperliche Schwäche fatale Folgen für ihn haben kann, kann der Sozialarbeiter oder die Sozialpädagogin durch seine (ihre) oft schlichte Beziehungsarbeit zum Zeichen für den einzigartigen Wert jeder menschlichen Person werden. Ihre Diakonie kann aber zugleich auch zum Zeichen für einen Gott werden, der in Jesus zu den Kranken, Behinderten und der Zuwendung bedürftigen Menschen vorausgegangen ist und zu ihnen »im Inkognito als Bettler unter die Bettler, als Ausgestoßener unter die Ausgestoßenen, als Verzweifelter unter die Verzweifelnden, als Sterbender unter die Sterbenden« (Bonhoeffer 1960, 236f.) vorausgegangen ist.

Es bleibt dabei: Gott muss nicht in die Soziale Arbeit hineingetragen werden, er ist dort längst gegenwärtig. Denn »Gott gibt seine Welt nicht aus seinen Händen« (Delp 1983a, 213), es läge an den Christenmenschen, so Alfred Delp, ihm als seine

Zeugen bis an die Enden der Erde nachzukommen. Das in seinen Augen alles entscheidende Zeugnis bezog er in einer Predigt über die Seligpreisungen der Bergpredigt (vom 1.11.1941) auf die so genannte »Todeshilfe« der Nationalsozialisten für »unheilbar Kranke«. Zur Entscheidungsfrage werde, angesichts dessen und grundsätzlich, »dass wir uns zum Menschen bekennen« bzw., »ob wir Christen fähig und willens sind, uns schützend nicht nur vor den Christen, sondern vor die Kreatur zu stellen« (ders. 1983c, 269). Delp selbst bezeugte eindringlich in seinem (kurzen) Leben, dass der Gottesglaube auch und gerade die Gestaltung und Veränderung von menschlichen Lebensverhältnissen und von Weltgeschichte betreffe. So zeichnet er eindringlich das Bild eines Menschen als Christen, »der sich mit Leidenschaft der Erde hingibt und in der realen Geschichte schöpferisch verschwendet« (FuchsG 1986b, 124). Seine mit der Sozialen Frage verbundene »Mystik der Erde« (Delp 1983b, 221) ist und bleibt einer Theologie Sozialer Arbeit ins Stammbuch geschrieben.

LESEHINWEISE

Fuchs, Gotthard (Hg.), Glaube als Widerstandskraft: Edith Stein, Alfred Delp, Dietrich Bonhoeffer. Frankfurt/M. 1986 (FuchsG 1986)

Fuchs, Ottmar, Solidarität und Glaube, in: Deutscher Caritasverband (Hg.): Caritas '99 (Jahrbuch), Freiburg 1998, 19–35. (FuchsO 1998a)

Hermanns, Jan, Ansätze christlicher Sozialarbeit. Soziale Arbeit aus dem Glauben. Freiburg i.Br. 2003 (Hermanns 2003)

Krockauer, Rainer, Spiritualität – »Kapital« der Caritas, in: Deutscher Caritasverband (Hg.), caritas 2001. Jahrbuch des Deutschen Caritasverbandes, Freiburg i.Br. 2000, 31–37. (Krockauer 2000b)

Lewkowicz, Marina/Lob-Hüdepohl, Andreas (Hg.), Spiritualität in der sozialen Arbeit, Freiburg i.Br. 2003. (Lewkowicz/Lob-Hüdepohl 2003).

ANHANG

Literaturverzeichnis

Das Literaturverzeichnis umfasst die in den einzelnen Buchbeiträgen im Text (als Kürzel in Klammern) und in den Lesehinweisen angegebene Literatur, darüber hinaus einige wenige nicht zitierte, aber für die Erstellung der Beiträge verwendete Literatur.

Ach 1997: Ach, Johann S., »Von Natur aus knapp«. Gerechtigkeitstheoretische Überlegungen zur Verteilung knapper Spendeorgane in der Transplantationsmedizin. In: Zeitschrift für medizinische Ethik 43 (1997) 31–49.
Ackermann 2004: Ackermann, Stephan, »Tod – und was dann?« In: Bip Trier. Newsletter der Bischöflichen Pressestelle Trier und ihrer Redaktionen Koblenz und Saarbrücken vom 1.3.2004.
Adam/Kollmann/Pithan 1994: Adam, Gottfried/Kollmann, Roland/Pithan, Annebelle (Hg.), »Normal ist, verschieden zu sein«. Das Menschenbild in seiner Bedeutung für religionspädagogisches und sonderpädagogisches Handeln. Münster 1994.
Amthor 2003: Amthor, Ralph Christian, Die Geschichte der Berufsausbildung in der Sozialen Arbeit. Auf der Suche nach Professionalisierung und Identität. Weinheim und München 2003.
Angenendt 1997: Angenendt, Steffen, Migration und Flucht. Aufgaben und Strategien für Deutschland, Europa und die internationale Gemeinschaft. München 1997.
Anzenbacher 1997: Anzenbacher, Arno, Christliche Sozialethik. Paderborn 1997.
Ariès 1980: Ariès, Philippe, Geschichte des Todes. München-Wien 1980.
Aristoteles 1985: Aristoteles, Nikomachische Ethik, hg. von Günther Bien (Philosophische Bibliothek, Bd. 5). Hamburg ^{4}1985.
ARKF 2005: Arbeitsgemeinschaft der Rektoren und Präsidenten Katholischer Fachhochschulen (ARKF), Eckpunkte zur Verortung von Theologie in den Studiengängen des Sozial- und Gesundheitswesen an den Katholischen Fachhochschulen in Deutschland. 25.4.2005. In: www.soziale-theologie.net.
Arlt 1921: Arlt, Ilse von, Die Grundlagen der Fürsorge. Wien 1921.
Assmann 2003: Assmann, Jan, Die mosaische Unterscheidung oder der Preis des Monotheismus. München 2003.
Assmann 2004: Assmann, Jan, Kult der goldenen Kälber. In: Der Tagesspiegel v. 10.4.2004.
Assmann u.a. 1984: Assmann, Hugo/Hinkelammert, Franz J./Pixley, Jorge V./Richard, Pablo/Sobrino, Jon, Die Götzen der Unterdrückung und der befreiende Gott (Theologie und Kirche im Prozess der Befreiung, Bd. 3). Münster 1984.
Atzinger 2001: Atzinger, Anton, »Tod. I. Medizinisch«. In: Lexikon für Theologie und Kirche, Bd. 10 (^{3}2001) 66.
Auer 1966: Auer, Alfons, Christsein im Beruf. Grundsätzliches und Geschichtliches zum christlichen Berufsethos. Düsseldorf 1966.
Auer 1995: Auer, Alfons, Geglücktes Altern. Eine theologisch-ethische Ermutigung. Freiburg i.Br. 1995.

Bach 1986: Bach, Ulrich, Dem Traum entsagen, mehr als ein Mensch zu sein. Auf dem Wege zu einer diakonischen Kirche. Neukirchen-Vluyn 1986.
Bach 1998: Bach, Ulrich, Option für die Einheit des Gottes-Volkes: kontext-theologische Überlegungen aus der Perspektive behinderter Menschen. In: Pastoraltheologische Informationen 18 (1998) 81–100.
Bachl 1997: Bachl, Gottfried, Wir leben mit einem Gott der Zumutungen (Sexauer Gemeindepreis für Theologie, Heft 13). Sexau 1997.
Bade 1993: Bade, Klaus J., Deutsche im Ausland – Fremde in Deutschland. Migration in Geschichte und Gegenwart. München 1993.
Bade 2002: Bade, Klaus J., Europa in Bewegung. Migration vom späten 18. Jahrhundert bis zur Gegenwart. München 2002.
Bade/Bommes/Münz 2004: Bade, Klaus J./Bommes, Michael/Münz, Rainer, Migrationsreport 2004. Fakten – Analysen – Perspektiven. Frankfurt 2004.
BAG 1995 ff.: Bundesarbeitsgemeinschaft Wohnungslosenhilfe (Hg.), Zeitschrift »wohnungslos«. Aktuelles aus Theorie und Praxis zur Armut und Wohnungslosigkeit. Bielefeld 1995ff. (vgl. www.bag-wohnungslosenhilfe.de).
Bardmann 2000: Bardmann, Theodor M., Soziale Arbeit im Lichte der Systemtheorie Niklas Luhmanns. In: Gripp-Hagelstange, Helga (Hg.), Niklas Luhmanns Denken. Interdisziplinäre Einflüsse und Wirkungen. Konstanz 2000, 75–104.
Barth 1961: Barth, Karl, Kirchliche Dogmatik III/3 (1950), Zürich ^{2}1961.
Barth 1985: Barth, Karl, Mit dem Anfang anfangen. Lesebuch. Hg. von Erler, Rolf J./Marquard, Reiner. Zürich 1985.
Baschang 1982: Baschang, Klaus, Die Fachhochschulen sind uns teuer. Eine Stellungnahme aus der Sicht des Hochschul- und Anstellungsträgers. In: Pastoraltheologie 71 (1982) 83–90.
Bauer/Schetsche 2003: Bauer, Eberhard/Schetsche, Michael (Hg.), Alltägliche Wunder: Erfahrungen mit dem Übersinnlichen – wissenschaftliche Befunde. Würzburg 2003.
Baumgartner 2000: Baumgartner, Konrad, Alte Menschen. In: Haslinger, Herbert u.a. (Hg.), Handbuch Praktische Theologie. Bd. 2: Durchführungen. Mainz 2000, 61–72.
BDKJ 1998: BDKJ, Grundsatzprogramm des Bundes der Deutschen Katholischen Jugend von 1998. In: www.bdkj.de.
Beck 1986: Beck, Ulrich, Risikogesellschaft. Auf dem Weg in eine andere Moderne. Frankfurt/M. 1986.
Beck 1994: Beck, Ulrich, Jenseits von Stand und Klasse? In: Ders./Beck-Gernsheim, Elisabeth (Hg.), Riskante Freiheiten. Individualisierung in modernen Gesellschaften. Frankfurt 1994, 43–60.
Beck/Beck-Gernsheim 1990: Beck, Ulrich/Beck-Gernsheim, Elisabeth, Das ganz normale Chaos der Liebe. Frankfurt 1990.
Becker/Einig/Ullrich 1987: Becker, Hansjakob/Einig, Bernhard/Ullrich, Peter-Otto (Hg.), Im Angesicht des Todes. Ein interdisziplinäres Kompendium (Pietas Liturgica, Bd. 3–4). St. Ottilien 1987.
Beck-Gernsheim 2000: Beck-Gernsheim, Elisabeth, Was kommt nach der Familie? Einblicke in neue Lebensformen. München ^{2}2000.
Beden 2003: Beden, Inka Angela, Ressource Islam? Lebensbewältigung muslimischer Frauen in Deutschland. Diplomarbeit an der Fachhochschule Münster, Fachbereich Sozialwesen. Münster 2003.
Bedford-Strohm 1999: Bedford-Strohm, Heinrich, Gemeinschaft aus kommunikativer

Freiheit. Sozialer Zusammenhalt in der modernen Gesellschaft. Ein theologischer Beitrag. Gütersloh 1999.
Beinert 1999: Beinert, Wolfgang, Universitätstheologie? In: Stimmen der Zeit 217 (1999) 75–86.
Benedict 1994: Benedict, Hans-Jürgen (Hg.), Wenn die Posaune einen undeutlichen Ton gibt – Stichworte für eine streitbare Diakonie. Hamburg 1994.
Berger 1997: Berger, Klaus, Ist mit dem Tod alles aus? Stuttgart 1997.
Berger 1999: Berger, Klaus, Wie kann Gott Leid und Katastrophen zulassen? Gütersloh 1999.
Berger u.a. 1987: Berger, Peter L. u.a., Das Unbehagen in der Modernität. Frankfurt-New York 1987.
Berkel 1990: Berkel, Karl, Organisationspsychologie der Gemeinde. In: Baumgartner, Isidor (Hg.), Handbuch der Pastoralpsychologie. Regensburg 1990, 303–330.
Berthold 1990: Berthold, Martin (Hg.), Offene Sozialarbeit der Diakonie. Stuttgart 1990.
Bertram 1997: Bertram, Hans, Familie leben. Neue Wege zur Gestaltung von Lebenszeit, Arbeitszeit und Familienzeit. Gütersloh 1997.
Bianchi 1988: Bianchi, Hermann, Alternativen zur Strafjustiz. Biblische Gerechtigkeit. Freistätten. Täter-Opfer-Ausgleich. München-Mainz 1988.
Bick 1988: Bick, Rolf, Stellungnahme zum Konflikt über die Krankheitshypothese. In: Weltweite Hilfe 2 (1988) 3f.
Bischofsberger 1996: Bischofsberger, Norbert, Werden wir wiederkommen? Der Reinkarnationsgedanke im Westen und die Sicht der christlichen Eschatologie. Mainz–Kampen 1996.
Bitter 2002: Bitter, Gottfried, Glück – Sinn – Heil. In: Neues Handbuch religionspädagogischer Grundbegriffe. Hg. von Bitter, Gottfried u.a. München 2002, 102–106.
Bleistein 1994: Bleistein, Roman, Begegnung mit Alfred Delp. Frankfurt/M. 1994.
Bloch 1973: Bloch, Ernst, Das Prinzip Hoffnung. Frankfurt/M. 1973.
Böckenförde 1991: Böckenförde, Ernst-Wolfgang, Die Entstehung des Staates als Vorgang der Säkularisation. In: Ders., Recht, Staat, Freiheit. Frankfurt/M. 1991.
Boehme 2004: Boehme, Katja, Madeleine Delbrêl. Die andere Heilige. Freiburg i.Br. 2004.
Böhnisch/Münchmeier 1990: Böhnisch, Lothar/Münchmeier, Richard, Pädagogik des Jugendraumes. Weinheim-München 1990.
Bollmann 1999: Bollmann, Jürgen F., Kirchen beteiligen sich an der Stadtteilentwicklung – zum Beispiel im Kirchenkreis Hamburg-Harburg. In: Eisert-Bagemihl, Lars/Kleinert, Ulfrid (Hg.), Mandat statt Mission. Soziale Arbeit in Kirchenkreisen (Akzente und Entwicklung sozialer Arbeit in Kirche und Gesellschaft, Bd. 4). Leipzig 1999, 157–164.
Bonhoeffer 1960: Bonhoeffer, Dietrich, Gesammelte Schriften, Bd. III. Hg. von Bethge, Eberhard. München 1960.
Bopp 1996: Bopp, Karl, »Die Option für die ärmere Jugend« – Eine Weichenstellung für Selbstverständnis und pastorale Praxis der Kirche. In: Münchener Theologische Zeitschrift 47 (1996) 145–154.
Bopp/Lechner 2004: Bopp, Karl/Lechner, Martin, »Vom schönsten Edelstein ...« der Pastoral. Theologische Erwägungen zum caritativen Handeln (Benediktbeurer Hochschulschriften, Bd. 21). München 2004.
Börsch o.J.: Börsch, Ekkehard, Das Selbstverständnis der Evangelischen Fachhochschule für Sozialwesen – Erfahrungen und Perspektiven, in: Evangelische Fachhochschule für

Sozialwesen Ludwigshafen (Hg.), Zwanzig Jahre Evangelische Fachhochschule für Sozialwesen Ludwigshafen. Oktober 1991. Ludwigshafen-Speyer o.J., 89–94.

Boskamp/Knapp 1999: Boskamp, Peter/Knapp, Rudolf (Hg.), Führung und Leitung in sozialen Organisationen. Handlungsorientierte Ansätze für neue Managementkompetenz. Neuwied ²1999.

Bourdieu 1992: Bourdieu, Pierre, Die Auflösung des Religiösen. In: Ders., Rede und Antwort. Frankfurt/M. 1992, 231–237.

Bovon 2001: Bovon, François, Das Evangelium nach Lukas. 3. Teilband: Lk 15,1–19,27 (Evangelisch-Katholischer Kommentar zum Neuen Testament III/3). Düsseldorf/Neukirchen-Vluyn 2001.

Brasch 1999a: Brasch, Gabi, Projekte gegen Arbeitslosigkeit und Armut in Hamburg. In: Eisert-Bagemihl, Lars/Kleinert, Ulfrid (Hg.), Mandat statt Mission. Soziale Arbeit in Kirchenkreisen (Akzente und Entwicklung sozialer Arbeit in Kirche und Gesellschaft, Bd. 4). Leipzig 1999, 165–168.

Brasch 1999b: Brasch, Gabi, Ansätze stadtteildiakonischer Arbeit in Hamburg. In: Eisert-Bagemihl, Lars/Kleinert, Ulfrid (Hg.), Mandat statt Mission. Soziale Arbeit in Kirchenkreisen (Akzente und Entwicklung sozialer Arbeit in Kirche und Gesellschaft, Bd. 4). Leipzig 1999, 180–183.

Broll 1999: Broll, Berthold, Steuerung kirchlicher Wohlfahrtspflege durch die verfassten Kirchen. Gütersloh 1999.

Buber 1997: Buber, Martin, Das dialogische Prinzip. Gerlingen ⁸1997.

Bucher 1990: Bucher, Rainer M., Katholische Verbände – Lernorte der Kirche? Überlegungen zum ekklesiologischen Status des deutschen Verbandskatholizismus (Arbeiterfragen, Heft 3/1990, hg. von der Wissenschaftlichen Arbeitsstelle des Oswald-von-Nell-Breuning-Hauses). Herzogenrath 1990.

Bundesministerium 2000: Bundesministerium für Familie, Senioren, Frauen und Jugend (Hg.), Leitfaden für Qualitätsbeauftragte Nr. 28. Berlin 2000.

Busch 1975: Busch, Eberhard, Karl Barths Lebenslauf. Nach seinen Briefen und autobiografischen Texten. München 1975.

CA 1991: Centesimus Annus, In: Vor neuen Herausforderungen der Menschheit. Enzyklika »Centesimus annus« Papst Johannes Pauls II. Freiburg 1991.

Caillois 1982: Caillois, Roger, Die Spiele und die Menschen. Maske und Rausch. Frankfurt 1982.

Camus 1959: Camus, Albert, Der Mythos von Sisyphos. Ein Versuch über das Absurde. Hamburg 1959.

Camus 1967: Camus, Albert, Die Pest. In: Ders., Das Frühwerk. Düsseldorf 1967.

Canda/Furman 1999: Canda, Edward R./Furman, Leola Dyrud, Spiritual Diversity in Social Work Practice. The Heart of Helping. New York 1999.

Cardenal 1985: Cardenal, Ernesto, Die Freude der Armen. Gütersloh 1985.

Caritas als Lebensvollzug 1999: Caritas als Lebensvollzug der Kirche und als verbandliches Engagement in Kirche und Gesellschaft (Die deutschen Bischöfe 64, hg. vom Sekretariat der Deutschen Bischofskonferenz). Bonn 1999.

Caritas Stuttgart 2004: Caritasverband der Diözese Rottenburg-Stuttgart (Hg.), Spiritualität gestalten und leben. Basisbaustein der Personalentwicklung – Grundlagen für eine christliche Kultur der Caritas. Stuttgart 2004.

Carrier 1985: Carrier, Herve, Zivilisation der Liebe – Ein utopisches Projekt? In: Caritas '84: Jahrbuch des Deutschen Caritasverbandes. Freiburg 1985, 226–235.

Cassidy 1995: Cassidy, Sheila, Die Dunkelheit teilen. Spiritualität und Praxis der Sterbebegleitung. Freiburg i.Br. 1995.

Cavarero 1997: Cavarero, Adriana, Die Perspektive der Geschlechterdifferenz. In: Gerhard, Ute/Jansen, Mechthild/Maihofer, Andrea/Schmid, Pia/Schulz, Irmgard (Hg.), Differenz und Gleichheit. Menschenrechte haben (k)ein Geschlecht. Königstein/Taunus 1997, 95–111.

CIC 1983: Codex Iuris Canonici. Codes des kanonischen Rechts. Kevelaer 1983.

Cornel 1996: Cornel, Heinz, Lebensbedingungen straffälliger Menschen – empirische Befunde. In: Reindl, Richard/Kawamura, Gabriele/Nickolai, Werner (Hg.), Straffällig – Lebenslagen und Lebenshilfen. Freiburg 1996, 39ff.

DCV 1995: Deutscher Caritasverband, Perspektiven der Wohnungslosenhilfe. Grundzüge einer am Menschen orientierten Wohnungslosenhilfe (Unser Standpunkt, Nr. 28). In: caritas 2 (1995).

DCV 1997: Deutscher Caritasverband e.V., Leitbild des Deutschen Caritasverbandes. Freiburg i.Br. 1997.

DCV 2003: Deutscher Caritasverband, Integrieren statt ausgrenzen. Wider die Verdrängung und Kriminalisierung von sozialen Randgruppen im öffentlichen Raum der Innenstädte. In: neue caritas 13 (2003) 21–38.

De Roest 1998: De Roest, Henk, Communicative identity. Habermas' perspectives of discourse as a support for practical theology. Kampen (NL) 1998.

Deinet 2002: Deinet, Ulrich, Der »sozialräumliche Blick« der Jugendarbeit – ein Beitrag zur Sozialraumdebatte. In: neue praxis 32 (2002) 285–296.

Deisenberger 1996: Deisenberger, Hermann, Schuld und Gewissen bei Dissozialen (Praktische Theologie im Dialog, Bd. 13). Freiburg/CH 1996.

Delbrêl 2002: Delbrêl, Madeleine, Gott einen Ort sichern. Texte – Gedichte – Gebete. Ausgewählt, übersetzt und eingeleitet von Annette Schleinzer. Ostfildern 2002.

Delbrêl 2004a: Delbrêl, Madeleine, Missionnaires sans bateau. Les racines de la mission. Préface de Mgr. Claude Dagens. Paris 2000, zit. nach der Übersetzung von Boehme 2004, 56.

Delbrêl 2004b: Delbrêl, Madeleine, La joie de croire. Préface de Jean Guéguen. Avant-propos des Guy Lafon. Ed. du Seuil 1968, zit. nach der Zusammenfassung von Boehme 2004, 59ff.

Delp 1983a: Delp, Alfred, Christi Himmelfahrt. In: Ders., Gesammelte Schriften. Hg. von Bleistein, Roman. Bd. 3. Frankfurt/M. 1983, 212–214.

Delp 1983b: Delp, Alfred, Der kranke Held. Zur Biografie des Obersten T.E. Lawrence. In: Ders., Gesammelte Schriften. Hg. von Bleistein, Roman. Bd. 2. Frankfurt/M. 1983, 205–221.

Delp 1983c: Delp, Alfred, Allerheiligen. In: Ders., Gesammelte Schriften. Hg. von Bleistein, Roman. Bd. 3. Frankfurt/M. 1983, 263–269.

Delp 1985: Delp, Alfred, Das Schicksal der Kirchen. In: Ders., Kirche in Menschenhänden. Hg. von Bleistein, Roman. Frankfurt/M. 1985, 87–92.

Demmer 2001: Demmer, Christine, Fallgrube Komplexität. In: managerSeminare (2001) H. 48, 47–55.

Dennig/Kramer 1974: Dennig, Walter/Kramer, Hannes (Hg.) Gemeinwesenarbeiter in christlichen Gemeinden. Berichte – Analysen – Folgerungen. Freiburg i.Br.-Gelnhausen-Berlin 1974.

Der ausländische Arbeitnehmer 1976: Der ausländische Arbeitnehmer – eine Frage an die

Kirche und die Gesellschaft. Erklärung der Gemeinsamen Synode der Bistümer in der Bundesrepublik Deutschland. In: Bertsch, Ludwig u.a. (Hg.), Gemeinsame Synode der Bistümer in der Bundesrepublik Deutschland. Beschlüsse der Vollversammlung. Offizielle Gesamtausgabe I. Freiburg-Basel-Wien 1976, 375–410.

Deutscher Caritasverband 2003: Deutscher Caritasverband (Hg.), Eckpunkte für die Qualität in der verbandlichen Caritas. Freiburg 2003.

Deutscher Städtetag 1987: Deutscher Städtetag (Hg.), Sicherung der Wohnungsversorgung in Wohnungsnotfällen und Verbesserung der Lebensbedingungen in Sozialen Brennpunkten. Empfehlungen und Hinweise (DST-Beiträge zur Sozialpolitik, Reihe D, Heft 21). Köln 1987.

DHS 2003: Deutsche Hauptstelle für Suchtfragen/DHS, Jahrbuch Sucht 2003. Geesthacht 2003.

Diakonisches Werk 1997: Diakonisches Werk der EKD und Deutscher Caritasverband (Hg.), Menschen im Schatten. Erfahrungen von Caritas und Diakonie in den neuen Bundesländern. Stuttgart und Freiburg 1997.

Dibelius 2001: Dibelius, Olivia, Pflegemanagement im Spannungsfeld zwischen Ethik und Ökonomie. Eine qualitative Untersuchung in der stationären und teilstationären Altenpflege. In: Pflege 14 (2001) 407–413.

Die deutschen Bischöfe 1997: Die deutschen Bischöfe, Unsere Verantwortung für junge Menschen in der Heimerziehung. Bonn 1997.

Die Hilfe 1905: Die Hilfe. Gotteshilfe, Selbsthilfe, Staatshilfe, Bruderhilfe. Wochenschrift für Politik, Literatur u. Kunst, begr. von Friedrich Naumann, Berlin 1905, hier zitiert nach Bundesarchiv Berlin (BAB) N 2179, Nachlass Lohmann, Nachruf-Sammlung.

Dietrich/Vollenweider 2002: Dietrich, Walter/Vollenweider, Samuel, »Tod. II. Altes und Neues Testament«. In: Theologische Realenzyklopädie, Bd. 33 (2002) 582–600.

Döring/Kaufmann 1981: Döring, Heinrich/Kaufmann, Franz-Xaver, Kontingenzerfahrung und Sinnfrage. In: Böckle, Franz (Hg.), Christlicher Glaube in moderner Gesellschaft, Bd. 9. Freiburg-Basel-Wien 1981, 5–67.

Driebold 1987: Driebold, Rolf, Strafvollzug. Strafvollzug und Resozialisierung. In: Eyferth, Hans/Otto, Hans-Uwe/Thiersch, Hans (Hg.), Handbuch zur Sozialarbeit/Sozialpädagogik. Neuwied 1987, 1129–1146.

Drude 1992: Drude, Hartwig, Zum Wohnen braucht man mehr als nur ein Dach. Eine theologische Reflexion. In: Diakonie, Zeitschrift des Diakonischen Werkes der Evangelischen Kirche in Deutschland und des Europäischen Verbandes für Diakonie 1992, 261–265.

Duden 2001: Duden, Herkunftswörterbuch. Etymologie der deutschen Sprache. 3., völlig neu überarb. Auflage. Mannheim 2001.

DW 1997: Diakonisches Werk e.V., Leitbild Diakonie – damit Leben gelingt! Stuttgart 1997.

Ebeling 1986: Ebeling, Hans, Vernunft und Widerstand. Die beiden Grundlagen der Moral. Freiburg-München 1986.

Eberl, Peter, Vertrauen und Management. Studien zur theoretischen Fundierung des Vertrauenskonstruktes in der Managementlehre (Betriebswirtschaftliche Abhandlungen, Bd. 125). Stuttgart 2003.

Ebertz 1997: Ebertz, Michael N., Forschungsbericht Religionssoziologie. In: International Journal of Practical Theology 1 (1997) 268–301.

Ebertz 2000a: Ebertz, Michael N., Von Gott genug? Religionssoziologische Aspekte. In:

Delgado, Mariano/Kustermann, Abraham Peter (Hg.), Gottes-Krise und Gott-Trunkenheit. Was die Mystik der Weltreligionen der Gegenwart zu sagen hat. Würzburg 2000, 8–18.

Ebertz 2000b: Ebertz, Michael N., Katholisches Christentum – Soziologische Aspekte der Transformation seiner kirchlichen Sozialgestalt. In: Sievernich, Michael/Kopperschmidt, Josef (Hg.), Christen an der Schwelle zum dritten Jahrtausend. Entwicklungen und Perspektiven (Sankt Georgener Hochschulschriften). Frankfurt a.M. 2000, 36–65.

Ebertz 2001: Ebertz, Michael N., Kirche im Gegenwind. Zum Umbruch der religiösen Landschaft, Freiburg ⁴2001.

Ebertz 2003: Ebertz, Michael N., Aufbruch in der Kirche. Anstöße für ein zukunftsfähiges Christentum. Freiburg ²2003.

Ebertz 2004a: Ebertz, Michael N., Die Zivilisierung Gottes. Der Wandel von Jenseitsvorstellungen in Theologie und Verkündigung. Ostfildern 2004.

Ebertz 2004b: Ebertz, Michael N., Die Wüste lebt. Spiritualität statt Frömmigkeit? In: Jepsen, Maria (Hg.), Evangelische Spiritualität heute. Mehr als ein Gefühl. Stuttgart 2004, 13–31.

Ebner 2003: Ebner, Martin, Jesus von Nazaret in seiner Zeit. Sozialgeschichtliche Zugänge (Stuttgarter Bibelstudien, Bd. 196). Stuttgart 2003.

Eckhart 1979: Meister Eckhart, Deutsche Predigten und Traktate, hg. und übers. von Josef Quint, Zürich 1979.

Edlund 1998: Edlund, Roy Jan, Spiritualität und Management. Perspektiven unternehmerischen Fundamentalwandels. Wiesbaden 1998.

Eersel 2001: Eersel, Patrice van, Elisabeth Kübler-Ross durchquert den schwarzen Schleier. In: Publik Forum Extra: Rätselhafte Bilder der Seele – Das Jenseits in uns. Oberursel 2001, 28–30.

Eibach 1991: Eibach, Ulrich, Theologie in Seelsorge, Beratung und Diakonie, Bd. 2: Der leidende Mensch vor Gott: Krankheit und Behinderung als Herausforderung unseres Bildes von Gott und dem Menschen. Neukirchen-Vluyn 1991.

Eid 1999: Eid, Volker, Den Glauben verstehen und einander zusagen. In: Eid, Volker/Heimbach-Steins, Marianne (Hg.), Kirche – lebenswichtig. Was Kirche zu geben und zu lernen hat. München 1999, 43–60.

Eisert-Bagemihl 1999: Eisert-Bagemihl, Lars, Profile und Perspektiven Thüringer Kirchenkreissozialarbeit. In: Eisert-Bagemihl, Lars/Kleinert, Ulfrid (Hg.), Mandat statt Mission. Soziale Arbeit in Kirchenkreisen (Akzente und Entwicklung sozialer Arbeit in Kirche und Gesellschaft, Bd. 4). Leipzig 1999, 122–149.

Eisert-Bagemihl/Kleinert 1999: Eisert-Bagemihl, Lars/Kleinert, Ulfrid (Hg.), Mandat statt Mission – Soziale Arbeit in Kirchenkreisen (Reihe Akzente der Entwicklung sozialer Arbeit in Gesellschaft und Kirche, Bd. 5). Leipzig 1999.

EKD 1993: EKD (Hg.), Fremde Heimat Kirche. Ansichten ihrer Mitglieder. Hannover 1993.

Eller/Wildfeuer 2004: Eller, Friedhelm/Wildfeuer, Armin (Hg.), Kontexte frühkindlicher Entwicklung. Münster 2004.

Engelke 1980: Engelke, Ernst, Sterbenskranke und die Kirche. München-Mainz 1980.

Engelke 1993: Engelke, Ernst, Soziale Arbeit als Wissenschaft. Eine Orientierung. Freiburg i.Br. ²1993.

Engelke 1998: Engelke, Ernst, Theorien der Sozialen Arbeit. Freiburg i.Br. 1998.

Engelke 2003: Engelke, Ernst, Die Wissenschaft Soziale Arbeit. Werdegang und Grundlagen. Freiburg i.Br. 2003.

Engl/Thurmaier 2002: Engl, Jochen/Thurmaier, Franz, Wie redest du mit mir? Fehler und Möglichkeiten in der Paarkommunikation. Freiburg-Basel-Wien ^{8}2002.

Englert 1986: Englert, Rudolf, Wissenschaftstheorie der Religionspädagogik. In: Handbuch religionspädagogischer Grundbegriffe. Hg. von Bitter, Gottfried/Miller, Gabriele, Bd. 2, München 1986, 424–432.

Eugster 2000: Eugster, Reto, Die Genese des Klienten. Soziale Arbeit als System. Bern 2000.

Evangelii Nuntiandi 1975: »Evangelii nuntiandi«. Apostolisches Schreiben Papst Paul VI. an den Episkopat, den Klerus und alle Gläubigen der Katholischen Kirche über die Evangelisierung in der Welt von heute. 8. Dez. 1975 (Verlautbarung des Apostolischen Stuhls 2, hg. vom Sekretariat der Deutschen Bischofskonferenz). Bonn 1975.

Feldmann 2005: Feldmann, Christian, Alfred Delp. Leben gegen den Strom. Freiburg i.Br. 2005.

Foucault 1977: Foucault, Michel, Überwachen und Strafen. Die Geburt des Gefängnisses. Frankfurt/M. 1977.

Foucault 1999: Foucault, Michel, Botschaften der Macht. Reader Diskurs und Medien. Stuttgart 1999.

Foucault 2002: Foucault, Michael, Andere Räume. In: Aisthesis. Wahrnehmung heute oder Perspektiven einer anderen Ästhetik. Leipzig ^{7}2002, 34–46.

Frankemölle 1999: Frankemölle, Hubert, Matthäus: Kommentar 1. Düsseldorf ^{2}1999.

Frick 1998: Frick, Andreas, Der dreieine Gott und das Handeln in der Welt. Christlicher Glaube und ethische Öffentlichkeit im Denken Klaus Hemmerles (Studien zur systematischen und spirituellen Theologie, Bd. 24). Würzburg 1998.

Fricke 2003: Fricke, Werner, Dreißig Jahre Humanisierung der Arbeitswelt in Deutschland – eine Bilanz. In: Jahrbuch für Arbeit und Menschenwürde, Bd. 4. Hg. von der Wissenschaftlichen Arbeitsstelle des Oswald-von-Nell-Breuning-Hauses. Münster 2003, 11–24.

Fries 1985: Fries, Heinrich, Fundamentaltheologie. Graz-Wien-Köln 1985.

Fromm 1976: Fromm, Erich, Haben oder Sein. Die seelischen Grundlagen einer neuen Gesellschaft. Stuttgart 1976.

FuchsG 1986: Fuchs, Gotthard (Hg.), Glaube als Widerstandskraft: Edith Stein, Alfred Delp, Dietrich Bonhoeffer. Frankfurt/M. 1986.

FuchsG 1986a: Fuchs, Gotthard, Die Ökumene der Seligpreisungen und der Horror Concreti in Theologie und Kirche. In: Ders. (Hg.), Glaube als Widerstandskraft: Edith Stein, Alfred Delp, Dietrich Bonhoeffer. Frankfurt/M. 1986, 11–44.

FuchsG 1986b: Fuchs, Gotthard, Missionsland Deutschland. Zur theologischen Ambivalenz der bürgerlichen Gesellschaft. In: Ders. (Hg.), Glaube als Widerstandskraft: Edith Stein, Alfred Delp, Dietrich Bonhoeffer. Frankfurt/M., 120–143.

FuchsG 2004: Fuchs, Gotthard, Babylonische Gefangenschaft. Auf der Suche nach dem verlorenen Evangelium – Madeleine Delbrêl. In: Seelsorge im Strafvollzug. Materialien – Fortbildung – Erfahrungen. Hg. von der Konferenz der Katholischen Seelsorge bei den Justizvollzugsanstalten in der BRD. Berlin 2004, 87–101.

FuchsO 1990: Fuchs, Ottmar, Heilen und befreien. Der Dienst am Nächsten als Ernstfall von Kirche und Pastoral. Düsseldorf 1990.

FuchsO 1993: Fuchs, Ottmar, Integration – Herausforderung für die Pastoraltheologie. In: Adam, Gottfried/Pithan, Annebelle (Hg.), Integration als Aufgabe religionspädagogischen und pastoraltheologischen Handelns. Münster 1993, 43–72.

FuchsO 1996: Fuchs, Ottmar, Das Wesentliche zur Sprache bringen. Versuch einer Antwort auf die spirituelle Dimension caritativen Handelns. In: Caritas als Dienstgeber. Hg. vom Diözesan-Caritasverband für das Erzbistum Köln (Schriftenreihe Nr. 31). Köln 1996, 38–53.

FuchsO 1998a: Fuchs, Ottmar, Solidarität und Glaube, in: Deutscher Caritasverband (Hg.), Caritas '99 (Jahrbuch). Freiburg 1998, 19–35.

FuchsO 1998b: Fuchs, Ottmar, Wie verändert sich universitäre Theologie, wenn sie kontextuell wird? Pastoraltheologische Informationen 18 (1998) 115–150.

FuchsP 1999: Fuchs, Peter, Liebe, Sex und solche Sachen. Zur Konstruktion moderner Intimsysteme. Konstanz 1999.

FuchsP 2001: Fuchs, Peter, Das Weltbildhaus und die Siebensachen der Moderne. Sozialphilosophische Vorlesungen. Konstanz 2001.

Fukuyama 1992: Fukuyama, Francis, Das Ende der Geschichte. Wo stehen wir? München 1992.

Für eine Zukunft in Solidarität und Gerechtigkeit 1997: Für eine Zukunft in Solidarität und Gerechtigkeit. Wort des Rates der Evangelischen Kirche in Deutschland und der Deutschen Bischofskonferenz zur wirtschaftlichen und sozialen Lage in Deutschland. Eingeleitet und kommentiert von Marianne Heimbach-Steins und Andreas Lienkamp (Hg.), unter Mitarbeit von Gerhard Kruip und Stefan Lunte. München 1997.

Fürst u.a. 2003: Fürst, Walter/Wittrahm, Andreas/Feeser-Lichterfeld, Ulrich, Kläden, Tobias (Hg.), »Selbst die Senioren sind nicht mehr die alten ...«. Praktisch-theologische Beiträge zu einer Kultur des Alterns (Theologie und Praxis, Bd. 17). Münster 2003.

Gabriel 2003: Gabriel, Karl, Zwischen Rom, Wittenberg und Genf: Religiöse Wurzeln des Europäischen Sozialmodells. In: Pastoraltheologische Informationen 23 (2003) H. 2, 83–100.

Galuske 1999: Galuske, Michael, Methoden der sozialen Arbeit: eine Einführung. Weinheim-München 1999.

Gärtner 2002a: Gärtner, Heribert W., Braucht die Pflege noch Sozialkompetenz? In: Eisenreich, Thomas/BALK (Hg.), Handbuch Pflegemanagement. Neuwied 2002, 121–130.

Gärtner 2002b: Gärtner, Heribert W., Kirche als Organisation – (Leib Christi) aus organisationstheoretischer Sicht. In: Wege zum Menschen 54 (2002) 373–388.

Gebhardt 2002: Gebhardt, Winfried, Spiritualität – Mode oder Bedürfnis? In: Hauptabteilung Schule/Hochschule des Erzbischöflichen Generalvikariates Köln (Hg.), Weltgeistlich. Dokumentation der Pädagogischen Woche 2002. Köln 2002, 9–22.

Gemeinsames Wort 1997: »und der Fremdling, der in deinen Toren ist.« Gemeinsames Wort der Kirchen zu den Herausforderungen durch Migration und Flucht. Bonn-Frankfurt/M.-Hannover 1997.

Gerhards 1990: Gerhards, Albert (Hg.), Die größere Hoffnung der Christen. Eschatologische Vorstellungen im Wandel (Quaestiones Disputatae, Bd. 127). Freiburg 1990.

Gerhards/Kranemann 2003: Gerhards, Albert/Kranemann, Benedikt (Hg.), Christliche Begräbnisliturgie und säkulare Gesellschaft (Erfurter Theologische Schriften 30). Leipzig ²2003.

Gerhardt 1995: Gerhardt, Volker, »Sinn des Lebens«. In: Historisches Wörterbuch der Philosophie, Bd. 9 (1995) 815–824.

Gerken 1990: Gerken, Gerd, Management by love. Mehr Erfolg durch Menschlichkeit. Düsseldorf ²1990.

Gerling/Naegele 2001: Gerling, Vera/Naegele, Gerhard, Alter, alte Menschen. In: Otto,

Hans-Uwe/Thiersch, Hans (Hg.), Handbuch Sozialarbeit/Sozialpädagogik. Neuwied ²2001, 30–40.
Girschner 1990: Girschner, Walter, Theorie sozialer Organisationen. Eine Einführung in Funktionen und Perspektiven von Arbeit und Organisation in der gesellschaftlich-ökologischen Krise (Grundlagentexte Soziologie). Weinheim 1990.
Glißmann/Peters 2001: Glißmann, Wilfried/Peters, Klaus, Mehr Druck durch mehr Freiheit. Die neue Autonomie in der Arbeit und ihre paradoxen Folgen. Hamburg 2001.
Glißmann 2001: Glißmann, Wilfried, Sinn als Mittel der indirekten Steuerung. In: Glißmann, Wilfried/Peters, Klaus, Mehr Druck durch mehr Freiheit. Die neue Autonomie in der Arbeit und ihre paradoxen Folgen. Hamburg 2001, 81–88.
Gmelch 1996: Gmelch, Michael, Du selbst bist die Botschaft. Eine therapeutische Spiritualität in der seelsorgerlichen Begleitung von kranken und leidenden Menschen. Würzburg 1996.
Goffman 1973: Goffman, Erving, Interaktionsrituale. Über das Verhalten in direkter Kommunikation. Frankfurt 1973.
Gollwitzer 1976: Gollwitzer, Helmut, Krummes Holz – aufrechter Gang. Zur Frage nach dem Sinn des Lebens. München ²1976.
Gotthelf 1978: Gotthelf, Jeremias, Geld und Geist oder Die Versöhnung (1843). Ausgewählte Werke in zwölf Bänden. Hg. Muschg, Walter. Band V. Zürich 1978.
Götzelmann 1993: Götzelmann, Arnd (Hg.), Diakonische Kirche. Anstöße zur Gemeindeentwicklung und Kirchenreform. Festschrift für Theodor Strohm zum 70. Geburtstag. Heidelberg 2003.
Götzelmann 2003: Götzelmann, Arnd, Evangelische Sozialpastoral. Zur diakonischen Qualifizierung christlicher Glaubenspraxis. Stuttgart 2003.
Götzelmann/Herrmann/Stein 1998: Götzelmann, Arnd/Herrmann, Volker/Stein, Jürgen, Diakonie der Versöhnung. Eine Einführung, In: Diess. (Hg.), Diakonie der Versöhnung. Ethische Reflexion und soziale Arbeit in ökumenischer Verantwortung. Stuttgart 1998, 15–37.
Grewel 1991: Grewel, Hans, Zerbrechliches Leben. In: Glaube und Lernen 6 (1991) 8–18.
Grof 1984: Grof, Stanislav und Christina, Jenseits des Todes. An den Toren des Bewusstseins. München 1984.
Grom 2000: Grom, Bernhard, Religionspädagogische Psychologie. Düsseldorf ⁵2000.
Groß 2004: Groß, Werner, Sucht ohne Drogen – gibt es das? In: Soziale Arbeit 2 (2004) 56–63.
Gruber 1995: Gruber, Hans-Günter, Christliche Ehe in moderner Gesellschaft. Entwicklung – Chancen – Perspektiven. Freiburg-Basel-Wien ²1995.
Gruber 1995a: Gruber, Hans-Günter, Familie und christliche Ethik. Darmstadt 1995.
Gruber 2005: Gruber, Hans-Günter, Ethisch denken und handeln. Grundzüge einer Ethik der Sozialen Arbeit (Dimensionen Sozialer Arbeit und der Pflege, Bd. 8). München 2005.
Gutiérrez 1984: Gutiérrez, Gustavo, Theologie der Befreiung. München-Mainz ⁷1984.
Gutiérrez 1986: Gutiérrez, Gustavo, Aus der eigenen Quelle trinken. Spiritualität der Befreiung. München 1986.
Habermas 1988: Habermas, Jürgen, Nachmetaphysisches Denken. Philosophische Aufsätze. Frankfurt 1988.
Habermas 1991: Habermas, Jürgen, Texte und Kontexte. Frankfurt/M. 1991.
Habermas 1997: Habermas, Jürgen, Individuierung durch Vergesellschaftung. Zu George

Herbert Meads Theorie der Subjektivität. In: Ders., Nachmetaphysisches Denken. Philosophische Aufsätze. Frankfurt ²1997, 187–241.
Habermas 2001a: Habermas, Jürgen, Die Selbstinstrumentalisierung des Menschen und ihre Schrittmacher. In: Süddeutsche Zeitung vom 15./16. September 2001, 15.
Habermas 2001b: Habermas, Jürgen, Glaube, Wissen – Öffnung. Zum Friedenspreis des deutschen Buchhandels: Eine Dankrede. In: Süddeutsche Zeitung vom 15. Oktober 2001, 17.
Habermas 2004: Habermas, Jürgen, Stellungnahme zum Thema »Vorpolitische moralische Grundlagen eines freiheitlichen Staates«. In: Zur Debatte 34 (2004) H. 1, 2–4.
Haller 1990: Haller, Leo Herbert, Kinder- und Jugendhilfegesetz. Motorwechsel in der Jugendhilfe (Beiträge zur Praxis und Theorie der Jugendsozialarbeit und Freizeitpädagogik, Bd. 2). Köln 1990.
Hammarskjöld 1965: Hammarskjöld, Dag, Zeichen am Weg, München 1965.
Haslinger 1999: Haslinger, Herbert, »Um des Menschen willen«. Worum es in der Jugendarbeit geht, wenn Gott ins Spiel kommt. In: Kruip, Gerhard/Hobelsberger, Hans/Gralla, Anneliese (Hg.), Diakonische Jugendarbeit. Option für die Jugend und Option von Jugendlichen. München 1999, 57–82.
Haslinger 2004: Haslinger, Herbert, Was ist Caritaswissenschaft. In: Theologie und Glaube 94 (2004) 145–164.
Hauschildt/Schneider-Harpprecht 2004: Hauschildt, Eberhard/Schneider-Harpprecht, Christoph, Universitätstheologie und Fachhochschultheologie. Wo stehen wir? Wie geht es weiter? In: Pastoraltheologie 93 (2004) H. 6, 214–228.
Hedinger 1972: Hedinger, Ulrich, Wider die Versöhnung Gottes mit dem Elend. Eine Kritik des christlichen Theismus und A-theismus. Zürich 1972.
Heller 1997: Heller, Andreas, Wir wollen Leisten lernen, denn im Dienen sind wir schon ganz gut! Chancen und Risiken von Leitbild-Entwicklungen in kirchlichen Organisationen. In: Caritas 98 (1997) 9–16.
Heller/Krobath 2003: Heller, Andreas/Krobath, Thomas, OrganisationsEthik – worum geht es? In: Diess. (Hg.), OrganisationsEthik. Organisationsentwicklung in Kirchen, Caritas und Diakonie (Palliative Care und OrganisationsEthik, Bd. 7). Freiburg i.Br. 2003, 9–13.
Hemmerle 1983: Hemmerle, Klaus, Spiritualität – was heißt das? In: Aus dem Geist leben. Hilfen zur Spiritualität der Laien im pastoralen Dienst. Hg. vom Sekretariat der Deutschen Bischofskonferenz (Arbeitshilfen Nr. 33). Bonn o.J. (1983), 13–20.
Hemmerle 1997: Hemmerle, Klaus, Glaubwürdig die Botschaft Jesu leben, in: Deller, Ulrich/Vienken, Ewald (Hg.), Wagnis Weggemeinschaft. Beiträge und Reflexionen zur Jugendpastoral Klaus Hemmerles. München-Zürich-Wien 1997, 155–175.
Herbst 1999: Herbst, Hans R., Behinderte Menschen in Kirche und Gesellschaft. Stuttgart–Berlin–Köln 1999.
Hermanns 2003: Hermanns, Jan, Ansätze christlicher Sozialarbeit. Soziale Arbeit aus dem Glauben. Freiburg i.Br. 2003.
Hermelink 1998: Hermelink, Jan, Pfarrer als Manager? Gewinn und Grenzen einer betriebswirtschaftlichen Perspektive auf das Pfarramt. In: Zeitschrift für Theologie und Kirche 95 (1998) 536–564.
Herriger 1997: Herriger, Norbert, Das Empowerment-Ethos. In: Sozialmagazin 22 (1997) H. 11, 29–35.
Herrmann 1991: Herrmann, Peter, Perspektiven stationärer Suchtkrankentherapie. In: Partner Magazin 1 (1991) 21–25.

Hettlage 1998: Hettlage, Robert, Familienreport. Eine Lebensform im Umbruch. München 1998.

Hinte 2002: Hinte, Wolfgang, Von der Gemeinwesenarbeit über die Stadtteilarbeit zum Quartiersmanagement. In: Thole, Werner (Hg.), Grundriss Soziale Arbeit. Ein einführendes Handbuch. Opladen 2002, 535–548.

Hobbes 1970: Hobbes, Thomas, Leviathan (1651). Stuttgart 1970.

Hobelsberger 2001: Hobelsberger, Hans, Emanzipation und Zugehörigkeit – Eine kritische Würdigung des »neuen Paradigmas Zugehörigkeit«. In: Amann, Hans/Kruip, Gerhard/Lechner, Martin (Hg.), Kundschafter des Volkes Gottes (Festschrift für Roman Bleistein). München 1998, 131–161.

Hobelsberger 2001a: Hobelsberger, Hans, Arbeitsstelle für Jugendseelsorge der Deutschen Bischofskonferenz (afj). In: Lexikon der Religionspädagogik (2001) 74–75.

Hobelsberger 2001b: Hobelsberger, Hans, Was macht kirchliche Jugendarbeit aus? In: Junge Kirche 35 (2001) H. 1, 3–6.

Hobelsberger 2003: Hobelsberger, Hans, Von der Qualität sozialer Räume für Jugendliche. Ansatzpunkte für eine (pastoral)raumorientierte Jugendarbeit. In: Erzbischöfliches Jugendamt München (Hg.), Jugend(t)Räume pastoral ermöglicht. Bedingungen und Erfolgsgeschichten (Materialien 130). München 2003, 24–43.

Höffe 2002: Höffe, Otfried (Hg.), Lexikon der Ethik. München ^{6}2002.

Hoffmann 2003: Hoffmann, Paul, Jakob und die unverfügbare Nähe Gottes. In: Orientierung 67 (2003) 122–123.

Hofgesang 2001: Hofgesang, Birgit, Familienhilfe: sozialpädagogische. In: Otto, Hans-Uwe/Tiersch, Hans (Hg.), Handbuch Sozialarbeit Sozialpädagogik. Neuwied 2001, 529–593.

Hofmann 2003: Hofmann, Beate, Fundament oder Verzierung? Zur Funktion der Theologie in der Diakonie. In: Herrmann, Volker/Merz, Rainer/Schmidt, Heinz (Hg.), Diakonische Konturen. Theologie im Kontext sozialer Arbeit (Veröffentlichungen des Diakoniewissenschaftlichen Instituts an der Universität Heidelberg, Bd. 18). Heidelberg 2003, 229–239.

Hofmann 2004: Hofmann, Liane, Spiritualität und Religiosität in der psychotherapeutischen Praxis. In: Institut für Grenzgebiete der Psychologie und Psychohygiene (Hg.), Tätigkeitsbericht 2002/2003 (2004) 38–40.

Hofmann/Schibilsky 2001: Hofmann, Beate/Schibilsky, Michael (Hg.), Spiritualität in der Diakonie. Anstöße zur Erneuerung christlicher Kernkompetenz (Diakoniewissenschaft, Bd. 3). Stuttgart-Berlin-Köln 2001.

Höhn 1988: Höhn, Hans-Joachim, Zerstreuungen. Religion zwischen Sinnsuche und Erlebnismarkt. Düsseldorf 1988.

Höhn 1996: Höhn, Hans-Joachim, »Vor und mit Gott leben wir ohne Gott«. Negative Theologie als theologische Hermeneutik der Moderne. In: Risse, Günter (Hg.), Wege der Theologie: an der Schwelle zum dritten Jahrtausend. Paderborn 1996, 97–109.

Höring 2004: Höring, Patrik C., Jugendpastoral heute. Aufgaben und Chancen. Kevelaer-Düsseldorf 2004.

Hosemann u.a. 2003: Hosemann, Wilfried u.a., Familie und Soziale Gerechtigkeit. In: Hosemann, Wilfried/Trippmacher, Brigitte (Hg.), Soziale Arbeit und soziale Gerechtigkeit. Hohengehren 2003.

Hübner 2002: Hübner, Siegfried, Die prophetische Vision des Papstes Johannes XXIII. In: Orientierung 66 (2002) 214–217.

Huinik/Strohmeier/Wagner 2001: Huinik, Johannes/Strohmeier, Klaus-Peter/Wagner, Michael (Hg.), Solidarität in Partnerschaft und Familie. Zum Stand familiensoziologischer Theoriebildung. Würzburg 2001.
Huizing 2002: Huizing, Klaas, Ästhetische Theologie, Bd. 1: Der erlesene Mensch. Eine literarische Anthropologie. Stuttgart 2002.
Hünermann 2001: Hünermann, Peter, Für eine diakonische Kirche. In: Deutscher Caritasverband (Hg.), Caritas 2002 (Jahrbuch). Freiburg i.Br. 2001, 50–60.
Hungs 1989: Hungs, Franz-Josef, Zur Beziehung von Sozialarbeit und Pastoraltheologie, in: Caritas 90 (1989) H. 12, 552–555.
Hymnus der Totenvesper 1978: Hymnus der Vesper zum Gedächtnis der Verstorbenen. In: Die Feier des Stundengebetes. Stundenbuch. Für die katholischen Bistümer des deutschen Sprachgebietes. Band III: Im Jahreskreis. Einsiedeln-Köln u.a. 1978, 1295.
ICN 2003: ICN – Code of Ethics for Nurses, Übersetzung: Deutscher Berufsverband für Pflegeberufe. 2003.
IfDA 2002: IfDA (Institut für Demoskopie Allensbach) (Hg.), Allensbacher Jahrbuch der Demoskopie 1998–2002. München 2002.
IFSW 2000: IFSW – International Federation of Social Workers, Definition of Social Work. Adopted by the IFSW General Meeting in Montréal, Canada, July 2000 (In: http://www.ifsw.org/Publications/4.6e.pub.html.) und IFSW (Hg.), Ethics in Social Work. Statement of Principles (In: www.ifsw.org./News/Definition-eng.htm.).
Infosekta 2002: Infosekta (Hg.), Tätigkeitsbericht 2001. Zürich 2002.
Instruktion der Kongregation für die Glaubenslehre 1986: Instruktion der Kongregation für die Glaubenslehre über die christliche Freiheit und Befreiung, 22. März 1986 (Verlautbarungen des Apostolischen Stuhls 70, hg. vom Sekretariat der Deutschen Bischofskonferenz). Bonn 1986.
Integration fördern 2004: Integration fördern – Zusammenleben gestalten. Wort der deutschen Bischöfe zur Integration von Migranten (Die deutschen Bischöfe 77, hg. vom Sekretariat der Deutschen Bischofskonferenz). Bonn 2004.
Jacobi 1987: Jacobi, Corinna, Mythen im Alkoholismuskonzept. In: Ernährungs Umschau 34 (1987) H. 8, 262 ff.
Jalics 2003: Jalics, Franz, Kontemplative Exerzitien. Eine Einführung in die kontemplative Lebenshaltung und in das Jesusgebet. Würzburg ^{8}2003.
Jans/Habisch 2000: Jans, Bernhard/Habisch, André u.a. (Hg.), Familienwissenschaftliche und familienpolitische Signale. Grafschaft 2000.
Jendrosch 1971: Jendrosch (verheiratet Wachinger), Barbara, Johann Michael Sailers Lehre vom Gewissen. München 1971.
Jente 2001: Jente, Charlotte, Alte Aufgabenfelder und neue Entwicklungen. In: Jente, Charlotte/Judis, Frank/Meiers, Ralf/Steinmetz, Susanne/Wagner, Stephan F. (Hg.), Betriebliche Sozialarbeit. Freiburg 2001, 21–22.
Jente u.a. 2001: Jente, Charlotte/Judis, Frank/Meiers, Ralf/Steinmetz, Susanne/Wagner, Stefan F. (Hg.), Betriebliche Sozialarbeit. Freiburg 2001.
Johannes Paul II. 1999: Johannes Paul II., Botschaft zum Welttag für die Migranten 1999. In: http://www.vatican.va/holy_father/john_paul_ii/messages/migration/documents/hf_jp-ii_mes_22021999_world-migration-day-1999_ge.html
Joseph 2003: Joseph, Ruth, Arche – Leben in Gemeinschaft mit Menschen mit einer geistigen Behinderung – Spiritualität in der sozialen Arbeit. In: Lewkowicz, Marina/Lob-

Hüdepohl, Andreas (Hg.), Spiritualität in der sozialen Arbeit. Freiburg i.Br. 2003, 171–187.
Josuttis 1991: Josuttis, Manfred, Selbstbestimmung als Ziel der Seelsorge im Gefängnis. Tonbandabschrift eines Vortrages am 29.5.1991 in der Evangelischen Akademie Loccum bei der Jahrestagung der Evangelischen Konferenz für Gefängnisseelsorge in Deutschland.
Jünemann 2001: Jünemann, Elisabeth, Familienarbeit – unverzichtbar und unbezahlbar? In: Ziegler, Hans/Thieser, Karl-Heinz (Hg.), Arbeit ist der Schlüssel zur sozialen Frage. Blieskastel 2001, 105–131.
Jünemann 2003: Jünemann, Elisabeth, Familie und der Erwerb sozialer Kompetenz. In: Hendrix, Hans Hermann (Hg.), Fenster zur Welt. Aachener Beiträge zu Pastoral- und Bildungsfragen Nr. 20. Aachen 2003, 227–234.
Jünemann 2004: Jünemann, Elisabeth, »Dankbar geben wir die Geburt unseres 3. Kindes bekannt«. Erster Lernort des Lebens: Die Familie. In: Eller, Friedhelm/Wildfeuer, Armin (Hg.), Kontexte frühkindlicher Entwicklung. Münster 2004.
Jüngel 2002: Jüngel, Eberhard, Beziehungsreich. Perspektiven des Glaubens. Stuttgart 2002.
Justenhoven 1991: Justenhoven, Heinz-Gerhard, Francisco de Vitoria zu Krieg und Frieden. Köln 1991.
Justitia et Pax 1988: Justitia et Pax, Was hast du für deinen obdachlosen Bruder getan? Die Kirche und das Wohnungsproblem. Dokument der Päpstlichen Kommission »Justitia et Pax« zum internationalen Jahr der Wohnungsbeschaffung für die Obdachlosen. In: L'osservatore Romano 11 (1988), Beilage X vom 11. März 1988.
Kandler 2000: Kandler, Karl-Hermann, Behindertenethik in christlicher Verantwortung. Wuppertal 2000.
Kappmeier 2001: Kappmeier, Sabine, Professionalität durch Spiritualität. Impulse der Archegemeinschaft von Jean Vanier für den sozialpädagogischen Umgang mit schwerstbehinderten Menschen, unveröff. Diplomarbeit, KFH NW, Abteilung Aachen 2001.
Karle 2001: Karle, Isolde, Der Pfarrberuf als Profession. Eine Berufstheorie im Kontext der modernen Gesellschaft (Praktische Theologie und Kultur, Bd. 3). Gütersloh 2001.
Kastner 1999: Kastner, Michael, Syn-Egoismus. Nachhaltiger Erfolg durch soziale Kompetenz. Freiburg-Basel-Wien 1999.
Kath. LAG NW 1994: Katholische Landesarbeitsgemeinschaft Heime der Offenen Tür in NW (Kath. LAG OT NW), Katholische Offene Kinder- und Jugendarbeit in Nordrhein-Westfalen. Vorlage zum »Runden Tisch« mit Bischof Leo Nowak, Vorsitzender der Jugendkommission der Deutschen Bischofskonferenz, am 3. September 1994 in Mainz. Köln 1994.
Kaufmann 1989: Kaufmann, Franz-Xaver, Religion und Modernität. Sozialwissenschaftliche Perspektiven. Tübingen 1989.
Kaufmann 1995: Kaufmann, Franz-Xaver, Die Zukunft der Familie. Berlin 1995.
KBE 2002: KBE – Katholische Bundesarbeitsgemeinschaft für Erwachsenenbildung (Hg.), Bildung lebenslang. Leitlinien einer Bildung im dritten und vierten Alter. Bonn 2002.
Kehl 1999: Kehl, Medard, Und was kommt nach dem Ende? Freiburg 1999.
Kehrer 1982: Kehrer, Günter: Organisierte Religion. Stuttgart u.a. 1982.
Kertelge 1992: Kertelge, Karl, »dikaiosyne – Gerechtigkeit«. In: Exegetisches Wörterbuch zum Neuen Testament, Bd. 1. Stuttgart ^{2}1992, 784–796.

Kessler 2000: Kessler, Hans, Gott und das Leid seiner Schöpfung. Nachdenkliches zur Theodizeefrage. Würzburg 2000.

Kittel 1999: Kittel, Gisela, Befreit aus dem Rachen des Todes. Tod und Todesüberwindung im Alten und Neuen Testament. Göttingen 1999.

Kleinert 1976: Kleinert, Ulfrid, Thesen zum Thema: Professionalisierung des Diakons und Diakonisierung der Gemeinde – schließt das eine das andere aus? In: Diakonie 2 (1976) 180–183.

Kleinert 1992: Kleinert, Ulfrid (Hg.), Mit Passion und Profession: Zukunft der Gemeindediakonie – Markierungen und Perspektiven. Neukirchen 1992.

Kleinert 1999a: Kleinert, Ulfried, Mandat statt Mission – eine Einführung. In: Eisert-Bagemihl, Lars/Kleinert, Ulfrid (Hg.), Mandat statt Mission. Soziale Arbeit in Kirchenkreisen (Akzente und Entwicklung sozialer Arbeit in Kirche und Gesellschaft, Bd. 4). Leipzig 1999, 8–15.

Kleinert 1999b: Kleinert, Ulfrid, Johann Hinrich Wicherns Gutachten zum Diakonat und die Kirchenkreissozialarbeit heute. In: Eisert-Bagemihl, Lars/Kleinert, Ulfrid (Hg.), Mandat statt Mission. Soziale Arbeit in Kirchenkreisen (Akzente und Entwicklung sozialer Arbeit in Kirche und Gesellschaft, Bd. 4). Leipzig 1999, 76–101.

Kleinert 1999c: Kleinert, Ulfrid, Sozialarbeiterische Innovationen durch Kirchenkreis- und Gemeindediakonie. In: Eisert-Bagemihl, Lars/Kleinert, Ulfrid (Hg.), Mandat statt Mission. Soziale Arbeit in Kirchenkreisen (Akzente und Entwicklung sozialer Arbeit in Kirche und Gesellschaft, Bd. 4). Leipzig 1999, 102–107.

Kleinert 2000: Kleinert, Ulfrid, »Sozialarbeit«. In: Theologische Realenzyklopädie, Bd. 31 (2000) 481–487.

Kleinert 2004: Kleinert, Ulfrid (Hg.), So viel Anfang war nie – Sächsische Diakoniegeschichte in den 1990er-Jahren. Leipzig 2004.

Kleve 2000: Kleve, Heiko, Die Sozialarbeit ohne Eigenschaften: Fragmente einer postmodernen Professions- und Wissenschaftstheorie sozialer Arbeit. Freiburg 2000.

Klinger 1990: Klinger, Elmar, Armut als Herausforderung Gottes. Der Glaube des Konzils und die Befreiung des Menschen. Zürich 1990.

Klinger 2001: Klinger, Inis-Jainie, Historischer Abriss und Rechtsgrundlagen der betrieblichen Sozialarbeit. In: Jente, Charlotte/Judis, Frank/Meiers, Ralf/Steinmetz, Susanne/Wagner, Stephan F. (Hg.), Betriebliche Sozialarbeit. Freiburg 2001, 15–18.

Klüsche 1999: Klüsche, Wilhelm (Hg.), Ein Stück weitergedacht ... Beiträge zur Theorie und Wissenschaftsentwicklung der Sozialen Arbeit. Freiburg i.Br. 1999.

Knoblauch/Schnettler/Soeffner 1999: Knoblauch, Hubert/Schnettler, Bernt/Soeffner, Hans-Georg, Die Sinnprovinz des Jenseits und die Kultivierung des Todes. In: Knoblauch, Hubert/Soeffner, Hans-Georg (Hg.), Todesnähe. Interdisziplinäre Zugänge zu einem außergewöhnlichen Phänomen (Passagen und Transzendenzen, Bd. 8). Konstanz 1999, 271–292.

Koch 1989: Koch, Kurt, Kurs-Korrektur. Der Skandal des unpolitischen Christentums. Freiburg im Breisgau 1989.

Koch 2005: Koch, Kurt, Theologische Spiritualität im Dienst der Kirche. In: Geist und Leben. Zeitschrift für christliche Spiritualität 78 (2005) H. 3, 174–183.

Kogon/Langbein/Rückerl 1984: Kogon, Eugen/Langbein, Hermann/Rückerl, Adalbert (Hg.), Nationalsozialistische Massentötung durch Giftgas. Frankfurt 1984.

Kohler-Spiegel 1992: Kohler-Spiegel, Helga, Betroffenheit ermöglichen – handeln lernen. Eine Annäherung. In: Religionspädagogische Beiträge 29 (1992) 25–43.

Konvention 1998: Konvention über katholisch-sozial orientierte politische Jugend- und Erwachsenenbildung in der AKSB von 1998. In: www.aksb.de.

Köpf/Provelegios 2002: Köpf, Peter/Provelegios, Alexander, Wir wollen doch nur ihr Bestes. Das Abraham-Syndrom: Wie unsere Kinder verplant und verwertet werden. Hamburg 2002.

Körber/Staman 2001: Körber, Manfred/Staman, Jolanda, Der Wandel der Arbeitsgesellschaft im Spiegel aktueller sozialethischer Texte. In: Arbeit. Zeitschrift für Arbeitsgestaltung und Arbeitspolitik (2001) H. 2, 180–185.

Köster 1999: Köster, Peter, Zur Freiheit befähigen. Kleiner Kommentar zu den großen Exerzitien des hl. Ignatius. Leipzig 1999.

Krabbe 1997: Krabbe, Bernhard, Caritaswissenschaft. In: Gatz, Erwin (Hg.), Caritas und soziale Dienste (Geschichte des kirchlichen Lebens in den deutschsprachigen Ländern seit dem Ende des 18. Jahrhunderts – Die katholische Kirche, Bd. 5), 421–428.

Kramer 1990: Kramer, Hannes, Versuch eines Brückenschlags zwischen Verbands-Caritas und Gemeinde-Diakonie. In: Pastoraltheologische Informationen 10 (1990) H. 1, 39-63.

Kramer/Thien 1989: Kramer, Hannes/Thien, Ulrich (Hg.), Gemeinde und Soziale Brennpunktarbeit. Soziotop von Not und Hoffnung. Freiburg i.Br. 1989.

Krockauer 1993: Krockauer, Rainer, Kirche als Asylbewegung. Diakonische Kirchenbildung am Ort der Flüchtlinge (Praktische Theologie heute, Bd. 11). Stuttgart-Berlin-Köln 1993.

Krockauer 1998: Krockauer, Rainer, Soziale Arbeit als theologiegenerativer Ort. In: Pastoraltheologische Informationen 18 (1998) 69–80.

Krockauer 2000a: Krockauer, Rainer, Praktisch-theologische Präsenz im fremden Kontext. In: Pastoraltheologische Informationen 20 (2000) H. 2, 60–65.

Krockauer 2000b: Krockauer, Rainer, Spiritualität – »Kapital« der Caritas. In: Deutscher Caritasverband (Hg.), caritas 2001. Jahrbuch des Deutschen Caritasverbandes. Freiburg i.Br. 2000, 31–37.

Krockauer 2004: Krockauer, Rainer, »Gegenlager Prophetie« – Die verbandliche Caritas zwischen institutioneller Dienstleistung und prophetischer Anwaltschaft, in: Bucher, Rainer/Ders. (Hg.), Prophetie in einer etablierten Kirche. Aktuelle Reflexionen über ein Prinzip kirchlicher Identität (Werkstatt Theologie, Bd. 1). Münster 2004, 168–183.

Krockauer 2005a: Krockauer, Rainer, Die soziale Arbeit der Kirche und die Zukunft einer diakonischen Pastoral. In: Bucher, Rainer/Krockauer, Rainer (Hg.), Macht und Gnade. Untersuchungen zu einem konstitutiven Spannungsfeld der Pastoral, Münster 2005 (Werkstatt Theologie, Bd. 4), 105–122.

Krockauer 2005b: Im Experiment einer neuen Inkulturation des Evangeliums. Herausforderung für das Volk Gottes in der Caritas, in: Theologische Quartalschrift 185 (2005) H. 3, 214–252.

Krömer 2000: Krömer, Arnd, Sozialarbeiterische Möglichkeiten spiritueller Sterbebegleitung im Hospiz, unveröff. Diplomarbeit an der KFH NW, Abteilung Aachen, Aachen 2000.

Kruip/Hobelsberger/Gralla 1999: Kruip, Gerhard/Hobelsberger, Hans/Gralla, Anneliese (Hg.), Diakonische Jugendarbeit. Option für die Jugend und Option von Jugendlichen (Studien zur Jugendpastoral, Bd. 6). München 1999.

Kübler-Ross 1993: Kübler-Ross, Elisabeth, Über den Tod und das Leben danach. Neuwied ^{15}1993.

Kühl 2000: Kühl, Stefan, Das Regenmacherphänomen. Widersprüche und Aberglaube im Konzept der lernenden Organisation. Frankfurt/M.–New York 2000.

Kuhnke 1992: Kuhnke, Ulrich, Koinonia. Zur theologischen Rekonstruktion der Identität christlicher Gemeinde. Düsseldorf 1992.

Küng 1990: Küng, Hans, Projekt Weltethos. München 1990.

Kustár 1972: Kustár, Peter, Aspekt im Hebräischen. Theol. Diss IX. Basel 1972.

Laborem exercens 1981: Laborem Exercens. In: Der Wert der Arbeit und der Weg der Gerechtigkeit. Enzyklika über die menschliche Arbeit Papst Johannes Pauls II. Freiburg i.Br. 1981.

Landessozialbericht 1993: Ministerium für Arbeit, Gesundheit und Soziales des Landes NRW (Hg.), Landessozialbericht Band 2: Wohnungsnot und Obdachlosigkeit. Soziale Folgeprobleme und Entwicklungstendenzen. Düsseldorf 1993.

Lang 1982: Lang, Jochen, Das Eichmann-Protokoll. Berlin 1982.

Lapide 1998: Lapide, Pinchas, Leben vor dem Tod – Leben nach dem Tod? Ein Dialog. Gütersloh 1998.

Laslett 1995: Laslett, Peter, Das Dritte Alter. Historische Soziologie des Alterns. Weinheim-München 1995.

Lateinamerikanischer Bischofsrat 1988: Lateinamerikanischer Bischofsrat – Sachbereich Jugend (Hg.), Jugend, Kirche und Veränderung. Ein pastoraler Entwurf zum Aufbau der Zivilisation der Liebe. Bogota 1984 (Dokumente/Projekte 30, hg. von der Adveniat Geschäftsstelle). Essen [3]1988.

Lechner 1992: Lechner, Martin, Pastoraltheologie der Jugend. Geschichtliche, theologische und kairologische Bestimmung der Jugendpastoral einer evangelisierenden Kirche (Studien zur Jugendpastoral, Bd. 1). München 1992.

Lechner 1997: Lechner, Martin, Heimerziehung als pastorale Aufgabe. Überlegungen zur Kooperation zwischen Heimerziehung und Gemeindepastoral. In: Jugendwohl 78 (1997) 246–256.

Lechner 2000: Lechner, Martin, Theologie in der Sozialen Arbeit. Begründung und Konzeption einer Theologie an Fachhochschulen für Soziale Arbeit (Benediktbeurer Studien, Bd. 8). München 2000.

Lechner 2001: Lechner, Martin, Kirchliche Kinder- und Jugendhilfe. Pastoraltheologische Entwürfe zu ihrer Qualitätsentwicklung (Benediktbeurer Beiträge zur Jugendpastoral, Bd. 5). München 2001.

Lechner 2004: Lechner, Martin, Anwaltschaft für die christliche und kirchliche Identität der Caritas: Zur Rolle von Theolog(inn)en in der Caritas. In: Bopp, Karl/Ders., »Vom schönsten Edelstein ...« der Pastoral. Theologische Erwägungen zum caritativen Handeln (Benediktbeurer Hochschulschriften, Bd. 21). München 2004, 18–33.

Lehmann 1998: Lehmann, Karl, Unsere Verantwortung für junge Menschen in der Heimerziehung. In: Verband Katholischer Einrichtungen der Heim- und Heilpädagogik (Beiträge zur Erziehungshilfe, Bd. 17). Freiburg i.Br. 1998, 10–18.

Lehner 1997: Lehner, Markus, Caritas – Die Soziale Arbeit der Kirche: eine Theoriegeschichte. Freiburg i.Br. 1997.

Lehner 2001a: Lehner, Markus, Caritas als Produzentin christlicher Soziallehre. In: Theologisch-Praktische Quartalschrift 149 (2001) 237–246.

Lehner 2001b: Lehner, Markus, Qualität und christlicher Anspruch. In: neue caritas 102 (2001) H. 3, 18–22.

Lehr 2003: Lehr, Ursula, Psychologie des Alterns. Wiebelsheim [10]2003.

Lesch/Lob-Hüdepohl 2005: Lesch, Walter/Lob-Hüdepohl, Andreas (Hg.), Einführung in die Ethik der Sozialen Arbeit. Paderborn-München-Wien-Zürich 2005 (im Druck).

Lewkowicz/Lob-Hüdepohl 2003: Lewkowicz, Marina/Lob-Hüdepohl, Andreas (Hg.), Spiritualität in der sozialen Arbeit. Freiburg 2003.

Libreria 1991: Libreria delle donne de Milano, Wie weibliche Freiheit entsteht. Eine neue politische Praxis. Berlin ³1991.

Liedke 2004: Liedke, Ulf, Übergänge – Anschlüsse – Inspiration. Zur Ortsbestimmung von Theologie an Evangelischen Fachhochschulen für Sozialwesen. In: Pastoraltheologie 93 (2004) H. 6, 247–262.

Lienkamp 1996: Lienkamp, Andreas, Systematische Einführung in die christliche Sozialethik. In: Furger, Franz/Ders./Dahm, Karl-Wilhelm (Hg.), Einführung in die Sozialethik (Münsteraner Einführungen – Theologie, Bd. 3). Münster 1996, 29–88.

Lienkamp 2003a: Lienkamp, Andreas, Achtung und Ehrfurcht vor dem Leben. Von Albert Schweitzer zur Erd-Charta. In: Natur und Kultur 4 (2003) H. 1, 55–72.

Lienkamp 2003b: Lienkamp, Andreas, Nicht auf Kosten unserer Kinder – Generationengerechtigkeit als neuer Maßstab der Politik. In: Herder-Korrespondenz 57 (2003) 497–501.

Lienkamp 2004: Lienkamp, Andreas, Das Reich Gottes als Zielperspektive christlicher Sozialethik – Inspirationen aus dem christlich-jüdischen Dialog und aus der Theologie Theodor Steinbüchels. In: Jahrbuch für Christliche Sozialwissenschaften 45 (2004) 189–210.

Link 2003: Link, Christian, Das Rätsel des Bösen. Die Frage von Auschwitz. In: Evangelische Theologie 63 (2003) 325–339.

Lob-Hüdepohl 2003a: Lob-Hüdepohl, Andreas, Kritik der instrumentellen Vernunft. Soziale Arbeit in einer entsakralisierten Gesellschaft. In: Lewkowicz, Marina/Lob-Hüdepohl, Andreas (Hg.), Spiritualität in der sozialen Arbeit, Freiburg i.Br. 2003, 69–86.

Lob-Hüdepohl 2003b: Lob-Hüdepohl, Andreas, Ethik Sozialer Arbeit als Menschenrechtsprofession. In: Soziale Arbeit 52 (2003), 42–48.

Lob-Hüdepohl 2003c: Lob-Hüdepohl, Andreas, Botschaften der biblischen Propheten – Botschaft für Soziale Arbeit? In: Soziale Arbeit 52 (2003), 343–349.

Lohfink 1976: Lohfink, Gerhard, Der Tod ist nicht das letzte Wort. Meditationen. Freiburg 1976.

Lohmann 1995: Lohmann, Theodor, Mut zur Moral. Aus der privaten Korrespondenz des Gesellschaftsreformers Theodor Lohmann. Bd. 1 (1850–1883), hg. von Lothar Machtan. Bremen 1995.

Lohmann 1997: Lohmann, David, Das Bielefelder Diakonie-Managementmodell (Leiten. Lenken. Gestalten – Theologie und Ökonomie, Bd. 1). Gütersloh 1997.

Lotmar/Tondeur 2004: Lotmar, Paula/Tondeur, Edmond, Führen in sozialen Organisationen. Ein Buch zum Nachdenken und Handeln. Bern-Stuttgart-Wien ⁷2004.

Lübbe 1980: Lübbe, Hermann, Religion nach der Aufklärung. In: Ders., Philosophie nach der Aufklärung. Von der Notwendigkeit pragmatischer Vernunft. Düsseldorf 1980, 59–86.

Luckmann 1985: Luckmann, Thomas, Riten als Bewältigung lebensweltlicher Grenzen. In: Schweizerische Zeitschrift für Soziologie 3 (1985) 535–550.

Luckmann 1991: Luckmann, Thomas, Die unsichtbare Religion. Frankfurt/M. 1991.

Luckmann 2002: Luckmann, Thomas, Veränderungen von Religion und Moral im modernen Europa. In: Berliner Journal für Soziologie 12 (2002) 285–293.

Luhmann 1973: Luhmann, Niklas, Formen des Helfens im Wandel gesellschaftlicher Bedingungen. In: Otto, H.-U./Schneider, S. (Hg.), Gesellschaftliche Perspektiven der Sozialarbeit, 1. Halbband. Neuwied-Berlin ²1973, 21–43.

Luhmann 1977: Luhmann, Niklas, Funktion der Religion. Frankfurt/M. 1977.

Luhmann 1984: Luhmann, Niklas, Soziale Systeme. Grundriss einer allgemeinen Theorie. Frankfurt/M. 1984.

Luhmann 1990: Luhmann, Niklas, Sozialsystem Familie. In: Luhmann, Niklas, Soziologische Aufklärung 5: Konstruktivistische Perspektiven. Opladen 1990, 196–217.

Lukatis/Wesenick 1980: Lukatis, Ingrid/Wesenick, Ulrich (Hg.), Diakonie – Außenseite der Kirche. Sozialarbeit im Kirchenkreis zwischen Anspruch und Wirklichkeit. Gelnhausen-Berlin-Stein 1980.

Lüssi 1992: Lüssi, Peter, Systemische Sozialarbeit. Praktisches Lehrbuch der Sozialberatung. Bern u.a. ²1992

Luther 1992: Luther, Henning, Religion und Alltag. Bausteine zu einer Praktischen Theologie des Subjekts. Stuttgart 1992.

Luthers Tischreden 2003: Luthers Tischreden. Zusammengestellt von Jürgen Henkys, Leipzig 2003.

Lutz 1999: Lutz, Bernd, Glaube und Arbeitswelt. In: Diakonia 39 (1999) 435–444.

Markert 2002: Markert, Dorothee, Wachsen am Mehr anderer Frauen. Vorträge über Begehren, Dankbarkeit und Politik. Rüsselsheim 2002.

Marquard 1995: Marquard, Reiner, Karl Barth und der Isenheimer Altar (Arbeiten zur Theologie, Bd. 80). Stuttgart 1995.

Martini 1987: Martini, Carlo M., Strafe bessert nicht. Ein Plädoyer gegen das Einsperren. In: Publik Forum 22 (1987) 7.

Martini 1998: Martini, Carlo Maria, Woher leuchtet das Licht des Guten? In: Martini, Carlo Maria /Eco, Umberto, Woran glaubt, wer nicht glaubt? Wien 1998, 74–81.

Martini/Eco 1998: Martini, Carlo Maria/Eco, Umberto, Woran glaubt, wer nicht glaubt? Wien 1998.

Marx/Nacke 2004: Marx, Reinhard/Nacke, Bernhard, Gerechtigkeit ist möglich. Zwischenrufe zur Lage des Sozialstaates. Freiburg i.Br. 2004.

Matt 2003: Matt, Eduard, Vergünstigungen und Disziplinierungen. Zur impliziten Pädagogik des Strafvollzugs. In: neue praxis (2003) 493–500.

Mertens 1998: Mertens, Gerhard, Ehrfurcht vor Natur und Leben. In: Lexikon der Bioethik. Hg. von Wilhelm Korff, Lutwin Beck und Paul Mikat, Gütersloh, 1 (1998) 529–533.

Mette 1993: Mette, Norbert, Kritischer Ansatz der Praktischen Theologie. In: van der Ven, Johannes A./Ziebertz, Hans-Georg (Hg.), Paradigmenentwicklung in der Praktischen Theologie (Theologie und Empirie 13). Kampen-Weinheim 1993, 201–224.

Mette 1994: Mette, Norbert, Theologie lernen. Das Theologiestudium in didaktischer Sicht. In: Concilium 30 (1994) H. 6, 554–562.

Mette 1995: Mette, Norbert, »Diakonia«. In: Lexikon für Theologie und Kirche, Bd. 2 (³1995) 184f.

Mette/Wintels 1999: Mette, Norbert/Wintels, Andreas, Wer die Gefahr nicht sucht ... In: Mette, Norbert/Weckel, Ludger/Wintels, Andreas (Hg.), Brücken und Gräben. Sozialpastorale Impulse und Initiativen im Spannungsfeld von Gemeinde und Politik. Münster 1999, 5–17.

Metz 1980: Metz, Johann Baptist, Glaube in Geschichte und Gesellschaft. Studien zu einer praktischen Fundamentaltheologie. Mainz ³1980.

Metz 1986: Metz, Johann Baptist, Thesen zum theologischen Ort der Befreiungstheologie. In: Ders. (Hg.), Die Theologie der Befreiung. Hoffnung oder Gefahr für die Kirche. Düsseldorf 1986, 147–157.
Metz 1991: Metz, Johann Baptist, Religion, ja – Gott, nein. In: Ders./Peters, Tiemo Rainer, Gottespassion. Zur Ordensexistenz heute. Freiburg i.Br. 1991, 11–62.
Metz 1997: Metz, Johann Baptist, Mit der Autorität der Leidenden. Compassion – Vorschlag zu einem Weltprogramm des Christentums. In: Süddeutsche Zeitung v. 24./25./26.12.1997 (Nr. 296), 57.
Metz/Kuld/Weisbrod 2000: Metz, Johann Baptist/Kuld, Lothar/Weisbrod, Adolf (Hg.), Compassion. Weltprogramm des Christentums. Soziale Verantwortung lernen. Freiburg i.Br. 2000.
Mill 2002: Mill, John Stuart, Der Utilitarismus (Reclams Universal-Bibliothek, Bd. 9821). Stuttgart 2002 (Nachdr. 1785).
Mohrlok u.a. 1993: Mohrlok, Marion/Neubauer, Michaela/Neubauer, Rainer/Schönfelder, Walter, Let's organize. Gemeinwesenarbeit und Community Organization im Vergleich. München 1993.
Moltmann 1997: Moltmann, Jürgen, Die Quelle des Lebens. Der Heilige Geist und die Theologie des Lebens. Gütersloh 1997.
Moltmann 1997: Moltmann, Jürgen, Gott im Projekt der modernen Welt, Beiträge zur öffentlichen Relevanz des Christentums. Stuttgart 1997.
Morche 1996: Morche, Margret (Hg.), Zur Erneuerung des Ständigen Diakonats. Ein Beitrag zur Geschichte unter besonderer Berücksichtigung des Internationalen Diakonatszentrums in seiner Verbindung zum Deutschen Caritasverband. Freiburg i.Br. 1996.
Mühlfeld u.a. 1993: Mühlfeld, Claus/Oppl, Hubert/Weber-Falkenhammer, Hartmut/Wendt, Wolf Rainer (Hg.), Armut (Brennpunkte Sozialer Arbeit). Neuwied 1993.
Mühlum 1996: Mühlum, Albert, Sozialarbeitswissenschaft. Notwendig, möglich und in Umrissen vorhanden. In: Puhl, Ria (Hg.), Sozialarbeitswissenschaft. Neue Chancen für theoriegeleitete Soziale Arbeit. Weinheim 1996, 25–40.
Mühlum 2001: Mühlum, Albert, Sozialarbeit und Sozialpädagogik, Frankfurt/M. ³2001.
Mühlum 2004: Mühlum, Albert (Hg.), Sozialarbeitswissenschaft. Wissenschaft der Sozialen Arbeit. Freiburg i.Br. 2004.
Mühlum/Bartholomeyczik/Göpel 1997: Mühlum, Albert/Bartholomeyczik, Sabine/Göpel, Eberhard, Sozialarbeitswissenschaft, Pflegewissenschaft, Gesundheitswissenschaft. Freiburg i.Br. 1997.
Mührel 2001: Mührel, Eric, Strafvollzug. In: Otto, Hans-Uwe/Tiersch, Hans (Hg.), Handbuch Sozialarbeit/Sozialpädagogik. Neuwied ²2001, 1842–1849.
Müller 1991: Müller, Wolfgang C., Wie Helfen zum Beruf wurde. Eine Methodengeschichte der Sozialarbeit, Bd. 1. Weinheim und Basel ³1991.
Müller 1992: Müller, Wolfgang C., Wie Helfen zum Beruf wurde. Eine Methodengeschichte der Sozialarbeit, Bd. 2. Weinheim und Basel ²1992.
Müller 2000: Müller, Wolfgang C., Gemeinwesenarbeit als Auslaufmodell und Alternative. Ein Ritt durch die Methodengeschichte: von Gemeinwesenarbeit über Case-Management zum Quartiersmanagement. In: Sozialmagazin 25 (2000) 16–20.
Müller 1999: Müller, Klaus, Diakonie im Dialog mit dem Judentum. Eine Studie zu den Grundlagen sozialer Verantwortung im jüdisch-christlichen Gespräch (Veröffentlichungen des Diakoniewissenschaftlichen Instituts, Bd. 11). Heidelberg 1999.

Müller-Geib 2003: Müller-Geib, Werner, Sterblich sein heißt leben! In: Geist und Leben 76 (2003) 103–118.

Münchmeier 1999: Münchmeier, Richard, Zuständig für alles und nichts? Ortsbestimmung für allgemeine Sozialarbeit im Fortbildungsprozess einer westdeutschen Landeskirche. In: Eisert-Bagemihl, Lars/Kleinert, Ulfrid (Hg.), Mandat statt Mission. Soziale Arbeit in Kirchenkreisen (Akzente und Entwicklung sozialer Arbeit in Kirche und Gesellschaft, Bd. 4). Leipzig 1999, 108–121.

Muraro 1993: Muraro, Luisa, Die symbolische Ordnung der Mutter. Frankfurt-New York 1993.

Nacke/Jünemann 2004: Nacke, Bernhard/Jünemann, Elisabeth (Hg.), Der Familie und uns zuliebe. Kriterien für eine neue Familienpolitik. Mainz 2004.

Neugebauer 1997: Neugebauer, Lorenz, Unternehmertum in der Unternehmung. Ein Beitrag zur Intrapreneuship-Diskussion (Organisation und Management, Bd. 11). Göttingen 1997.

Neuhaus 2000: Neuhaus, Agnes, Schriften und Reden. Hrsg. von Maier Hugo/Winkelhausen Ilona (Studien zur Theologie und Praxis der Caritas und Sozialen Pastoral, Bd. 18). Freiburg i.Br. 2000.

Neuhaus 2000a: Neuhaus, Agnes, Fürsorge. In: Diess., Schriften und Reden. Hg. von Maier Hugo/Winkelhausen Ilona (Studien zur Theologie und Praxis der Caritas und Sozialen Pastoral, Bd. 18). Freiburg i.Br. 2000, 162–172.

Nickels 2004: Nickels, Christa, Das Kreuz mit dem Sterben. In: profil: grün. Ausgabe vom 14.5.2004, 14f. (Beilage in: Schrägstrich. Zeitschrift für bündnisgrüne Politik vom 2.6.2004).

Nickolai u.a. 1996: Nickolai, Werner/Kawamura, Gabriele/Krell, Wolfgang/Reindl, Richard (Hg.), Straffällig. Lebenslagen und Lebenshilfen. Freiburg i.Br. 1996.

Nipkow 1978: Nipkow, Karl-Heinz, Die Kirche vor der Sinnfrage in Gesellschaft und Erziehung. In: Kratzert, Hans (Hg.), Leben und Erziehen durch Glauben. Gütersloh 1978, 38–54.

Oelschlägel 1993: Oelschlägel, Dieter, Sich schämen ist nicht genug – Gemeinwesenarbeit im Armutsquartier. In: Mühlfeld, Claus/Oppl, Hubert/Weber-Falkenhammer, Hartmut/Wendt, Wolf Rainer (Hg.), Armut (Brennpunkte Sozialer Arbeit). Neuwied 1993, 60–96.

Oesterreicher 2003: Oesterreicher, Marianne, »Dann lebt man anders ...« Gespräche über letzte und vorletzte Dinge. Freiburg 2003.

Oesterreicher 2004: Oesterreicher, Marianne, Leben über den Tod hinaus. In: Publik-Forum v. 30.1.2004, 26–29.

Ott 2001: Ott, Notburga, Der Erklärungsansatz der Familienökonomik. In: Huinik, Klaus-Peter u.a. (Hg.), Solidarität in Partnerschaft und Familie. Zum Stand familiensoziologischer Theoriebildung. Würzburg 2001, 129–144.

Otto 1997: Otto, Eckart, Die »synthetische Lebensauffassung« in der frühköniglichen Novellistik Israels. In: Zeitschrift für Theologie und Kirche 64 (1977) 371ff.

Otto/Thiersch 2001: Otto, Hans-Uwe/Thiersch, Hans (Hg.), Handbuch der Sozialarbeit/Sozialpädagogik. Neuwied-Kriftel ²2001.

Pastoralkonstitution 1966: Pastoralkonstitution »Die Kirche in der Welt von heute«. In: Rahner, Karl/Vorgrimler Herbert, Kleines Konzilskompendium. Alle Konstitutionen, Dekrete und Erklärungen des Zweiten Vaticanums in der bischöflich beauftragten Übersetzung. Freiburg 1966, 449–552.

Peterander/Speck 1999: Peterander, Franz/Speck, Otto, Qualitätsmanagement in sozialen Einrichtungen. München 1999.

Peukert 1978: Peukert, Helmut, Wissenschaftstheorie – Handlungstheorie – Fundamentale Theologie. Analysen zu Ansatz und Status theologischer Theoriebildung. Frankfurt/M. 1978.

Peukert 1982: Peukert, Helmut, Kontingenzerfahrung und Identitätsfindung. Bemerkungen zu einer Theorie der Religion und Analytik religiös dimensionierter Lernprozesse. In: Blank, Josef/Hasenhüttl, Gotthold, Erfahrung, Glaube und Moral. Düsseldorf 1982, 76–102.

Peukert 2003: Peukert, Helmut, Identität in Solidarität. Reflexionen über die Orientierung humaner Bildungsprozesse und christlicher Praxis. In: Pastoraltheologische Informationen 23 (2003) 101–117.

Piper 1999: Piper, Hans-Christoph, Kranksein – Erleben und Lernen. Göttingen-Zürich 1999.

Pithan/Adam/Kollmann 2002: Pithan, Annebelle/Adam, Gottfried/Kollmann, Roland (Hg.), Handbuch Integrative Religionspädagogik. Gütersloh 2002.

Plattig 2003: Plattig, Michael, Was ist Spiritualität? In: Lewkowicz, Marina/Lob-Hüdepohl, Andreas (Hg.), Spiritualität in der sozialen Arbeit. Freiburg 2003, 12–32.

Pohl-Patalong 2004: Pohl-Patalong, Uta, Kirchliche Strukturen im Plural. Analysen, Visionen und Modelle aus der Praxis. Schenefeld 2004.

Post 2002: Post, Wolfgang, Erziehung im Heim. Perspektiven der Heimerziehung im System der Jugendhilfe. Weinheim-München ^{2}2002.

Pröpper 1988: Pröpper, Thomas, Erlösungsglaube und Freiheitsgeschichte. Eine Skizze zur Soteriologie. München ^{2}1988.

Prüller 2003: Prüller-Jagenteufel, Veronika, Ganz und vollkommen? Oder: fragmentarisch, angewiesen, begrenzt ... Heil zwischen Ideologie, Sehnsucht und Verheißung. Spirituelle und pastorale Aspekte; Vortrag Religionspädagogisches Institut der Diözese Graz-Seckau, 1.9.2003, 2.

Puhl 1996: Puhl, Ria (Hg.), Sozialarbeitswissenschaft. Neue Chancen für theoriegeleitete Soziale Arbeit. Weinheim 1996.

Quaas 2003: Quaas Gesundheitsberufe GmbH (Hg.), Wegweiser Gesundheitsberufe 2003. Frankfurt 2003.

Rahner 1967a: Rahner, Karl, Praktische Theologie und kirchliche Sozialarbeit. In: Ders., Schriften zur Theologie. Bd. 8, Einsiedeln u.a. 1967, 667–688.

Rahner 1967b: Rahner, Karl, Zur Theologie der Hoffnung. In: Ders., Schriften zur Theologie, Bd. 8. Einsiedeln u.a. 1967, 561–579.

Rahner 1968: Rahner, Karl, Weltgeschichte und Heilsgeschichte. In: Ders., Schriften zur Theologie, Bd. 5. Einsiedeln u.a. ^{3}1968, 115–135.

Rahner 1980: Rahner, Karl, Elemente der Spiritualität in der Kirche der Zukunft, in: Ders., Schriften zur Theologie. Bd. 14. Zürich-Einsiedeln-Köln 1980, 368–381.

Rat EKD 1990: Rat der evangelischen Kirche Deutschlands, Strafe: Tor zur Versöhnung? Eine Denkschrift der Evangelischen Kirche in Deutschland zum Strafvollzug. Gütersloh 1990.

Rauchfleisch 1991: Rauchfleisch, Udo, Begleitung und Therapie straffälliger Menschen. Mainz 1991.

Rauschenbach 1994: Rauschenbach, Thomas, Inszenierte Solidarität: Soziale Arbeit in der Risikogesellschaft. In: Beck, Ulrich/Beck-Gernsheim, Elisabeth (Hg.), Riskante Freiheiten. Individualisierung in modernen Gesellschaften. Frankfurt 1994, 89–112.

Rawls 1998: Rawls, John, Eine Theorie der Gerechtigkeit, übersetzt von Hermann Vetter (Suhrkamp-Taschenbuch Wissenschaft, Bd. 271). Frankfurt 1998.

Reiter 2004: Reiter, Johannes, Menschenwürde als Maßstab. In: Aus Politik und Zeitgeschichte (2004) B 23–24, 6–13.

Rerrich 1990: Rerrich, Maria S., Balanceakt Familie. Zwischen alten Leitbildern und neuen Lebensformen. Freiburg ²1990.

Richter 1990: Richter, Klemens (Hg.), Der Umgang mit den Toten. Tod und Bestattung in der christlichen Gemeinde (Quaestiones Disputatae, Bd. 123). Freiburg u.a. 1990.

Riedel-Pfäffin/Strecker 1998: Riedel-Pfäffin, Ursula/Strecker, Julia, Flügel trotz allem. Feministische Seelsorge und Beratung. Konzeptionen, Methoden, Biografien. Gütersloh 1998.

Rieth 1981: Rieth, Eberhard, Suchtprophylaxe und Gesellschaft. Kassel 1981.

Rollny 1986: Rollny, Dietmar, Pastoraler Dienst am straffälligen Menschen (Erfahrung und Theologie, Bd. 12). Frankfurt am Main 1986.

Rössler 1988: Rössler, Dietrich, Krankheit und Gesundheit. In: Wörterbuch des Christentums, hg. von Drehsen, Volker u.a., Düsseldorf 1988, 684–685.

Roth 2003: Roth, Gerhard, Wie alles zu Ende geht. 5. Schuld. In: Süddeutsche Zeitung vom 30. Dezember 2003, 9.

Rottenschlager 1982: Rottenschlager, Karl, Das Ende der Strafanstalt. Menschenrechte für Kriminelle? Wien 1982.

Rottländer 1989: Rottländer, Peter, Dependenztheorie in der Diskussion. Entwicklungstheoretische, politische und theologische Aspekte. In: Eicher, Peter/Mette, Norbert (Hg.), Auf der Seite der Unterdrückten? Theologie der Befreiung im Kontext Europas. Düsseldorf 1989, 112–132.

Rotzetter 1979: Rotzetter, Anton, Seminar Spiritualität, Bd. 1: Geist wird Leib, Zürich-Einsiedeln-Köln 1979.

Rousseau 1969: Rousseau, Jean-Jacques, Emile ou de l'education. In: Ders., Œuvres complètes. Hg. von Gagnebin, Bernard, B. 4, 1969.

Rousseau 1977: Rousseau, Jean-Jacques, Gesellschaftsvertrag oder Grundrechte des Staatsrechts (1762). Stuttgart 1977.

Sachau 1998: Sachau, Rüdiger, Weiterleben nach dem Tod? Warum immer mehr Menschen an Reinkarnation glauben. Gütersloh 1998.

Salomon 1928: Salomon, Alice, Leitfaden der Wohlfahrtspflege. Berlin ³1928.

Sander 2001: Sander, Hans-Joachim, nicht verleugnen. Die befremdende Ohnmacht Jesu. Würzburg 2001.

Schäfer 1991: Schäfer, Gerhard K., Diakonische Predigt. Einführende Überlegungen. In: Ders. (Hg.), Die Menschenfreundlichkeit Gottes bezeugen. Diakonische Predigten von der Alten Kirche bis zum 20. Jahrhundert. Heidelberg 1991, 11–38.

Schaller 1972: Schaller, Lyle E., Kirche und Gemeinwesenarbeit. Gelnhausen-Berlin 1972.

Schenk 1998: Schenk, Richard (Hg.), Kontinuität der Person. Zum Versprechen und Vertrauen (Collegium Philosophicum, Bd. 2), Stuttgart-Bad Canstatt 1998.

Scherer 2002: Scherer, Georg, »Tod VIII. Philosophisch«. In: Theologische Realenzyklopädie, Bd. 33 (2002) 629–635.

Schernus 2000: Schernus, Renate, Lohnt sich das noch, die Arbeit mit schwerstgestörten und dementen alten Menschen? Kriterien für die Verteilung von Ressourcen. In: Wege zum Menschen 52 (2000) 487–501.

Scherr 1997: Scherr, Albert, Subjektorientierte Jugendarbeit. Eine Einführung in die Grundlagen emanzipatorischer Jugendpädagogik. Weinheim-München 1997.

Scherr 2003: Scherr, Albert, Sozialraum und Subjektbildung. Ansatzpunkte zur Überwindung einer Kontroverse. In: deutsche jugend 51 (2003) 308–313.
Schleinzer 1994: Schleinzer, Annette, Die Liebe ist unsere einzige Aufgabe. Das Lebenszeugnis von Madeleine Delbrêl. Ostfildern 1994.
Schmidt 2002: Schmidt, Heinz, Perspektiven diakoniewissenschaftlicher Forschung und Lehre. In: Diakoniewissenschaftliche Perspektiven (DWI-INFO 34). Heidelberg 2002.
SchmidtR 2002: Schmidt, Renate, S.O.S. Familie. Berlin 2002.
Schmitz-Scherzer 1994: Schmitz-Scherzer, Reinhard, Sterben und Tod im Alter. In: Baltes, Paul u.a. (Hg.), Alter und Altern: Ein interdisziplinärer Studientext zur Gerontologie. Berlin-New York 1994, 544–562.
Schneider-Flume 2002: Schneider-Flume, Gunda, Leben ist kostbar. Wider die Tyrannei des gelingenden Lebens. Göttingen 2002.
Schramm 2001: Schramm, Michael, Systemtheorie und Sozialethik. Methodologische Überlegungen zum Ruf nach Verantwortung. In: Merks, Karl-Wilhelm (Hg.), Verantwortung – Ende oder Wandlungen einer Vorstellung? Orte und Funktionen der Ethik in unserer Gesellschaft (Studien der Moraltheologie, Bd. 14). Münster-Hamburg-London 2001, 105–132.
Schröer 1997: Schröer, Hubertus, Unternehmensleitbild. In: Hauser, Albert (Hg.), Managementpraxis. Handbuch soziale Dienstleistungen, Neuwied 1997, 208–225.
Schulte 1997: Schulte, Franz B., Die Offene Tür – eine Option für die anderen. Lern- und Lebensort für eine Kultur des Miteinander. In: Mette, Norbert/Steinkamp, Hermann (Hg.), Anstiftung zur Solidarität. Praktische Beispiele der Sozialpastoral. Mainz 1997, 145–158.
Schulze 1995: Schulze, Gerhard, Kontrapunkt: Armut in der Kultur des Reichtums. In: Hengsbach, Friedhelm/Möhring-Hesse, Matthias (Hg.), Eure Armut kotzt uns an! Solidarität in der Krise. Frankfurt 1995, 53–66.
Schuster 2001: Schuster, Norbert, Theologie der Leitung. Zur Struktur eines Verbundes mehrerer Pfarrgemeinden. Mainz 2001.
Schuster 2003: Schuster, Norbert, Der Zusammenhang von Profession und Person als Problem kirchlicher Mitarbeiterinnen und Mitarbeiter. Anmerkungen praktisch-theologischer Berufstheorie zu einer notwendigen Begriffsklärung. In: Lebendige Seelsorge 54 (2003), 142–147.
Schweitzer 1994: Schweitzer, Albert, Wie wir überleben können. Eine Ethik für die Zukunft. Hg. von Harald Schützeichel. Freiburg i.Br.-Basel-Wien 1994.
Schwendtke 1995: Schwendtke, Arnold (Hg.), Wörterbuch der Sozialarbeit und Sozialpädagogik. Heidelberg-Wiesbaden ⁴1995.
Seckler 1991: Seckler, Max, Kann und soll Theologie Wissenschaft sein? In: Theologische Quartalsschrift 171 (1991) 241–246.
Seibert 1985: Seibert, Horst, Diakonie – Hilfehandeln Jesu und soziale Arbeit des Diakonischen Werkes. Gütersloh ²1985.
Seitz 1993: Seitz, Dieter, »Per Order de Mufti läuft nichts«. Betriebliche Gestaltungsprozesse als Problem sozialer Steuerung. Berlin 1993.
Sekretariat der DBK 1984: Sekretariat der Deutschen Bischofskonferenz (Hg.), Aufgaben und Entwicklung der Katholischen Fachhochschulen. Empfehlungen der Arbeitsgemeinschaft der Träger und der Rektoren/Präsidenten Katholischer Fachhochschulen (Arbeitshilfen, Bd. 34). Bonn 1984.
Sekretariat der DBK 1991: Sekretariat der Deutschen Bischofskonferenz (Hg.), Leitlinien

zur Jugendpastoral, 20.9.1991 (Die deutschen Bischöfe, Pastoral-Kommission 10). Bonn 1991.

Sidler 1974: Sidler, Nikolaus, Spezifische Konfliktfelder der Gemeinwesenarbeit in und mit Kirchengemeinden. Ansätze einer soziologischen Betrachtung. In: Dennig, Walter/Kramer, Hannes (Hg.), Gemeinwesenarbeiter in christlichen Gemeinden. Berichte – Analysen – Folgerungen. Freiburg i.Br.-Gelnhausen-Berlin 1974, 121–128.

Sidler 2004: Sidler, Nikolaus, Sinn und Nutzen einer Sozialarbeitswissenschaft. Eine Streitschrift. Freiburg i.Br. 2004.

Singer 1999: Singer, Peter, Praktische Ethik (Reclams Universal-Bibliothek, Bd. 8033). Stuttgart ^{2}1999.

Shklar 1997: Shklar, Judith N., Über Ungerechtigkeit. Erkundungen zu einem moralischen Gefühl. Frankfurt/M. 1997.

Sölle 1993: Sölle, Dorothee, Leiden. Stuttgart–Berlin 1973.

Sölle 1997: Sölle, Dorothee, Mystik und Widerstand. »Du stilles Geschrei«. Hamburg ^{2}1997.

Sozialwiss. Institut 2001: Sozialwissenschaftliches Institut der EKD/Wissenschaftliche Arbeitsstelle im Nell-Breuning-Haus (Hg.), Kirche im Betrieb praktisch. Informationen, Impulse, Materialien. Bochum-Herzogenrath 2001.

Spaemann 1998: Spaemann, Robert, Person und Versprechen. Einführung. In: Schenk, Richard (Hg.), Kontinuität der Person. Zum Versprechen und Vertrauen (Collegium Philosophicum, Bd. 2). Stuttgart-Bad Cannstatt 1998.

Specht 1990: Specht, Thomas, Spaltung im Wohnungsmarkt – die unsichtbare Armut des Wohnens. In: Döring, Dieter/Hanesch, Walter/Huster, Ernst-Ulrich (Hg.), Armut im Wohlstand. Frankfurt 1990, 227–243.

Speck 1997: Speck, Otto, Menschen mit geistiger Behinderung und ihre Erziehung. München ^{8}1997.

Stadler 1999: Stadler, Arnold, »Die Menschen lügen. Alle.« Und andere Psalmen. Aus dem Hebräischen übertragen und mit einem Nachwort versehen von Arnold Stadler. Frankfurt/M.-Leipzig ^{4}1999.

Stark 2000: Stark, Rodney, Die Religiosität der Deutschen und der Deutschamerikaner. In: Gerhards, Jürgen (Hg.), Die Vermessung kultureller Unterschiede. USA und Deutschland im Vergleich. Wiesbaden 2000, 111–125.

Starnitzke 1996: Starnitzke, Dierk, Diakonie als soziales System. Eine theologische Grundlegung diakonischer Praxis in Auseinandersetzung mit Niklas Luhmann. Stuttgart-Berlin-Köln 1996.

Stat. Bundesamt 2004: Statistisches Bundesamt (Hg.), Datenreport 2004. Zahlen und Fakten über die Bundesrepublik Deutschland. Meckenheim 2004.

Staub-Bernasconi 1991: Staub-Bernasconi, Silvia, Das Selbstverständnis Sozialer Arbeit in Europa: frei von Zukunft voll von Sorgen? In: Sozialarbeit 23 (1991) 2–32.

Staub-Bernasconi 1995: Staub-Bernasconi, Silvia, Das fachliche Selbstverständnis sozialer Arbeit – Wege aus der Bescheidenheit. Soziale Arbeit als »Human Rights Profession«. In: Wendt, Wolf Rainer (Hg.), Soziale Arbeit im Wandel ihres Selbstverständnisses. Beruf und Identität. Freiburg i.Br. 1995, 57–80.

Staub-Bernasconi 1997: Staub-Bernasconi, Silvia, Soziale Arbeit als Menschenrechtsprofession. In: Hochsträsser, Fritz (Hg.), Die Fachhochschule für Soziale Arbeit. Bern 1997, 313–340.

Staub-Bernasconi 1998: Staub-Bernasconi, Silvia, Soziale Probleme – soziale Berufe –

soziale Praxis. In: Heiner, Maja/Meinhold, Marianne/Spiegel, Hiltrud von/Staub-Bernasconi, Silvia, Methodisches Handeln in der Sozialen Arbeit. Freiburg i.Br. 1998, 11–137.
Staub-Bernasconi 2003: Staub-Bernasconi, Silvia, Master of Social Work – Soziale Arbeit als (eine) Menschenrechtsprofession. Berlin 2003. In: http://www.humanrights.ch/aktuell/pdf/030122_berlin.pdf [7.8.2003].
Steffensky 1987: Steffensky, Fulbert, Feier des Lebens. Spiritualität im Alltag. Stuttgart ³1987.
Steiner 1993: Steiner, Rudolf, Das Geschehen nach dem Tod. In: Ruprecht, Erich und Annemarie, Tod und Unsterblichkeit. Texte aus Philosophie, Theologie und Dichtung vom Mittelalter bis zur Gegenwart. Band III: Vom Realismus bis zur Gegenwart. Stuttgart 1993, 289–299.
Steinhauser 1994: Steinhauser, Werner, Geschichte der Sozialarbeiterausbildung. Wien 1994.
Steinkamp 1983: Steinkamp, Hermann, Zum Verhältnis von praktischer Theologie und Sozialwissenschaften. In: Mette, Norbert/Ders., Sozialwissenschaften und praktische Theologie. Düsseldorf 1983, 164–176.
Steinkamp 1985: Steinkamp, Hermann, Diakonie – Kennzeichen der Gemeinde. Entwurf einer praktisch-theologischen Theorie. Freiburg 1985.
Steinkamp 1986: Steinkamp, Hermann, Subjekte oder Sorgenkinder? Kirchliche Jugendarbeit in der Bundesrepublik Deutschland im Spiegel des Dokuments »Jugend, Kirche und Veränderung« des lateinamerikanischen Bischofsrats. In: Katechetische Blätter 111 (1986) 656–663.
Steinkamp 1991: Steinkamp, Hermann, Sozialpastoral. Freiburg 1991.
Steinkamp 1994: Steinkamp, Hermann, Solidarität und Parteilichkeit. Für eine neue Praxis in Kirche und Gemeinde. Mainz 1994.
Steinkamp 1999a: Steinkamp, Hermann, Von der Caritas zur politischen Diakonie: Gemeinden werden politisch. In: Mette, Norbert/Weckel, Ludger/Wintels, Andreas (Hg.), Brücken und Gräben. Sozialpastorale Impulse und Initiativen im Spannungsfeld von Gemeinde und Politik. Münster 1999, 170–190.
Steinkamp 1999b: Steinkamp, Hermann, Die sanfte Macht der Hirten. Die Bedeutung Michel Foucaults für die Praktische Theologie. Mainz 1999.
Streitgespräch 2004: »Ist die Theologie am Ende?« Publik-Forum-Streitgespräch zwischen Gotthard Fuchs und Peter Rosien. In: Publik-Forum (2004) H. 15, 46–49.
Stubbe 1978: Stubbe, Ellen, Seelsorge im Strafvollzug. Historische, psychoanalytische und theologische Ansätze (Arbeiten zur Pastoraltheologie, Bd. 15). Göttingen 1978.
Tafferner 2003: Tafferner, Andrea, Bilder vom Menschsein – Bilder des Helfens. Ein theologisch-anthropologischer Beitrag zum Verhältnis von Spiritualität und Sozialer Arbeit. In: Lewkowicz, Marina/Lob-Hüdepohl, Andreas (Hg.), Spiritualität in der sozialen Arbeit. Freiburg 2003, 87–101.
Tafferner 2004: Tafferner, Andrea, Spiritualität als Ressource im sozialarbeiterischen und heilpädagogischen Hilfeprozess. In: Jahrbuch der Katholischen Fachhochschule Nordrhein-Westfalen 2004 – Jahrbuch für Sozialwesen, Gesundheitswesen und Theologie, hg. von der KFH NW. Münster 2004, 148–165.
Theißen 1977: Theißen, Gerd, Soziologie der Jesusbewegung. Ein Beitrag zur Entstehungsgeschichte des Urchristentums (Theologische Existenz heute, Bd. 194). München 1977.

Theunissen 1991: Theunissen, Michael, Negative Theologie der Zeit. Frankfurt am Main 1991.
Theunissen 1997: Theunissen, Georg, Pädagogik bei geistiger Behinderung und Verhaltensauffälligkeiten. Bad Heilbrunn ²1997.
Theunissen 2000: Theunissen, Georg, Pädagogik bei geistiger Behinderung und Verhaltensauffälligkeiten: ein Kompendium für die Praxis. Bad Heilbrunn ³2000.
Theunissen/Plaute 2002: Theunissen, Georg/Plaute, Wolfgang, Handbuch Empowerment und Heilpädagogik. Freiburg i.Br. 2002.
Thien 1998: Thien, Ulrich, Wohnungsnot im Reichtum. Das Menschenrecht auf Wohnung in der Sozialpastoral. Mainz 1998.
Thole 2002: Thole, Werner (Hg.), Grundriss Soziale Arbeit. Ein einführendes Handbuch. Opladen 2002.
Tondeur 1997: Tondeur, Edmond, Menschen in Organisationen. Mit-Teilungen eines Organisationsberaters. Bern-Stuttgart-Wien 1997.
Turner 2000: Turner, Victor, Das Ritual. Struktur und Anti-Struktur. Frankfurt-New York 2000.
Van Gennep 1999: Van Gennep, Arnold, Übergangsriten (Les rites de passage). Frankfurt-New York 1999.
Vanier 1995: Vanier, Jean, Geleitwort. In: Cassidy, Sheila, Die Dunkelheit teilen. Spiritualität und Praxis der Sterbebegleitung. Freiburg i.Br. 1995, 9–12.
Vanier 2001: Vanier, Jean, Einfach Mensch sein. Wege zu erfülltem Leben. Freiburg i.Br. 2001.
Verantwortung wahrnehmen für die Schöpfung 1985: Verantwortung wahrnehmen für die Schöpfung. Gemeinsame Erklärung des Rates der Evangelischen Kirche in Deutschland und der Deutschen Bischofskonferenz, hg. vom Kirchenamt der Evangelischen Kirche in Deutschland und dem Sekretariat der Deutschen Bischofskonferenz. Gütersloh 1985.
Verband 1995: Verband Katholischer Einrichtungen der Heim- und Heilpädagogik (Hg.), Heimerziehung als Dienst der Kirche (Beiträge zur Erziehungshilfe, Bd. 11). Freiburg i.Br. 1995.
Verband 1998: Verband Katholischer Einrichtungen der Heim- und Heilpädagogik (Hg.), Leben lernen. Erzieherische Hilfen gestalten und sichern (Beiträge zur Erziehungshilfe, Bd. 17). Freiburg i.Br. 1998.
Vereinte Nationen u.a. 2000: Vereinte Nationen – Zentrum für Menschenrechte/Internationaler Verband der SozialarbeiterInnen (IFSW)/Internationale Vereinigung der Ausbildungsstätten für Soziale Arbeit (IASSW), Menschenrechte und Soziale Arbeit. Ein Handbuch für Ausbildungsstätten der Sozialen Arbeit und für den Sozialarbeitsberuf (Soziale Arbeit – Arbeitsmaterialien 1/1997, hg. vom Fachbereich Sozialwesen der Fachhochschule Ravensburg-Weingarten. Hochschule für Technik und Sozialwesen). Weingarten ⁴2000.
Vereinte Nationen/IFSW/IASSW 1992: Vereinte Nationen – Zentrum für Menschenrechte/Internationaler Verband der SozialarbeiterInnen (IFSW)/Internationale Vereinigung der Ausbildungsstätten für Soziale Arbeit (IASSW), Menschenrechte und Soziale Arbeit. Ein Handbuch für Ausbildungsstätten der Sozialen Arbeit und für den Sozialarbeitsberuf. Zit. nach: Soziale Arbeit – Arbeitsmaterialien (1997) H. 1 (Aufl. ⁵2002) aus dem Fachbereich Sozialwesen der Fachhochschule Ravensburg-Weingarten.

Verweyen 2000: Verweyen, Hansjürgen, »Sinn II: Fundamentaltheologisch«. In: Lexikon für Theologie und Kirche, Bd. 9 (^{3}2000) 621f.
Vinzenz von Paul 1980: Paul, Vinzenz von, Worte des Erbarmens, Freiburg 1980.
Völkl 1987: Völkl, Richard, Nächstenliebe – die Summe der christlichen Religion. Beiträge zu Theologie und Praxis der Caritas. Ausgewählt und eingeleitet von Michael Manderscheid. Freiburg i.Br. 1987.
Von Schubert 2003: von Schubert, Britta, Soziales Lernen/Diakonisches Lernen. Ein Weg zur diakonischen Gemeindeentwicklung. In: Götzelmann, Arnd (Hg.), Diakonische Kirche. Anstöße zur Gemeindeentwicklung und Kirchenreform. Festschrift für Theodor Strohm zum 70. Geburtstag. Heidelberg 2003, 180–191.
Vorgrimler 2000: Vorgrimler, Herbert, Neues Theologisches Wörterbuch. Freiburg i.Br.-Basel-Wien 2000.
Waldenfels 2002: Waldenfels, Hans, Weg in die Mitte. Spiritualität in nichtchristlichen Religionen. In: Hauptabteilung Schule/Hochschule des Erzbischöflichen Generalvikariates Köln (Hg.), Weltgeistlich. Dokumentation der Pädagogischen Woche 2002. Köln 2002, 23–39.
Wanke 1982: Wanke, Klaus, Sucht und Abhängigkeit. In: Gesamtverband für Suchtkrankenhilfe im Diakonischen Werk der EKD (Hg.), Gesamtkonzeption der Suchtkrankenhilfe der Diakonie 1. Grundsatzbeiträge. Kassel 1982, 33–40.
Weber o.J.: Weber, Monika, Kirche und (Fach-)Hochschule. In: Evangelische Fachhochschule für Sozialwesen Ludwigshafen (Hg.), Zwanzig Jahre Evangelische Fachhochschule für Sozialwesen Ludwigshafen. Oktober 1991. Ludwigshafen-Speyer o.J., 56–60.
Weil 1998: Weil, Simone: Zeugnis für das Gute. Spiritualität einer Philosophin. Übersetzt und hg. v. Friedhelm Kemp. Zürich und Düsseldorf 1998.
Weinberger 2000: Weinberger, Sabine, Klientenzentrierte Gesprächsführung. Eine Lern- und Praxisanleitung für helfende Berufe. Weinheim-Basel ^{19}2000.
Weismayer 1983: Weismayer, Josef, Leben in Fülle. Zur Geschichte und Theologie christlicher Spiritualität. Innsbruck-Wien 1983.
Werthmann 1910: Werthmann, Lorenz, Die Organisation der katholischen Caritas. Rede des Prälaten L. Werthmann, Vorsitzenden des Caritasverbandes für das katholische Deutschland, in der Versammlung des Breslauer Caritasverbandes am 16. Januar 1910. Breslau o.J., 1–8. (hier zitiert nach einer Kopie des Originalmanuskripts, 11 S.).
Wesenick 1999: Wesenick, Ulrich, Die Kirchenkreissozialarbeit in der Evangelisch-Lutherischen Landeskirche Hannovers mit ihren konzeptionellen Grundlagen. In: Eisert-Bagemihl, Lars/Kleinert, Ulfrid (Hg.), Mandat statt Mission. Soziale Arbeit in Kirchenkreisen (Akzente und Entwicklung sozialer Arbeit in Kirche und Gesellschaft, Bd. 4). Leipzig 1999, 150–156.
Wettreck 2001: Wettreck, Rainer, »Am Bett ist alles anders« – Perspektiven professioneller Pflegeethik (Ethik in der Praxis/Practical Ethics; Kontroversen/Controversies, Bd. 6). Münster 2001.
Weyerer 2003: Weyerer, Siegfried, Sucht im Alter. In: SuchtMagazin 29 (2003) 4; zit. nach: www.suchtmagazin.ch/text4-03.html.
Wiedenhofer 1999: Wiedenhofer, Siegfried, Theologie als Wissenschaft. In: Franz, Albert (Hg.), Bindung an die Kirche oder Autonomie. Theologie im gesellschaftlichen Diskurs (Quaestiones Disputatae, Bd. 173). Freiburg i.Br. 1999, 90–124.
Wiesehöfer 1989: Wiesehöfer, Hubert, Der lebensweltliche Ansatz in der sozialen Arbeit

mit Klienten. In: Hannes Kramer/Ulrich Thien (Hg.), Gemeinde und Soziale Brennpunktarbeit. Soziotop von Not und Hoffnung. Freiburg i.Br. 1989, 176–183.

Wiesnet 1980: Wiesnet, Eugen, Die verratene Versöhnung. Zum Verhältnis von Christentum und Strafe. Düsseldorf 1980.

Willi 2002: Willi, Jürg, Psychologie der Liebe. Persönliche Entwicklung durch Partnerbeziehung. Stuttgart ²2002.

Willke 1999: Willke, Helmut, Systemtheorie II: Interventionstheorie. Grundzüge einer Intervention in komplexe Systeme. Stuttgart ³1999.

Willke 2001: Willke, Helmut, Systemtheorie III: Steuerungstheorie. Grundzüge der Theorie der Steuerung komplexer Sozialsysteme. Stuttgart ³2001.

Windolph 1997: Windolph, Joachim, Engagierte Gemeindepraxis. Lernwege von der versorgten zur mitsorgenden Gemeinde. Stuttgart 1997.

Wingen 1997: Wingen, Max, Familienpolitik. Grundlagen und aktuelle Probleme. Bonn 1997.

Wingen 2003: Wingen, Max, Demographie. Warum die Zeit drängt. Plädoyer für eine Enttabuisierung einer Geburtenförderpolitik. In: Herder Korrespondenz 57 (2003) 456–462.

Winkler 1995: Winkler, Günther, Zeit und Recht. Wien 1995.

Wiss. Arbeitsstelle 2004: Wissenschaftliche Arbeitsstelle des Oswald-von-Nell-Breuning-Hauses (Hg.), Gerechtigkeit für Anfänger (Jahrbuch für Arbeit und Menschenwürde, Bd. 5). Münster 2004.

Wiswede 1995: Wiswede, Günter: Führungsrollen. In: Kieser, Alfred/Reber, Gerhard/Wunderer, Rolf (Hg.), Handwörterbuch der Führung. (Enzyklopädie der Betriebswirtschaftslehre, Bd. 10) Stuttgart ²1995, 826–839.

Wollasch 2001: Wollasch, Ursula, Ergebnissicherung: Die christliche Qualität moderner Diakonie. In: Bopp, Karl/Neuhauser, Peter (Hg.), Theologie der Qualität – Qualität der Theologie. Theorie-Praxis-Dialog über die christliche Qualität moderner Diakonie. Freiburg i.Br. 2001, 292–303.

ZdK 1995: Zentralkomitee der deutschen Katholiken, Barmherzigkeit. Eine neue Sichtweise zu einem vergessenen Aspekt der Diakonie (ZdK Dokumentationen). Bonn 1995.

Zehentbauer 2001: Zehentbauer, Josef, Körpereigene Drogen. Düsseldorf 2001.

Zenger 2004: Zenger, Erich, Kommentar zu Genesis 1–9. In: Ders. (Hg.), Stuttgarter Altes Testament. Einheitsübersetzung mit Kommentar und Lexikon. Stuttgart 2004, 15–32.

Zerfaß 1992: Zerfaß, Rolf, Lebensnerv Caritas. Helfer brauchen Rückhalt. Freiburg i.Br. 1992.

Zerfaß 1994: Zerfaß, Rolf, Kirche und Katholizismus in der Bundesrepublik Deutschland. In: Konferenz der bayerischen Pastoraltheologen (Hg.), Das Handeln der Kirche in der Welt von heute. Ein pastoraltheologischer Grundriss. München 1994, 51–89.

Zerfaß 1996: Zerfaß, Rolf, Die Caritas unter dem Druck des Marktes – eine Chance zur Inkulturation des Evangeliums in unsere Gesellschaft? In: Öhlschläger, Rainer/Brüll, Hans-Martin (Hg.), Unternehmen Barmherzigkeit. Identität und Wandel sozialer Dienstleistung. Rahmenbedingungen – Perspektiven – Praxisbeispiele. Baden-Baden 1996, 9-24.

Zerfaß 1998: Zerfaß, Rolf, Mitarbeiterinnen und Mitarbeiter im kirchlichen Dienst – ein Qualitätsmerkmal für Heimerziehung. In: Verband Katholischer Einrichtungen der Heim- und Heilpädagogik, Leben lernen. Erzieherische Hilfen gestalten und sichern (Beiträge zur Erziehungshilfe, Bd. 17). Freiburg i.Br. 1998, 19–36.

Ziele und Aufgaben 1976: Ziele und Aufgaben kirchlicher Jugendarbeit. Beschluss der Gemeinsamen Synode von 1975. In: Bertsch, Ludwig u.a. (Hg.), Gemeinsame Synode der Bistümer in der Bundesrepublik Deutschland. Beschlüsse der Vollversammlung. Offizielle Gesamtausgabe I. Freiburg-Basel-Wien 1976, 288–311.

Zitt 1997: Zitt, Renate, Zwischen Innerer Mission und staatlicher Sozialreform. Der protestantische Sozialreformer Theodor Lohmann (1831–1905). Eine Studie zum sozialen Protestantismus im 19. Jahrhundert. Heidelberg 1997.

Das Gedicht von Paul Celan S. 49 wurde mit freundlicher Genehmigung des Suhrkamp Verlags entnommen aus: Paul Celan, Gedichte, Band 2, Frankfurt/Main, © Suhrkamp Verlag 1975, S. 326

Autorenverzeichnis

Bohlen, Stephanie, Prof. Dr. theol. habil., geb. 1961; Professorin für theologisch-philosophische Anthropologie unter besonderer Berücksichtigung von ethischen Fragen der angewandten Sozialwissenschaften an der Katholischen Fachhochschule Freiburg; Privatdozentin an der Universität Freiburg.

Deisenberger, Hermann, Dr. theol., geb. 1956; Referent für Gefangenenpastoral der Diözese Linz.

Ebertz, Michael N., Prof. Dr. rer. soc., Dr. theol., geb. 1953; Professor für Sozialpolitik, Freie Wohlfahrtspflege und kirchliche Sozialarbeit an der Katholischen Fachhochschule Freiburg; Privatdozent an der Universität Konstanz.

Engelke, Ernst, Prof. Dr. theol., Diplom-Psychologe, geb. 1941; Professor für Soziale Arbeit an der Fachhochschule Würzburg-Schweinfurt, Abteilung Würzburg.

Evers, Ralf, Prof. Dr. theol., geb. 1965; Professor für Praktische Theologie an und Rektor der Evangelischen Hochschule für Soziale Arbeit Dresden.

Götzelmann, Arnd, Prof. Dr. theol. habil., geb. 1961; Professor für Diakonik, Ethik und Sozialpolitik an der Evangelischen Fachhochschule Ludwigshafen; Privatdozent für Praktische Theologie an der Augustana-Hochschule Neuendettelsau.

Gruber, Hans-Günter, Prof. Dr. theol. habil., geb. 1957; Professor für Katholische Theologie in der Sozialen Arbeit an der Katholischen Stiftungsfachhochschule München; Ehe- und Familienberater in der Erzdiözese München und Freising.

Heusler, Erika, Prof. Dr. theol., geb. 1960; Professorin für Biblische Theologie, Alt- und Neutestamentliche Exegese für den Studiengang Religionspädagogik, Lehre der Bioethik und der Pflegeethik für die Studiengänge Pflegemanagement und Pflegepädagogik an der Katholischen Fachhochschule Freiburg.

Hobelsberger, Hans, Dr. theol., geb. 1960; Referent für Jugendpastorale Bildung der Arbeitsstelle für Jugendseelsorge der Deutschen Bischofskonferenz (afj) in Düsseldorf, Lehrbeauftragter am Aufbaustudiengang Caritaswissenschaft der Theologischen Fakultät Paderborn.

Jünemann, Elisabeth, Prof. Dr. theol.; Professorin für Theologie, besonders Theologische Anthropologie und Ethik, im Fachbereich Sozialwesen der Katholischen Fachhochschule Nordrhein-Westfalen, Abteilung Paderborn.

Kleinert, Ulfrid, Prof., geb. 1941; Professor für Diakoniewissenschaft an der Evangelischen Hochschule für Soziale Arbeit in Dresden.

Körber, Manfred, Dr. phil., geb. 1962; Leiter der Abteilung Grundfragen und -aufgaben der Pastoral im Bistum Aachen, langjährige Tätigkeit in der Arbeiter- und Betriebsseelsorge.

Krockauer, Rainer, Prof. Dr. theol., geb. 1958; Professor für das Lehrgebiet Theologie, insbesondere Anthropologie, Ethik, Soziallehre, in den Studiengängen des Fachbereichs Sozialwesen der Katholischen Fachhochschule Nordrhein-Westfalen, Abteilung Aachen.

Kuhnke, Ulrich, Prof. Dr. phil., Dipl.-Theol., geb. 1960; Professor für Praktische Theologie und Ethik an der Fakultät für Wirtschafts- und Sozialwissenschaften der Fachhochschule Osnabrück.

Lechner, Martin, Prof. Dr. theol. habil., Dipl. Soz. päd. (FH), geb. 1951; Professor für Jugendpastoral an der Philosophisch-Theologischen Hochschule der Salesianer Don Boscos Benediktbeuern.
Lehner, Markus, Prof. Dr. theol. habil., geb. 1957; Direktor des Instituts für Caritaswissenschaft und Honorarprofessor für Pastoraltheologie mit Schwerpunkt Caritaswissenschaft an der Katholisch-Theologischen Privatuniversität Linz; Leiter des Fachhochschulstudiengangs Sozialmanagement an der FH Linz.
Liedke, Ulf, Prof. Dr. theol., geb. 1961; Professor für Theologische Ethik und Diakoniewissenschaft an der Evangelischen Hochschule für Soziale Arbeit in Dresden.
Lienkamp, Andreas, Prof. Dr. theol., geb. 1962; Professor für Theologisch-ethische Grundlagen Sozialer Arbeit an der Katholischen Hochschule für Sozialwesen (KHSB) Berlin.
Lob-Hüdepohl, Andreas, Prof. Dr. theol., geb. 1961; Professor für Theologische Ethik an und Rektor der Katholischen Hochschule für Sozialwesen Berlin.
Manderscheid Michael, Dipl.-Theol., Direktor, geb. 1946; Leiter und Dozent der Fortbildungs-Akademie des Deutschen Caritasverbandes e.V. in Freiburg i.Br.
Marquard, Reiner, Prof. Dr. theol., geb. 1949; Professor an der Evangelischen Fachhochschule Freiburg (Homiletik/Liturgik und Anthropologie/Sozialethik); Landeskirchlicher Beauftragter für den Prädikantendienst; Leiter des Landeskirchlichen Fortbildungszentrums der Evangelischen Landeskirche in Baden (Freiburg).
Müller-Geib, Werner, Prof. Dr. theol., geb. 1956; Professor i.K. für Liturgiewissenschaft, Homiletik und Lehre vom Geistlichen Leben im Fachbereich Praktische Theologie der Katholischen Fachhochschule Mainz.
Orth, Peter, Prof., geb. 1954; Professor für Religionspädagogik im Fachbereich Praktische Theologie der Katholischen Fachhochschule Mainz.
Rethmann, Albert-Peter, Prof. Dr. theol., geb. 1960; Professor für Theologische Ethik und Leiter des Zentrums für Migrationsstudien an der Katholisch-Theologischen Fakultät der Karls-Universität in Prag.
Schuster, Norbert, Prof. Dr. theol. habil., geb. 1958; Professor für Pastoraltheologie an der Katholischen Fachhochschule Mainz, lehrt dort in den Fachbereichen Praktische Theologie, Soziale Arbeit und Pflege und Gesundheit, Schwerpunkte u.a.: Organisations- und Professionssoziologie.
Seibert, Horst, Prof. Dr. theol. habil., geb. 1942; em. Professor für Diakoniewissenschaft, Pfarrer, Dipl.-Soz. arb.; Lehrbeauftragter an der Evangelischen Fachhochschule Darmstadt, Gastprofessor an der Theologischen Hochschule Friedensau, Privatdozent für Praktische Theologie an der Johann-Wolfgang-Goethe-Universität Frankfurt/M.
Tafferner, Andrea, Prof. Dr. theol., geb. 1961; Professorin für Theologie im Fachbereich Sozialwesen der Katholischen Fachhochschule Nordrhein-Westfalen, Abteilung Münster.
Thien, Ulrich, Dr. phil., Dipl.-Theol., Dipl.-Soz. arb., geb. 1950; Supervisor, Leiter des Referates Soziale Arbeit im Caritasverband für die Diözese Münster.
Vondrasek, Bernhard, Dr. theol., Dipl.-Soz. päd.(FH), geb. 1971; Geschäftsführer des Instituts für Caritaswissenschaft an der Katholisch-Theologischen Privatuniversität Linz; Ordenspriester der Kongregation der Salesianer Don Boscos.
Wachinger, Barbara, Dipl.-Theol., Dr. theol., geb. 1937; von 1971 bis 2002 Professorin für Theologie an der Katholischen Stiftungsfachhochschule München.
Wiesehöfer, Hubert, geb. 1933, Abschluss der Ausbildung zum Sozialarbeiter 1958; bis 1998 stellvertretender Geschäftsführer des Diözesan-Caritasverbandes Aachen; seit

1976 Supervisor und Lehrbeauftragter an der Kath. Fachhochschule NW, Abteilung Aachen.

Windolph, Joachim, Prof. Dr. theol., geb. 1960; Professor für Theologie im Fachbereich Sozialwesen der Katholischen Fachhochschule Nordrhein-Westfalen, Abteilung Köln; Kath. Pfarrer im Dormagener Jugendhilfezentrum Raphaelshaus.

Wustmans, Hildegard, Dr. theol., geb. 1963; Abteilungsleiterin im Dezernat Jugend des Bistums Limburg.

Zitt, Renate, Prof. Dr. theol., geb. 1964; Professorin für Religionspädagogik/Gemeindepädagogik in Verbindung mit Sozialarbeit/Sozialpädagogik an der Evangelischen Fachhochschule Darmstadt.

Helfen lernen

Barbara Mettler-v.Meibom
WERTSCHÄTZUNG
Wege zum Frieden mit der inneren und
äußeren Natur
240 Seiten. Gebunden mit
Schutzumschlag
ISBN-10: 3-466-30710-4
ISBN-13: 978-3-466-30710-4

Menschen beklagen heute allerorten einen Mangel an Wertschätzung. Mangelt es an dieser elementaren Kraft, treten unheilsame Blockaden auf: sich selbst, anderen und der natürlichen Mitwelt gegenüber.
Die Kommunikationswissenschaftlerin Barbara Mettler-v.Meibom zeigt, wie wir eine der größten Herausforderungen der Gegenwart annehmen können: zu einer anderen Art des Miteinanders zu kommen.

Traumatisierte Kinder heilen – das bedeutet, Wunden zu verbinden, die von außen niemand sieht.
Peter A. Levine zeigt, dass Kinder belastende Erlebnisse verarbeiten können, wenn sie von Erwachsenen liebevoll unterstützt werden. Schritt für Schritt beschreibt er:
- Was ist ein Trauma? • Wodurch kann es ausgelöst werden? • Welche erkennbaren Symptome gibt es?
- Wie kann man traumatisierten Kindern helfen?

Peter A. Levine, Maggie Kline
VERWUNDETE KINDERSEELEN HEILEN
Wie Kinder und Jugendliche traumatische
Erlebnisse überwinden können
304 Seiten. Gebunden mit Schutzumschlag
ISBN-10: 3-466-30684-1
ISBN-13: 978-3-466-30684-8

Kompetent & lebendig
PSYCHOLOGIE & LEBENSHILFE

Kösel-Verlag, München, e-mail: info@koesel.de
Besuchen Sie uns im Internet: www.koesel.de

Grundwissen kompakt

NEUES HANDBUCH RELIGIONSPÄDAGOGISCHER GRUNDBEGRIFFE
Hg. von Gottfried Bitter, Rudolf Engert,
Gabriele Miller, Karl Ernst Nipkow
566 Seiten. Gebunden
ISBN-10: 3-466-36598-8
ISBN-13: 978-3-466-36598-2

Auch als kartonierte Studienausgabe lieferbar:
ISBN-10: 3-466-36597-X
ISBN-13: 978-3-466-36597-5

»Beeindruckend, wie konsequent die Konzeption sichtbar macht, was sich die Religionspädagogik in den vergangenen Jahrzehnten erarbeitet hat, was sie umtreibt und antreibt: ihre Eingebundenheit in gesamtgesellschaftliche Rahmenbedingungen, ihre konstitutive Subjektorientierung, ihr konfessorischer Charakter, aber auch ihre fundamental ökumenische Ausrichtung.«
Rita Burrichter, Professorin für Praktische Theologie an der Universität Paderborn

»Das Neue Handbuch theologischer Grundbegriffe ist das groß angelegte Experiment, das Gedächtnis des religiösen Denkens mit der Kraft humaner Phantasie zu verbinden.«
Peter Eicher, Professor für Systematische Theologie an der Universität Paderborn

NEUES HANDBUCH THEOLOGISCHER GRUNDBEGRIFFE
Neuausgabe 2005. Hg. von Peter Eicher
4 Bände im Schuber.
Gesamtumfang 2112 S. Gebunden.
ISBN-10: 3-466-20456-9
ISBN-13: 978-3-466-20456-4

Kompetent & lebendig
SPIRITUALITÄT & RELIGION

Kösel-Verlag, München, e-mail: info@koesel.de
Besuchen Sie uns im Internet: www.koesel.de

Christliche Ethik – praktisch

Stephan Ernst, Ägidius Engel
SOZIALETHIK KONKRET
Werkbuch für Schule, Gemeinde und Erwachsenenbildung
256 Seiten. Mit zahlr. Abb. Kartoniert
ISBN-10: 3-466-36704-2
ISBN-13: 978-3-466-36704-7

Aktuelle gesellschaftliche Fragen und sozialethische Konfliktfelder, die im Religions- und Ethikunterricht, in der Bildungs- und Gemeindearbeit immer wieder intensiv diskutiert werden, sind das Thema dieses Werkbuches:
• Arbeit und Arbeitslosigkeit • Ehe und Familie • soziale Sicherheit • Bildung und Kultur • Politik und Staat • Gewalt und Kriminalität • Ausländer und Migration • Hunger und Überfluss, Armut und Reichtum • Krieg und Frieden • Umgang mit Tieren • Sorge für die Umwelt.
Eine sorgfältige Auswahl von Sachtexten, Karikaturen und provokanten Fallbeispielen, dazu Literatur- und Medientipps sowie Anregungen für die Unterrichtspraxis unterstützen eine kritische ethische Auseinandersetzung.

In gleicher Ausstattung lieferbar:

Stephan Ernst, Ägidius Engel
GRUNDKURS CHRISTLICHE ETHIK
196 Seiten. Kartoniert
ISBN-10: 3-466-36487-6
ISBN-13: 978-3-466-36487-9

Stephan Ernst, Ägidius Engel
CHRISTLICHE ETHIK KONKRET
324 Seiten. Kartoniert
ISBN-10: 3-466-36560-0
ISBN-13: 978-3-466-36560-9

Kompetent & lebendig
SPIRITUALITÄT & RELIGION

Kösel-Verlag, München, e-mail: info@koesel.de
Besuchen Sie uns im Internet: www.koesel.de

Das Anti-Burnout-Programm

Hans Gerhard Behringer
AUFATMEN UND NEUE KRAFT SCHÖPFEN
12 Schritte aus Krisen und Erschöpfung
ISBN-10: 3-466-36702-6
ISBN-13: 978-3-466-36702-3

Alles geben, sich für eine gute Sache einsetzen, Kämpfe durchhalten, um ein Ziel zu erreichen. Dann aber in die Erschöpfung hineingeraden und ausgebrannt sein: Wer kennt heute nicht diese Erfahrungen?
Dieses vielfach erprobte 12-Schritte-Programm für Körper, Geist und Seele spricht Menschen vor und in Krisen an: Es weckt ihre Selbstheilungskräfte und schenkt ihnen die tröstliche Gewissheit, auf Erden nicht allein zu sein.

Dazu gibt es auch eine **CD**:

Die Meditationen mit Musikuntermalung wirken aufbauend, stärkend und heilend.
Sie schenken Pausen im Stress und animieren zu regelmäßigem Üben.
Eine Wohltat – mitten im anstrengenden Alltag!

Hans Gerhard Behringer
AUSGEBRANNT? (CD)
Aufatmen – Kraft schöpfen –
neu werden
Heilungsmeditationen
Laufzeit ca. 70 Minuten
ISBN-10: 3-466-45765-3
ISBN-13: 978-3-466-45765-6

Kompetent & lebendig
PSYCHOLOGIE & LEBENSHILFE

Kösel-Verlag, München, e-mail: info@koesel.de
Besuchen Sie uns im Internet: www.koesel.de